Jean-Paul Mialet

Sex æquo

Le quiproquo des sexes

Albin Michel

À E. R., le point aveugle,
à B., le point fixe,
à I., E., B., le mouvement.

Avant-propos

On pourra s'étonner qu'un psychiatre dont l'intérêt théorique s'est toujours porté sur l'attention s'aventure dans l'essai d'une ontogenèse des différences entre masculin et féminin. Il est vrai que je n'ai jusqu'à présent délaissé la pratique clinique que pour étudier un sujet bien plus limité : les désordres de l'attention provoqués par certains troubles mentaux, avec l'espoir de mieux comprendre – et donc soulager – ceux qui en sont affectés.

Ce livre reste pourtant, bien plus qu'on ne pourrait le penser, fidèle à mes préoccupations de toujours. L'expérience humaine du psychiatre et la culture du psychologue spécialisé dans l'attention en ont à chaque instant guidé la réflexion autour d'une trame nourrie, une fois encore, par l'articulation du subjectif et de l'objectif. On aurait pu aussi bien l'intituler, sans exagération : *Attention et sexe*. Le propos vise à montrer en quoi habiter un corps sexué façonne un style d'attention différent selon le sexe, et cela dans le but d'éclairer sur ce qui fait obstacle à l'entente entre les deux sexes.

Le vrai sujet du livre n'est autre que l'amour. Comme chacun, ma vie entière, je ne me suis préoccupé que d'amour, et je sais mieux que d'autres, pour l'avoir mesuré si souvent dans mon exercice, combien des questions aussi passionnantes que l'attention, ou même le sexe, cessent de captiver dès que l'amour s'absente. Aussi, ce qui a inspiré les pages qui suivent procède bien davantage d'un constat attristé que d'une curiosité particulière pour l'exploration des méandres de l'esprit humain. La fréquentation quotidienne du mal de vivre révèle un paradoxe : si le besoin d'amour fait l'unanimité, l'accord entre ceux qui s'aiment est un équilibre rare et délicat. Sans prétendre résoudre l'énigme des liens amoureux, j'ai pensé qu'aider chacun des sexes à mieux se connaître permettrait d'atténuer les inévitables malentendus dont souffrent tant ceux qui placent au-dessus de tout leur entente mutuelle.

Au départ de ce livre, il y a un sursaut contre le conditionnement insidieux que représentent les idées à la mode. Lorsque j'ai entrepris des études de psychologie, les théories du conditionnement battaient leur plein. Imprégné par l'esprit de l'époque, je ne concevais les différences entre hommes et femmes que comme des *artefacts* culturels. Pas de distinction psychologique entre fille et garçon, mais une éducation différente qui produit des enfants différents, et plus tard, par voie de conséquence, des adultes différents. Le fait avait pour moi l'allure de ces évidences que l'on ne questionne même pas. Tout se décidait dans les premiers anniversaires : les filles étaient des filles parce qu'on leur offrait des poupées, et les garçons des garçons à cause de leurs panoplies de mousquetaire. Ils deviendraient ultérieurement des adultes qui seraient, conformément à ce qu'on leur avait inculqué, soit des femmes n'aspirant qu'à la maternité, soit des hommes rêvant d'être pilote de chasse. Il aura fallu que je sorte des livres et devienne un homme comme les autres – c'est-à-dire un acteur parmi les autres acteurs des deux sexes qui cherchent à construire leur existence, tant bien que mal – pour prendre conscience, à mon grand étonnement, qu'entre homme et femme les différences ne sont pas seulement physiques. Et qu'entre l'univers mental d'un homme et d'une femme, il y a un fossé aussi vertigineux que celui de leurs oppositions anatomiques.

Ma première expérience concrète dans ce domaine a été celle de père. Une expérience d'autant plus troublante que le hasard m'a permis, au début, de continuer à vivre bercé d'illusions. Mes deux aînés étaient du même sexe – des filles. Aucune raison, donc, de remettre en question mes acquis. C'est mon troisième enfant – un garçon – qui me fit ouvrir les yeux. Il fallait se rendre à l'évidence : cet enfant occupait beaucoup plus d'espace que ses sœurs. Et il faisait davantage de dégâts dans la maison, n'interrompant ses cavales que pour s'affairer dans des bricolages hasardeux. Pas de promenade dans les bois envisageable sans qu'il s'évertue à traîner une branche ramassée ici ou là, souvent très encombrante, dans l'indifférence complète de ses sœurs. Dès la fin de sa première année, il s'est révélé captivé par les ballons, sans que rien ni personne l'y incite. Ses dessins également ont été une surprise : après l'inévitable période des maisons et bonshommes, sont apparus des griffonnages d'avions et d'autos – du jamais vu chez ses sœurs. On dira qu'il était déjà plus grand et avait subi l'influence de son environnement… Je me garderai bien de généraliser à partir d'une seule observation, surtout aussi partiale. En fait, sans entrer davantage dans des détails qui n'ont finalement qu'une valeur anecdotique, je voulais exprimer ici ce que l'on m'a si souvent rapporté : par-delà les palabres théoriques, tous les parents qui ont la chance d'avoir des enfants des deux sexes font l'expérience d'une différence profonde et très précoce entre filles et garçons.

J'aurais certainement gardé pour moi mon scepticisme sur les théories de la différenciation – ou de la non-différenciation – sexuelle si je m'étais contenté d'être un père. Mais voilà, j'étais également un professionnel de la souffrance morale. Une expérience humaine plus vaste, et d'un autre type, est venue renforcer le constat du père. Et la nécessité d'exposer les faits qui nous distinguent, hommes et femmes, de façon si éclatante dans notre façon de vivre et de penser, m'a paru s'imposer. Ce n'est pas qu'après avoir côtoyé pendant trente ans d'exercice un grand nombre d'hommes et femmes, j'aie la prétention d'avoir tout compris de l'être humain et de son sexe ; bien au contraire, je continue, autant qu'au premier jour, d'être émerveillé par ses mystères. La pratique de l'humain rend humble, et préserve de vouloir donner des leçons. Je ne cherche pas non plus ici à prendre place dans une polémique à la mode, pour me flatter de faire la démonstration que j'ai raison, et qu'on a tort. Non, ce qui me pousse à écrire, c'est qu'à force de parler comme on le fait des hommes et des femmes, en voulant à tout prix les rendre identiques, il me semble qu'on leur fait un peu perdre le sens des réalités. C'est le besoin d'alerter chacun contre une menace dangereuse pour nous-mêmes, notre culture et nos enfants. C'est l'idée qu'on s'égare au nom d'une certaine vision de l'égalité, une vision dévoyée qui ne mène qu'à la confusion. C'est l'impression, également, qu'un sujet de réflexion grave – le partenariat qu'il nous faut bien établir entre hommes et femmes pour vivre en harmonie malgré nos différences – est escamoté, et qu'au lieu de chercher les moyens de l'alliance, on alimente la discorde. Voilà tout ce qui m'incite à exprimer mes propres conceptions, et à participer au débat malgré la méfiance que m'inspirent des thèmes de cet ordre, si propices aux jeux d'arène.

On s'en doute, comme chacun, je n'aborde pas ce sujet sans idées et préjugés. Dévoilons-nous donc davantage.

Parmi les préjugés, il y a ceux que me confère mon sexe. Je viens d'indiquer que j'étais père, il est utile de préciser, car cela ne va pas de soi, que je suis hétérosexuel – n'y voyez pas un jugement de valeur, mais une remarque neutre n'ayant d'autre rôle que de signaler d'où proviennent les commentaires rapportés dans ce livre. Enfin, si mon expérience de clinicien me rend attentif à l'individuel, car la souffrance est toujours subjective, mon goût pour la science me fait apprécier la rigueur des lois générales ; toutefois, je me méfie des théories hâtivement construites à partir de quelques faits, et rien ne m'inquiète davantage que les grands systèmes de pensée qui prétendent tout expliquer. Dans les domaines qui me concernent, la lecture des grands auteurs, après un siècle de recul, est édifiante : vient un moment où l'idée neuve prend volontiers la forme d'une obsession stérilisante.

Cet esprit critique devrait me protéger contre un excès de déformation théorique. On ne peut néanmoins pas aborder un sujet aussi vaste sans quelques repères. J'ai indiqué que l'attention avait représenté le fil rouge autour duquel se sont organisées les réflexions qui accompagnaient ma pratique. C'est le même arrière-plan théorique sur lequel je m'appuie pour mener ici mon analyse. Aussi, pour éclairer le lecteur, et bien qu'il en soit fait assez peu mention dans cet ouvrage, il me semble utile de présenter en quelques mots les domaines connexes de l'attention et de la conscience.

Il n'y a pas si longtemps qu'on a constaté que bien peu d'opérations mentales étaient conscientes, et que la plupart se déroulaient à notre insu. Depuis Freud, on savait que ce qui nous dérange peut être écarté de la conscience et maintenu dans un inconscient. Mais on ne se doutait pas que la plupart des activités de l'esprit – et pas seulement celles qui troublent – échappent en fait à la conscience. *La conscience ne concerne que la très petite portion des activités qui se déroulent sous le regard de l'attention.* Prenons une image : comme vous le savez, le chirurgien travaille sur un champ délimité – le champ opératoire – puissamment illuminé ; hors cet espace d'intervention, un drap recouvre le corps du patient. L'attention agit à la façon du drap et du scialytique : elle recouvre d'un voile toutes les activités mentales non pertinentes, c'est-à-dire inutiles ou distrayantes pour les opérations en cours ; et elle éclaire le champ restreint à l'intérieur duquel la conscience travaillera efficacement. Notre conscience n'est ainsi que la part émergée d'une activité de fond très étendue ; elle intervient de façon limitée pour faire des choix, prendre des décisions, élaborer des plans face à des situations nouvelles. Elle est toujours animée par des intentions que nous ne percevons pas nécessairement car, pour une part, elles émanent du contexte. Elle paraît diriger notre esprit et elle le dirige de fait, mais en se laissant influencer par l'ensemble des activités qui s'opèrent à son insu et qu'elle prend en compte. Elle incorpore notamment un monde d'attentes tacites qui se sont construites incidemment, à l'occasion d'expériences fortuites ; elle se plie aussi à des habitudes si anciennes que nous les avons oubliées. Surtout, elle nous donne un sentiment d'unité – *je* pense donc *je* suis –, malgré l'activité désordonnée des opérations mentales qui l'alimentent. Cette conscience individuelle nous est si familière que nous n'imaginons pas d'autres formes d'activité pour notre esprit ; pourtant, *elle n'émerge en nous que tardivement,* quand nous nous découvrons et que nous commençons à parler, vers 18 mois.

Qu'en était-il auparavant ? Avant cet éclairage unifié de nous-mêmes, nous vivions dans un univers de sensations associées à des représentations rudimentaires et cloisonnées ; celles-ci s'affinent et s'assemblent progressivement à mesure que, poussés par la dynamique de nos besoins, nous nous construisons en développant notre capacité d'agir sur le monde. C'est ce que l'on nomme l'*univers sensori-moteur* : un monde encore neuf où le bébé apprend à connaître et à se connaître en s'ouvrant à ce qui l'entoure, ainsi qu'à aimer en étant aimé. Un monde où l'on est agi plus qu'acteur. La conscience nous viendra en devenant progressivement acteur.

Puisque j'entreprends de remonter jusqu'aux sources de la sexualité pour chacun des deux sexes, il était bon d'abattre également cette carte : c'est avec dans l'esprit les références de Piaget pour le développement sensori-moteur, et de la psychologie cognitive pour la conscience[1], que je me lance dans l'aventure.

Le décor ainsi planté, me voilà à même d'exposer le chemin que va parcourir le lecteur pour découvrir les distances qui séparent les deux sexes. Il comprend deux parties.

Dans la première, j'aborde la différence des vécus du corps qui déterminent une distinction fondamentale entre hommes et femmes, celle qui concerne leur rapport au plaisir érotique. Ces différences d'expérience sont, pour l'essentiel, liées à des oppositions anatomiques : le sexe de l'homme est offert à la vue et rend observables toutes les réactions génitales alors que le sexe de la femme est enfoui dans son corps, dont il peut difficilement être dissocié ; de plus, l'aptitude du corps féminin à procréer impose d'emblée une perception de son corps distincte chez la femme. Cette notion concerne la couche la plus profonde et la plus éloignée de notre intuition de nous-mêmes : la conscience de notre corps. Avons-nous conscience de nos membres ? Non ; nous ne les découvrons que lorsque nous les perdons. Et l'expérience des amputés révèle combien ils sont intégrés à la construction personnelle, au point qu'ils persistent parfois comme des « membres fantômes » quand ils ne sont plus là : la conscience claire, celle qui sait bien ce que le corps a perdu, est alors trahie par des réminiscences plus impératives que le raisonnement. À la façon de nos membres, notre corps érotique est intégré à notre conscience au point d'en disparaître en raison de sa familiarité – nous le pratiquons depuis notre naissance – et cette ignorance coutumière du corps vide malheureusement trop souvent de son contenu charnel le débat sur la différence des sexes.

Toutefois, je n'oublie pas que ce qui compte au plus haut point pour moi, comme je l'ai avoué d'emblée, c'est l'amour. Le besoin de se lier à l'autre fait l'objet de la seconde partie. Il s'agit cette fois d'évaluer ce qui différencie hommes et femmes en matière de besoins affectifs. Disons d'emblée que, si les désirs les opposent, les besoins les réunissent. Cependant, les expériences des deux sexes ne sont pas symétriques, puisque leur attachement originel concerne le même sexe qui les a tous deux mis au monde. Aussi, malgré le même besoin de lien, leur développement affectif génère des malentendus qui viennent envenimer la différence des désirs exposée dans la première partie.

L'amour n'offre-t-il pas, au bout du compte, les moyens de surmonter la plupart des discordes ? Certes, s'il n'est pas aveugle sur les difficultés, et s'il ne cherche pas à faire de l'autre un double de soi-même… Ce qui n'est pas si courant. Ira-t-on jusqu'à révéler l'ambition ultime, sans doute immodérée, qui se cache derrière ce livre ? Aider chacun à aimer véritablement, c'est-à-dire dans le respect – et même le goût – de la différence.

PREMIÈRE PARTIE

Corps à corps
La chair et ses désirs

1

Le sexe des anges

Le sexe des anges ? Qu'en pensez-vous ? Pour moi, c'est clair. Des hommes, les anges. Pourquoi ?

Soyons franc. Les anges sont des hommes parce que j'en suis un. C'est tout. Ça m'arrange. La question n'a pas vraiment de sens puisque les anges n'ont pas de réalité : rien qui parle à nos sens. Rien qui empêche donc d'en discuter de façon interminable – insensée. Et qui peut contester mon choix puisqu'il n'y a rien d'extérieur à moi, rien dans la nature qui vient m'en imposer un autre ?

Le sexe des hommes

Va pour les anges. Mais les êtres humains, est-ce que je peux aussi décider de leur sexe avec des mots ?

Pas si vite ! Cette fois, on n'est pas dans l'abstrait : il y a une réalité. Ils ont beau être faits de la même matière, les hommes et les femmes, avoir les mêmes organes, ils ne se présentent pas pareil. Les proportions, la taille, la forme du visage, la finesse des extrémités, l'épaisseur et la douceur de la peau, les poils qui la couvrent…, on peut facilement distinguer les deux sexes sans même aller regarder au-dessous de la ceinture. Et pour preuve que ce ne sont pas là des catégories de l'esprit :

on s'entend en général tous très bien pour les différencier. Pas comme le sexe des anges.

Bon, c'est vrai, on peut être un homme et avoir de la poitrine, être une femme et ne pas en avoir. Et je ne vous parle là que des attributs de la nature. Dès que la culture et les habitudes sociales s'en mêlent, c'est encore plus compliqué : coiffure, bijoux, tenue n'aident pas toujours clairement à les distinguer. Pourtant, même dans ces conditions de brouillage culturel, même sans rien savoir du sexe anatomique, les humains réellement indéfinissables sont rares. Chez ceux qu'on appelle des androgynes, chacun d'entre nous a vite fait de mettre un sexe, de repérer l'homme sous son travestissement, ou la femme derrière son anorexie. Ne parlons pas des homosexuels : on n'a pas beaucoup d'efforts à faire pour distinguer un homme et une femme.

En bref, pour nous résumer, même si la nature est capricieuse et qu'elle crée de nombreux sous-types un peu confus autour de l'homme et de la femme prototypiques, même si l'homme et la femme sont des êtres sociaux et que l'expression de leur appartenance à l'un ou l'autre sexe peut prendre des formes variées selon les cultures, la catégorisation des hommes et des femmes à partir de leur apparence n'est jamais bien compliquée et elle peut se faire dans la plupart des cas au premier coup d'œil sans vérification du sexe anatomique. Pourquoi ? Tout simplement parce qu'elle appartient au registre des catégories naturelles.

Mais l'être humain a un esprit. Cet esprit a-t-il un sexe, comme son corps ? Une question qui pourra paraître étrange. Mais les débats des intellectuel(le)s d'aujourd'hui – assurément de purs esprits – prêtent en effet au doute. Il y a d'une part le corps de l'humain – sa partie basse, celle qui obéit à la pesanteur : celle-là a un sexe, on en convient. Mais on se dépêche de l'oublier, pour se concentrer – avec élévation et érudition – sur sa partie noble, l'esprit : de ce côté-là, on argumente à l'infini, on accumule les preuves qu'homme et femme, c'est tout comme. Une littérature intelligente, souvent féminine, plus proche des mathématiques appliquées à l'autopersuasion que de l'œuvre philosophique ou anthropologique, s'efforce de rassembler et d'aligner méthodiquement les raisonnements pour le prouver. Superbe effort de prestidigitation, dans lequel l'esprit de l'homme est quasiment absent[1] : il n'a rien à dire sur lui-même, il a déserté ; il se dit peut-être qu'il ne peut être dit que par les femmes, qui en parlent beaucoup mieux que lui-même, et dont il n'est pas certain de se distinguer – sauf au niveau du sexe, mais ça, il n'en est pas très fier...

Sexe fort, sexe faible : la guerre des sexes

Pas de doute : les hommes payent aujourd'hui leur mépris millénaire pour les femmes. Car, avant d'être celles qui pensaient les hommes – un développement récent, et seulement en Occident, finalement –, celles-ci ont été beaucoup pensées par les hommes. Pas toujours à leur avantage. Parce que la question était alors bien plus de l'emporter dans la lutte des sexes que de comprendre les spécificités de chaque sexe. Voici par exemple ce que conclut Aristote de l'observation des femelles de toutes espèces :

> « La femelle est moins musclée, a les articulations moins prononcées ; elle a aussi le poil plus fin dans les espèces qui ont des poils [...] Les femelles ont également la chair plus molle que les mâles, les genoux plus rapprochés et les jambes plus fines. Les pieds sont plus menus chez les animaux qui en possèdent. Quant à la voix, les femelles l'ont toujours plus

faible et plus aiguë [...]. Les parties qui existent naturellement pour la défense, les cornes, les ergots et toutes les autres parties de cette sorte appartiennent dans certains genres aux mâles mais pas aux femelles[2]. »

Bref, le sexe masculin est à tout point de vue le sexe fort, d'autant que même l'organe noble, le cerveau, s'y montre plus développé : Aristote note que chez les hommes, comme dans toutes les espèces, les mâles ont le cerveau plus volumineux que les femelles, et que le crâne de l'homme possède d'ailleurs plus de sutures que celui de la femme afin de laisser son cerveau mieux respirer[3]... Tout cela pour aboutir à la conclusion que les femelles sont « de nature plus faibles et plus froides, et qu'il faut considérer leur nature comme une défectuosité naturelle[4] ». Avant lui, Platon, moins préoccupé de l'enracinement naturel des différences, et plus attaché aux qualités de l'esprit, n'avait pas eu la dent moins dure pour la gent féminine. Il fait dire à Socrate :

« Connais-tu quelque profession humaine où le genre masculin ne l'emporte pas sous tous les rapports sur le genre féminin ?... Ne perdons pas notre temps à parler de tissage et de la confection de gâteaux et de ragoûts, travaux où les femmes paraissent avoir quelques talents et où il serait tout à fait ridicule qu'elles fussent battues[5]. »

Plus près de nous, Malebranche n'y va pas non plus de main morte, attribuant aux femmes une « délicatesse des fibres du cerveau » qui les rend peut-être plus fines, mais aussi plus superficielles :

« Cette délicatesse des fibres [...] c'est ce qui leur donne leur grande intelligence, pour tout ce qui frappe les sens. C'est aux femmes à décider des modes, à juger de la langue, à discerner le bon air et les belles manières. Elles ont plus de science, d'habileté et de finesse pour ces choses. Tout ce qui dépend du goût est de leur ressort, mais pour l'ordinaire elles sont incapables de pénétrer les vérités un peu difficiles à découvrir. Tout ce qui est abstrait leur est incompréhensible. Elles ne peuvent se servir de leur imagination pour développer des questions composées et embarrassées. Elles ne considèrent que l'écorce des choses [...]. Une bagatelle est capable de les détourner : le moindre cri les effraie, le plus petit mouvement les occupe. Enfin la manière, et non la réalité des choses, suffit pour remplir toute la capacité de leur esprit[6]. »

Il ne fait donc pas bon avoir des fibres délicates... Par chance, les femmes n'ont pas toutes cette faiblesse, ou encore celle-ci peut se trouver tempérée par leurs esprits animaux :

« C'est dans un certain tempérament de la grosseur [des fibres], et de l'agitation des esprits animaux avec les fibres du cerveau, que consiste la force de l'esprit, et les femmes ont quelquefois ce juste tempérament. Il y a des femmes fortes et constantes, et il y a des hommes faibles et inconstants. Il y a des femmes savantes, des femmes courageuses, des femmes capables de tout ; et il se trouve au contraire des hommes mous et efféminés, incapables de rien pénétrer et de rien exécuter. »

Dans son infinie bonté, la nature semble donc avoir prévu des possibilités de rattrapage pour certaines femmes qui peuvent prétendre égaler les hommes, cependant que certains hommes peuvent déchoir jusqu'à ressembler aux femmes. On respire : la situation, côté féminin, n'est finalement pas désespérée.

La guerre des sexes ne date donc pas d'hier, et l'on conçoit que les femmes aient voulu prendre une revanche sur la domination sociale et intellectuelle que leur a imposée l'homme pendant des siècles. Cette revanche passe toutefois par un curieux détour : elles n'expliquent pas aux hommes pourquoi et comment ils sont *moins* qu'elles, comme le faisaient auparavant les hommes à leur égard. Non, elles tentent plutôt de montrer qu'elles sont *autant* que les hommes, les gardant ainsi comme référence. Certes, en s'accordant « autant » qu'eux, elles s'attribuent en fait un avantage, car elles ont la capacité d'*enfanter* alors que les hommes ne font qu'*engendrer*[7] – mais cet avantage est toujours passé sous silence dans les débats, sans doute par peur que ce « plus » qu'elles possèdent pousse les hommes à les renvoyer à nouveau à leurs vertus domestiques – au tissage et au ragoût.

L'esprit unisexe : une imposture ?

La guerre des sexes a donc pris depuis le milieu du siècle dernier un tour nouveau : l'homme n'existe pas plus que la femme. Il n'existe qu'un esprit unique que nous partageons tous indifféremment, et un état d'esprit qui subit l'influence de la culture. Mais l'esprit est sexué, comme le corps. Aussi sexué que le corps. Cette réalité qu'en tant qu'homme j'ai toujours vécue de l'intérieur, et donc de trop près, je n'en aurais rien su sans un métier qui m'y exposait constamment. Être homme, être femme, ce n'est pas seulement avoir un corps d'homme, ou de femme, mais les dispositions d'esprit qui vont avec ou, autrement dit : un état d'esprit orienté par ce corps. Pourquoi ? Question de cerveau, d'imprégnation hormonale entre autres, sûrement. Mais pas uniquement. Seulement voilà : comment mesurer cette différence puisqu'on n'a pas la possibilité de changer de peau en cours de chemin pour comparer ? Dans le masculin et le féminin, Freud voyait un destin lié à l'anatomie. Il aura fallu que mon métier me fasse assister à des milliers de vies d'hommes et de femmes, participer à d'innombrables destins singuliers, que je côtoie pendant des années l'esprit des hommes et des femmes pour que s'impose à ma conscience d'homme borné par les limites de son sexe une sorte d'évidence : l'esprit est incarné, l'esprit est sexué. Dans l'immense majorité des cas, le sexe de l'esprit est le même que celui de son corps. Tant mieux. Mais il est des cas contraires, difficilement compréhensibles, où sexe du corps et de l'esprit ne coïncident pas : ceux-là, heureusement rares, refusent leur destin.

Un paradoxe : viser le sexe avec des mots

Dans notre sujet, la question des mots est fondamentale. Les mots servent à communiquer des connaissances répertoriées par l'esprit, et mises en forme par la culture. Ils ne sont pas appropriés à exprimer le ressenti du corps, les émotions, la réalité de la chair. Même lorsqu'ils désignent des références aussi concrètes qu'un arbre, ils restent abstraits : cet arbre que j'aperçois en ce moment n'est concret que parce qu'il s'impose à mes sens (je le vois, j'en entends les bruits et je peux le toucher) ; pour vous qui me lisez, il n'est qu'un mot qui évoque des représentations variées. En multipliant les détails descriptifs, je parviendrai peut-être à vous le rendre présent, mais la réalité ainsi obtenue en sensibilisant votre imaginaire n'aura jamais l'évidence du réel – qui reste une expérience du corps.

Sur le plan du sexe, la notion totalement abstraite de « différence » se prête pour le coup à bien des interprétations : en particulier, différence positive ou négative ? avantage ou inconvénient ? Un débat qui mène nécessairement à une impasse. Bien que les deux sexes passent leur temps à parler d'amour, leurs rapports – en raison même de leur interdépendance, probablement – n'échappent pas à la compétition pour le pouvoir, et tout établissement d'une différence nourrit leur controverse sur le sexe dominant. Il faut donc prendre une autre orientation, et exposer ce que représente la réalité de chacun. Autrement dit, ce que chaque sexe vit, et comment il s'organise autour de son expérience propre. Sans oublier cependant que les mots du sexe se révèlent piégés, car ils « ne définissent pas simplement les réalités du sexe ; s'y font entendre des résonances coupables, des désirs prohibés. Longtemps proscrit de parole, le sexe demeure *innommable*, sauf dans le trivial[8] ».

Le mot même de sexe prête d'ailleurs à confusion car il désigne à la fois une référence très concrète comme l'organe sexuel, une notion plus abstraite comme la sexualité – qui recouvre elle-même aussi bien du concret comme le comportement sexuel que de l'abstrait comme le désir –, et enfin une notion, cette fois totalement abstraite, comme le genre sexuel, masculin ou féminin. Or, plus on s'éloigne dans l'abstraction, plus on s'engage dans une voie où tout peut être dit et son contraire – la voie du sexe des anges. Pour ne pas s'égarer en chemin, une règle : rester au plus près du corps, de la chair et de sa vie. En n'oubliant pas que l'expérience sexuelle elle-même – la sensation voluptueuse née de la caresse, l'abandon au plaisir, l'émotion provoquée par l'union des corps et plus encore le point culminant de l'orgasme où la pensée s'abolit pour laisser place à l'illumination de l'extase –, toute cette expérience intime est finalement un vécu qui échappe aux mots.

Les réalités de la chair

Dans un ouvrage qui fait référence, Thomas Laqueur, un historien spécialisé dans la sexualité, analyse comment chaque époque a nié à sa façon les réalités du sexe pour construire les séparations du genre sexuel, le masculin et le féminin, en s'efforçant de maintenir chaque camp dans un rôle conforme aux exigences de son temps[9]. Il s'interroge longuement sur le corps, la réalité (ce que l'on voit et que l'on touche : *seeing* ou *touching*) et la représentation (ce qui se présente comme si on le voyait : *seeing as*), car il tient à maintenir dans ses écrits la distinction entre le *corps réel* (qu'on peut voir ou toucher) et le *corps dont on parle* (constitué par le discours : *discursively constituted*). Nous reviendrons à de nombreuses reprises sur cette distinction fondamentale. Permettez-moi ici de vous entraîner dans une expérience imaginaire qui en dira davantage qu'un long discours.

Admettons que le fameux psychanalyste Jacques Lacan, lorsqu'il était encore vivant, ait développé un cancer, et qu'un médecin ait dû lui annoncer au cours de sa consultation : « Vous avez une tache au poumon, là, je crains un cancer… » *Quid*, au moment de cette révélation, de l'épineuse question de l'entremêlement du réel, de l'imaginaire et du symbolique dans le mot « cancer » qui a suscité chez les psychanalystes lacaniens bien plus de débats encore que la différence des sexes ? Certes, l'homme est un animal culturel, et sa nature ne s'exprime qu'à travers les déformations de sa culture ; certes ce que l'on vit, on l'éprouve avec l'esprit rempli des représentations de sa culture, mais on ne meurt pas de ces représentations-là, pas plus d'ailleurs qu'on ne s'en alimente pour entretenir son métabolisme.

C'est cette simplicité-là – une sorte d'humilité par rapport au corps – qu'il s'agit de ne pas oublier, malgré la nécessité de passer par le détour des mots pour aborder le sexe. Pour ne pas s'éloigner du réel dans un débat comme celui du sexe, où l'on ne dispose que de mots piégés, et où les enjeux sont si puissants, rien de tel que de garder l'esprit du praticien préoccupé du corps, de la chair et de sa vie.

Faits et chiffres

Cependant, ultime difficulté, et non des moindres, que puis-je dire d'une expérience sensible qui n'est pas la mienne ? Comment m'autoriser de la réalité des autres ? En toute rigueur, je n'ai aucun droit d'aller au-delà de ma propre expérience, sans tenter de généralisation aux autres hommes et, plus encore, sans me risquer à des incursions dans la sexualité féminine. Sur ce point-là, je bénéficie toutefois des avantages de notre époque par rapport aux siècles précédents.

En effet, alors que dans toutes les cultures, la vie sexuelle représente un domaine d'intimité sur lequel il est bon de jeter un voile pudique, ou que l'on recouvre de traditions au point d'en perdre de vue les élans spontanés, notre culture hédoniste incite chacun à parler très librement – et très largement, à travers tous les médias et dans les forums d'Internet – de ses sources de plaisir physique. Certes, on doit rester prudent vis-à-vis de témoignages qui prennent volontiers une allure exhibitionniste, et ne pas oublier le contexte, c'est-à-dire les fins politiques (l'émancipation par l'autoérotisme des féministes) ou commerciales (le tirage pour les supports écrits, ou l'audimat pour la télévision) dans lesquels ces témoignages peuvent être rapportés.

Par chance, je dispose également des nombreux chiffres recueillis dans le calme des réflexions savantes. De fait, si l'époque prône la transparence au point de donner à chaque révélation d'alcôve l'éclat d'une découverte à portée universelle, elle se complaît aussi dans un rationalisme positif qui n'accorde de valeur qu'aux observations recueillies avec les garanties de la science. Cette avidité scientifique a poussé certains de nos contemporains à explorer le sexe comme un fait de la nature, un objet d'interrogation parmi d'autres, et à multiplier les enquêtes sur les comportements sexuels des femmes et des hommes.

Enfin, s'ajoutent à ces données chiffrées les innombrables confidences des deux sexes que m'a permis de recueillir ma pratique.

N'ai-je pas là suffisamment de matière pour dresser un relevé à peu près objectif du territoire sexuel de chacun des deux sexes ?

2

La masturbation

Tout commence par la masturbation. Une mauvaise habitude que l'on découvre très petit, en mettant bien mal à l'aise ses parents, même de nos jours.

Car si la libéralisation hédoniste a gagné les esprits éclairés, s'il est aujourd'hui de bon ton de se montrer tolérant envers les différentes particularités sexuelles – voire de les cultiver –, il reste une activité dont on ne parle qu'avec gêne : le plaisir solitaire. Comble du paradoxe, alors que les tabous s'effondrent, le comportement sexuel qui résiste le mieux à la banalisation du plaisir constitue précisément la pratique la plus commune. Tout le monde, ou à peu près, se masturbe ou s'est masturbé. Pourtant le mot comme l'acte continuent à choquer. Un sexologue notait que ses patients n'abordaient ce sujet qu'avec beaucoup de gêne, même après s'être pourtant livrés pendant plusieurs séances à des aveux bien plus compromettants. La psychanalyste Joyce McDougall s'en étonne également, remarquant qu'il faut souvent des années de divan pour qu'apparaisse ce thème dans les associations de pensées. Elle observe que cette réticence s'étend d'ailleurs même à ceux chez lesquels on l'attend le moins, ceux qui « manient avec aisance les théories psychanalytiques et les interprétations touchant la sexualité : les analystes en analyse, les psychiatres, les éducateurs », et en conclut que « la masturbation n'est pas une expression érotique semblable aux autres manifestations sexuelles[1] ».

Où se situe la différence ? Nous verrons plus loin la réponse qu'elle propose : cette activité autocentrée pourrait avoir un caractère subversif. Quoi qu'il en soit, c'est dans la masturbation que la pudeur semble à présent avoir trouvé son dernier bastion. Il est d'ailleurs facile d'en juger par soi-même en se livrant à l'expérience toute simple qui consiste à ouvrir en public un ouvrage comportant ce mot dans son titre…

L'onanisme infantile

Tout commence donc, dans le domaine du plaisir sexuel, par la masturbation, et la masturbation débute très tôt dans l'enfance, en laissant les parents désemparés. De nos jours heureusement, la surprise de voir son enfant, présumé innocent, se livrer aux plaisirs du sexe, présumés coupables, ne produit heureusement plus les réactions extrêmes d'autrefois. Il y a seulement un siècle, les parents qui découvraient leur enfant en train de se caresser menaçaient de lui « couper le zizi » ou de lui attacher la main. Car l'onanisme, considéré comme un fléau, a fait longtemps l'objet d'un véritable acharnement.

À l'origine de cet acharnement, deux publications[2] retentissantes vers le milieu du XVIIIe siècle, dont le traité d'un médecin en vogue à l'époque, le docteur Tissot, qui promettait aux masturbateurs diverses formes de mort lente dans des souffrances terribles. Son ouvrage présentait des observations médicales qui se sont révélées fictives pour la plupart, mais il a conquis un large public, parmi lequel Jean-Jacques Rousseau. Sous l'influence de ces descriptions apocalyptiques, le XIXe siècle a été hanté par une véritable obsession à propos de la masturbation[3]. On voyait le mal partout, on conseillait aux éducateurs d'en traquer tous les indices, on imaginait des appareillages compliqués et douloureux pour soustraire le jeune masturbateur à ses tentations[4]. Il aura fallu attendre le début du siècle dernier pour se remettre des imprécations du docteur Tissot et considérer cette activité comme banale et sans grandes conséquences. Dans les années 1950, les premières grandes enquêtes de Kinsey sur le comportement sexuel, sur lesquelles je reviendrai, ont achevé de dépassionner le débat, en démontrant que la recherche de plaisir solitaire était l'activité sexuelle la plus courante. Reste néanmoins que les activités de plaisir pour et par soi-même troublent toujours, et déconcertent les parents quand ils en découvrent les premières manifestations chez leur bébé.

Sur le Net, le bébé, ses plaisirs et les mamans déconcertées

Même les parents d'aujourd'hui, pourtant bien prévenus, paraissent pris au dépourvu. Témoin un exemple glané au hasard d'une promenade sur un forum de parents d'Internet et retranscrit tel quel.

> *Sandra* : Bonsoir à toutes. Je vous expose mon souci. Mon fils est âgé de 2 ans et depuis quelque temps j'ai constaté qu'il s'endormait systématiquement avec la main dans la couche. Dernièrement, il a fait un cauchemar, et je l'ai pris avec moi dans mon lit. Voyant sa main dans sa couche, j'ai tenté de la retirer mais il a résisté (tout en étant endormi). En tirant sur son poignet, j'ai cherché à dégager doucement sa main, et là, quelle ne fut pas ma surprise, je me suis rendu compte que

mon fils se masturbe en dormant. Son pédiatre me dit que c'est normal, mais je trouve que 2 ans c'est très jeune. Je ne pense pas que ce soit du plaisir sexuel, mais je ne sais pas quoi penser. Y a-t-il des mamans qui ont connu cela ? Merci pour vos réponses.

Sidonie : Ne t'inquiète surtout pas, c'est tout à fait normal ! Ton fils découvre tout simplement son corps et il s'est aperçu que quand il touche cette partie, ça lui procure des sensations bizarres. Il ne faut surtout pas l'empêcher, c'est sa future vie sexuelle qui est en jeu. (Difficile à imaginer pour une maman et très gênant surtout !) Je sais de quoi je parle car j'ai eu plusieurs fois le cas en crèche.

Lydia : Ton fils est tout à fait normal ! Même si cela peut te paraître tôt, il faut que tu le laisses faire même si pour toi c'est gênant (ce que je comprends).

Zaza : Oui c'est tout à fait normal, il découvre son corps et le plaisir qui peut aller avec. Il ne faut pas l'empêcher, mais par contre s'il le fait devant toi, il faut lui expliquer que c'est quelque chose d'intime et que ça ne se fait pas devant les gens.

On notera que, si la masturbation de l'enfant dérange le parent, c'est-à-dire le responsable direct, elle provoque chez les autres adultes un sursaut de protection bienveillante. On en parle comme s'il s'agissait du premier germe fragile d'une sexualité qu'il faut avant tout respecter par peur de la dénaturer. La masturbation reste taboue chez les adultes, mais chez les enfants, prudence ! Ce souci de préservation de l'érotisme naissant de l'enfant est probablement en rapport avec la place que nous accordons à la sensualité et au plaisir dans notre culture. Mais il est également révélateur des traces profondes laissées par Freud et les psychanalystes qui, il y a maintenant plus d'un siècle, rendaient les mauvais traitements de la sexualité infantile responsables de l'ensemble des névroses. Freud n'a pas soutenu bien longtemps ces théories, mais le grand public semble l'ignorer.

Ce n'est pas le lieu de rentrer dans un débat sur les bienfaits d'encourager la masturbation de l'enfant, ou les conséquences des attitudes répressives dans ce domaine[5]. Mais accordons à Freud un mérite pour ce qui nous intéresse ici : il est le premier à avoir clairement attiré l'attention sur l'existence d'une sexualité du tout-petit, et à avoir signalé l'onanisme du bébé, alors que la masturbation n'était jusque-là qu'un comportement de jeunes adolescents ou adultes.

Aux origines du plaisir

En fait, on admet aujourd'hui que la naissance sensorielle de l'enfant au sexe – ses premières émotions de nature sexuelle – se fait très tôt. Grâce aux échographies, on a décelé des érections chez le fœtus mâle. Les organes génitaux des nouveau-nés, mâles et femelles, ont d'emblée une activité : érection chez les garçons, gonflement de la vulve et lubrification du vagin chez les filles. Elle s'observe plus volontiers à certaines phases du sommeil[6]. Il s'agit de phénomènes de nature réflexe, mais ceux-ci démontrent que la mécanique du plaisir sexuel est d'emblée en place chez le nourrisson. Elle possède au départ une vie autonome, spontanée, soumise à des rythmes corporels internes, ou à un état de certains organes comme la vessie. Il n'est pas rare d'observer une érection chez le bébé garçon au moment où il pousse, ou quand il fait pipi.

À côté de ces réactions spontanées, des réactions génitales se manifestent également en situation, provoquées par d'autres que lui ou par lui-même. On peut en distinguer trois types : celles qui sont déclenchées par les soins maternels, celles qu'il provoque avec sa main, et celles qu'il entretient par des mouvements de l'ensemble du corps : bassin, tronc et cuisses.

• Plaisirs provoqués par maman. L'allaitement, les soins, les caresses lors de la toilette ou du bain s'accompagnent de réactions des parties génitales et constituent les premiers déclenchements externes, dans un contexte relationnel, d'un plaisir physique probablement encore confus et éloigné de la génitalité de l'adulte, mais associant bien-être, sexe et toucher. Le plaisir sexuel qui naît du maternage est en effet inclus dans un contentement large où interviennent des satisfactions de tous ordres : soulagement des besoins alimentaires, prioritaires chez le bébé, et apaisement d'autres inconforts de son corps ; sensations physiques nées du contact avec la maman (douceur du contact peau contre peau, chaleur de l'étreinte et des baisers, odeur familière). Notons que dès ce niveau d'érotisme relationnel primitif, certains établissent déjà une différence considérable de statut entre filles et garçons. Selon Anne Decerf, psychologue de formation psychanalytique, c'est d'emblée qu'une « différence de touche » maternelle impose l'appartenance sexuelle. « Rien du corps érotique des bébés garçons n'échappe en effet au toucher de la mère », tandis qu'« une aire du sensible des enfants filles échappe au toucher des mères, soustraction obligée qui pourrait bien participer à la fondation psychique du féminin[7] ».

• Plaisirs obtenus avec la main : les premiers exercices d'automanipulation. Plus spécifiquement sexuels, cette fois, sont les plaisirs déclenchés par la motricité du bébé. Ce sont en effet certains actes du bébé lui-même qui peuvent occasionner une réaction génitale et constituer ainsi *l'amorce d'une autosatisfaction intentionnelle.* Lorsque, à l'occasion de mouvements aléatoires de ses membres supérieurs encore mal contrôlés, pendant la toilette, le nourrisson rencontre son sexe avec sa main, il découvre une sensation agréable qu'il sera tenté de reproduire, comme il a reproduit d'autres gestes qui lui paraissaient agréables, tels que sucer son pouce ou jouer avec ses orteils. Cette reproduction intentionnelle de mouvements accidentels correspond à ce que Piaget a qualifié de réactions circulaires[8]. Il est possible, et même très vraisemblable, que le contact génital soit d'une nature différente et qu'il lui procure autant, voire plus, d'agrément que la succion du pouce ou les jeux avec les orteils. Mais le sexe du bébé n'est pas à sa disposition dans son champ visuel ; il ne peut donc pas tenir le même rôle de cible que ces pieds ou surtout cette main qui s'agitent devant lui, et dont il étudie les mouvements, en apprenant au cours de ces exercices répétitifs à affiner la gamme de ses actions volontaires (la préhension, en particulier) tout en approfondissant la connaissance de son corps et de l'espace qui l'entoure. La partie sexuée de son corps n'est d'ailleurs pas d'accès facile, puisqu'il est la plupart du temps emmailloté dans des couches. Aussi le rapport du bébé à son sexe, ou plus précisément le *couplage entre plaisir sexuel et volonté de manipulation* – volonté qui se limite encore à cet âge à saisir sans discernement tout ce qui se présente –, n'est au départ qu'occasionnel, lorsque son corps peut être librement exploré, au moment de la toilette et des changements de couche.

• Plaisirs dus à des mouvements : les orgasmes de la masturbation « axiale ». Toutefois, d'autres plaisirs encore, de nature sexuelle, sont éprouvés par le bébé dans ses premiers mois. Des sensations provenant de son sexe, liées aux aléas des positions du corps, surgissent au fond de lui. Certains bébés essaieront de les répéter. Plus que d'autosatisfaction, il faudrait parler alors d'*autoexcitation*. Lors de l'agitation de ses membres inférieurs, les frottements des couches peuvent provoquer des stimulations agréables et le bébé cherchera à les reproduire par des mouvements de l'ensemble du corps, et surtout par la contraction des muscles de l'axe du corps, c'est-à-dire des cuisses, du bassin et du tronc. On a constaté des comportements d'autoexcitation pouvant amener à l'équivalent d'un orgasme de l'adulte chez des bébés de moins de 1 an. Récemment, plusieurs revues scientifiques de pédiatrie[9] ont attiré l'attention sur des fausses crises d'allure tétanique que l'on observe chez des nourrissons entre 6 mois et 1 an, qui correspondent en fait à des équivalents d'orgasme déclenchés par les autoexcitations que produisent certaines postures. Ces « comportements de gratification », ainsi que les nomment les pédiatres, ont été attentivement observés sur des enregistrements vidéo. Ils se manifestent par une attitude caractéristique des membres inférieurs mettant le périnée en pression, cependant que le visage devient écarlate et que le nourrisson émet des grognements doux. Notons – nous y reviendrons plus loin – que dans les séries d'observations rapportées par les pédiatres, les deux sexes sont à peu près également répartis (les filles étant légèrement plus nombreuses). Pour les distinguer des plaisirs sexuels obtenus par la manipulation génitale, je désigne par *masturbation axiale* ces contractures du corps qui visent le plaisir. Il s'agit de secousses de l'ensemble du corps et non de mouvements d'un membre ciblant le sexe – un sexe que l'enfant à cet âge n'est pas à même de se représenter.

De l'autostimulation à l'autosatisfaction : comment bébé prend en main son plaisir

Ces mouvements d'autoexcitation où le bébé éprouve un plaisir dont il n'a pas la maîtrise directe, mais qu'il est capable d'entretenir ou de provoquer par son agitation, semblent disparaître assez tôt. En revanche, les premiers gestes contrôlés visant à saisir le sexe avec une intention d'autosatisfaction ne s'observent qu'assez tardivement, quand l'enfant, à la fin de la première année, a appris à connaître son corps et contrôle mieux sa motricité fine. Il est admis que le bébé n'acquiert que tardivement, vers 9 mois environ, une représentation complète de son corps. Cela correspond classiquement au stade du miroir, moment où il marque pour la première fois un intérêt pour l'image que lui renvoie celui-ci. Ne nous leurrons pas : lors de cette rencontre initiale entre le bébé et son image, cette représentation globale de soi qui rend si captivant le reflet du miroir est davantage fondée sur des impressions sensori-motrices que sur la construction perceptive complexe, intégrant principalement des données visuelles mais également bien d'autres données, que constitue le schéma corporel abouti de l'adulte. Le schéma corporel de l'enfant de 1 an n'est encore qu'à l'état d'ébauche, et il se développera en même temps que lui apprendra à mieux se connaître, aidé par les interactions avec le monde qui l'environne. Socle d'une identité subjective, il ne correspond pas à une identité achevée, incluant notamment la dimension sexuelle.

Quoi qu'il en soit, avec cette première connaissance de soi, le nourrisson devient capable de porter sa main vers son sexe, comme le constatent les jeunes mères d'Internet. Il faudra toutefois attendre deux ou trois ans pour que ce qui n'est encore qu'une possibilité de mieux cibler son sexe avec les mains quand les conditions le permettent, devienne une véritable démarche délibérée de plaisir volontaire et contrôlé. À ce moment-là, ce qui n'était encore qu'une autosatisfaction contingente à peine plus élaborée que l'autoexcitation déclenchée par les frottements accidentels des couches, et encore largement dépendante des circonstances, devient *un acte volontaire de masturbation par automanipulation.* Pour parvenir à saisir son sexe, l'enfant ne se contente pas de profiter des occasions, il les crée en triomphant des obstacles.

À ce stade, la masturbation est devenue essentiellement l'affaire des garçons.

La conformation du sexe des bébés garçons : un avantage pour l'automanipulation

Ce constat important mérite qu'on s'y arrête. D'abord, résumons-nous. L'onanisme infantile est donc aujourd'hui un fait admis et largement confirmé. Cette activité ne doit toutefois pas être confondue avec la masturbation de l'adulte. Avant tout, les sensations génitales chez l'enfant ne sont pas celles d'un adulte dont les circuits de la sexualité sont parvenus à maturité, et qui est capable d'orgasme. De plus, la relation de l'enfant au plaisir sexuel évolue dans le temps. Soumis à une excitation spontanée à l'origine, qu'il reproduit dans des conduites circulaires d'autoexcitation, il prend peu à peu la maîtrise de son plaisir, et l'autosatisfaction se construira progressivement comme une conduite volontaire, de moins en moins dépendante des circonstances. Pour le dire autrement, d'hétéronome, dépendant de mouvements de son corps ou de gestes des autres, le plaisir de l'enfant deviendra peu à peu autonome. Or que constatons-nous ? *Tant qu'il s'agit d'un « jeu génital*[10] » *où l'autostimulation se situe à un niveau intermédiaire entre l'excitation accidentelle et l'autosatisfaction intentionnelle, les filles sont à égalité avec les garçons* : elles s'explorent le sexe aussi couramment que les garçons lors de la toilette, elles sont aussi nombreuses que les garçons dans ces séries de bébés qui pratiquent la masturbation axiale. Mais *dès qu'il s'agit de masturbation proprement dite, c'est-à-dire d'une pratique délibérée d'automanipulation, les garçons prennent le devant de la scène.* Ce sont eux qui mettent leur mère dans l'embarras parce qu'ils enlèvent leur culotte pour se toucher le pipi – c'est un petit garçon de 2 ans qui est en cause, dans le témoignage de Sandra que nous avons recueilli sur Internet. Dans les revues ou les ouvrages éducatifs, les conseils que l'on donne aux parents pour bien réagir à la masturbation de leur enfant ne concernent finalement que les garçons, chez lesquels cette activité est nécessairement spectaculaire puisque, à la différence des filles, ils disposent d'un sexe manipulable et visible qui leur permet d'agir – sur eux-mêmes comme sur leur environnement.

L'automanipulation du petit garçon : plaisir sexuel ou subversif ?

Autant que les plaisirs du sexe, c'est d'ailleurs les effets sur l'adulte de cet agissement qui sont explorés par l'enfant à ce stade. Et l'adulte, confronté à cet acte, ne sait comment réagir. Voici l'exemple de conseils que l'on trouve sur un site Internet dédié aux parents :

> « Comment réagir ? Simplement, sans ignorer la question (c'est l'occasion peut-être d'aborder différents aspects de la sexualité, au besoin à l'aide des petits livres édités sur le sujet), ni tomber dans la culpabilisation, mais en rappelant qu'il s'agit

de quelque chose d'ordre privé : "Oui, c'est agréable, mais c'est un geste intime, si tu veux le faire tu peux mais tout seul, dans ta chambre." Et en restant vigilant : la masturbation est normale et saine, mais doit alerter si elle devient compulsive ou exhibitionniste ; il faut alors s'interroger sur ce qui peut se jouer dans cette activité, et ne pas hésiter à consulter. »

Tant qu'on ne montre rien, en somme, pas de problème.

Par chance, la fille, elle, n'a rien à montrer et ne risque pas de troubler l'ordre public. Chez elle, il n'y a en effet pas de sexe sur lequel agir – seulement une zone de son corps, entre ses cuisses, qui se prête aux caresses. On n'entend jamais parler de petite fille baissant sa culotte en public, devant le regard outré de sa mère, pour cajoler ses parties intimes. Lorsque l'on interroge les mamans, on constate bien que les petites filles n'ont pas soudainement, à l'âge de 2 ans, perdu pour autant tout intérêt pour leur sexe. Quand les circonstances s'y prêtent, elles mettent volontiers une main entre les jambes, confient que « ça les chatouille », s'intéressent à cette zone mystérieuse, peuvent même tenter d'y glisser le doigt ou, plus volontiers, se frotter contre une couverture, un doudou... Mais il n'y a que rarement provocation : la masturbation s'effectue d'une façon naturelle, quand la petite fille est allongée, joue ou regarde la télévision, le sexe facilement accessible dans un moment de nudité ou sous un vêtement léger, avec un caractère accidentel bien plus qu'intentionnel. C'est probablement en raison de ce caractère non provocateur que la masturbation de la petite fille fait aussi peu parler d'elle.

Mais c'est aussi parce qu'elle n'a rien de visible à manipuler que la petite fille se masturbe peu.

Car on a maintenant la preuve que l'activité masturbatoire de la petite fille n'est pas comparable en fréquence à celle du petit garçon. Une équipe de chercheurs américains de la Mayo Clinic[11] a mené récemment une enquête sur le comportement sexuel des enfants de 2 à 12 ans en interrogeant plus de mille mères de famille. Ses données révèlent des différences dans la fréquence de l'activité masturbatoire des garçons et des filles : pour les enfants de 2 à 5 ans, les parents observent des attouchements des parties sexuelles chez 60 % des garçons et 44 % des filles à la maison ; en public, le comportement est moins fréquent, mais la différence selon les sexes persiste (27 % de garçons et 15 % de filles). Maximale à 3 ans, l'activité masturbatoire décroît progressivement après 5 ans. De 6 à 9 ans, 13 % des garçons et 5 % des filles se masturbent ; les chiffres sont encore plus bas de 9 à 12 ans. L'enquête étudie également différents types de comportements sexuels : dans l'ensemble, tous se retrouvent environ deux fois plus fréquemment chez les garçons que chez les filles.

L'automanipulation du petit garçon :
un « organisateur » de la sexualité masculine,
où se rejoignent plaisir et pouvoir

• Les « organisateurs » de la personnalité. Rappelons maintenant que c'est aux environs de l'âge de 3 ans que l'enfant, grâce à la marche et au langage, dispose pour la première fois des moyens d'une relative autonomie par rapport à l'adulte, autonomie dont il teste les limites par des bravades et des provocations répétées auprès de sa mère et de tous ceux qui l'ont en charge. Cette étape représente une première rupture importante par rapport à ce que l'enfant vivait jusqu'alors comme un pouvoir sans limites, une « toute-puissance » des parents sur son existence. Au cours de cette première rupture qui annonce ce que l'adolescence viendra ultérieurement compléter, l'enfant découvre pour la première fois les limites de ses parents, dans l'ombre desquels il vivait jusque-là, en s'attribuant en partage leur pouvoir illimité.

Désormais, l'univers est borné ; à travers les conflits, la part de l'enfant qui n'obéit pas aux parents et se dresse contre eux donne une assise à sa personnalité embryonnaire : elle marque un début de délimitation du territoire, de tous les territoires, le sien comme le leur. Les camps se dessinent alors, celui des enfants comme celui des parents – et dans le camp des parents, ceux du masculin et du féminin.

Un mot du langage encore tout neuf de l'enfant caractérise cette période, c'est le « non ». Le « non », expression linguistique de son refus de se laisser influencer – ou, à l'extrême, envahir – par les désirs et la volonté des parents symbolise ce que le psychanalyste René Spitz[12] appelle un « organisateur » de la personnalité. C'est l'un des organisateurs de la personnalité de l'enfant, celui qui marque le point de départ d'une histoire unique, produit de l'union physique et affective des parents, mais leur échappant dans sa combinaison spécifique, et opposant sa volonté d'existence propre aux élans excessivement protecteurs et possessifs de leur grand amour. À l'occasion de ce « non », l'enfant pose les premiers jalons d'une histoire de lui-même qu'il n'est pas question de laisser à d'autres le soin de tracer, une histoire qu'il se sent pour la première fois les moyens de s'approprier, et qui l'amènera à construire un Soi, c'est-à-dire un espace mental bien à lui, un espace d'adulte indépendant et libre.

• Le pipi du petit garçon : un instrument de pouvoir et de plaisir. Au moment de la première lutte, moment où il s'agit de s'éprouver, d'opposer son pouvoir à celui des parents, et de mesurer la puissance de ses armes face à eux, le garçon dispose, du point de vue de son sexe, d'un instrument sur lequel il peut agir, qu'il peut manipuler ; la fille n'a rien entre les mains. Le sexe du garçon devient un outil, quand celui de la fille n'est qu'un mot. Il s'offre la liberté de tire-bouchonner son zizi devant ces adultes qui lui demandent : « Range ton outil », ou « Cache ton robinet ». La nature a mis à sa disposition un moyen d'action, un objet de pouvoir contre les grands.

Mais le pipi du petit garçon n'est pas seulement un instrument de pouvoir. Il l'a éprouvé, dès les premiers mois, comme un lieu d'autoexcitation ; il a appris à en tirer, à l'occasion, des satisfactions d'ordre érotique ; cela devient, lorsqu'il fait ainsi un premier pas vers l'indépendance, un instrument de jeu avec ce corps qu'il se sait à présent posséder : un levier, une sorte de manivelle pour mettre en route le plaisir. Ainsi, le petit garçon se trouve, par fabrication, doté d'un instrument qui le place d'emblée dans un rapport de possession quasi mécanique du plaisir : il dispose d'une clé, il la voit, il apprend vite à en tirer parti pour déclencher le moteur à délices. Avant même d'avoir connu les émois de l'adolescence, il a compris que la jouissance était entre ses mains, qu'il détenait des moyens d'agir son plaisir. N'entend-on pas d'ailleurs les mamans gênées par l'impudeur de leur petit garçon lui faire des remarques comme : « Cesse de toucher à ton instrument ! » – confortant ainsi, en toute innocence, la vision utilitaire que leur homme en herbe est en train d'élaborer autour de cet étrange bout de chair, cette partie de lui-même aux pouvoirs si merveilleux pour lui, et si dérangeante pour les grands !...

• La masturbation par automanipulation : un organisateur de la sexualité masculine. La masturbation du petit garçon représente ainsi ce que l'on pourrait appeler, pour rester dans l'esprit de Spitz, le premier organisateur de différenciation sexuelle : un organisateur de la libido du mâle humain, c'est-à-dire un comportement pivot autour duquel s'organisera la sexualité de l'homme à l'âge adulte. Une sexualité pourvue d'un imaginaire érotique bien distinct de celui de la femme. Lieu de pouvoir et de plaisir, le bout de chair qu'a le petit garçon entre ses jambes devient à l'âge de 2 ou 3 ans un membre à part entière, c'est-à-dire une partie de son corps qu'il *voit* et qu'il peut *toucher*, sur laquelle sa volonté peut agir. Longtemps part invisible de lui-même, son sexe acquiert, au moment où il accède à sa première autonomie, un statut nouveau. Ce prolongement de lui-même lui ouvre les portes d'une autre forme d'appropriation du monde : la maîtrise de son bon plaisir, contre celui des adultes. Le sexe du garçon, au moment où il prend conscience de lui-même, n'est pas seulement un outil, il est un membre, un membre à part, un membre où se joue son plaisir contre la loi des grands.

Et celui de la fille, un mot, une représentation verbale. Au même âge que ce petit garçon provocateur, l'âge de l'autonomie, la petite fille possède le langage – pas le membre, pas l'outil.

À quoi pensent les petites filles ?

Qu'éprouvent donc vis-à-vis de leur sexe les petites filles à l'âge de la première autonomie, cet âge où les petits garçons se masturbent tant ?

• Très tôt déjà, un creux à combler ? Les données recueillies sur le divan des psychanalystes indiquent que la petite fille aurait une intuition très précoce de sa conformation sexuelle. On peut imaginer que les sensations internes éprouvées lors de la masturbation axiale y ont contribué. Dès les années 1950, certains psychanalystes avaient noté la capacité pour elle – et uniquement pour elle – de connaître des plaisirs orgastiques dans sa petite enfance. Paul Kramer[13], tout en signalant que « rien qui y ressemble, même de loin, ne s'est produit chez les garçons que j'ai observés », affirme que des petites filles de 3 ans peuvent avoir des décharges génitales orgastiques selon « leurs besoins propres » et « leur propension interne à un tel vécu ». Marjorie Barnett constate également qu'un certain nombre de femmes se prétendent conscientes de disposer d'un vagin depuis la petite enfance, et que plusieurs d'entre elles ont le souvenir d'orgasmes masturbatoires de l'enfance comme « ressentis à l'intérieur », accompagnés de contractions et de palpitations[14]. Selon cette dernière, le vague pressentiment d'une cavité interne mal définie et dépourvue de protection prédisposerait la petite fille à l'angoisse et au refoulement hors de la conscience de cette partie de son corps[15]. Ces interprétations doivent toutefois être prises avec prudence, dans la mesure où elles portent sur des remémorations de femmes adultes en analyse qui pourraient être liées au contexte particulier de la cure psychanalytique.

Récemment, une recherche conduite par Anne Decerf, déjà mentionnée, a tenté d'explorer la subjectivité féminine dans ses tout premiers pas à l'aide d'une expérience originale. Elle observe comment se comportent des petites filles de 2 ans et demi quand on leur propose de jouer avec deux baigneurs en celluloïd sexués (d'apparence identique en dehors des sexes). Les enfants disposent des ustensiles nécessaires au soin du maternage, et conduisent le jeu à leur guise. Les enchaînements de leurs actes et de leurs propos sont notés fidèlement. L'observation porte sur plusieurs séances de jeu pour chaque enfant, ce qui permet de disposer de données évolutives. Cette recherche démontre que l'univers des petites filles est déjà structuré sexuellement à cet âge. Elles s'intéressent au sexe des baigneurs, touchent du doigt le zizi du garçon, et s'identifient à la fille qui, elle, a un « nounou » ou un « pet ». Leurs activités de jeu tournent autour des couches et du pot, de ce qui est ingéré et excrété : elles habillent, déshabillent, mettent sur le pot, se livrent à des commentaires, font des reproches ou donnent des ordres en imitant ce qu'elles vivent quotidiennement, sans traiter différemment les baigneurs selon le sexe. C'est à propos du pipi et des jeux sur le pot qu'apparaît nettement la distinction : les garçons font pipi avec un zizi indépendant du pot, les filles avec leur nounou, assises sur le pot. À partir de certains comportements, Anne Decerf se livre à des interprétations qui suggèrent que les fillettes ont déjà le sens d'une forme d'intériorité ouverte à un comblement par emboîtement.

Précieuses par leur caractère inédit, ces observations restent malheureusement trop limitées pour offrir des garanties suffisantes à la généralisation. Mais elles ont l'intérêt de nous montrer que, très tôt, la fillette se vit comme appartenant à un sexe, éprouve ce sexe comme un creux (et non pas comme une absence) – et semble déjà percevoir son corps comme un habitacle futur.

• Souvenirs de femmes. Pour disposer d'autres indications subjectives sur ce qu'éprouvent les petites filles à propos de leur sexe, tournons-nous à présent vers les souvenirs qu'en gardent les femmes parvenues à l'âge adulte en dehors de tout contexte psychanalytique.

Dans une des œuvres fondatrices pour les mouvements d'émancipation féminine, *Le Deuxième Sexe*, Simone de Beauvoir[16] fait sur le sujet, sans l'aide de données d'enquêtes établies ultérieurement, une réflexion frappante par son parfait accord avec le constat qui vient d'être dressé. Selon elle, la petite fille se livre à des pratiques solitaires :

> « [...] dans les deux premières années, peut-être même dans les premiers mois de sa vie ; il semble qu'elle les abandonne vers les deux ans pour ne les retrouver que plus tard ; par sa conformation anatomique, cette tige plantée dans la chair masculine sollicite les attouchements plus qu'une muqueuse secrète : mais les hasards d'un frottement, l'enfant grimpant à des agrès, à des arbres, se hissant sur une bicyclette, d'un contact vestimentaire, d'un jeu, ou encore d'une initiation par des camarades, des aînées, des adultes, découvrent fréquemment à la fillette des sensations qu'elle s'efforce de ressusciter. »

Ainsi, l'intuition de Simone de Beauvoir nous le confirme : la masturbation de la petite fille s'éteint tôt, et ne se réveille que quand l'occasion se présente : elle reste liée au contexte, comme on le reverra. Alors que la « tige » masculine sollicite les attouchements, la « muqueuse secrète » du sexe féminin se fait oublier.

Le témoignage de Daphné, une des femmes interrogées par Gérard Bouté dans sa quête de l'identité féminine, confirme l'absence d'intérêt de la femme pour son sexe, parfois jusqu'à un âge avancé. Daphné, une journaliste de 53 ans, mariée et mère de trois enfants, a connu une jeunesse très libre en Afrique : « Elle s'est fondue dans l'hédonisme serein des enfants élevés dans ces terres chaudes et ouvertes au plaisir », note l'auteur. Pourtant, toute hédoniste qu'elle est, elle n'a pas le souvenir de s'être explorée quand elle était enfant. Bien plus, elle rapporte qu'elle n'a découvert son sexe que très tardivement, alors qu'elle avait déjà ses trois enfants. C'est seulement alors qu'elle l'a touché, considéré, exploré, et qu'il lui est devenu familier. Elle s'étonne de ne pas l'avoir observé avant, de ne pas en avoir même eu simplement la curiosité. Elle se souvient en revanche de la curiosité que, avec ses sœurs, elles avaient pour le sexe des garçons et du petit frère. « Leur sexe, c'était un objet à saisir, à envoyer, à recevoir, comme un petit jouet circulant de main en main [...] c'était un ballon, une bille[17]. »

Seulement deux des dix-huit femmes sur lesquelles a enquêté l'auteur rapportent des souvenirs d'attouchements et d'exploration dans l'enfance. Dans les seize autres témoignages, l'onanisme, peu pratiqué, est souvent tardif, parfois bien après l'adolescence. Deux sur dix-huit, on conviendra que ce n'est pas beaucoup. Mais c'est également ce que ma pratique m'a conduit à constater. Même les femmes qui ont une vie sexuelle très active ne sont ni plus précoces ni plus adeptes de la masturbation que les autres – ce qui n'est pas fréquent pour les hommes.

En revanche, il n'est pas rare que des femmes aient gardé le souvenir précis d'avoir joué avec le sexe d'un garçon proche d'elles : frère, cousin ou ami. En somme, dans l'immense majorité des cas, lorsque rien n'attire son attention sur son sexe – soit qu'on lui interdise brutalement d'y toucher, soit qu'on l'y encourage de façon plus ou moins implicite –, la petite fille, parvenue à l'âge de la première indépendance, oublie son sexe. C'est l'inverse que l'on observe chez le garçon, qui le manipule de façon ostentatoire.

Le langage de la petite fille : quand le pouvoir des mots prend le pas sur le sexe

Le comble du paradoxe est en effet que la fille semble perdre son sexe quand le garçon acquiert le sien. Ce n'est pas exactement cela. Il n'y a pas disparition, mais substitution, une substitution sur laquelle nous allons nous étendre maintenant.

L'enfant acquiert sa première autonomie grâce à son développement sensori-moteur, qui lui permet de se déplacer sans aide, et grâce au développement de ses capacités d'expression, qui lui permettent de communiquer. Entre humains, la communication s'établit essentiellement par le langage, qui appartient au domaine du symbolique. Bien entendu, il existe une communication extralinguistique, qui est plutôt de l'ordre du sensori-moteur, et c'est d'ailleurs sur cette forme de communication que reposent les relations parents-enfant dans les premiers mois de la vie. Mais l'enfant dispose d'un cerveau qui se prête à la communication symbolique par le langage, et il a pu mesurer le pouvoir du langage dans l'usage qu'en font les grands. Tout comme il cherche à acquérir l'autonomie motrice en développant ses régulations sensori-motrices, il tentera, dès que possible, d'acquérir un espace d'autonomie mentale pour sa pensée et l'expression de ses désirs, par l'acquisition de cet instrument symbolique qu'est le langage. En même temps qu'il accède à la représentation symbolique du monde, il s'éloigne de son univers initial, essentiellement sensori-moteur, structuré avant tout par le ressenti émotionnel et physique. Un univers où le corps est vécu, mais non représenté. Cet accès au symbolique offre les possibilités d'abstraction nécessaires pour la représentation unifiée de soi-même et du monde, autrefois éparpillée dans des ressentis innombrables – et innommables. Il change la nature de la relation au monde, que la conscience parvient alors à saisir (ou s'imagine pouvoir saisir ?) à travers le découpage linguistique, et qui devient un monde ouvert à l'action de sa volonté : l'univers sensori-moteur était subi, l'univers symbolique est intentionnel. Mais il ouvre à une autre forme de conscience de soi, une conscience mise au service de projets personnels et *où peut facilement être oublié ce qui n'est ni puissamment ressenti ni visible, ce qui ne s'impose pas avec l'évidence du réel* face aux intentions du moment. Recouvert par l'univers symbolique, l'univers sensori-moteur s'atrophie ; il perd la priorité tout en conservant un rôle actif pour inspirer les histoires que se raconte la conscience.

En accédant au langage, le petit garçon dispose d'une représentation de lui-même au sein d'un monde ordonné par les intentions, une représentation dans laquelle il intègre son sexe avec un mot pour le nommer (*seeing as*), tout en conservant le sexe réel qui se voit (*seeing*) sur lequel on peut agir (*touching*) et que l'on peut exhiber. La fille gagne la représentation et le mot (*seeing as*), elle est capable de nommer son zizi, mais elle perd le sexe réel, celui qui s'imposait à elle dans le vécu sensori-moteur, et qu'elle explorait alors agie par d'inconstants et accidentels désirs du corps. Un sexe qui avait sa place dans l'univers sensori-moteur du toucher et du ressenti, où il les poussait autant à la masturbation axiale que les garçons, mais qui ne peut plus exister de la même façon dans un univers représentatif ordonné autour d'une conscience verbale et intentionnelle.

Le mythe de la castration

Au moment où la fille devient actrice dans ce monde, où elle gagne en autonomie, elle perd donc le contact avec son sexe réel. On conçoit qu'elle puisse être curieuse de l'instrument que possède le petit garçon entre ses jambes, et même lui envier ce jouet. Suis-je en train de rejoindre en fin de compte les positions freudiennes ? Je ne pense pas. Car Freud voyait une angoisse – et pas n'importe laquelle : l'angoisse de castration, une sorte d'émotion matricielle dont découlent selon lui toutes les autres – là où je n'en vois pas. Le petit garçon dispose d'un membre où se joue son bon plaisir contre celui des grands, mais il n'est plus question aujourd'hui, comme à l'époque de Freud, de le menacer de couper quoi que ce soit avec des ciseaux lorsqu'il se tient mal. On oublie volontiers que, lorsque Freud a développé sa théorie de la castration[18], l'époque était encore à la croisade contre l'onanisme – au point qu'un chirurgien contemporain réputé pouvait, par exemple, proposer la clitoridectomie comme remède contre les mauvaises habitudes des petites filles.

Certes, dès lors que le petit garçon vit son sexe comme un membre, il peut craindre de perdre ce membre. Les petites filles nous en parlent comme d'un jouet, « une bille » qu'on peut se passer entre soi ; il y a donc dans ce prolongement de lui-même du séparable, du détachable, à l'inverse du sexe de la fille. Et puisque l'imaginaire de l'enfant est encore dominé par des croyances irrationnelles, le petit garçon peut redouter que l'on s'en prenne à cet « instrument » avec lequel il joue en se confrontant au pouvoir de l'adulte. Il peut avoir peur que disparaisse la « baguette magique » qui lui donne cette force nouvelle et le range du côté de papa, si écrasant par ailleurs en comparaison. Car n'oublions pas qu'en accédant à l'univers de la maîtrise et du langage, les enfants pénètrent également dans un univers sexué, un univers où le sexe est représenté et nommé : filles et garçons prennent conscience qu'ils appartiennent chacun à un camp, celui des papas ou des mamans. L'identité subjective amorcée à la fin de la première année, au moment du stade du miroir, se parachève alors en identité sexuée. Mais le petit garçon ne craint pas plus, à proprement parler, la castration que la fille ne se sent castrée.

Mythe construit à une époque où la culture rendait la menace plausible, la castration ne garde plus aujourd'hui, à mon sens, qu'une valeur métaphorique : elle désigne avec plus ou moins de bonheur la privation d'un pouvoir – elle est la blessure que l'on expose pour conforter son statut de victime face à l'oppresseur « phallique », ou encore la menace que l'on brandit envers ceux qui se glorifient de la possession du « phallus ». Mais cette belle symbolique ne s'applique pas à l'enfance : à cet âge, simplement, le petit garçon a un sexe qui est un membre, avec les risques de l'aventure ; et la petite fille a un sexe qui est un mot, un mot plaqué sur un vague pressentiment, en enviant peut-être parfois, mais finalement pas si fréquemment[19], la « quéquette » des garçons : elle ne se sent pas « castrée », mais différente. Adoptant un point de vue très proche de mon propos, certains psychanalystes reconnaissent qu'elle ne peut pas intégrer de la même façon que le petit garçon dans la représentation de soi ce sexe qu'elle ne voit pas[20] et avec lequel elle n'agit pas[21] : point n'est donc besoin de recourir à la castration pour interpréter les rapports de la petite fille à ce sexe qu'elle inclut d'emblée différemment – comme un creux et non comme une absence – dans sa construction personnelle. Au reste, les angoisses que j'ai rencontrées dans ma pratique n'évoquaient que bien rarement les angoisses de castration[22].

Interprétations psychanalytiques de la masturbation

Il existe un autre plan – celui des interprétations du phénomène de la différence des sexes face à la masturbation – sur lequel je ne me sens pas en accord avec les positions des psychanalystes. Comme on l'a vu dans l'introduction, rares sont ceux qui se sont intéressés à la question, malgré la place centrale qu'occupe la sexualité dans la théoric psychanalytique. Pour Joyce McDougall, la masturbation n'est en effet pas « une activité sexuelle comme les autres », une de celles dont on parle facilement. Pourquoi ? Parce qu'elle recouvre, selon elle, une sorte de nostalgie, la nostalgie d'une relation sans faille avec la mère dans les relations précoces du bébé : « Entre l'être plein, sans faille de l'illusion fusionnelle, et le vide absolu du mal, de la mort, il y a l'espace de l'imagination et la main de l'illusion[23]. » Cette nostalgie d'une mère qui comble et que vient remplacer la main qui fait jouir peut enfermer dans un idéal d'autosuffisance : « Le masturbateur n'affiche-t-il pas aussi sa libération de la contrainte de la monosexualité, et de sa dépendance de l'autre en tant que lieu du désir[24] ? » Elle représenterait ainsi une activité subversive pour l'ordre sexuel, soustendue par des fantasmes narcissiques mégalomaniaques.

Joyce McDougall ne va pas plus loin, et ne cherche pas à expliquer la différence de cette pratique selon les sexes. Mais d'autres psychanalystes, constatant cette différence sur laquelle on ne s'était jusqu'à présent jamais interrogé – faute peut-être de disposer de statistiques démonstratives –, étendent son interprétation et en font la clé du manque d'intérêt du sexe féminin pour la masturbation : l'équivalence main-mère évoquerait pour la fille soit un rapprochement homosexuel intolérable, soit des fantasmes destructeurs de la mère à laquelle s'identifie la petite fille[25].

De telles interprétations symboliques ne sont peut-être pas erronées, mais elles me paraissent secondaires au regard de ce qu'impose à l'esprit de chacun des deux sexes le façonnage de leur anatomie. Autrement dit les différences dans la représentation de soi selon les sexes, les différences dans ce « savoir sur soi, sentiment de soi, saisie de soi[26] », qui émanent du ressenti du corps du bébé fille et du bébé garçon, et qui sont une donnée apparaissant en même temps que la mise au monde, ces différences me paraissent suffisantes à expliquer les écarts observés entre garçons et filles dans l'utilisation de leurs parties génitales à des fins autoérotiques.

La masturbation orgasmique

Si l'autoexcitation du bébé dans sa première année déclenche des crises d'allure orgasmique, les autoattouchements de l'enfance sont des plaisirs qui ne mènent pas à l'orgasme de l'adulte. Les premiers orgasmes n'apparaissent que lorsque l'appareil génital a acquis le degré de maturité voulu, c'est-à-dire vers la puberté. Des orgasmes prépubertaires, vers 9 ou 10 ans, ne sont toutefois pas si rares. Corrélativement à ces nouvelles aptitudes au plaisir, la masturbation fait un retour en force : après un déclin entre 6 et 12 ans, le plaisir solitaire redevient une activité commune. Sa fréquence culmine pendant l'adolescence, puis décroît et se stabilise à l'âge adulte. Là encore, les statistiques, cette fois beaucoup plus nombreuses que chez l'enfant, révèlent des différences notables entre sexes.

Une activité avant tout masculine

La première enquête, celle qui reste aujourd'hui encore – et de loin – la plus documentée, est le fameux rapport Kinsey[27]. Dans les années 1940 à 1950, Kinsey a interrogé systématiquement un peu plus de cinq mille hommes américains et à peu près autant de femmes : 94 % des hommes admettaient alors avoir pratiqué la masturbation jusqu'à l'orgasme, contre 40 % des femmes.

Naturellement, la signification de ces chiffres a été contestée. Ne résulteraient-ils pas tout simplement de la pudeur des femmes, qui pousse ces dernières à plus de retenue dans leurs confidences ? Quand on voit le caractère méthodique des entretiens menés par l'équipe de Kinsey, et l'abondance des questions posées dans les domaines les plus scabreux, cet argument manque de poids : pour résister à de tels interrogatoires, il fallait à l'évidence mettre sa pudeur de côté. C'est même la critique inverse qu'on pourrait adresser au travail de Kinsey, celle d'un biais de sélection en faveur des femmes les plus impudiques, car on voit mal comment n'importe quelle Américaine ordinaire des années 1950 aurait pu accepter de se laisser entraîner dans ces entretiens sans se sentir profondément émue.

Pour expliquer ces données, on a également incriminé la culture puritaine qui sévissait dans les années 1950 : les femmes ne se seraient pas masturbées autant que les hommes parce qu'elles étaient inhibées par une culture répressive – soit que cette culture répressive, bien que visant les deux sexes, ait eu plus d'influence sur elles que sur les hommes, soit que la répression culturelle en question ait été plus spécifiquement dirigée contre elles. Sujet éminemment politique, dont se sont emparés les mouvements féministes, en incitant les femmes à se masturber : trouver les clés de son plaisir personnel pouvait être, pour la femme, un moyen d'échapper à cette forme de castration qu'entretient une culture organisée par les hommes, et à terme, un moyen de s'émanciper de l'homme[28].

Aujourd'hui, tout pousse les femmes à se masturber autant que les hommes. La culture hédoniste incite chacun à ne négliger aucune forme de plaisir. L'effondrement des croyances religieuses a effacé les interdits moraux qui s'opposaient à toute activité sexuelle visant le plaisir, et non la reproduction, comme une fin en soi ; dans une telle perspective, les plaisirs solitaires représentaient une des pires perversions, comme on peut le concevoir. Les mouvements féministes ont multiplié les efforts pour que la femme découvre son sexe, au moyen notamment de la masturbation. De plus, face au danger du sida, les homosexuels ont remis cette activité à l'honneur et ont contribué à en faire un plaisir sexuel banal. Par ailleurs, le sexe – quand il n'est pas glorifié – devient un objet de connaissance comme un autre, que l'on apprend à l'école comme n'importe quel autre savoir. Enfin, les magazines féminins ont à cœur de déniaiser leur public, même, et peut-être davantage, quand ils s'adressent à des adolescentes[29].

Les années 1950 sont donc bien loin. Or les données statistiques ont peu changé tout au long de ce demi-siècle. Une vingtaine d'années après le rapport Kinsey, une enquête comparable en France, le rapport Simon[30], menait à des résultats encore plus contrastés : 63 % des hommes déclaraient avoir déjà pratiqué la masturbation, contre seulement 16 % des femmes. Pourtant, Mai 68, la pilule contraceptive et la libération sexuelle étaient déjà passés par là. Plus proche de nous, la très rigoureuse enquête ACSF (Analyse des comportements sexuels en France)[31] menée en 1993 retrouve des résultats proches de celle de Kinsey : 84 % des hommes reconnaissent s'être masturbés au cours de leur vie, alors que seulement 51 % des femmes déclarent s'être livrées à cette pratique. Et encore, comme le remarque Janine Mossuz-Lavau[32], les 51 % sont déduits d'autres questions que celle qui aborde directement le sujet, à laquelle seulement 41 % des femmes ont répondu positivement. Mieux : Kinsey avait noté qu'à l'adolescence, les garçons s'adonnaient plus précocement que les filles à cette pratique[33]. Le fait est encore noté par une enquête de 1994 portant sur des adolescents de 15 à 18 ans[34] : à 15 ans, 89,5 % des garçons se sont déjà masturbés, contre 24,9 % des filles. Enfin, la toute dernière enquête ACSF réalisée en 2006, dont les résultats viennent d'être publiés, confirme de façon spectaculaire la différence considérable constatée par Kinsey. Toutes les activités sexuelles sont pratiquées de la même façon par les deux sexes, ce qui montre combien la sexualité féminine a évolué. Néanmoins, la masturbation, en tant que pratique régulière, n'est relevée que chez 17,9 % des femmes contre 40,3 % des hommes – celles-ci s'y livrant par ailleurs nettement plus tardivement que les hommes[35]. Avant 25 ans, cette activité est jusqu'à cinq fois plus fréquente chez les hommes ; par la suite, elle reste toujours deux fois plus souvent une affaire d'hommes que de femmes.

Les résultats sont donc éloquents et convergents dans toutes les enquêtes. Dans son étude qualitative récente (1999-2001)[36] portant sur 70 hommes et femmes, Janine Mossuz-Lavau le confirme également. Elle en conclut cependant[37] :

> « Il y a donc d'emblée un "retard" [...] chez les filles, et cela dans une période toute récente. Retard allié aussi sans doute à

une sorte d'autocensure qui montre que pour les filles, pour les femmes, la libération de la parole sexuelle n'est pas encore gagnée. »

Jusqu'où devra-t-on aller pour obtenir cette « libération de la parole sexuelle » qui permettrait enfin aux filles de se masturber aussi précocement et aussi intensément que les garçons ?

Cette remarque est révélatrice de l'enjeu politique qu'est devenu le plaisir. Il est plus ou moins explicitement admis depuis une trentaine d'années que la culture occidentale est une construction masculine imprégnée de la volonté de pouvoir de l'homme, et qu'elle a procédé depuis des siècles à une vaste clitoridectomie culturelle. Si les femmes ne jouissent pas comme les hommes, c'est que les hommes, qui ne pensent qu'à leur propre plaisir, les en ont empêchées ; si elles ne se masturbent pas comme les hommes, c'est que les hommes – ou les racines masculines de la culture, ce qui revient au même – les bâillonnent et ne leur permettent pas de « libérer leur parole sexuelle ». Il n'y aurait pas de place dans notre culture pour un discours spécifiquement féminin.

Mais le paradoxe est que celles qui veulent « libérer le discours » sur la femme ne quittent pas des yeux, ou plutôt des mots de leur propre discours, la référence masculine. Ce faisant, on continue à poser comme norme ce que l'on conteste. Doit-on absolument se fixer pour objectif que les femmes se masturbent autant que les hommes ? Ne peut-on imaginer que les hommes pourraient aussi se masturber moins, dans une culture « moins masculine » ? Ou que deux types de rapports à la masturbation peuvent coexister indépendamment de la culture, l'un féminin qui néglige un peu cette activité, au point d'ignorer le plaisir *per se*, l'autre masculin qui s'y livre abondamment, au point d'en faire une obsession ?

La masturbation féminine

• Un plaisir clitoridien avant tout. Shere Hite[38] est une homosexuelle très impliquée dans l'émancipation de la femme par la réappropriation de son plaisir, et elle se livre depuis vingt ans à de vastes enquêtes sur le plaisir au féminin. Ses sondages, fondés sur des questionnaires largement diffusés auprès de lectrices de magazines choisis, n'ont pas le sérieux de ceux de Kinsey, mais ils permettent de disposer d'autres données quantitatives et surtout qualitatives sur les activités de masturbation de la femme. À partir de ses données, Shere Hite dresse un panorama très complet des techniques de la masturbation féminine, qu'elle répartit méthodiquement selon six types recouvrant des sous-types (IA, IB, III1, III2, etc.). Cette classification n'a qu'un intérêt moyen pour notre propos, mais elle a le mérite de rappeler que les plaisirs solitaires de la femme concernent très peu son vagin : pour une large majorité des femmes (98,5 %), se masturber, c'est se caresser le clitoris. L'introduction des doigts ou d'un objet dans le vagin est peu fréquente, et elle ne représente le plus souvent qu'un plaisir additionnel à la masturbation clitoridienne. Celle-ci est pratiquée dans la plupart des cas avec les doigts, allongée sur le dos (73 %) ou sur le ventre (5,5 %) ; rares sont celles qui utilisent une pression sur la zone clitoridienne avec un objet doux (4 %), ou en se serrant les cuisses (3 %). L'utilisation d'instruments pour la stimulation clitoridienne est également peu fréquente, en dehors de la pomme de douche que quelques-unes emploient pour leur plaisir (2 %).

La fréquentation de sites Internet consacrés à ce domaine, sites qui se sont développés sous l'impulsion des milieux homosexuels, mène aux mêmes conclusions : les plaisirs solitaires au féminin se centrent sur le clitoris, que les femmes caressent de façons très variées mais surtout avec les doigts ou par frottement, plus volontiers avec un coussin ou un oreiller qu'elles glissent entre leurs cuisses. Les vibromasseurs que l'on présente aujourd'hui comme des *sex-toys* que chaque femme moderne devrait avoir à portée de main dans sa salle de bains ou son sac[39], sont très peu utilisés : elles les trouvent durs, froids, mécaniques ; quand elles les emploient, c'est davantage pour se stimuler la région clitoridienne que pour se pénétrer, et elles semblent alors leur préférer des moyens d'une autre nature, non prévus initialement pour cet usage, comme les vibrations de certains ustensiles de ménage ou d'hygiène.

• Des réminiscences de l'autoexcitation sensori-motrice ? Du point de vue de la méthode, on notera que la masturbation de la femme n'est pas sans rappeler l'autoexcitation des deux premières années. Le plaisir est volontiers cherché par des frottements, des pressions, un mouvement du corps enserrant un coussin, comme lors de la masturbation axiale. Shere Hite, lors de son relevé méticuleux des modalités de l'acte, exprime ainsi sa surprise devant l'importance qu'attribuent les femmes à la position des jambes :

> « La question intéressante et si importante de la position des jambes avant et pendant l'orgasme féminin reste encore une énigme. Pourquoi certaines femmes doivent-elles avoir les jambes écartées pour pouvoir orgasmer alors que pour d'autres elles doivent être jointes ? D'autres encore plient les genoux ou dressent les jambes en l'air. De même que les femmes utilisent différentes techniques pour s'acheminer vers l'orgasme [...], de même *elles ont besoin* d'avoir les jambes dans telle ou telle position[40]. »

L'explication de cette énigme pourrait être tout simplement que la recherche de plaisir de la femme est influencée par son expérience de nourrisson, et qu'elle éprouve le besoin de retrouver les mouvements ou postures autrefois générateurs de plaisir par autoexcitation.

Ainsi, alors que l'organisateur de la sexualité masculine paraît bien être la masturbation par automanipulation pratiquée à partir de 3 ans, qui efface chez l'homme l'érotisme précoce de la période sensori-motrice, la sexualité de la femme en resterait plutôt à l'autoexcitation de la masturbation axiale pratiquée dans la première année. Parvenue à l'âge adulte, elle cherche à revivre ces plaisirs, tout en y ajoutant celui de l'automanipulation de son clitoris qu'elle découvre tardivement ; car le sexe de la femme, comme source de plaisir, l'a désertée très tôt pour rejoindre l'invisible et donc l'ignoré : devenu un mot, il faut un contexte propice pour que ce mot reprenne corps.

• Un besoin de s'aimer tout entière, aidée par son reflet. Quand on compare sur les sites Internet spécialisés les confidences des hommes et des femmes[41], on ne peut qu'être frappé par le contraste. Les femmes ne parlent que de contact, de caresses et de douceur ; elles se mettent en scène, s'admirent dans des tenues choisies, peuvent rechercher même un contexte musical, bref elles incluent l'ensemble de leur corps dans un plaisir global dont les frottements clitoridiens ne représentent que la composante la plus vive, celle où culmine une ardeur générale – certes, elles peuvent se montrer imaginatives dans leur façon de se stimuler cette région de leur sexe, mais leurs confidences indiquent que leur volupté ne se limite pas, tant s'en faut, à ces aspects mécaniques. À l'inverse, les confidences des hommes paraissent bien pauvres : ils ne parlent que de leur sexe, de leurs érections et des moyens en tous genres permettant de multiplier le plaisir qu'ils éprouvent en manipulant ce membre ; on les voit également chercher un substitut, souvent rudimentaire et parfois grotesque, à la pénétration.

Dans les enquêtes de Shere Hite et dans les confidences recueillies sur ces sites, un autre aspect des différences entre hommes et femmes est important à relever, alors qu'il n'est jamais commenté et n'a donné lieu à aucune statistique : un bon nombre de femmes apprécient pour se masturber la complicité d'un miroir. Les révélations de certaines de mes patientes m'avaient déjà alerté sur ce point, mais la documentation rassemblée pour rédiger ce livre vient apporter une confirmation indiscutable à cette impression clinique. Il y a là quelque chose de spécifiquement féminin : les hommes ont en effet horreur de se regarder dans un miroir quand ils s'adonnent à cette activité[42] ; certains mêmes préfèrent se mettre dans le noir pour éviter de se voir en train de manipuler leur sexe. Ils peuvent, à la limite, s'observer en érection dans un miroir, mais certainement pas se masturber devant. Ce fait a des conséquences considérables, car il confirme ce qui avait déjà été abordé lors de la construction de la sexualité chez la petite fille : le sexe de la femme n'existe pas *réellement*, il ne peut être que *représenté*, et le miroir est un allié précieux pour la représentation.

On a vu que l'enfant n'accédait à la représentation de lui-même qu'en s'observant dans le miroir ; à ce moment-là coïncident pour lui un éprouvé sensori-moteur et une image : un reflet, une représentation (*seeing as*, car il ne peut pas toucher ce double de lui-même) vient enfin donner à son vécu une forme. Mais cette forme n'est réelle que pour les autres ; du point de vue de la forme, je suis le seul à ne pas me connaître, car je ne connais que ce qui m'apparaît de moi-même dans le miroir. Une part de moi, l'apparence que je m'attribue, n'est pas réelle mais construite à partir d'un reflet[43]. En revanche, mon sexe, si je suis un homme, est réel : à la fois éprouvé, pouvant être touché et directement visible.

L'accès à la représentation ne vient ouvrir chez l'homme qu'un chemin supplémentaire pour guider visuellement et s'emparer intentionnellement de ce qui dans la main existe depuis l'origine. Le sexe masculin n'existe même *réellement* que dans sa main, où la conscience reprend pied dans le sensori-moteur. Aussi, loin d'aider l'homme, l'assistance à la représentation qu'est le miroir le détourne de cette réalité-là, et le gêne pour jouir de ce qu'il ressent. En revanche, la femme fait naître dans le miroir le corps et le sexe qu'elle se représente et dont elle nourrit son érotisme.

• Le trou noir du sexe dans l'univers mental féminin. Les rapports de la femme à son sexe passent toujours par le détour de la représentation. La différence est de taille, et peut expliquer les dissemblances observées dans la pratique de la masturbation entre hommes et femmes. Avant de revenir sur ces différences, complétons par d'autres données ce qui vient d'être affirmé.

La pratique d'un psychiatre offre en effet l'occasion de mesurer la fragilité pour la femme de l'enracinement dans le réel de la représentation de son sexe : plusieurs femmes perturbées dans leur identité m'ont en effet exposé, au cours de leur thérapie, qu'elles ne pouvaient s'imaginer avoir des rapports avec un homme car elles ne pouvaient s'empêcher de penser qu'elles « n'avaient pas de trou ». Il s'agissait de femmes cultivées, et n'ignorant rien de l'anatomie féminine ; elles étaient parfaitement conscientes que ce qu'elles vivaient – cette représentation d'elles-mêmes « sans trou » – était absurde au regard de leurs connaissances. Mais c'était, pour elles, comme un fait, qui s'imposait avec l'évidence de la réalité, en dépit même du constat rassurant de leur gynécologue. Elles restaient prisonnières d'une représentation non invaginée d'elles-mêmes.

À l'inverse, je n'ai jamais rencontré d'hommes qui nient leur sexe ; même ceux qui veulent changer de sexe n'ont aucun doute sur la présence et la nature de l'organe. Les hommes peuvent s'inquiéter d'une déformation, trouver leur membre trop petit, craindre pour leur érection, avoir en somme des préoccupations concernant la représentation de leur sexe – comment se présente-t-il ? comment le percevra-t-on ? –, mais ils n'avanceront jamais qu'ils « n'ont pas de verge ». S'ils peuvent ainsi s'émouvoir pour le « *seeing as* », le « *seeing* » les ancre toujours dans le réel.

• Masturbation au féminin : un rôle libérateur ? Revenons à présent sur les dissemblances. La différence des rapports des hommes et des femmes à leur sexe est sans doute la clé de ce qui frappe Janine Mossuz-Lavau, et qui semble une caricature du comportement masculin. Elle vient de rapporter le témoignage de Damien[44], un dessinateur de 33 ans, qui lui a expliqué ce qu'il faisait à 10 et 12 ans, lorsque, comme il le dit, il essayait de « mettre son sexe un peu partout », exploitant tout ce qui lui tombait sous la main : un aspirateur, et même la chienne de ses parents[45]. Élargissant le constat à l'ensemble de ses observations, elle commente :

> « C'était plutôt vers la fin de l'école primaire, moment d'activité intense pour nombre de garçons. À ce moment-là, d'après ce qu'ils disent aujourd'hui, il est un peu moins question de sentiments pour eux que pour les filles. Ce qu'ils

veulent, c'est toucher. Toucher les filles et se toucher soi-même. »

Ils veulent en fait tout simplement continuer ce qui a toujours été. Le même Damien dit d'ailleurs un peu plus loin : « Avant [les 9 ou 10 ans], on joue avec son zizi, il se passe pas grand-chose, et puis un jour, il y a l'orgasme et c'est là que tout commence. » Ils veulent prendre les filles comme ils prennent leur sexe.

Ce rapport naturel – pour ne pas dire animal – à la masturbation est très éloigné de ce qu'on observe chez les femmes, qui font volontiers de ce comportement un acte aux multiples échos, et où la jouissance érotique proprement dite le dispute à la jubilation libératrice. Voici par exemple deux témoignages recueillis par Shere Hite[46], à propos des femmes qui disent aimer se masturber, qui montrent bien le rôle complexe que revêt cette conduite pour la femme :

> « Je ne me suis jamais masturbée quand j'étais petite. Quand j'ai découvert la masturbation, je me suis trouvée envahie par un sentiment de puissance et de libération. En me masturbant, j'ai appris beaucoup de choses sur les changements qui se produisent dans mon corps quand se produit l'orgasme. »

L'autre témoignage se pose en véritable profession de foi :

> « La masturbation est l'un des rituels sacrés propres au monde féminin. Je dis "sacré" parce que c'est la femme, et elle seule, qui est l'initiatrice, la dispensatrice et la bénéficiaire, et que tout cela lui vient d'une position de force. Il ne s'agit pas seulement d'un contact étroit, physique et émotif (les deux qualités sont inséparables) avec son propre corps, mais d'un triomphe sur toutes les peurs que la famille et le monde des

hommes ont inculquées à la femme à propos de son corps et de sa dépendance sexuelle. Que les femmes qui ont encore des doutes à ce sujet fassent un essai. Elles seront vite convaincues. »

Ces deux femmes parlent de la masturbation comme d'une conquête, alors que les hommes en parleraient plutôt comme d'un besoin qui s'impose de lui-même, et dont ils ne tirent pas une fierté particulière. D'une façon générale, ils se livrent d'ailleurs peu à des réflexions approfondies sur le sujet, parce que, précisément, pour eux, il n'y a pas grand-chose à dire : *l'acte va de soi*, il s'impose du fond du corps, il n'est pas promu par la pensée. Il s'impose au point d'être parfois encombrant – chez Damien, par exemple. On ne parle pas d'un acte – surtout d'un acte comme celui-là –, on l'agit ; et quand on le commente sur le Web, ce n'est pas pour s'en glorifier ni s'éblouir, mais pour échanger des techniques.

• Jouir en solitaire : pour la femme, une jouissance vide. Ce qui paraît plus frappant encore chez celles qui ne font pas de la masturbation une religion, c'est à la fois combien cette activité peut leur apporter des jouissances incomparables, et combien elle les laisse insatisfaites. Voilà sans doute où se marque encore fortement la différence avec l'homme.

Elles parlent de l'orgasme qu'elles se donnent avec leurs caresses à elles comme d'un plaisir intense, aigu, explosif, électrique, bien localisé à la région clitoridienne, alors que celui du coït est plus profond, mais plus diffus, plus vague. L'une d'entre elles dit même[47] : « C'est l'idée que je me fais d'un orgasme masculin. » À la différence des hommes, elles peuvent même, du moins certaines d'entre elles, renouveler immédiatement ce plaisir et parvenir à multiplier les orgasmes. Elles disposent donc d'un clavier de sensations qui paraît plus large que l'homme, et à peu près inépuisable.

Mais beaucoup souffrent d'un manque quand elles se livrent à cette pratique, et c'est pourquoi elles n'en sont pas friandes. Elles évoquent alors un sentiment de vide, de solitude[48]. L'orgasme clitoridien ne procure pas l'apaisement qu'elles ne ressentent que dans le coït : elles ont besoin de la chaleur, du poids du corps, de cet ensemble physique et affectif que l'on ne peut connaître que dans des rapports sexuels complets qui constituent pour elles « une aventure mentale et physique[49] ». Ainsi, bien que très intense, le plaisir qu'elles s'offrent à elles-mêmes les laisse sur leur faim, car un plaisir profond et total ne peut être obtenu que dans les bras d'un partenaire. Le jeu avec soi-même ne peut être qu'une approximation, un substitut de ce plaisir, et il laisse un pénible arrière-goût de solitude. D'ailleurs beaucoup de femmes pratiquent plus volontiers la masturbation avec leur partenaire que seules. Et elles n'ont découvert cette activité qu'à l'occasion d'une rencontre : ce qui explique sans doute pourquoi, à l'adolescence, elles commencent plus tard que les hommes.

En somme, le plaisir solitaire de la femme n'a souvent que peu de prix pour elle parce que le plaisir, pour la plupart des femmes, ne peut être vécu que dans une relation. Voilà aussi pourquoi les *sex-toys* les laissent indifférentes, en dehors de jeux complices avec leur partenaire : elles peuvent aimer le sexe d'un homme, mais surtout pas la mécanique destinée à le remplacer où elles voient « la marque d'un inachèvement, la déperdition d'une relation authentique dans la tristesse et la solitude[50] ».

Concluons ces longs développements. C'est dans le plaisir solitaire que l'on peut juger au mieux des rapports d'un individu avec son sexe. Or l'examen de la masturbation chez l'homme et chez la femme révèle, à quelques exceptions près, des différences considérables. Ces différences sont en rapport avec le façonnement anatomique de chaque sexe.

Par contraste avec l'homme qui a de son sexe une perception immédiate, celui de la femme est, littéralement parlant, *insaisissable* ; elle ne peut l'appréhender que par le détour d'une construction représentative[51]. Il y a donc toujours un tiers entre la femme et son sexe. Ce tiers est un regard intérieur qui doit être validé par son double à l'extérieur, un regard qui impose autant de se voir que d'être vue, et qui rend d'emblée la vie sexuelle féminine prisonnière d'une exigence relationnelle que ne connaît pas l'homme.

Cela explique que les déclencheurs du désir chez la femme ne soient pas les mêmes que l'homme, comme nous allons le voir dans le chapitre suivant.

3

Appétits d'homme, désirs de femme

Que de femmes ai-je entendues se plaindre de leur compagnon : « C'est insupportable, docteur, il ne peut s'empêcher de regarder les autres femmes. » Sous-entendu : « Soignez-le donc, ce malade ! » Il y a manière de regarder, et il y a aussi un respect pour celle qui vous accompagne et qui va souffrir de ce regard, parce qu'elle s'imagine comparée à une rivale, mais il y a également l'effet que produit la femme sur l'homme.

Appétits des hommes

Un effet que bien des femmes parviennent mal à imaginer, alors qu'elles ne se privent pas d'en jouer. Elles en jouent même en permanence. Mais en toute innocence, soutiennent la plupart d'entre elles : hypocrisie, inconscience, ou simplement pudeur ? À moins qu'il ne s'agisse d'une certaine forme d'ignorance qui fait partie du statut féminin : une conséquence inévitable des rapports de la femme à son sexe.

Elles

Ces diables d'hommes ont donc toujours les yeux tournés vers les femmes. Pourquoi ? Et d'ailleurs, que cachent les regards masculins : un émoi non maîtrisé, un désir déjà, ou une simple curiosité ? Cela pourrait bien être une question d'âge, et aussi de priorités personnelles, comme le confie l'auteur d'un roman érotique japonais[1] :

> « Les jeunes gens qu'anime la volonté de ne pas gâcher la vie qu'ils ont devant eux s'en tiennent à une seule femme, et ils sont plus sincères et plus sérieux qu'on ne serait tenté de le croire. Passé vingt-cinq ans, au seuil de la trentaine, on est plein de soi-même, et le désir est impérieux de vouloir toucher une ou deux fois à tout ce qui tombe sous le regard. »

On retrouve là cette obsession qui frappait Janine Mossuz-Lavau à propos des garçons adolescents : toucher, toucher les filles et se toucher soi-même. Le regard de l'homme serait-il l'excitation de l'œil qui anticipe ce que la main va saisir ?

Si cela était, il faut admettre qu'avant de saisir quoi que ce soit, c'est bien l'homme qui est saisi lui-même, car il y a quelque chose de mystérieux dans la façon dont une silhouette féminine accapare l'attention des hommes et suscite le désir au moyen de sa grâce naturelle et des artifices de la mode. Un mystère qu'un écrivain comme Colette sait parfaitement habiller de mots[2] :

> « La nature a paré Mitsou des beautés que requiert la mode actuelle : point de nez – ou si peu –, l'œil très grand, noir comme le cheveu, la joue ronde, la bouche étroite, boudeuse et fraîche, voilà pour le visage. Pour le corps, il le fallait mince, avec la jambe longue et noble, le sein bas et petit : nous avons tout cela, sans autre défaut qu'un peu de maigreur au-dessus du genou. »

On verra plus loin, au chapitre 5, ce que l'on sait aujourd'hui des composantes de l'attirance. Quoi qu'il en soit, les femmes – leur visage, leur silhouette, leur allure, certains aspects de leur anatomie que laissent pressentir leurs tenues – attirent les hommes, voilà tout, et il n'y a rien qu'on puisse faire contre cela, et rien qui puisse tout à fait s'expliquer.

Elles le savent bien, car elles s'ingénient à se mettre en valeur, exploitant ce qui leur paraît le mieux réussi de leur personne, sans oublier d'accentuer par le maquillage l'éclat de leur regard, de leurs lèvres et de leur carnation. Car les hommes sont sensibles à ces détails, et toujours bon public : s'ils pouvaient voir davantage que ce qu'on leur montre, ils s'y prêteraient de bonne grâce. Il y a du voyeur dans chaque homme, nous y reviendrons. Mais il y a la décence.

Et ils aiment les femmes décentes ou, plutôt, ils aiment profiter de la beauté des femmes quand elle paraît émaner d'elles naturellement – même si ce naturel est en fait travaillé. « Je veux bien voir téton et fesses, mais je ne veux pas qu'on me les montre », disait Diderot[3]. Montrer indique déjà une intention inquiétante. Les hommes regardent les femmes, ils sont sensibles à leur beauté et à leurs formes, mais ils savent aussi que c'est là une faiblesse dont les femmes jouent. Celles qui se montrent trop exercent un pouvoir qu'il s'agira de payer, le moment venu. Mais le risque est modeste au regard du plaisir : malgré la menace qu'elles peuvent parfois représenter pour lui, le monde est, pour un homme, paré des couleurs des femmes qui le peuplent.

Elles toutes, jusqu'au bout…

Cette façon qu'a le charme féminin d'enchanter le monde masculin débute dès les premières années et se prolonge jusqu'à la fin de ses jours. La quête de la femme est au cœur de l'existence de l'homme, quel que soit son âge, et ne peut être dissociée de son identité même : elle est indispensable pour qu'il se sente homme. Mes patients déprimés qui perdent tous leurs désirs s'étonnent de ne plus éprouver cette attirance familière.

> « Les jupes, comme plus tard les rideaux de théâtre, éveillaient ma curiosité. [...] Elle devint pour moi le paradigme de toute connaissance cruciale. Le monde est une jupe que je désire relever[4]. »

Cette expérience spécifiquement masculine ne peut être comprise et partagée que par des hommes, et elle étonne toujours les femmes. La pulsation du désir accompagne les jours de l'homme et bat en lui comme un signe de vie depuis l'enfance, quand la jouissance est encore hors d'atteinte, jusqu'à la sénescence, quand elle est devenue un souvenir. Bien des hommes âgés m'en ont fait la confidence : lorsque toute forme d'accomplissement du plaisir a disparu, une jolie femme demeure un incomparable plaisir de l'œil. L'un d'entre eux, fasciné par la grâce d'une jeune amie de sa femme, s'était lancé dans une entreprise de séduction sans prendre garde à sa compagne qui, bien entendu, n'appréciait guère. Me prenant à témoin, elle lui reprochait de se rendre ridicule, et de la ridiculiser elle aussi. « Quel gosse je fais ! » a-t-il reconnu dès que nous nous sommes trouvés face à face. Tous ses efforts pour plaire étaient d'autant plus vains qu'il se savait totalement incapable de lui donner satisfaction au cas improbable où la jeune femme aurait cédé à ses sollicitations. Mais il lui fallait continuer à jouer avec le désir.

Conté par l'écrivain Marie Rouanet, l'émerveillement d'un vieillard de plus de 90 ans qui croit avoir retrouvé son ardeur fournit un autre exemple de ce besoin pour l'homme de sentir, jusqu'au bout, vivre son désir. Elle a l'habitude de lui rendre visite dans sa maison de retraite, mais, note-t-elle, c'est à son époux que le vieil homme s'est confié pour lui révéler en patois qu'il a « l'oiseau qui se réveille ». Ce qu'elle commente ainsi :

> « Cet homme vieux, achevé, près de la mort, disait cela à un autre homme – non pas à une femme. C'était le contraire d'une grivoiserie. Il parlait à quelqu'un capable de le comprendre, avec un mélange de honte et de joie. Cet oiseau vivant, c'était la preuve qu'il était un homme entier, je veux dire entièrement homme. Il ne s'agissait pas de se servir de cet oiseau – pour cela, il lui manquait bien d'autres choses – mais le voir actif était une preuve de son intégrité d'homme malgré ses pas comptés, ses mauvais yeux, ses mauvaises oreilles[5]. »

Je garde à l'esprit combien une femme qui veillait son mari alité, épuisé par une grave maladie, avait été surprise de découvrir chez lui des désirs. Devant son étonnement, il lui avait répondu, en désignant son sexe : « Ce n'est pas moi qui veux, c'est lui. » Curieux partenaire que ce nœud de chair qui habite le bas-ventre masculin, sorte de double où se loge la part de lui-même la plus animale, et peut-être la plus vivante : quand le futur vacille, loin des mots de la conscience qui accablent, il se fait porte-parole du corps qui désire et s'agrippe à l'existence.

Sans défaillir…

Pénible humiliation, d'ailleurs, pour un homme, de sentir en soi intacts tous les désirs qui le poussent vers la femme sans plus disposer des moyens de la satisfaire. Car être homme, c'est accepter cette vulnérabilité face aux désirs que les femmes inspirent, c'est avoir appris à vivre avec la sollicitation permanente qu'elles représentent, mais c'est aussi avoir cultivé, sans doute en compensation, l'illusion de posséder un contre-pouvoir face à leur force d'attraction : l'instrument, l'outil qui permet de les combler. Un instrument où se concentrent toute la vigueur et la fragilité des hommes.

À certains égards, ce membre avec lequel l'homme s'autorise à braver les femmes qui l'attirent tant, puisqu'il peut le saisir, il paraît en être maître. Mais il n'en est qu'à moitié le maître. L'instrument du désir n'est pas un outil inerte, il a sa vie propre, il vit au rythme d'une nature qui lui échappe en partie. Il faut un effort pour le maîtriser. Il est un trait d'union, mais aussi de divorce, entre sa volonté d'homme et son socle naturel : la pointe où se rejoignent, et où peuvent s'affronter, les revendications de l'esprit et les élans du corps. En fait, ce prolongement du corps qu'il a l'habitude de manipuler entre ses jambes obéit à d'autres volontés que la sienne, il peut s'échapper en se soumettant à des influences qui ne se commandent pas ; il peut ne pas jouer le jeu, déposer les armes trop tôt, ou trop tard à l'inverse, ne pas respecter le *tempo* de la danse amoureuse – en un mot : décevoir ; pis, il peut décider inopinément de ne pas répondre présent, être frappé de paralysie sans préavis et jouer le méchant tour de déserter la scène.

Le pouvoir total sur son sexe, la confiance absolue dans son instrument, l'homme ne s'en approche que dans les rapports qu'il entretient seul avec lui-même, autrement dit dans la masturbation. En dehors de ces moments, son sexe est une antenne réceptive aux signaux qui proviennent des femmes autour de lui, mais aussi à d'autres rayonnements mystérieux : ils le rendent prisonnier d'elles, poussé par une ardeur qu'il subit parfois plus qu'il ne la souhaite, et capable en outre de le trahir. Quand survient la trahison majeure, quand l'érection se refuse, ce n'est pas alors seulement son sexe, mais tout ce qui le fonde comme homme, toute sa virilité qui paraît le lâcher. Qu'est-il donc, cet homme incertain, incapable d'exprimer son désir face à la femme ?

L'homme vit donc avec son membre dans une complicité mi-ironique, mi-respectueuse : il a pour celui-ci l'attention que l'on doit à l'ami dont on dépend pour ses plus grands plaisirs comme pour son rang. Dans les « brèves de comptoir » et les plaisanteries de corps de garde, on affuble volontiers le sexe masculin d'un sobriquet : « Popaul ». Ce n'est pas sans raison ; l'homme et son membre viril font la paire, un peu comme des copains de régiment, toujours prêts à partir en goguette, mais se défiant l'un de l'autre.

Son point faible ?

Plus ou moins nettement, un certain nombre de femmes jettent sur les hommes un regard de commisération et les considèrent comme des êtres irresponsables, subissant l'influence de leur sexe sans en avoir la maîtrise.

L'infidélité masculine est l'occasion de voir cette attitude se révéler. Beaucoup de femmes trompées en veulent davantage à leur rivale qu'à leur compagnon. Si on leur fait remarquer qu'après tout l'homme a peut-être également sa part de responsabilité, elles paraissent déconcertées. Au fond, pour elles, l'homme a sur le désir qu'on lui inspire à peu près la même marge de manœuvre que la malheureuse particule de limaille se pliant aux forces du champ magnétique.

À y regarder de près, cette vision du monde qui consiste à innocenter le sexe opposé pour cause d'irresponsabilité n'est pas réservée aux femmes. Certains hommes trompés peuvent également attribuer à l'amant de leur compagne plus de responsabilité qu'à leur compagne elle-même. Mais ils ont une autre version des faits. Ce n'est pas en raison de son sexe – d'un sexe qu'elle ne maîtriserait pas – que la femme les a trompés, mais plutôt à l'inverse par un manque de défense lié à son sexe. Elle n'a pu céder, déclarent-ils, qu'en raison de l'insistance de l'homme ; c'est à lui que revient l'initiative et donc la responsabilité. La femme ne ferait ainsi que répondre aux pressions masculines ? Dans le jeu de cour du couple, ces hommes-là se représentent au fond l'ardeur masculine comme une force physique, et ils voient la femme comme un être apeuré, timoré, s'offrant à qui l'y contraint. Ils la tiennent pour impuissante à défendre ses désirs contre ceux que l'homme lui impose. Lui prêtent-ils d'ailleurs vraiment des désirs propres ?

En fait, face au désir, chaque sexe, à sa façon, perçoit l'autre comme faible.

Mais revenons à l'homme. Son appétit pour les femmes peut en effet vite tourner à l'obsession boulimique ; le risque est alors de s'étourdir dans des plaisirs qui prolongent ceux de la masturbation et maintiennent dans le même isolement en ne permettant pas d'établir une relation vraie avec une femme.

> « Connaîtrai-je jamais la lassitude ? Pour trois yens, je m'offre une perle, avec un yen, c'est un festin sans surprises. Je suis séduit sans partage par la commodité de ces femmes qui s'allongent avec complaisance et me laissent agir à ma guise, faisant mes quatre volontés. Insensiblement, j'en arrivai à ne plus me contenter d'une seule femme : il m'en fallut deux, puis trois… Je les allonge à ma droite, à ma gauche […] *Ai-je bien toute ma raison*[6] ? »

À la différence des femmes, l'homme est en prise directe sur ses sens. Et les sens peuvent égarer s'ils ne sont pas canalisés par un projet, et, plus largement, par une certaine représentation de son existence qui atténue leur emprise. Ce dont, précisément, disposent les femmes au plus haut point.

Désirs des femmes

Face à la simplicité apparente des appétits masculins, combien sont plus complexes et difficiles à décrire les désirs des femmes. C'est que l'attraction du corps compte peu pour la femme, ou, du moins, si peu au regard des hommes !

Lui

Lorsqu'on demande aux femmes ce qui leur rend désirable un homme, elles donnent la priorité à des aspects non physiques et se disent avant tout séduites par la personnalité et l'intelligence. Elles accordent une importance particulière à l'humour, à la capacité de partager des émotions et des pensées, et au sens des responsabilités : elles aiment les hommes rassurants, c'est-à-dire ceux sur lesquels on peut compter. Le physique, dans tout cela, n'occupe que la seconde place. Non pas qu'elles soient indifférentes à la beauté… Mais où se niche-t-elle chez un homme ? Des muscles fermes, une chevelure bien entretenue, des dents blanches, de jolies mains soignées[7], voilà ce qu'elles répondent aux questionnaires des enquêtes. Et puis un regard surtout, parfois même un regard avant tout. La taille, également : elles préfèrent les hommes plus grands qu'elles, mais accordent à cela une importance plutôt psychologique : « J'ai besoin de me sentir dominée physiquement ; cela me rassure d'être avec un homme plus fort et plus grand que moi. » Tous les critères physiques qui émeuvent la femme participent à une impression d'ensemble, et il est presque impossible de détailler les atouts de la séduction masculine. Ce qui est certain, c'est que les dimensions du pénis, à l'inverse de ce que s'imaginent volontiers les hommes, ne comptent pas !

Quand on cherche ce qui chez la femme pourrait être comparé à ce que ressentent les hommes pour le physique des femmes, on se heurte au silence. Beaucoup de femmes ne comprennent pas ce que l'on attend si on les entraîne sur cette voie : pour elles, la séduction est un tout. Certaines concèdent qu'elles peuvent être troublées par le fessier masculin, et plus encore par des proportions qui concernent à la fois les fesses et les épaules. Mais il s'agit là d'un élément physique très secondaire, qui, disent-elles, ne joue presque aucun rôle dans ce qui les attire chez l'homme, ou plutôt chez *un* homme. Car ce qui compte finalement, c'est ce qu'elles ressentent auprès d'*un* homme. Le physique de celui qui les attire n'est qu'un attribut parmi d'autres, un des multiples facteurs qui leur donnent l'envie de vivre une relation avec lui. Elles n'ont pas ce désir que peut ressentir un homme au premier coup d'œil pour une femme, ou, si elles l'ont, il est plus vague, il se noie dans un ressenti général ; il est déclenché par des *signes* plus que par des signaux.

Le décolleté est pour l'homme un signal qui déclenche le désir aussi sûrement, mais également aussi simplement, que le réflexe pavlovien. Entre eux, les hommes détaillent d'ailleurs volontiers tout ce qui leur plaît dans les femmes, n'importe quelle femme – par exemple, cette femme anonyme qui, en ce moment, passe devant eux. Des fragments de son corps – poitrine, jolies jambes, etc. – leur font un effet direct. Les femmes répondent peu à des signaux de cet ordre, leur attention n'est pas attirée par telle ou telle partie de l'anatomie masculine ; elles sont guidées par des signes, c'est-à-dire par des *indices qui ont un sens* : elles ne voient de l'homme que les attributs qui leur permettent de le situer lui, cet homme-là, dans son contexte. Et c'est lorsque ce contexte correspond à leurs attentes du moment que survient le désir.

Dans le langage du traitement de l'information qu'emploie la psychologie d'aujourd'hui, on dirait que le désir de l'homme se contente d'un traitement de surface, un traitement morphologique du « stimulus » (le représentant de l'autre sexe), alors que celui de la femme ne se déclenche qu'après un traitement en profondeur, un traitement sémantique : *elles réagissent au sens et non à l'apparence.*

Lui qui la comble et la consacre femme

Peut-on en être surpris ? Comme on l'a vu, la femme vit dans la représentation. Son corps de chair a en partie disparu dans l'histoire qu'elle se raconte depuis qu'elle a accédé au langage, depuis qu'elle ne vit plus sur les impulsions du corps mais sur des projets ; depuis qu'elle dispose de mots pour se représenter le monde, et elle-même à l'intérieur de ce monde. Elle n'a pas comme l'homme ce bout de chair à ses côtés, à la fois hors d'elle et à elle. Elle n'a de son sexe qu'une vision indirecte. Elle *sait* que sa chair est sexuée, mais elle le sait sur les bases d'une connaissance abstraite car elle ne le voit pas, elle n'a pas un sexe extérieur à elle-même dont elle pourrait dire : ce n'est pas moi, c'est lui.

Dans ce monde construit avec les mots, où l'identité sexuée prend le pas sur le ressenti du sexe, sa chair s'est rappelée à elle par les règles à la puberté, par l'élimination de flots de sang venant de l'intérieur d'elle-même, bien plus souvent que par les émotions du plaisir. Elle en a subi les transformations avec fierté – « je suis enfin devenue une femme » – ou avec dégoût – « ce sang qu'il faut cacher, ces seins qui m'exposent malgré moi au regard de tous ». Au moment de ces changements hormonaux, elle peut avoir des nuits agitées, une sorte d'enfièvrement qu'elle ne comprend pas bien et qui ne la pousse pas souvent à poser la main sur son sexe. Le plaisir de la masturbation, elle ne le connaît que plus tardivement, et pas toujours. Son sexe est avant tout une fente qui communique avec l'intérieur d'elle-même, et dont elle sait depuis longtemps qu'elle est là pour accueillir un homme, pour être *comblée* par un homme. Les petites filles d'Anne Decerf[8] l'avaient déjà deviné. Elles manifestent à 2 ans et demi une forme de curiosité pour l'intériorité ; elles semblent avoir compris intuitivement qu'elles représentent le double en creux de ce qu'expose le petit garçon.

Le désir de l'homme vient s'inclure dans cette histoire que la femme se raconte sur son rapport avec l'autre sexe : le *besoin d'être comblée.* L'homme ne peut être la source, ou la cible, d'une pure attraction physique, de sexe à sexe, comme il le souhaiterait au fond de lui en déplaçant sur la femme son propre désir. Il est l'acteur dont la femme a besoin pour le rôle qu'elle lui destine depuis l'âge de 3 ans, il est voué à un rôle indispensable pour qu'enfin elle puisse *réaliser* son œuvre de femme. Avant l'adolescence, quand elle ne disposait pas de ce corps de femme, elle ne faisait que construire le scénario de sa féminité ; elle va pouvoir, avec la complicité de l'homme qu'elle choisit parmi tous ceux qu'elle inspire, jouer enfin la représentation personnelle qui la consacre en tant que femme.

La réalisation, pour la femme, vient avec l'homme[9]. Quand Simone de Beauvoir écrivait : « On ne naît pas femme, on le devient », elle avait raison. Mais en partie seulement, car cette affirmation tendancieuse, réduisant la différence des sexes à un simple produit de la culture, pousse à attribuer au nouveau-né le sexe des anges. Non, les nourrissons filles naissent avec un sexe femelle, et ce sexe qu'on ne peut pas voir, qui ne peut être que regardé de l'extérieur, conditionne une aspiration à devenir une femme, c'est-à-dire un sexe regardé par les hommes et comblé par un homme. Cela suppose de trouver l'homme auquel on pourra s'associer pour réaliser l'œuvre dont on rêve depuis que l'on a pris conscience de soi, le projet que l'on a échafaudé pendant tout son développement, en y mettant plus ou moins de romanesque selon son tempérament et les aléas de la vie.

Le Prince Charmant ne peut être pas être autre chose qu'un fantasme féminin ; la Princesse Charmante ne fera rêver aucun garçon – sauf si elle est vraiment sexy… Les journaux qui font pénétrer la vie des princes, princesses et vedettes en tous genres se vendent essentiellement à un public féminin parce qu'ils répondent à l'imaginaire féminin qui aime jouer à se prendre pour cette femme-là entourée de ces hommes-là et vivant cette vie-là. Les garçons, à l'adolescence, lisent d'autres journaux. Quand ils ne sont pas plongés dans des revues sportives, ils feuillettent d'une main des magazines de kiosque ornés des poses provocantes de femmes que l'on s'imagine mal croiser dans la cour d'un palais.

Lui qu'elle choisit

« Filles embusquées derrière la fente, guettant près de ce pertuis, et garçons de l'autre côté du seuil[10]. » Merveilleux résumé de la situation féminine : une attente, doublée d'une peur, et qui se termine parfois pour l'homme par une embuscade. Derrière sa fente qui est ouverture sur le sexe de l'homme, la femme observe ces hommes qui font l'assaut, et elle attend *celui* qui mérite qu'on lui ouvre la porte. Au-dehors, ils s'agitent ; elle, de l'intérieur, elle *choisit*. En fonction de quoi ? Elle attend celui qu'elle peut laisser rentrer parce qu'il conviendra à son intérieur. Elle ne cherche pas comme l'homme à pénétrer la chair – comment le pourrait-elle ? – ni à être pénétrée dans son sexe. Il est une fissure invisible, difficilement nommable, un « là d'où » certaines choses sortent, et où d'autres devraient pouvoir entrer ; elle le vit comme une porte dérobée dans son enveloppe close, et elle n'a en tête que cette enveloppe-là à proposer pour répondre à la demande de l'homme, lui laissant le soin de l'ouvrir. Mais attention : puisqu'il n'est qu'une fente d'où elle guette, elle peut aussi aisément l'ignorer et cesser de guetter, ou encore faire semblant d'ouvrir à l'intrus et le laisser dans le vestibule. Il se croit admis dans son intérieur, alors qu'il reste à la porte.

La nature a dissimulé le sexe de la femme entre ses jambes. Certaines peuvent en profiter pour oublier que le sexe est dans la nature. Petites filles, elles étaient intéressées par le bout de doigt riquiqui pointant au-dessus de la boursouflure, là, en bas du ventre du bébé garçon, ou par la « quéquette » du petit voisin. Elles pouvaient alors qualifier de « mignon » cet accessoire qui les émoustillait. Devenues jeunes filles, elles se montrent dans l'ensemble dégoûtées par le sexe de l'homme. Au début, elles n'aiment pas le voir, se forcent à le caresser pour faire plaisir au garçon qu'elles ont choisi, et il faudra du temps pour qu'elles le trouvent « beau » et qu'il leur inspire du désir.

Mais un sexe doit-il être beau ? Est-ce la beauté du sexe de la femme qui inspire tant de désir à l'homme ? En tout cas, les garçons adolescents n'ont pas à se forcer, eux, pour caresser le sexe féminin, qu'ils ne demandent qu'à voir de plus près. La jeune fille a besoin de beauté, et la beauté est une construction de l'esprit qui ne s'accommode pas toujours bien de la nature. L'histoire dans laquelle se complaisent les filles est imprégnée d'une esthétique qui les éloigne de cette nature-là, et c'est peut-être parce qu'elles la vivent davantage et s'en sentent moins la maîtrise que les hommes : elles ont à subir le sang et les « rythmes intérieurs », les métamorphoses que leur impose la nature.

Est-ce parce qu'elles en dépendent tant qu'elles voudraient oublier la nature ? En tout cas, ce n'est pas simplement le sexe des garçons que beaucoup de jeunes filles n'aiment pas voir, c'est aussi leur propre sexe qu'elles évitent, en profitant de ce qu'il est difficile à voir : « Heureusement, s'écrie Flore, une des femmes interrogées par Gérard Bouté[11], [les femmes] sont belles pour cette raison, leur sexe est caché. Les hommes au contraire sont laids ; ils sont affreux, dégoûtants même avec leur "service trois-pièces" qui ballotte entre leurs jambes ! » Le sexe de l'homme est un rappel brutal à l'ordre naturel qu'elles auront au départ bien du mal à accepter. Elles ont besoin de se sentir belles, aimées d'hommes beaux. Même celles qui accordent une grande place au physique l'incluent souvent dans une démarche esthétique : « Ma foufoune est tirée à quatre épingles, très soignée », confie Iris[12], une autre de ces femmes, qui déclare aimer les hommes forts, « à la musculature magnifique », mais doux, enveloppants dans l'amour, sachant faire monter le plaisir dans son corps. Un corps dont elle détaille les délices, pour, au bout du compte, s'exclamer : « Il n'y a pas que le sexe ! »

Lui qui l'aime et la désire

Ce qui est certain, c'est que si, pour l'homme, « le monde est une jupe à relever », on ne peut imaginer qu'il soit pour la femme une braguette à ouvrir. Même les plus dévergondées replacent le sexe dans la totalité d'une relation. Il ne s'agit pas tant de pudeur que d'une impossibilité d'envisager l'acte sexuel comme une technique que l'on réalise avec un instrument, en cherchant l'effet maximal. C'est également pourquoi elles ont peu de goût pour la masturbation, sauf lorsqu'elles y sont entraînées par la personne aimée. C'est dans cette relation avec leur élu qu'elles se mirent et se construisent en tant que femme, comme c'est dans le miroir qu'elles découvrent leur sexe. Entre la femme et son miroir, il y a une complicité que ne connaît pas l'homme, et quand il croit saisir une femme comme il saisit son sexe, il saisit une femme qui le regarde et s'observe dans le reflet de leur relation.

Et la femme, elle, cherche d'abord une histoire qui donne un sens à sa chair. Une histoire où elle se sente aimée et désirée, car c'est par l'intermédiaire de ce qu'elle inspire qu'elle ressent son sexe : être femme, c'est sentir le désir de l'homme. Et ce désir pour elle ne peut s'adresser qu'à sa personne en totalité, il doit être le début d'une histoire, il ne saurait se limiter à une simple érection déclenchée par les proportions de son enveloppe corporelle.

Précisément, pour se prémunir contre le risque de n'être rien d'autre qu'un prétexte à l'érection, il lui faut une histoire où son reflet n'apparaisse surtout pas dégradé, donc un partenaire qui la mette en valeur, et un toilettage, de ce qui, dans le sexe, est animal et dégradant. Dans la plupart des cas, le toilettage ne va pas au-delà d'un léger maquillage effaçant les aspects trop crus de la relation, à la façon de ce qu'elle a coutume de faire pour soigner sa présentation personnelle. Dans quelques cas, le maquillage prend la forme d'un véritable camouflage et fait appel aux grands sentiments. Là encore, dans ses excès, la femme est à l'inverse de l'homme. Au contraire des hommes qui aiment tant le sexe qu'ils ne peuvent le mêler aux sentiments, certaines femmes aiment tant l'amour qu'elles ne peuvent le mêler au sexe. Dans son exploration des premiers pas des femmes dans la sexualité, Janine Mossuz-Lavau note que, bien qu'elle n'ait pas formulé ainsi la question, les femmes « associent d'elles-mêmes [...] sexualité et sentiments. Elles disent qu'elles étaient amoureuses[13] » lorsqu'elles ont découvert la sexualité avec l'autre sexe. Ce que confirment les résultats des enquêtes ACSF : lors du premier rapport sexuel, environ 2/3 des femmes déclarent qu'elles étaient très amoureuses, contre 1/3 des garçons[14].

Ce besoin de vivre une histoire, et, autant que possible, une histoire valorisante, est probablement également la raison pour laquelle, à l'université, un certain nombre de jeunes étudiantes parviennent si facilement à tomber amoureuse de leur vieux professeur racorni, alors que l'inverse n'est presque jamais observé chez les jeunes étudiants. La symétrie des rôles n'existe pas, et malgré son injustice apparente, la situation ne sera pas renversée demain, car elle relève de l'anatomie qui impose à la femme une certaine représentation de son sexe autant que de la culture. La physiologie érotique féminine est, comme on va le voir, en accord avec ce besoin de vivre la sexualité comme la partie d'un tout. Chez la femme, tout concorde ainsi à ce que le sexe ne puisse être dissocié de la totalité d'une relation affective.

Les déclencheurs du désir

Dans le plaisir, le meilleur moment, a-t-on coutume de dire, c'est quand on monte l'escalier. Si l'on en croit la petite histoire, le plaisir d'anticipation serait donc aussi fort, voire plus fort, que la jouissance elle-même. Mais l'escalier des hommes correspond-il à celui des femmes ? Les deux sexes sont-ils émus par des plaisirs de même nature quand ils anticipent la jouissance sexuelle ?

Georges Bataille[15] distinguait « le sens dernier » de l'érotisme, qui est « la fusion, la suppression de la limite » dans la jouissance à deux, et « son premier mouvement », correspondant aux signes annonciateurs. Il choisissait la nudité comme exemple : « Une jolie fille dénudée est parfois l'*image* de l'érotisme. » Je réserve pour le chapitre suivant la question de la jouissance proprement dite. Ici, c'est sur ce qui met en appétit – les signes annonciateurs – que l'on va s'interroger. En auteur masculin, Georges Bataille choisit un signe qui parle aux hommes. Mais qu'en pensent les femmes ? Un bel homme dénudé pourrait-il être pour elles aussi l'*image* de la jouissance qu'il annonce, et provoquer par là du plaisir ?

Les observations de Kinsey

Dans le domaine des signaux qui, chez l'humain, déclenchent le désir, c'est encore à Kinsey que l'on doit la plus minutieuse des enquêtes[16] : 1 500 pages dotées d'innombrables tableaux et graphiques... La comparaison entre hommes et femmes fait apparaître des différences considérables dans les réactions érotiques suscitées par un certain nombre de situations. On n'en rapportera ici que les éléments les plus significatifs.

• Déclencheurs visuels. La vue d'une personne de sexe opposé (vêtue ou nue) déclenche deux fois plus souvent l'excitation caractérisée chez les hommes (32 %) que chez les femmes (17 %) ; les représentations de la nudité (photographies, dessins ou peintures) déterminent beaucoup plus souvent de l'excitation chez l'homme (54 %) que chez la femme (12 %) ; la vue des organes génitaux du sexe opposé excite à peu près tous les hommes, mais assez peu (21 %) les femmes, beaucoup d'entre elles les estimant même « laids et repoussants[17] » ; le spectacle de films ordinaires (non érotiques) provoque des réactions érotiques vagues ou caractérisées un peu plus fréquentes chez les femmes que chez les hommes, mais non quand il s'agit de représentations d'actes sexuels ; les photographies, dessins, films à caractère pornographique émeuvent la plupart des hommes (72 %) et seulement un tiers des femmes (32 %).

Bref, l'ensemble des données de Kinsey vérifie de façon très concordante ce qui est devenu aujourd'hui un lieu commun : *l'érotisme masculin est sensible aux déclencheurs visuels*, qui agissent amplement et intensément chez l'homme. Car même lorsqu'elle est sensible à l'érotisme visuel, la femme ne réagit pas avec la même intensité que l'homme : à intensité d'excitation comparable, « les réactions physiologiques ne sont pas, pour la plupart d'entre elles, aussi marquées que chez les hommes[18] ».

• Scènes imaginées. Du point de vue de l'imaginaire, Kinsey note également des différences importantes entre hommes et femmes. L'exploration des effets de la littérature offre les mêmes contrastes que celui qu'on constate pour les films : tant qu'il ne s'agit que de textes proprement littéraires, les femmes (60 %) se montrent à peu près aussi volontiers excitées que les hommes (59 %) ; en revanche, s'il s'agit d'histoires érotiques, les hommes (47 %) sont nettement plus réactifs que les femmes (14 %).

Les hommes recourent fréquemment à l'imaginaire pour obtenir une excitation érotique, évoquant alors pour eux-mêmes les rapports sexuels qu'ils ont eus antérieurement, et ceux qu'ils pourraient ou voudraient avoir. « Pareille stimulation érotique est probablement plus fréquente pour les hommes que n'importe quel autre type de stimulation psychologique », remarque Kinsey[19]. En revanche, près d'un tiers de femmes (31 %) déclarent n'avoir jamais été excitées en pensant à des hommes ou à des rapports sexuels. Et il ajoute[20] : « Même certaines des femmes qui réagissent le plus ardemment au cours des rapports sexuels n'ont jamais ressenti d'excitation en pensant aux hommes. »

Pendant la masturbation, les hommes s'aident beaucoup de l'imagination en se remémorant des expériences sexuelles antérieures, en anticipant des expériences sexuelles futures mais aussi en construisant des scénarios parfois raffinés correspondant à des expériences en fait hors de portée pour des raisons sociales ou même légales[21]. Quand elle se masturbe, la femme fait également appel à son imagination, mais moins constamment que l'homme, et 36 % des femmes n'en usent même jamais.

• La curiosité sexuelle : clé des différences entre sexes ? « Ce que l'on voit, ce que l'on entend, ce que l'on sent ou ce que l'on goûte dépend souvent plus d'idées associées que de la stimulation physique directe des organes sensoriels[22] », explique Kinsey, exprimant à sa façon que tout chez l'humain passe par le détour de ses constructions mentales. Les différences observées ne sont donc pas, selon lui, liées à des différences sensorielles, mais plutôt au fait qu'hommes et femmes n'ont pas la même conception du plaisir, ou que, du moins, ils ne parviennent pas à associer leur idée du plaisir aux mêmes données sensorielles.

Globalement, remarque-t-il, les activités sexuelles de tous ordres ont davantage d'impact pour l'homme que pour la femme :

« [...] les réactions sexuelles et le comportement de l'homme moyen sont en général beaucoup plus souvent déterminés par ses expériences passées, par les associations d'idées qu'il établit avec des expériences antérieures, par son aptitude à partager fictivement les expériences sexuelles d'autrui. [...] Ces facteurs psychologiques marquent moins souvent leur empreinte sur la moyenne des femmes[23]. »

Constat repris un peu plus loin :

« Étant donné sa grande aptitude à être érotiquement stimulé par le souvenir de ses expériences sexuelles antérieures, par la pensée de leur renouvellement et par les fréquentes associations d'idées qu'il établit entre des objets courants et son expérience sexuelle, l'homme est sujet à des excitations constantes. La femme moyenne ne l'est pas aussi fréquemment[24]. »

Ce phénomène d'imperméabilité relative à tout ce qui a trait directement aux faits du sexe pourrait avoir des fondements naturels. Kinsey note que la vue du coït ou d'autres activités sexuelles entre animaux de la même espèce provoque une excitation (ce qu'il appelle la « réaction par sympathie ») chez la plupart des mâles, mais chez peu de femelles[25]. De même, dans un grand nombre d'espèces, le mâle manifeste beaucoup d'attention pour les organes génitaux du sexe opposé, alors que la femelle y prête peu d'intérêt[26]. Dans le règne animal, la curiosité pour le sexe et tout ce qui s'y rapporte serait donc plutôt une caractéristique du mâle.

• Variété féminine : un érotisme éloigné des sens. Mais Kinsey insiste également sur la variabilité étonnante des réactions féminines :

> « 2 à 3 % de femmes sont psychologiquement stimulées par une plus grande variété de facteurs qu'aucun des hommes de notre échantillonnage. Ces femmes éprouvent des réactions plus immédiates, plus fréquentes, et elles réagissent jusqu'à l'orgasme avec des fréquences qui dépassent de loin celles de n'importe quel homme. Quelques femmes sont régulièrement stimulées par des facteurs psychologiques qui les amènent à l'orgasme, fait qui n'est presque jamais observé par l'homme[27]. »

Les femmes ne sont donc pas indifférentes au plaisir, mais elles n'y sont tout simplement pas conduites par les mêmes signaux de déclenchement que les hommes. Mon expérience personnelle confirme les observations de Kinsey. Quelques rares femmes m'ont en effet confié qu'elles pouvaient ressentir des orgasmes sans la contribution de caresses ou d'attouchements physiques, par une simple émotion venant du tréfonds d'elles-mêmes. L'une d'elles avait pendant sa jeunesse longuement pratiqué la masturbation par « sciage », en croisant fortement les cuisses, pour se distraire des cours qui l'ennuyaient à l'école : c'était devenu, selon elle, une seconde nature ; mais toutes n'avaient pas ce passé. Ces orgasmes ne paraissaient pas déclenchés par des fantasmes particuliers, mais plutôt par des situations. On peut en rapprocher les réactions orgasmiques hallucinatoires que décrivent parfois certaines patientes psychotiques, un symptôme que l'on ne retrouve jamais chez les hommes. Ces cas extrêmes et exceptionnels démontrent la puissance des déclencheurs internes, « endogènes », dans le plaisir de la femme.

Le désir au féminin

Mais qu'est-il donc, en fait, ce désir féminin qu'aucune des statistiques de Kinsey ne parvient à décrire, sinon en creux comme un manque, une absence par rapport à l'érotisme masculin ?

• Les déclencheurs érotiques de la femme. Et si la raison pour laquelle les déclencheurs du désir étudiés dans son enquête se montrent inefficaces pour la femme tenait tout simplement au fait qu'en bon mâle, Kinsey n'a étudié qu'un seul sens, celui qui le concerne lui : la vision ? Francesco Alberoni attribue au toucher et à l'odeur un rôle important dans l'érotisme féminin. De nombreux aperçus de cet érotisme du contact et de l'odorat peuvent être trouvés dans la littérature féminine. À titre d'exemple, ces quelques lignes rapportées d'un livre qui, on en conviendra, ne peut avoir été écrit que par une femme : « Les plis de ma robe bougent. Et si je me cambre, étire les reins, c'est pour le plaisir de sentir les plis couler leur eau le long du dos, monter jusqu'à la taille » ; ce bel exemple d'érotisme du contact est complété quelques pages plus loin par la sensualité de l'odorat : « Quelque chose m'atteignit qui me fit vaciller : son corps brusquement aussi présent qu'une bouffée de pollen ou l'odeur trop sucrée des genêts[28]. »

Deux femmes, Patricia Dupin et Frédérique Hédon, dans leur ouvrage sur la sexualité féminine, attribuent également un rôle majeur au toucher : « Parmi les organes des sens, celui du toucher, du tact, tout en finesse chez la femme, est particulièrement important. » À noter qu'elles désignent le bien-être des premiers câlins comme origine possible à cette sensibilité :

« Comparable à une réminiscence du plaisir de la petite enfance (être dans les bras, câlinée, embrassée), le toucher est pour certaines femmes comparable à une caresse qui ferait vibrer les cordes de la sensibilité émotionnelle[29]. »

Voilà qui confirme les conclusions du chapitre précédent : l'érotisme féminin reste marqué par l'érotisme relationnel des premiers mois.

Toucher, odeurs sont des déclencheurs du désir qui, à l'inverse de la vue, ne peuvent se vivre que dans l'intimité du contact : l'érotisme féminin exige une proximité qui ne peut se concevoir que dans une intimité des corps.

• Une exaltation du désir masculin. Pour mieux faire comprendre l'érotisme féminin, adressons-nous à certaines observations recueillies dans ma pratique. Beaucoup de femmes m'ont parlé du voyeurisme de leur compagnon, et des jeux dans lesquels elles se sentaient entraînées malgré elles, parfois avec plaisir, souvent pour faire plaisir[30].

Pour y voir plus clair, il m'est arrivé de poser aux femmes que leur compagnon poussait à feuilleter avec lui des revues érotiques ou pornographiques la question de confiance : y trouvez-vous vraiment du plaisir ? Conformément aux statistiques de Kinsey, la réponse est le plus souvent non[31]. Elles prétendent se prêter au jeu par tendresse, ou parce que l'excitation de leur compagnon fait monter leur désir.

Quand on demande à celles qui répondent oui de préciser ce qu'elles trouvent d'excitant dans ces images, elles expliquent qu'elles se sentent troublées par ces femmes qui s'exposent et qui, au long des pages, affolent à ce point les hommes. Toutefois, elles reconnaissent qu'à l'inverse de leur compagnon, elles n'achèteraient pas de telles revues pour les regarder seules.

L'érotisme des quelques voyeuses complices de leur compagnon est donc aiguisé non pas, comme pourrait le croire un homme, par les érections masculines qui s'étalent largement à chaque page, mais par les attitudes des femmes qui font tourner la tête des hommes. Venant de femmes qui n'ont rien d'homosexuelles, on peut s'en étonner.

Ainsi, alors que les hommes, si friands de ce genre de magazines, ne regardent que les femmes – ces femmes qu'ils souhaiteraient toucher et faire jouir comme le font leurs semblables au long de ces pages –, les femmes, elles, ne regardent pas les hommes.

Il me semble qu'il n'y a pas de meilleure démonstration de la différence des sensibilités érotiques masculine et féminine. La femme aime le désir qu'elle provoque chez les hommes, mais ne trouve de plaisir qu'avec l'homme qu'elle se choisit ; l'homme aime le plaisir qu'il prend avec une femme, mais il est curieux de toutes. Toutefois, à l'inverse de la femme, il sait bien qu'il n'est pas désiré par toutes, et que *s'il veut jouir des femmes, il doit déjà parvenir à se faire désirer par une femme.* Pour sortir de l'isolement érotique, il lui faut donc sortir de l'isolement affectif : il lui faut faire connaissance d'*une* femme, en laissant au placard ses « pulsions », et en se bornant à satisfaire son désir *des* femmes par des jeux fantasmatiques.

L'homme et ses pulsions

Il aime voir, il est curieux de ce qui se passe sous les jupes : tout concorde à faire de l'homme un être en constant éveil sexuel. Faute de l'accuser d'être bestial, on lui concède qu'il est plus « proche de ses pulsions » que la femme.

De la pulsion à l'action : la liberté des conduites humaines

Mise à l'honneur par Freud, la notion de pulsion est devenue à la mode et on l'utilise volontiers pour interpréter, voire excuser, des comportements choquants et incompréhensibles. « Il a agi sous le coup d'une pulsion », dit-on d'un meurtrier dont le geste paraît inexplicable. La pulsion est en fait une façon commode d'attribuer à de mystérieuses forces instinctives les actes les plus choquants, préservant ainsi les humains de s'interroger sur leur sauvagerie.

Les conceptions de l'instinct ont beaucoup évolué depuis Freud, avec, en particulier, les observations des éthologues. On en fait aujourd'hui une propriété innée du système nerveux qui amène le déclenchement de certains comportements en réaction à certaines stimulations. Or, plus on s'élève dans la hiérarchie animale, plus les stimulations qui déclenchent ces comportements ainsi que les comportements qui s'ensuivent deviennent complexes. En ce qui concerne par exemple le comportement sexuel, il suffit de quelques molécules d'une substance chimique, la phéromone, pour que le papillon mâle s'envole vers la femelle ; il suffit également d'une modification de la livrée de certains poissons femelles comme l'épinoche pour que le mâle exécute une parade qui mènera à l'accouplement. Les stimulations sont simples – olfactives pour l'un, visuelles pour l'autre –, les comportements déclenchés le sont aussi[32]. En revanche, dans un troupeau de singes tels que des chimpanzés, il ne suffit pas qu'une guenon soit en chaleur pour que tous les mâles de la troupe s'accouplent à elle : seuls certains mâles ont cette possibilité, en fonction de leur statut dans le groupe. La « pulsion » sexuelle des autres doit donc être contenue…

Si l'on se tourne vers l'homme, la question de l'instinct tourne à la quadrature du cercle. Car l'homme a vis-à-vis de ses « instincts » une liberté que n'a aucun animal. En ce qui concerne la sexualité, par exemple, l'homme est le seul animal dont la femelle ne connaît pas de périodes de chaleur poussant à l'accouplement[33] et correspondant aux moments de fertilité de l'œstrus, entrecoupées de périodes pendant lesquelles l'accouplement est exclu. La femelle de l'homme peut à tout moment s'accoupler, ou ne pas s'accoupler. Les cycles naturels n'ont pas disparu[34], mais la femme, à la différence du singe le plus élevé dans la hiérarchie animale, a une liberté totale de comportement et peut mener une vie sexuelle qui n'est pas rigidement déterminée par ces cycles. Elle peut également avoir, dans les rapports sexuels, des comportements plus libres et plus imaginatifs que n'importe quel singe. On peut en dire autant de son partenaire, le mâle humain, qui ne se sent pas poussé par une force insurmontable à s'accoupler avec sa compagne dans ses moments de fertilité – sauf projet délibéré de reproduction –, et sait également faire preuve de variété et d'imagination dans sa vie sexuelle.

Il y a donc entre l'homme et l'animal du rang le plus élevé une différence considérable en termes de degré de liberté par rapport aux rouages rigides de l'instinct dans ses déclencheurs comme dans les comportements déclenchés : l'homme possède toujours la possibilité de contrôler ses comportements. Il n'y a pas chez l'humain, à proprement parler, de stimulations qui déclenchent simplement un comportement donné qui sera dès lors exécuté automatiquement. Il y a des situations qui provoquent des désirs, et des comportements destinés à satisfaire ces désirs. Le désir est provoqué par un mélange des facteurs naturels et culturels[35]. Les comportements mis en œuvre pour le satisfaire ne sont pas plus rigides que les situations qui le déclenchent : ils ne se déroulent pas avec la rigueur d'une mécanique implacable, mais correspondent à des conduites choisies par le sujet en situation, en fonction de son histoire, de son tempérament, de son éducation morale, de ses goûts, de la culture environnante, etc.[36].

Comme on vient de le voir, l'homme est en prise directe sur ses sens, et cela le rend plus dépendant que la femme des désirs que lui inspire le sexe. Lorsqu'il a une relation avec une femme, il est plus facilement « distrait » de la relation. Doit-on cependant excuser les hommes qui se laissent distraire, au motif qu'ils sont proches de leurs pulsions ? Ce serait encourager les choix de facilité, et les tenir pour parfaitement irresponsables parce que mus par des instincts qu'ils ne maîtrisent pas. Même l'homme le plus bestial en matière d'amour accomplit un choix : il décide de céder au plaisir, de le mettre au centre de sa vie.

Pulsion n'est donc pas synonyme de passage à l'acte. Les pulsions de l'homme le poussent certes à explorer le sexe féminin, alors que celles de la femme sont plutôt endormies, recouvertes par un projet de vie – elles se réveillent au contact de l'homme – mais l'homme peut tout aussi bien que la femme donner la priorité à la relation affective, et ne pas céder à ses pulsions, c'est-à-dire s'en tenir à *une* seule femme malgré sa curiosité pour *les* femmes.

Le point de vue des sociobiologistes

Bien qu'animal à part, l'homme n'en appartient pas moins au règne animal. Pour les sociobiologistes, les conduites humaines, comme celles de tout être vivant, ne visent qu'à un seul objectif : assurer la propagation de son patrimoine génétique dans l'intérêt de la conservation de l'espèce[37]. Cela expliquerait les différences observées dans le comportement des deux sexes. Il y a plus d'un siècle, Darwin notait déjà que, dans toutes les espèces, les femelles sont moins ardentes que les mâles, en venant ainsi à conclure que : « L'exercice d'un certain choix de la part de la femelle paraît être une loi aussi générale que l'ardeur des mâles[38]. » Pour la conservation de l'espèce, il est en effet préférable que les femelles, occupées par la gestation, trient parmi les mâles pour disposer du meilleur géniteur, celui qui assurera un maximum de garanties de survie pour leur progéniture. Plus récemment, le travail anthropologique de Donald Symons[39], qui porte sur des sociétés humaines très diverses, orientales et occidentales, à différentes époques historiques, parvient à des conclusions similaires : les femmes sont sélectives dans le choix de leur partenaire sexuel, alors que les hommes sont très attirés par toutes les femmes. Dans l'intérêt de la conservation des espèces en général, y compris de l'espèce humaine, il est certainement préférable que les mâles disséminent leurs gènes et que les femelles choisissent les meilleurs gènes.

Mais l'espèce humaine a la particularité d'avoir une progéniture qui naît précocement en étant totalement inadaptée, et qui n'arrivera à maturité qu'après des années d'apprentissage avec l'aide et la protection des parents. Et l'apprentissage humain ne peut être comparé à ce qui s'observe chez les animaux, il n'est pas un « dressage » comme les autres, il est une éducation dans laquelle entrent des facteurs de toutes sortes, et notamment des facteurs affectifs critiques pour l'évolution de l'enfant. La complexité de l'homme se retrouve à tous les niveaux ; le développement de sa progéniture ne peut être comparé à celui des petits chimpanzés – lesquels n'ont d'ailleurs aucun rapport avec leurs pères qui ne les reconnaissent même pas. L'intérêt de l'espèce humaine prend donc le mâle en tenaille entre deux principes contradictoires : d'un côté, la dissémination du sperme est favorable à la reproduction, de l'autre côté, la préservation de la progéniture sera mieux assurée par un père présent de façon durable aux côtés de la mère – et cette présence nécessite une certaine dose de fidélité…

Même d'un point de vue darwinien, la liberté dont dispose l'homme par rapport à ses « pulsions » s'avère donc utile, et les mécanismes de sélection naturelle qui œuvrent pour le développement de l'espèce auraient pu amener à préserver les mâles « plutôt fidèles ». Il n'est donc pas possible de se retrancher derrière une loi naturelle pour justifier l'infidélité masculine. En fait, si l'on en croit une autre anthropologue sociobiologiste dont nous reparlerons longuement plus loin, Sarah Blaffer Hrdy, une certaine souplesse adaptative permet à l'homme d'être un géniteur prolifique lorsque le contexte est défavorable pour la progéniture, c'est-à-dire lorsque les enfants ont une espérance de vie limitée, et au contraire de « s'offrir le luxe émotionnel de partager l'investissement de sa partenaire sur la qualité plus que sur la quantité[40] », autrement dit de bénéficier des avantages de la monogamie en termes de rentabilité affective, quand les enfants ne sont pas en danger. Encore faut-il que la durée de vie des adultes permette également d'espérer toucher les dividendes de l'investissement. Ainsi, l'éparpillement des hommes ne serait pas nécessairement une affaire pour l'évolution de l'espèce : tout dépend du moment…

La « mécanique » masculine et ses contradictions

Kinsey a donc accumulé les preuves que les mécaniques érotiques de l'homme et de la femme ne répondent pas aux mêmes signaux de déclenchement. Certes, comme tous les mâles du règne animal, l'homme réagit à des déclencheurs simples. Néanmoins, chez l'humain, c'est le verbe et la représentation qui règnent. Certes, l'homme est plus facilement distrait que la femme. Mais le décolleté vaguement entrevu n'influence que son imaginaire. Pour sa conduite, c'est autre chose. Il n'est pas tenu de danser, comme l'épinoche mâle, devant sa femelle en habit de noces. Il a sur ce poisson un avantage : dégagé de la scène réelle au profit d'une scène représentative, il n'a pas à jouer le jeu de la nature. Toutefois, la situation ne va pas sans quelques inconvénients : ne plus dépendre de la nature, c'est disposer d'une liberté dangereuse ; même si l'épinoche femelle dans sa superbe livrée tachetée si bouleversante ne passe pas par là, il peut, lui, l'homme, l'imaginer et se mettre à danser. Pour le plaisir. Il peut ainsi s'étourdir et courir après une excitation animale qu'il a créée de toutes pièces, avec sa faculté humaine d'imaginer. Il peut jouir de ce qui n'est en principe, dans la nature, qu'un appel à la jouissance, un « signe annonciateur ». Il peut ainsi se leurrer lui-même : un leurre spécifiquement humain, et surtout masculin.

Francesco Alberoni a bien compris ces contradictions masculines :

« En imagination, l'homme désire toutes les femmes et voudrait faire l'amour avec toutes. Le désir sexuel qu'il éprouve est inépuisable, infini. Comme dans la pornographie et dans la prostitution, il désire des femmes continuellement offertes. Dans la réalité au contraire, si une femme s'offre à lui avec insistance, si elle manifeste crûment son désir de coucher avec lui, l'intérêt de l'homme ne tarde pas à tomber : il se retire du jeu et se sent impuissant. Si une femme prend l'initiative, si elle se montre avide et provocante, si elle se conduit, en somme, comme l'homme l'imagine dans ses fantasmes, c'est lui qui se referme et qui a peur. Habitué qu'il est à demander – lui qui a construit son imaginaire sur la demande –, il ne sait pas dire non quand les rôles s'inversent. Aussi est-ce son corps qui se refuse[41]. »

L'homme est fondamentalement voyeur. Son érotisme est déclenché par des signaux dont il voudrait pouvoir jouer librement. Ces parties de la femme qu'il convoite parce qu'elles provoquent son désir, ces signes annonciateurs, il lui faudrait pouvoir en disposer à sa guise, sans la femme. Et il a la possibilité d'imaginer des femmes qui se dévoilent et lui offrent tout ce qu'il aime ; il peut, dans l'intimité de son théâtre privé, faire prendre aux femmes qu'il désire les poses qui lui conviennent, leur faire jouer les scènes qui lui procurent un plaisir sans avoir à affronter les exigences d'une relation. Mais il sait bien que les femmes avec lesquels il joue n'existent pas ; elles ne sont que le produit de ses fantaisies, de ses caprices. Elles sont des jouets dont il dispose à sa convenance pour jouir. Le plaisir auquel s'adonne l'homme en jouissant des signaux déclencheurs de la sexualité par eux-mêmes, ce plaisir est trop animal – il n'y a même que l'homme pour être aussi animal ! –, pour être conciliable avec la femme réelle qu'il a sous ses yeux. Si, d'emblée, elle se présente à lui conformément à des fantasmes qui, précisément, ont été construits contre sa résistance, pour mieux profiter d'elle, si elle s'offre comme un jouet alors que sa présence charnelle, là, devant lui, atteste pourtant une existence propre – donc une intention et une volonté distinctes de la sienne –, l'homme est décontenancé.

L'imaginaire de l'homme abuse en permanence de la femme, mais l'homme n'est pas dupe ; il sait bien qu'il lui est impossible de vivre ce qu'il imagine – sauf complicité contractuelle qui se négocie dans une relation, amoureuse ou payante ; il sait également qu'il ne peut se contenter de son imaginaire : les mirages de son érotisme n'éteindront au mieux que sa soif sexuelle, et pour un bref moment.

L'érotisme de l'homme : une exaltation du corps

Les particularités de la mécanique érotique masculine s'appuient donc sur plusieurs piliers que, parvenus à ce point de la description, il est utile de rappeler :

1) Un premier pilier est l'élément naturel : l'homme n'échappe pas à la nature, et dans la nature, les mâles sont plus ardents que les femelles, comme le note Darwin, et plus intéressés par les choses du sexe que les femelles, ajoute Kinsey. Sur ce fond de disposition permanente pour le sexe, le mâle humain manifeste une grande sensibilité à des signaux visuels élémentaires, qui éveillent aisément des désirs sexuels, ce que l'on retrouve également dans la nature.

2) Le deuxième facteur est d'ordre anatomique et sensorimoteur : grâce à la disposition anatomique de son appareil génital qui est offert à sa main et à sa vue, grâce également à son habileté de manipulation qui lui permet de s'emparer de son « instrument » à sa guise, l'homme a la possibilité d'obtenir facilement une autosatisfaction qui n'impose pas l'accouplement pour répondre aux désirs sexuels, et il ne s'en prive pas.

3) Le troisième facteur est d'ordre spécifiquement humain : grâce à la complexité de son appareil cognitif, le mâle humain a la possibilité de générer dans son esprit ses propres signaux pour s'adonner à la sexualité, en utilisant ceux qu'il connaît et qu'il se remémore et en se livrant à des combinaisons inventives qui dépassent les stimulations naturelles.

D'ingénieux savants ont démontré que l'épinoche mâle pouvait se montrer plus excité encore que par sa femelle devant des leurres qui reproduisent en plus sombre la livrée de la femelle fécondable : un signal qui n'apparaît donc pas dans la nature, et qui reprend en le caricaturant le signal naturel. Ces stimuli artificiels qui accentuent la sexualité mâle correspondent à ce que les éthologistes ont appelé des stimuli supranormaux. Desmond Morris, dans *Le Singe nu*[42], a extrapolé à l'homme cette découverte, comparant les artifices de la séduction féminine à des stimuli supranormaux : rouge à lèvres, lingerie, hauts talons, etc., seraient des moyens d'exalter les déclencheurs de la sexualité masculine que constituent les diverses parties du corps de la femme. À la différence des désirs animaux, le désir masculin serait ainsi sollicité en permanence par des leurres. Mais il faut aller au-delà. Seul de son espèce dans le règne animal, l'homme a la faculté de s'émanciper de tous les stimuli naturels pour, grâce à son imagination, créer ses propres stimuli supranormaux. Il ne fonctionne d'ailleurs qu'à partir de stimuli supranormaux, car il ne connaît pas autre chose, *il ne sait pas ce que sont les stimuli normaux* ; ou plus exactement, il n'obéit ni à des stimuli supranormaux ni à des normaux, il est ému par des stimuli qui n'ont qu'un lointain cousinage avec ceux que met en œuvre la nature pour déclencher la sexualité des animaux : il est en fait *un animal capable de s'autodéclencher en engendrant ses propres sources de stimulation, inspirées par la nature. Ou d'être déclenché par des femelles inventives, qui savent exploiter ce qui stimule.* En perdant sa toison, le singe nu s'est considérablement éloigné du singe…

La conduite de l'homme vis-à-vis des femmes n'est pas donc pas, à proprement parler, régie par des signaux qu'elle arbore et qui l'excitent ; ces signaux n'ont d'effet que sur son imaginaire. Depuis que nous avons quitté le monde sensori-moteur, il n'y a plus de « stimuli » comme dans le monde animal, il y a des rencontres, des croisements avec des événements qui sont interprétés en fonction d'un passé et d'attentes, et c'est en fonction de cette histoire que les signaux prennent tout leur poids. De ce point de vue, hommes et femmes se ressemblent.

On comprend toutefois que les penchants naturels de l'homme lui confèrent des goûts érotiques particuliers que l'on ne rencontre pas chez les femmes. Le voyeurisme, comme on l'a vu, est assez peu féminin. Le fétichisme, ce goût pour une partie du corps mise en valeur par un accessoire, et parfois même pour l'accessoire lui-même, n'est jamais rencontré chez la femme, ou sous une forme très différente de l'homme. De l'exhibitionnisme, on pourrait dire qu'il est féminin par nature, comme on le verra. Il existe bien un exhibitionnisme masculin, mais il est sans rapport avec celui de la femme. L'homme exhibe son sexe, non son corps ; en exposant sa verge tendue, il vise à plusieurs objectifs : provoquer une émotion sexuelle comparable à la sienne et abattre ainsi les murs qu'oppose la femme réelle aux caprices de son érotisme, tester la puissance de fascination de sa virilité, et s'éblouir de son pouvoir de transgression. Ce faisant, il s'autorise une effraction dans un univers intime qui n'y est pas préparé en violant toutes les barrières, y compris la barrière de la différence des sexualités : car il présuppose la femme intéressée comme lui par son sexe, alors qu'elle n'a pas de curiosité pour une partie quelconque du corps de l'homme si cette partie n'appartient pas à un homme qu'elle connaît et apprécie. Chez elle, l'anatomie ne prend de valeur qu'encadrée, soutenue par une relation. Il n'existe d'ailleurs pas d'exemple d'exhibitionnisme féminin pervers : ce n'est pas simplement, comme le pensait Freud, qu'elle n'ait rien à montrer, à l'inverse du petit garçon qui prend tant de plaisir à provoquer les grands avec son « pipi » ; c'est aussi qu'il n'y aurait rien de transgressif à dévoiler cette partie de soi que tous les hommes ne demandent qu'à voir ; c'est enfin et surtout que la sexualité de la femme ne se concentre pas de la même façon autour de son organe génital – qui n'a pas d'existence propre pour elle. Son sexe, rappelons-le, n'est pas un organe, mais un reflet dans le regard de l'homme et les miroirs qui le réfléchissent. Aussi son érotisme est nécessairement de nature différente. C'est ce que l'exploration des fantasmes masculins et féminins va nous confirmer.

Fantasmes

Pas d'érotisme sans fantasmes : c'est du moins ce que chacun pense aujourd'hui devant l'explosion de fantasmes en tous genres qui s'étalent au grand jour dans la presse, sur les murs et sur les écrans. La liberté d'expression, la tolérance et l'ouverture d'esprit favorisent ce déferlement et représentent un alibi idéal pour l'exploitation commerciale des appétits sexuels.

Fantasmes masculins

On ne connaît que trop l'aptitude masculine aux fantasmes de toutes sortes. Si l'on voulait recenser ici les fantasmes masculins, il faudrait de nombreux volumes. L'ouvrage de la journaliste américaine Nancy Friday sur les fantasmes masculins[43], même si les données de ses enquêtes ne sont pas traitées avec suffisamment de rigueur, donne une assez bonne idée de l'univers érotique masculin moyen dans le contexte des États-Unis d'aujourd'hui. Il y est question, comme on pouvait s'y attendre, de fellation, de sodomie, de jeux autour du sperme, de scènes de voyeurisme (concernant en particulier des femmes entre elles), d'exhibitionnisme, de sexualité de groupe et de sadomasochisme. Tout ce que, précisément, propose aujourd'hui l'industrie du plaisir.

En fait, comme le remarque Kinsey, l'érotisme masculin n'a pas de bornes ; dans toutes les cultures, notait-il, ce sont toujours des hommes, exceptionnellement des femmes, qui ont écrit des œuvres érotiques, et une bibliothèque entière ne suffirait pas à contenir toute la littérature qu'ils ont produite depuis des siècles : cette littérature n'est que le reflet de leur imagination sans limites, aussi créative dans le domaine érotique que dans les autres domaines de la vie. Leurs fantasmes tournent autour de l'appropriation et de la possession, une possession dont ils peuvent pousser le goût jusqu'à l'élimination du désir propre de la partenaire. Voilà pourquoi ils peuvent apprécier les prostituées. Moyennant paiement, elles s'effacent et offrent à l'homme son content de plaisir ; elles ui cuisinent sans appétit le menu du jour de ses fantasmes habituels.

Mais s'il ne fallait retenir qu'une seule dimension de l'univers fantasmatique masculin, ce serait la suivante : ils aiment voir jouir les femmes, et ils voudraient les faire jouir à la façon dont ils se font jouir, sans comprendre que leur instrument ne sonne pas comme le leur. Ils voudraient obtenir d'elles la décharge qu'ils s'arrachent à eux-mêmes ; leur érotisme à eux est depuis toujours, du moins depuis qu'ils sont conscients et qu'ils manipulent leur instrument, un érotisme quantitatif : il ne vise qu'à multiplier les secousses et à additionner les spasmes. On y reviendra. Épier le plaisir des femmes pour mieux se l'approprier, et face à l'instrument, voir des femmes, le plus grand nombre possible de femmes, succomber de plaisir, voilà finalement les fantasmes masculins de base. Il s'agit non seulement de jouir, mais d'établir une performance : nombre de jouissances, nombre de conquêtes de femmes auxquelles on arrache un plaisir – vues comme autant de défaites de ces femmes qui s'abandonnent à cet arrachement. Un des livres majeurs de l'érotisme masculin, *Ma vie secrète*[44], n'est qu'une minutieuse compilation des jouissances arrachées aux femmes par l'auteur (anonyme) au cours de son existence. On verra dans le chapitre suivant combien cet érotisme de comptable, qui ne vise qu'à l'addition ou à la multiplication – mais redoute la soustraction – est en accord avec leur mode de jouissance.

Fantasmes féminins

Qu'en est-il donc des fantasmes féminins ? Face à l'abondance des fantasmes masculins, on est frappé par la pauvreté des fantasmes féminins. Bien des livres ont été écrits récemment par des femmes, psychologues ou sexologues, sur la sexualité féminine[45] : on n'y retrouve aucun catalogue de fantasmes. C'est que le monde du fantasme sexuel tel qu'on le conçoit est plutôt un monde masculin.

• L'indispensable intimité relationnelle. L'érotisme féminin se développe dans la relation, imprégné des premiers moments de l'érotisme relationnel, celui que ressent le nourrisson dans les bras de sa mère. Et cette relation à l'homme, indispensable support à l'érotisme féminin, se limite parfois, quand les conditions culturelles ne permettent rien d'autre, à subir l'homme. Comme le dit une des intervenantes d'un forum Internet[46] :

> « Sur la majorité de la planète, je ne crois pas que les femmes fantasment tant que ça. Les fantasmes, c'est un truc de riche et de libre. Les quelques rares femmes marocaines

avec lesquelles j'ai discuté – c'est un sujet pas volontiers abordé dans ces cultures – m'ont dit qu'elles rêvaient de tendresse, de caresses et de baisers, et que l'acte sexuel soit autre chose qu'un viol rapide. »

À quoi elle ajoute :

> « En spéculant, peut-être qu'elles rêvent pendant le sexe que leur partenaire est un bel homme riche et caressant ressemblant à Alain Delon, mais c'est plus un fantasme Harlequin qu'un fantasme érotique. »

Dans un monde libre comme le nôtre, et disposant de ressources en quantité suffisante pour que chacun puisse prendre du temps pour son plaisir, la condition de la femme n'impose pas de subir à ce point les exigences masculines. Mais l'érotisme relationnel qui caractérise la femme ne peut être facilement décrypté en utilisant la grille des fantasmes sexuels traditionnels, adaptée aux hommes et non aux femmes. On sait à présent qu'à la différence de l'homme, pour lequel la vue est le sens érotique prioritaire, ce sont le toucher et l'odorat qui constituent les sens privilégiés dans l'érotisme féminin : cette sensorialité réclame l'intimité d'un contact, l'étroitesse d'une relation. Dans le même forum, le témoignage d'une autre femme[47] est éclairant :

> « J'ai du mal à définir ce qu'est un fantasme car on a tendance à se représenter des images sociales qui ne sont pas de notre goût : je me suis rarement reconnue dans des fantasmes exhibitionnistes [...]. Par contre, j'ai l'impression que mes fantasmes mettent en avant mes autres sens : odorat, toucher. Exemple : j'ai rêvé qu'on m'embrassait au creux de la main, j'ai vraiment senti cette sensation et j'ai vraiment eu envie ! »

Francesco Alberoni a bien insisté sur cette particularité de l'érotisme féminin qui est pour lui la marque d'un besoin de promiscuité et de continuité, à l'opposé de l'érotisme masculin qui s'affirme dans la discontinuité[48]. Face au désir féminin qui s'établit dans le contact et la progressivité, le désir masculin peut être vécu comme trop rapide et trop brutal – trop discontinu –, affirment Patricia Dupin et Frédérique Hedon. Ce qui est certain, c'est que l'érotisme féminin ne tourne pas autour de scénarios *hard* comme l'érotisme masculin : il se contente de caresses, de tendresse, qui s'échangent dans des scènes romantiques et personnalisées. « Je suis prête à me jeter dans les bras de n'importe quel porteur de fleurs, n'importe quel faiseur de gestes tendres, n'importe quel diseur de mots consolants [...]. Tôt ou tard, un homme peut avoir n'importe quelle femme », clame Nadine, un des personnages du théâtre de Yasmina Reza[49].

Aussi, comme le remarque Francesco Alberoni, l'équivalent féminin de la revue érotique pourrait bien être le roman à l'eau de rose, dont la fameuse collection Harlequin est le prototype. En tout cas, le « Tiens, prends cela, salope !... » qui est au cœur des rêveries de beaucoup d'hommes n'a pas de place dans leur univers[50].

• Quand les femmes fantasment. Pour autant, il ne faudrait pas non plus penser que la femme n'est rien d'autre qu'une fleur délicate. Une fois absorbée dans la relation, sa sexualité est aussi vive et imaginative, voire davantage, que celle de l'homme. Nous verrons tout à l'heure que sa jouissance n'a rien à envier à celle de l'homme. Son imagination non plus. À condition qu'elle soit dédiée à un homme.

Une forme particulière de servilité sexuelle a été longtemps attribuée à la femme, qui la rendrait plus disposée aux fantasmes masochistes. Krafft Ebing[51], un médecin légiste de la fin du XIXe siècle, auteur d'un imposant traité des déviations sexuelles, considérait que la sexualité féminine était par nature masochiste, la sexualité masculine s'exprimant volontiers à l'inverse par une composante sadique. Les données de Kinsey démentent ces hypothèses, pour peu qu'elles soient strictement interprétées. Selon ce dernier, les situations associées à une douleur (flagellation, torture, actes de cruauté) n'excitent qu'une minorité d'hommes (22 %), et encore moins de femmes (12 %)[52]. Nancy Friday s'est également penchée sur les fantasmes féminins[53]. Son travail se montre là encore plus journalistique que scientifique malgré l'abondance du courrier dépouillé et des interviews réalisées, mais il est intéressant à comparer à son exposé des fantasmes masculins. Elle regroupe en une dizaine de variétés les fantasmes féminins. Pour l'essentiel, il y est question de rapports anonymes, d'exhibition, de contrainte et de soumission qui peuvent aller jusqu'au viol, ou encore de plaisirs partagés avec d'autres femmes.

Si je m'en tiens à mon expérience professionnelle, les rares fantasmes sexuels crus dévoilés par des femmes sont en rapport avec une situation non de masochisme au sens strict, mais de soumission. En fait, dans la plupart des cas, les femmes, quand on leur pose directement la question, déclarent surtout qu'elles n'ont pas de fantasmes. Est-ce par pudeur ? Quoi qu'il en soit, elles se considèrent même volontiers comme insuffisantes dans ce domaine, avouant que leur compagnon leur reproche leur manque d'imagination. Leurs fantasmes se limitent, disent-elles, à s'imaginer dans les bras d'un autre pendant qu'elles font l'amour.

Selon les sexologues, parmi lesquelles des femmes[54], cette pauvreté fantasmatique de l'érotisme féminin pourrait certes être attribuée à la conception masculine du fantasme, mais également à l'absence de pratique de la masturbation. On a vu pourtant, avec Kinsey, que la masturbation féminine ne s'accompagnait pas si souvent de fantasmes, et cela m'a été confirmé par bien des femmes ; dans leurs pratiques solitaires, les femmes ne s'aident pas de scénarios comme les hommes, probablement toujours pour la même raison : le visuel ne les intéresse pas ; or, les scénarios font appel à une imagination visuelle.

Quelques femmes, cependant, reconnaissent avoir des fantasmes plus crus. Souvent c'est un homme anonyme, parfois sans visage, qui les dirige. Elles sont contraintes dans leur plaisir, on les oblige à se masturber, à s'exhiber, à se faire prendre malgré elles. On les offre à d'autres hommes qu'elles ne voient pas. Elles frissonnent de peur, mais aussi de plaisir. Un fantasme assez courant mais également, semble-t-il, plus superficiel, est celui de la prostitution[55] : un certain nombre de femmes avouent qu'elles trouvent excitante la situation de *Belle de jour*, mais peu s'en servent dans des scénarios imaginaires alimentant leur érotisme, et aucune ne souhaiterait s'y livrer réellement, même occasionnellement. J'ai toutefois rencontré plusieurs femmes qui « jouaient » à faire payer leur compagnon ; l'une d'entre elles s'était même livrée à un amant, avec l'accord de son mari, dans le but d'obtenir un contrat avantageux pour lui, et elle disait avoir trouvé un grand plaisir à cette situation. La prostitution fait ainsi rêver certaines femmes, mais toujours dans le cadre de la relation à un homme précis, leur compagnon, ce qui est finalement antithétique. On conçoit qu'à l'extrême, le goût pour la soumission que manifestent certaines puisse mener à des fantasmes du type d'*Histoire d'O*[56]. Écrite par une femme, cette œuvre de fiction masochiste remplit les conditions nécessaires à l'érotisme féminin : s'inscrire dans une relation à un homme, fût-il un maître comme Sir Stephen.

À l'inverse de ces exemples de soumission, je n'ai connu que très peu de femmes excitées par la domination. Les femmes auraient-elles peu de goût pour le rôle dominant ? Soutenir un tel point de vue n'est pas sans danger, à une époque où toute formulation d'asymétrie dans les rapports de l'homme et de la femme peut paraître inconvenante. Compte tenu de l'évolution culturelle, on peut cependant imaginer qu'à l'avenir, le rôle traditionnellement masculin, celui du dominant, reviendra plus souvent à la femme dans les jeux érotiques. Les hommes, toujours prêts à toutes les concessions pour satisfaire leur appétit, n'y opposeront pas une grande résistance.

Quoi qu'il en soit, le lien qui unit dominant et dominé, qui peut d'ailleurs atteindre des degrés variés, est approprié à ce besoin semble-t-il fondamental, pour la femme, de vivre son érotisme à l'intérieur d'une relation. À cet égard, *Histoire d'O* est un livre aussi féminin que *Ma vie secrète* est masculin.

Bien entendu, le lien à l'homme sur lequel doit s'appuyer l'érotisme féminin ne mène pas nécessairement à des rapports de soumission. Par exemple, *La Femme de papier*, de Françoise Rey[57], représente le prototype d'un érotisme féminin d'une tout autre nature. Chaque chapitre est une lettre que l'héroïne envoie à son amant, et le livre se conclut par une ode à l'amour. Mais, dans chaque lettre, la narratrice se voit entraînée dans des aventures très imaginatives, qui multiplient les situations et les participants. Peu ou prou, l'érotisme féminin s'inspire toujours davantage de *Schéhérazade* que de l'inventaire si cher au masculin[58].

• L'exhibitionnisme féminin ordinaire. À côté de ces fantasmes crus, d'autres fantasmes habitent la femme, si communs qu'ils paraissent faire partie de la destinée féminine et méritent à peine le nom de fantasmes. Si l'exhibitionnisme tel qu'on le rencontre chez l'homme ne se retrouve jamais chez elle, l'exhibition est une nécessité de sa condition.

La femme plaît aux hommes par la vue, c'est un fait qui ne la satisfait pas toujours, mais c'est un fait naturel que toutes les données statistiques confirment, comme nous l'avons vu. Tout aussi naturel est cet autre fait : la femme aime plaire, car qui n'aimerait pas plaire ? Même si elle refuse de ne plaire qu'avec son corps, la femme sait qu'elle plaît avec son corps, ce corps que regardent les hommes. On reviendra en détail sur ce point au chapitre 5.

Aussi toutes les femmes rêvent sans se l'avouer de disposer de l'arme de séduction absolue que représenterait un corps parfait. Il y a au fond des femmes le fantasme secret d'être Phryné, cette hétaïre que la beauté de son corps dévoilé dans sa nudité place au-dessus du jugement des hommes en les figeant dans leur désir. En caricaturant, on pourrait résumer ainsi la situation opposée des femmes et des hommes : en imagination, l'homme désire toutes les femmes ; en imagination, les femmes désirent séduire tous les hommes. Mais attention : ce que leur disent le miroir, la morale et leur instinct de préservation – le sens des réalités, en somme – bride ce désir secret.

Le miroir, comme on l'a déjà dit, participe de près à la vie de la femme. Alain Braconnier[59] cite un sondage pratiqué aux États-Unis : 59 % des femmes, contre seulement 41 % des hommes, avouent se regarder régulièrement dans une glace. Encore ces chiffres ne veulent-ils pas dire grand-chose, car il y a manière et manière de se regarder dans une glace : peut-on comparer la façon dont la sorcière de Blanche-Neige interroge son miroir en s'inquiétant d'une éventuelle rivale, et le regard furtif que pose sur cet accessoire l'homme commun qui se rase avant de rejoindre son bureau ? Une donnée plus intéressante de cette enquête, c'est ce que dit le miroir à chacun des deux sexes : seulement 22 % des femmes disent aimer ce qu'elles y perçoivent contre 68 % des hommes. Autrement dit, les femmes se regardent beaucoup, mais elles n'aiment pas ce qu'elles voient. Pourquoi ? Ne serait-ce pas simplement parce que ce reflet d'elles-mêmes est un reflet bien pâle comparé à leur idéal : la figure de Phryné ? On dira qu'elles sont victimes de la mode qui leur impose des modèles inaccessibles. Mais ces modèles ne sont que la transcription culturelle d'un désir impossible : disposer de la magie d'une séduction implacable, à laquelle aucun homme ne résiste, et qui efface toutes les rivales. On verra plus loin combien la beauté représente en fait pour la femme, au-delà du pouvoir de la séduction, la garantie de l'amour.

Cette tyrannie du corps, envisagé comme objet de séduction pour l'homme, est sans doute ce qui explique que des fixations morbides sur le corps, telles que l'anorexie et les troubles du comportement alimentaire, sont des maladies presque exclusivement féminines. On ne se lancera pas ici dans des digressions sur ce sujet, qui n'est abordé que pour indiquer combien le corps est le lieu d'un malaise pour la femme. Ce malaise est aussi celui du mystère d'une intériorité habitée par la nature, comme on l'a déjà indiqué. Mais il est surtout celui de la séduction féminine. Objet de séduction, mais aussi instrument de séduction, le corps de la femme doit être exhibé dans la relation homme-femme, alors que la séduction de l'homme, qui fait peu intervenir son corps, n'impose rien de tel. Or l'exhibition du corps est doublement angoissante : angoissante parce qu'il y a la menace, certes, de n'être jamais à la hauteur, mais angoissante également parce qu'il y a, à l'inverse, la crainte de n'être que trop à la hauteur et d'attirer plus que le regard des hommes : leur convoitise. Séduire oui, subir non.

• Else, ou les paroxysmes de l'exhibitionnisme féminin ordinaire. Les troublantes contradictions de l'exhibitionnisme féminin ont été admirablement rendues par Arthur Schnitzler dans *Mademoiselle Else*. Else est une jeune femme de 19 ans qui passe des vacances insouciantes dans un hôtel de luxe loin de sa famille. Elle a l'habitude d'être regardée, et son plus grand confident est son miroir :

> « Suis-je aussi belle que dans la glace ? Approchez, belle demoiselle ; je veux baiser vos lèvres rouges, presser vos seins contre mes seins. Quel dommage qu'il y ait cette vitre froide entre nous. Nous nous comprendrions si bien. N'est-ce pas ? Nous n'aurions besoin de personne. »

Elle rêve d'amour, de beauté – en s'étonnant de n'avoir jamais été amoureuse. Elle s'imagine épousant un Américain et possédant une villa sur la côte : « [...] des marches de marbre descendent vers la mer, je m'étends nue sur le marbre. »

Cette lune de miel avec elle-même est brutalement interrompue par une nouvelle terrible : son père, avocat de génie mais joueur invétéré, doit trouver une forte somme dans les trois jours pour régler une dette s'il veut éviter la prison. Sur la recommandation de sa mère, elle va trouver un des pensionnaires fortunés de l'hôtel, M. Dorsday, qui a déjà dépanné son père et devrait pouvoir à nouveau l'aider. L'homme – une cinquantaine d'années, marchand d'art et esthète – lui propose un marché inattendu : en échange de l'argent, la voir nue.

> « Je ne suis pas un maître chanteur, un homme seulement, un être humain qui connaît la vie et qui sait par expérience que

tout en ce monde a son prix [...]. Et ce que je veux acheter, Else, vous ne serez pas appauvrie pour me l'avoir vendu. [...] Je ne vous demande rien, sinon le droit de contempler votre beauté avec recueillement durant un quart d'heure. »

Après cette proposition qui l'oblige à plonger en elle-même, à introduire un tiers dans le regard intime qu'elle portait sur sa beauté, le monologue change de ton. Que faire de cette image qu'elle aime tant croiser dans son miroir et, tout de même, offrir également un peu aux autres ? Que faire de cette image respectable à présent dont on cherche à profiter malgré elle, contre de l'argent ?

Certes, il y a la question de la nudité qui peut, légitimement, être perturbante. Dans sa façon ordinaire de s'exhiber, Else ne se présente pas nue, elle garde pour elle sa nudité. Mais comment jouer les offusquées ? Elle doit bien s'avouer qu'elle n'a pas toujours été innocente :

« Noble demoiselle Else, que s'est-il passé un matin de cet été, à six heures ? N'auriez-vous pas aperçu les deux jeunes gens qui vous regardaient fixement du fond de leur barque ? Ils n'ont pas pu discerner mon visage, mais ils ont vu que j'étais en chemise. Et j'étais ravie. Ah ! plus que ravie, ivre de joie. De mes deux mains j'ai caressé mes hanches en prétendant ignorer qu'on me regardait. »

Bref, son corps n'est pas qu'une affaire entre elle et elle, une affaire de reflets inoffensifs dans un miroir, mais également un objet de désirs masculins ; il faut bien l'admettre, son désir pour elle-même est aussi un désir du désir des hommes, et il y a de quoi s'affoler. Pour ne pas céder à Dorsday tout en relevant le défi de ne pas garder pour le miroir ce qui, au fond, attend d'autres regards, Else finira par dévoiler sa nudité devant un groupe de personnes réunies dans le salon de l'hôtel. Elle tombe ensuite dans un évanouissement bienvenu qui sauve sa dignité. Un abus de Véronal commis dans une demi-conscience la mènera à la mort.

Jusqu'au bout, Else ne choisit jamais vraiment sa voie : elle fait tout pour son père, croit-elle. Mais n'est-ce pas plutôt pour elle-même, pour soigner son image, une image qu'elle veut parfaite, non polluée par le désir ? Sans vouloir s'avouer que cette image n'a de prix que si elle est admirée par des hommes ?

On pourrait qualifier d'hystérique Mlle Else : elle est avant tout un merveilleux concentré des fantasmes féminins[60], ainsi que de la situation délicate de la femme, prise en tenaille entre le besoin d'être vue et la menace de le désirer trop. Le risque est alors d'échapper à la maîtrise de ses désirs – de ne plus être sujet de ses fantasmes pour devenir objet de la convoitise embarrassante des hommes, plus exigeants que les miroirs.

Éros au pays du même : l'homosexualité

Même s'il est entendu que, dans notre culture, l'érotisme est dominé par les goûts masculins, cette tendance à l'« androcentrisme » n'empêche pas que les désirs de chaque sexe ne sauraient échapper à la représentation que l'on se fait du sexe opposé, et de ses attentes. Pour examiner les désirs de chaque sexe livré à lui-même – autrement dit comment chacun des deux sexes envisage son plaisir lorsqu'il est exempté du souci de plaire à l'autre –, l'homosexualité fournit un splendide terrain d'observation. Or, dans ce domaine, l'opposition du comportement de chaque sexe est flagrante.

Dès 1950, Kinsey note que les différences d'intérêt manifestées selon les sexes pour la génitalité se retrouvent encore dans l'homosexualité :

> « La plupart des hommes qui ont des tendances homosexuelles sont excités, et le plus souvent très fortement, à la vue des organes génitaux masculins. [...] En revanche, il n'y a qu'un petit pourcentage de femmes homosexuelles qui soient excitées érotiquement à la vue des organes génitaux des autres femmes[61]. »

L'érotisme visuel et la curiosité pour la génitalité semblent donc rester avant tout une affaire d'hommes, comme il le confirme un peu plus loin en complétant :

> « Un pourcentage élevé de contacts homosexuels entre hommes commencent par des exhibitions et des manipulations génitales. [...] La plupart sont enclins à préférer aux stimulations extragénitales les stimulations très directes. Dans les rapports homosexuels entre femmes, il arrive que la stimulation de toutes les parties du corps précède pendant un certain temps la concentration de l'attention sur les organes génitaux. Nous avons dans nos dossiers biographiques des exemples de femmes homosexuelles qui ont eu entre elles des rapports réguliers pendant dix ou quinze ans avant de s'être livrées à une stimulation génitale quelconque. [...] En fait, par l'intérêt vif qu'ils portent aux organes génitaux masculins et à l'activité génitale en général, les homosexuels mâles nous offrent souvent des exemples d'un comportement typiquement masculin poussé au plus haut degré[62]. »

Toutefois, à l'époque du rapport Kinsey, les homosexuels se cachaient et il n'était donc pas facile de connaître leurs goûts. L'évolution des mœurs permet aujourd'hui de disposer de données plus importantes qui confirment les premières remarques de Kinsey.

L'homosexualité masculine s'accompagne d'une frénésie éjaculatoire dont on ne retrouve pas le pendant dans l'homosexualité féminine. Les lieux de plaisir pour homosexuels qui se sont multipliés ces quinze dernières années concernent avant tout les homosexuels hommes. Il y a bien quelques lieux de rencontre pour les homosexuelles, mais ils diffèrent peu des discothèques habituelles, où l'activité principale consiste à danser et à écouter de la musique. Les lieux de plaisir pour homosexuels hommes sont bien différents : tous tendent à favoriser la rencontre immédiate des corps sans le détour de la relation. Il peut s'agir de salles de musculation ou de saunas offrant des recoins propices à l'exhibition des corps et à des jeux sexuels, ou de discothèques communiquant avec des salons érotiques qui autorisent les rapports sexuels[63]. Les *backrooms* que l'on trouve dans certains de ces établissements spécialisés sont des pièces obscures où se tient une foule d'hommes ; le jeu consiste alors à aller toucher le mur du fond de la pièce en se frayant un chemin au milieu de tous les corps anonymes, pressés les uns contre les autres, en ayant eu en chemin un maximum de contacts. Une *backroom* serait tout simplement inconcevable dans une discothèque de femmes homosexuelles. L'activité sexuelle des hommes homosexuels représente donc une caricature de la sexualité masculine : elle tend à la multiplication de la décharge, dans un climat anonyme excluant la relation. Dans les années 1980, quand le sida ne faisait pas encore peur, certains de mes patients homosexuels évoquaient des week-ends à New York où ils avaient pu avoir plus de cinquante rapports sexuels avec des partenaires différents croisés dans des établissements spécialisés[64].

On retrouve également chez les hommes homosexuels les déclencheurs visuels et la parcellisation du corps qui caractérisent la sexualité masculine. Par exemple, un patient homosexuel me faisait part du choc qu'il ressentait lorsque se présentait dans la salle de sport un inconnu qui l'excitait – on aurait cru entendre un hétérosexuel détailler les attributs de la femme bouleversante qu'il vient de croiser dans la rue.

En revanche, les femmes homosexuelles ne parlent jamais de leurs désirs dans ces termes ; elles ne parlent d'ailleurs pas d'anatomie, mais plutôt de la fascination intellectuelle et affective qu'une femme exerce sur elles, ou de la tendresse qu'elle suscite. Lorsqu'on les entraîne sur le terrain du corps, elles conviennent que l'attirance pour leur partenaire n'est pas exempte de séduction physique, mais ce sont plutôt des mots comme ceux de « douceur » de la poitrine, des épaules, des bras et des cuisses, de « moelleux » de la chair, du ventre, de « chaleur » du regard, qui sont alors employés pour désigner ce lien physique. Bref, l'érotisme de la femme homosexuelle reste en tout point comparable à celui de la femme hétérosexuelle : c'est un érotisme de contact et de relation. L'activité sexuelle des femmes homosexuelles est d'ailleurs moins abondante, et également moins problématique, que celle des homosexuels hommes. La fidélité pose en effet davantage de problèmes dans les couples d'homosexuels hommes que femmes, et la stabilité des couples d'homosexuels masculins en est affectée.

4

Tout chez l'homme est apparent, tout chez la femme est mystère

Conjuguer les désirs : une quête commune, deux rôles distincts

Dans ses rapports avec la femme, l'homme ne cherche pas qu'à satisfaire ses sens. Certes, on l'a vu, son goût pour le plaisir peut le conduire à ne penser qu'à sa jouissance personnelle sans se préoccuper de celle de sa compagne. Il peut ne jouir que des signaux qui appellent à l'union, en se contentant de sa main et de son imagination, ou il peut se satisfaire à l'aide de femmes complices des envies qu'il cultive dans les plaisirs solitaires. Mais il est seul. Et il le sait. Son désir le plus profond est de partager une relation complète avec une femme. Une relation où les plaisirs érotiques se déclinent à quatre mains et émeuvent simultanément les deux corps. Une relation où le plaisir rapproche deux êtres, en leur faisant oublier la solitude. L'inconvénient est qu'il perd alors la maîtrise de son bon plaisir, et qu'il lui faut apprendre à conjuguer ses désirs avec ceux de sa partenaire. C'est le prix à payer pour échapper aux faux-semblants et sortir de l'isolement.

À la demande (convenue) de l'homme

Traditionnellement, c'est à lui de prendre les initiatives. La femme n'est passive qu'en apparence, elle connaît les règles du jeu – elle sait bien, comme dit Georges Bataille, « se proposer aux désirs de l'homme[1] » et se faire remarquer de celui qui lui plaît –, mais c'est à l'homme qu'il revient de faire les avances. Dans son rôle, la femme est présumée se borner à y répondre. Même si personne n'est dupe, c'est ainsi l'homme qui se trouve en position de demandeur. Cette asymétrie des rôles distribués par la culture est devenue une de ces habitudes sociales qui nous imprègnent au point que nous en perdons conscience[2]. Notons que l'émancipation de la femme n'a rien changé aux données dans ce domaine.

Les rôles sociaux prescrivent donc que la demande vienne de l'homme. S'y ajoute que, par nature, comme l'indique Kinsey, l'homme est plus demandeur que la femme car plus curieux des choses du sexe. Ainsi que le souligne très justement Nancy Friday dans l'introduction de son ouvrage sur les fantasmes masculins :

> « Les femmes ont, dans leur développement sexuel, un avantage énorme, souvent oublié : elles ont rarement l'occasion de se mettre en colère contre les hommes parce qu'ils leur refusent le sexe[3]. »

En raison à la fois des obligations sociales et des exigences de la physiologie masculine, l'homme est ainsi dans l'obligation de solliciter et même de « conquérir » celle qui, le plus souvent, n'a pas de demande explicite – tout en ne demandant pourtant qu'à céder. À l'homme d'évaluer avec discernement, grâce à son expérience et à son empathie, cette non-demande-là, ou plutôt cette demande travestie en proposition.

« Je suis la femme que tu désires et puisque moi aussi je te désire, je me propose à tes désirs ; en tant que femme, j'aime être convoitée, je suggère le désir à tous tes semblables, mais toi que je désire, je m'offre à ton désir plus encore qu'à celui des autres : j'attends de toi une décision » : voilà comment peut être résumée, côté femme, la rencontre avec un homme qu'elle trouve attirant.

Aujourd'hui aucune règle sociale, en dehors de la traditionnelle initiative masculine, ne vient contenir les désirs des deux sexes dans un périmètre défini. Il n'y a plus d'obligation prescrite par des coutumes ou des arrangements familiaux, plus de rites qui dictent clairement les conduites ; seule compte la rencontre des deux désirs, le féminin et le masculin, qui disposent pour s'exprimer d'un cadre imperceptible fait de règles implicites, à l'ajustement délicat et contradictoire : car l'homme ne doit pas trop manifester son désir, au risque d'effrayer la femme, qui se sentirait « souillée par son regard[4] » ; et la femme ne doit pas trop désirer lui plaire, si elle ne veut pas manquer la rencontre, puisqu'« une jeune fille qui veut plaire en se faisant intéressante plaira surtout à elle-même[5] ».

Un défi pour tous les deux

L'un demande, l'autre concède : les rapports amoureux opposent dès l'origine les deux sexes en un affrontement qui mime l'épreuve de force. Et puisque être aimé se présente à l'homme comme un défi, il s'agit ensuite de se montrer à la hauteur de celle qu'on s'efforce de conquérir. Le jeu de la séduction impose à l'homme de prouver sa valeur. Lorsque la séduction quitte le domaine de la parade pour verser dans le corps à corps, il s'agit pour lui de se montrer un amant à la hauteur. Or, quand donc est-on à la hauteur ? Voilà de quoi alimenter les doutes masculins.

Les inquiétudes ne sont pas que d'un seul côté ; elles sont en réalité partagées avant le moment de vérité que représente la rencontre des deux amants, nus l'un et l'autre. La femme est en effet, elle aussi, en difficulté. Elle est pour l'homme une promesse de plaisirs minutieusement échafaudée avec la complicité de son miroir. Comment va-t-elle lui apparaître, dans la simplicité de l'état de nature ? Beaucoup de jeunes filles m'ont fait part de leurs appréhensions à se mettre nues lors des premières rencontres. Il ne s'agit pas simplement de pudeur, mais également d'une peur : peur de quitter les rivages rassurants de la séduction maîtrisée, calculée, pour s'abandonner aux incertitudes des élans de la chair. « Vais-je continuer à l'inspirer, lui que je désire, maintenant que je baisse le masque ? »

Les femmes partagent donc certaines craintes des hommes, mais elles ont sur eux un avantage : leur effet sur le désir masculin est patent ; il s'offre à la vue, il se mesure au toucher. L'érection est un garant de l'attirance qu'elles exercent sur leur partenaire. Du reste, l'érection masculine est à ce point synonyme de séduction dans l'esprit de la femme que toute défaillance de ce côté-là provoque chez elle un doute personnel, une remise en question de son aptitude à plaire. Quand leur compagnon devient impuissant pour des raisons médicales, beaucoup de femmes souffrent alors d'être privées non pas tant d'une jouissance sexuelle que de la manifestation du désir de leur partenaire[6] : elles déclarent que ce désir leur est indispensable pour se sentir femmes. L'« instrument » de l'homme est décidément pour la femme bien autre chose qu'un outil de plaisir, contrairement à ce que la simplicité masculine serait encline à penser !

On ne l'aime donc pas pour son outil, mais que l'homme se rassure : cela lui laisse au moins la liberté de l'échec. Car l'angoisse de l'homme est, comme on l'a déjà vu, que ne se produise pas l'érection attendue… Sait-il qu'en ce cas, à l'opposé de ce qu'il redoute, ce n'est pas lui qu'on accusera de ne pas être un homme ? Non, c'est elle, sa partenaire, qui doutera alors d'être une femme !

Décidément, l'humanité est aussi faible dans les deux camps, et cela devrait nous pousser à l'attendrissement plutôt que nous inciter à développer toujours davantage de garanties de plaire à l'autre sexe. Avec le risque de voir certains d'entre nous, les moins confiants, s'engager dans une dangereuse escalade en matière de séduction.

La virilité : ravir à la femme la maîtrise du désir

Quoi qu'il en soit, l'homme ne peut s'empêcher de penser le sexe en termes de pouvoir. Il a des pouvoirs sur son sexe, il subit aussi les pouvoirs de son sexe, et il souhaiterait assurer son emprise sur la femme en la soumettant à la puissance du désir auquel il est lui-même assujetti. Cette tendance masculine à confondre la femme et l'homme prend chez certains la forme d'une caricature. Témoin cette patiente, qui me déclarait, accablée :

> « Ah, docteur, si vous saviez… Il est devant, il est derrière, il est en haut, il est en bas, je vous jure, je ne sais pas où il est… Et encore, si cela ne durait qu'un quart d'heure, mais non, il lui faut trois quarts d'heure ! À la fin, il me regarde et il me dit : toi, tu ne me quitteras pas, je te tiens par le sexe… »

Je bande un peu, passionnément, pas du tout… voilà une expérience quantitative que l'homme voudrait transposer chez la femme. « Qu'elle est bandante ! » disent-ils entre eux, jaugeant ainsi leurs désirs à la tension de leur érection. Et ils rêvent de faire aux femmes l'effet qu'elles leur font. Mais les femmes, à la différence des hommes, n'ont pas d'« érectomètre » qui indique le degré du plaisir. Leur lubrification naturelle… rien de plus, voilà la seule extériorisation de leur plaisir. Et la seule expression de désir qu'elles ne maîtrisent pas, à la différence des mots, des cris ou des gestes qui, eux, peuvent tromper. Or cette manifestation incontrôlable, et donc infalsifiable, de leur corps ne donne que de pauvres et lointaines indications sur le plaisir qu'elles ressentent au fond d'elles-mêmes.

Combien de femmes m'ont expliqué que, par affection pour leur compagnon, elles mimaient le plaisir… Beaucoup d'ailleurs sont conscientes que leur partenaire ignore fondamentalement ce qui se passe en elles. Dans l'enquête de Shere Hite, à la question : « Quand vous avez un orgasme, est-ce que votre partenaire s'en rend compte ? », sur 479 interrogées, seules 87 répondent : « Oui », ou encore : « Habituellement » ; une grande majorité (226) répondent : « Mon partenaire habituel, oui ; les autres, jamais[7]. » Ce qui, en passant, indique une fois encore combien, pour une femme, la relation doit être suivie pour que le rapprochement érotique prenne un véritable sens.

L'énigme de la jouissance féminine : pour les hommes, une source inépuisable d'inspiration

Loin d'être déchiffrable comme il l'est lui-même, la femme se présente finalement à l'homme comme une énigme. « Elle était une énigme qui énigmatiquement possédait sa propre résolution, un secret, et que comptent bien tous les secrets des diplomates contre celui-ci ? contre cette énigme ? » s'interroge le séducteur du philosophe Kierkegaard à propos de cette inconnue qui l'obsède depuis qu'il a pu admirer, en sortant de son carrosse, « son petit pied mignon[8] ». Nous savions déjà combien l'homme est ému par des détails de l'anatomie féminine, mais nous n'avions pas encore compris que ces morceaux choisis de la femme ne sont pour lui que les pièces d'un puzzle obsédant : un puzzle qu'il tente en permanence de reconstituer avec l'espoir de parvenir enfin à ouvrir grand la porte du mystère féminin.

La scène que rapporte Philippe Sollers dans son roman *Femmes* est un bel exemple du mystère féminin tel qu'il se présente à un adolescent, un jeune homme de 14 ans qui connaît là ses premiers émois[9]. Il s'agit d'une tante maternelle, « grande femme brune au regard bizarre », âgée de 36 ans :

> « Elle s'attardait au soleil sur sa chaise longue pendant que les autres allaient dormir dans les chambres ou filaient en ville [...]. Je faisais semblant de monter me coucher, je revenais l'observer à travers les fusains... Robe de coton blanche, jambes relevées, écartées... Peau brune que j'évaluais très douce, parfumée, soyeuse comme celle de ma mère... Sa culotte blanche... Je suis sûr qu'elle me voyait. Et puis un jour, *tache noire... Ce n'est pas possible, ce n'est pas vrai*[10]... Pas de culotte, les cuisses de plus en plus écartées. »

Le choc de cet adolescent confronté au mystère de la femme se perpétue en fait pendant toute l'existence de l'homme qui cherche à surprendre, à comprendre autant qu'à prendre cette « tache noire », ce trou noir de l'univers sexuel féminin où rien n'apparaît, mais où l'homme et son sexe rêvent de s'abîmer, de s'engloutir, pour ne faire plus qu'un avec le désir de la femme.

À côté de Sollers, écoutons Marguerite Duras dont les incantations s'adressent, elle, à un adulte :

> « Elle dit : regardez. Elle ouvre ses jambes et dans le creux de ses jambes écartées, vous voyez enfin la nuit noire. Vous dites : C'était là, la nuit noire. C'est là. [...] Elle dit : prenez-moi pour que cela ait été fait. Vous le faites, vous la prenez. Cela est fait. Elle se rendort[11]. »

Dans le creux des jambes écartées, la nuit noire : on pense à Nout, la déesse égyptienne du ciel, cette silhouette féminine immense qui forme la voûte céleste étoilée en prenant la terre dans son giron lorsque la barque solaire disparaît à l'horizon. L'extraordinaire, c'est bien que, dans le creux des cuisses de la femme, il n'y a précisément rien à voir, rien en tout cas au sens masculin, rien qui se voie et se touche comme son sexe à lui. Rien autrement dit avec lequel on peut *faire* quelque chose : « Cela est fait », conclut Marguerite Duras.

Avec le sexe du garçon, on peut *faire* mille choses, on peut jouer, par exemple, remarquent deux écrivains masculins :

> « [...] l'appendice des garçons, s'il les fait tant rire parfois, c'est qu'il évoque mille autres choses que son usage consacré ; à l'état de repos, on peut le peindre, le nouer en tire-bouchon, le tremper dans la confiture [...] ; en érection, le transformer en marionnette, porte-serviettes, baguette de tambour[12]... »

Avec le sexe de la femme, on ne joue plus : on s'enfonce dans le mystère tant convoité de la jouissance, cette jouissance à laquelle le garçon aspire de tout son sexe, quand, faute de mieux, il joue à jouir seul. Et ce mystère rend l'endroit plus merveilleux, plus désirable encore. Dans leur exhibition retenue, les femmes savent jouer de cet entraperçu du mystère qui excite tant l'homme.

Mais revenons à l'adolescent de Sollers, qui poursuit ainsi la description de la scène :

> « Et puis la main, lentement, savamment, la tête renversée en arrière comme si elle était assoupie... Paupières s'ouvrant de temps en temps... Filet de l'œil, rayon noir... J'ai fini par me déshabiller complètement, là, derrière la haie vert sombre ; je me suis approché d'une lucarne de verdure où elle pouvait parfaitement m'encadrer [...]. J'ai commencé à me caresser, doucement, puis de plus en plus vite... Elle ne bougeait plus... Morte... Et puis sa main est redescendue, un peu tremblante, et on a fait ça ensemble, les yeux mi-clos [...]. J'ai joui quand elle s'est vraiment renversée en arrière avant de s'affaisser un peu, de pencher la tête sur son épaule... Je revois mon sperme sur les feuilles, en plein soleil, c'était très beau... Je suis rentré sous les arbres... Elle a repris son roman. »

De quoi, finalement, le jeune homme a-t-il donc joui ? Rien : il ne s'est rien passé, ou si peu. Une interruption de la lecture, un abandon, des mouvements incertains d'une main dans une zone obscure, une morte qui reprend vie pendant qu'il s'agite – sans doute, pense-t-il, parce qu'elle le voit (filet de l'œil) –, quelques tressautements : voilà tout. Demain, elle l'ignorera. Et lui, en face, qui s'affole, agrippe son instrument, explose en arrosant le feuillage, tout ça pour ces riens qui signifient tant pour lui. Car de son côté, ça n'est pas rien, c'en est même loin : ça s'agite, ça décharge, ça éclabousse...

Ne sommes-nous pas pitoyables, nous autres hommes, face à ce souverain mystère qui entoure la jouissance de la femme, ce mystère qui fait de nous des étrangers, des officiants momentanément admis à participer à un cérémonial dont l'essentiel reste hors d'atteinte ? Quand notre jouissance à nous est si visible – au point de nous rendre parfois risibles ? « Cela est fait… » Nous faisons. Et elles, que *font*-elles ? Ne feraient-elles que cela : nous faire faire ?

Déchiffrer la jouissance : anatomie de l'orgasme

Faut-il voir dans cet insupportable mystère le ressort profond qui a poussé les savants à se pencher sur l'activité sexuelle féminine en accumulant les observations anatomiques et les données statistiques ?

Dans son second rapport, *Le Comportement sexuel de la femme*, Kinsey est le premier à explorer de la façon la plus objective possible ce qui obsède tant d'hommes, dès avant et bien après leur adolescence. Quelques années plus tard, un couple de chercheurs américains, Masters et Johnson, lui emboîtent le pas. Ils se livrent à des observations systématiques d'orgasmes et recueillent des informations scientifiques sur les modifications du corps qui accompagnent l'extase. De 1954 à 1965, 382 « sujets d'étude » féminins, de 18 à 80 ans, et 312 masculins, de 21 à 90 ans, viendront ainsi, pour les besoins de la science, orgasmer dans leur laboratoire de la faculté de médecine de Saint Louis. Les données de ces recherches sont consignées dans un ouvrage célèbre, devenu la bible de l'orgasme : *Human Sexual Response*[13].

À la recherche de l'orgasme

Comme l'expose fièrement leur éditeur, Masters et Johnson, pour pénétrer l'univers inconnu du plaisir, n'ont reculé devant aucun moyen, allant jusqu'à employer « des techniques de télémétrie médicale utilisées pour surveiller à distance la santé des astronautes ». Les deux planètes, celle du plaisir masculin et celle du plaisir féminin, sont ainsi méticuleusement sondées par nos deux cosmonautes volontairement satellisés dans le septième ciel, mais – on ne s'en étonnera pas – la planète masculine semble bien moins mystérieuse : les résultats concernant l'homme n'occupent qu'une cinquantaine de pages dans leurs relevés quand ceux de la femme en représentent cent quarante.

La technique d'observation de l'orgasme féminin est en elle-même tout un programme, surtout lorsqu'on la compare à la simplicité du recueil des données chez l'homme. Les auteurs ont en effet recours à un matériel de coït artificiel (mis au point par des radiophysiciens !) :

> « Les pénis sont en plastique et ont les mêmes propriétés optiques qu'un verre plan. L'éclairage en lumière froide permet une observation et un enregistrement sans distorsion. Le matériel peut être adapté à chacun en fonction de la taille, du poids, et du développement du vagin. L'intensité et la profondeur de la pénétration du pénis sont entièrement dominées et contrôlées par le sujet. À mesure que la tension croît, la rapidité et la profondeur de pénétration du pénis sont augmentées volontairement, en fonction de la demande du sujet. Ce matériel est équipé électriquement[14]. »

Des centaines de « cycles sexuels » complets sont attentivement examinés à travers ce pénis translucide, chez des femmes « soit allongées sur le dos, soit les genoux sur la poitrine ». Bref, rien n'est laissé au hasard, et grâce à l'acharnement expérimental des auteurs, des données sérieuses sur l'énigmatique jouissance féminine, que les techniques modernes permettent d'exposer à ciel ouvert, vont enfin être révélées.

Une remarque, pourtant. Cet imposant appareillage ne risque-t-il pas de perturber la délicate mécanique du plaisir ? Que nenni !

« Une adaptation à ce matériel, comprenant un coït et une expérience d'automanipulation, était nécessaire aux sujets d'étude. Ces périodes d'adaptation permirent de se rendre compte de la franchise des sujets et des moyens qu'ils employaient pour augmenter leur tension sexuelle. »

Car « les réactions physiologiques intravaginales répondant à l'automanipulation correspondent point par point aux types de réactions observés » au cours des cycles sexuels. Est-ce à dire qu'entre coït artificiel et automanipulation – autrement dit, masturbation –, on ne fait pas de différence ? Qu'après tout l'orgasme, c'est l'orgasme, peu importent les conditions de déclenchement ? Si ce point de vue paraît aller de soi pour les hommes, il paraît, comme on le verra, contestable quand on écoute les femmes.

De l'excitation à l'orgasme : le cycle sexuel

Venons-en aux faits. Que nous apprennent ces explorations ? Hommes et femmes ont en commun le point suivant : les « excitations sexuelles efficaces » les font réagir en déterminant une tension sexuelle. Et, dans les deux sexes, les progrès de la tension sexuelle en réponse aux stimulations sexuelles « efficaces » affectent la forme d'un cycle où l'on peut distinguer plusieurs étapes : une phase d'excitation, puis une phase en plateau au cours de laquelle survient l'orgasme, enfin une phase de résolution.

Le cycle de réponse sexuelle n'est cependant pas identique chez les deux sexes. Chez l'homme, la phase en plateau, qui correspond à la tension sexuelle maximale, ne peut mener qu'à un seul orgasme, accompagné d'éjaculation ; l'éjaculation est suivie d'une période réfractaire plus ou moins longue : la phase de résolution correspond à une rupture brutale de la tension sexuelle, et il lui faut, pour parvenir à un autre orgasme, redémarrer un nouveau cycle sexuel. En revanche, la femme peut développer plusieurs orgasmes successifs au cours de la phase en plateau ou lors de la phase de résolution, cette dernière s'étalant sur une durée variée selon les stimulations. Le cycle du plaisir prend donc chez la femme des formes plus variées tant dans la durée que dans l'intensité que chez l'homme.

On peut alors s'interroger : sous le vocable commun d'orgasme, désigne-t-on la même chose dans les deux sexes ? Qu'ont de semblable l'expérience orgasmique de l'homme et celle de la femme ?

Voici comment sont décrits les orgasmes féminin et masculin :

> « La phase orgasmique est limitée aux quelques secondes durant lesquelles la vaso-constriction et la myotonie issues de l'excitation sexuelle se relâchent. Ce paroxysme involontaire est atteint à n'importe quel niveau, représentant l'accroissement maximal de la tension sexuelle à un moment précis. La sensation subjective (sensuelle) de l'orgasme a lieu au niveau du pelvis, elle se localise spécifiquement dans le clitoris, le vagin et l'utérus de la femme ; dans le pénis, la prostate et les vésicules séminales de l'homme[15]. »

Bien que médecin et donc féru d'anatomie, je n'ai jamais eu l'impression que la sensation subjective qui accompagne le plaisir à son paroxysme se localisait dans le pénis, la prostate et les vésicules séminales. Serais-je passé à côté de l'orgasme ? Ou aurions-nous affaire à une approche bien simplificatrice de ce bouleversement intérieur qui accompagne l'éjaculation, et qui ne saurait être réduit à une simple émotion des organes ?

Mais on comprend : il s'agit, pour rester scientifique, de

s'éloigner de la subjectivité et de rattacher le plaisir à des repères bien identifiables. D'un point de vue objectif, donc, quand ils s'adonnent au plaisir sexuel, hommes et femmes traversent les mêmes étapes qui les mènent tous deux à un point culminant, l'orgasme. Avant d'en arriver là, ils commencent par être excités – du moins si les stimulations sexuelles sont « efficaces ». Ensuite, ils sont, selon les cas : plus du tout excités et encore moins excitables (hommes) ; ou un peu moins excités mais encore excitables (femmes).

Le cycle masculin

L'excitation chez l'homme se manifeste de façon évidente par l'érection : « la première réponse physiologique de l'homme à une stimulation sexuelle efficace est l'érection du pénis[16] », mais cette réponse est fragile et sensible à la distraction : un changement inattendu de l'environnement – bruit, variation soudaine d'éclairage ou de température – peut provoquer un affaiblissement, voire une disparition de la tumescence. La mécanique masculine – ce défi à la pesanteur – est donc délicate, et l'homme a bien des raisons d'être inquiet pour son érection. Dans les cas favorables, « le pénis qui apparemment a achevé l'érection complète pendant la phase d'excitation subit une légère augmentation vaso-congestive involontaire lorsque la phase orgasmique approche » : c'est la phase en plateau. On notera que cette dernière s'associe très étroitement à l'orgasme, au point de se confondre presque avec la phase orgasmique qui correspond à la réaction éjaculatoire procédant des contractions régulières du sphincter de l'urètre, des muscles bulbo-spongieux, ischio-caverneux, et périnéaux. Les trois ou quatre premières contractions sont puissantes et surviennent à un rythme rapproché (0,8 seconde d'intervalle), elles sont suivies pendant plusieurs secondes de petites contractions irrégulières de l'urètre. Vient alors la phase de résolution pendant laquelle le pénis revient à l'état de flaccidité en passant par deux étapes. Dans un premier temps, la détumescence, d'une rapidité extrême, ramène le pénis à une fois et demie son volume de repos[17]. Au terme de la deuxième étape, après une involution qui peut être longue, le pénis retrouve sa taille normale. Pendant toutes ces étapes, les réactions extragénitales de l'homme se limitent essentiellement à la myotonie et aux réactions cardio-respiratoires communes aux deux sexes.

Résumons : le cycle de la tension sexuelle chez l'homme se réduit sommairement à une phase d'excitation, assez localisée à son organe génital, la verge ; il n'y a pas véritablement de plateau car l'orgasme se confond avec la phase en plateau ; il n'y a pas non plus de résolution mais un effondrement – à la fois de la verge et de la tension sexuelle.

Le cycle féminin

La situation, chez la femme, est beaucoup plus compliquée. « La première évidence physiologique de la réponse de la femme à une stimulation sexuelle quelconque est la lubrification vaginale[18] » – c'est, en somme, son érection à elle – qui correspond à une exsudation (sorte de transpiration) des parois du vagin. Pendant la phase d'excitation, parallèlement à cette réaction de sudation, le canal vaginal se modifie en s'élargissant et en s'allongeant. Toutefois les réponses à des stimulations sexuelles efficaces à cette phase ne se limitent pas aux réponses vaginales ; elles incluent également des réactions locales clitorido-vulvaires et des réactions extragénitales plus larges. Le clitoris augmente constamment de volume, mais de façon souvent si limitée que cela reste indiscernable. Les petites lèvres s'engorgent jusqu'à doubler de volume. Les seins gonflent également légèrement et les mamelons se mettent en érection. L'ensemble du corps subit une réaction congestive marquée par une diffusion de taches rosées, plus concentrée à l'épigastre : c'est la « rougeur sexuelle » qui, nous dit-on, peut être considérée comme une « indication sûre de l'intensité des réactions sexuelles ressenties par la femme[19] ». À la phase en plateau, on observe une réaction vaso-congestive nette produisant un gonflement du tiers externe du vagin[20] et une rétraction du clitoris – hampe et gland – qui disparaît sous le capuchon. Les petites lèvres changent de couleur ; elles prennent une coloration vermillon chez les nullipares, rouge sombre chez les multipares, et cette réaction, qualifiée de « peau sexuelle », peut être, là encore, considérée comme une garantie de jouissance[21]. La tension congestive des seins se poursuit. L'orgasme se caractérise par des contractions régulières de ce que les auteurs appellent la plate-forme orgasmique, qui correspond à la zone congestionnée du tiers externe du vagin. Ces contractions se produisent à huit secondes d'intervalle, de trois à quinze fois selon les orgasmes. Les intervalles s'allongent et l'intensité des contractions diminue après les premières contractions. Un spasme inaugural d'une vingtaine de secondes et parfois davantage peut précéder la salve de contractions. Selon les auteurs, le nombre et l'intensité des contractions de la plate-forme orgasmique sont proportionnels à l'importance subjective et à la durée objective de chaque expérience orgasmique[22]. Ces contractions qui sont « la manifestation visible de l'expérience orgasmique féminine » s'accompagnent d'autres spasmes plus irréguliers au niveau de l'utérus, et plus inconstants au niveau des sphincters urétraux et rectaux. Pendant l'orgasme, il ne se produit rien de particulier au niveau du clitoris, qui reste rétracté sous son capuchon depuis le début de la phase en plateau. Après l'orgasme, la phase de résolution se caractérise par une involution régressive de toutes les manifestations observées. La réaction de « peau sexuelle » des petites lèvres et la rougeur sexuelle cutanée cessent soudainement après l'orgasme, le clitoris revient à la surface après cinq à dix secondes, et la vasocongestion du tiers externe du vagin s'atténue rapidement. Les modifications de volume et de couleur du vagin disparaissent plus lentement. Les seins retrouvent leur état de repos après une dizaine de minutes, mais la détumescence des aréoles est immédiate.

Résumons : le cycle complet de la tension sexuelle n'existe à proprement parler que chez la femme, où l'on peut distinguer une montée progressive de l'excitation, un plateau durable, et une résolution progressive.

Plaisirs sexuels de l'homme et de la femme : quels points communs ?

Ainsi, malgré certaines similarités physiologiques, les différences observées entre les cycles de réactions sexuelles masculin et féminin s'avèrent considérables. Leur seul point de convergence est l'existence d'un paroxysme de la tension sexuelle qui s'accompagne d'un spasme génital, se manifestant par des contractions internes qui surviennent à peu près à la même cadence dans les deux sexes.

Masters et Johnson ont pris le parti de traiter le sujet dans la plus parfaite neutralité objective. Pour ce faire, ils ignorent délibérément le plaisir pour se concentrer sur les modifications de l'organisme qui accompagnent l'activité sexuelle. N'oublions pas cependant que tout plaisir, y compris le plaisir sexuel, est un ressenti, et non une réaction des organes. Aussi les observations de ces savants, si précises soient-elles, ne nous autorisent pas à confondre le plaisir de l'homme et celui de la femme, en les ramenant tous deux à un seul et même orgasme, celui-ci conçu comme une réponse spasmodique univoque de nos organes génitaux à une stimulation sexuelle « efficace ». Au contraire, loin de rapprocher l'homme et la femme, les différences physiologiques observées donnent à penser que les corrélats psychologiques et émotionnels d'une réactivité organique si dissemblable selon les sexes doivent être eux aussi également très distincts.

Ainsi, en nous invitant à entrer dans la physiologie sexuelle de l'homme et de la femme, Masters et Johnson rappellent à ceux qui auraient pu l'oublier que le corps de la femme dispose comme celui de l'homme d'une sexualité – et peut-être même d'une sexualité plus intense que celle de l'homme. À l'époque où a été publié le livre, il était sans doute utile d'informer le grand public sur la richesse de la sensualité féminine. Mais ces explorations comparatives de la génitalité des deux sexes amènent à se poser d'autres questions. Au vu de ce qui les oppose dans leur fonctionnement physiologique, peut-on dire qu'hommes et femmes ont la même expérience du plaisir ou doit-on admettre que jouissances masculine et féminine sont des expériences complètement distinctes ? Où est, finalement, la dimension commune du plaisir sexuel de l'homme et de la femme ?

Orgasme : mode d'emploi

Voyons maintenant les moyens qui garantissent l'efficacité, ces « stimulations sexuelles efficaces » qui déclenchent à coup sûr le plaisir suprême. Sont-ils semblables chez l'homme et la femme ?

La recette du plaisir masculin : un mets simple

Du côté des femmes, on le sait, la tâche est facile. Ce membre qui accompagne l'homme depuis toujours, qu'il agite pour un rien ou qui s'agite tout seul devant des émotions minuscules, ce membre vivant dont le garde-à-vous clame déjà le désir, il suffit de s'en saisir, de lui faire exécuter sa danse ordinaire, une danse bien peu créative – haut/bas, bas/haut, pas davantage – pour parvenir à le combler. Parler de « stimulation sexuelle efficace » pour un homme, c'est presque un pléonasme : toute stimulation du sexe masculin est efficace, pour peu qu'elle ne soit pas douloureuse. La réponse est visible et tangible : érection, éjaculation.

N'allez surtout pas croire que l'éjaculation, cette modeste production de fluide, est sans importance, et que tout est déjà dit dans l'érection. Après certaines interventions chirurgicales sur la prostate, l'éjaculation ne devient plus visible en raison d'un écoulement rétrograde : au lieu de s'évacuer par l'urètre, le sperme s'épanche dans la vessie. Cette situation où l'orgasme masculin ne s'accompagne pas de l'émission habituelle de la liqueur séminale est très péniblement ressentie par les deux sexes ; la frustration est aussi forte pour l'homme que pour sa partenaire féminine. L'extériorisation de la semence est en fait une nécessité pour que l'acte sexuel de l'homme soit ressenti comme complet aux yeux du couple.

La sexualité masculine, du moins quand tout va bien, est ainsi en elle-même un modèle d'efficacité : un déclenchement clair, une production finale qui atteste du rendement de l'énergie dépensée, en venant marquer la conclusion d'un programme[23]. Dans la vie érotique du couple, la femme, face à l'homme, peut se sentir très efficace.

Mais l'homme, face à la femme ?

Les recettes du plaisir féminin : saveurs multiples

En premier lieu, clitoris ou vagin : où toucher pour être efficace ? Puisque l'organe sexuel féminin ne compte pas comme les hommes qu'une seule cible, mais deux, un doute plane sur la considération qu'il faut apporter à chacune de ces parties pour donner du plaisir.

Freud soutenait autrefois que la femme parvenue à la maturité sexuelle doit trouver son plaisir grâce au vagin, réduisant la jouissance clitoridienne à un reliquat de l'enfance. Outre ses vertus de symétrie – chacun son organe, et un organe complémentaire –, cette théorie avait un mérite : avec le vagin comme foyer de la jouissance suprême, l'instrument masculin prenait tout son sens ; une nécessité physiologique faisait aspirer les femmes à la pénétration, et l'homme disposait du matériel adéquat. Celles qui par hasard n'en avaient pas besoin étaient tout simplement restées des petites filles incapables de passer à la vitesse supérieure.

On est, aujourd'hui, bien revenu de la thèse freudienne. Les femmes, on l'a vu, quand elles s'offrent des plaisirs solitaires, ne se concentrent pas sur la pénétration, bien au contraire : pour se donner du plaisir à elles seules sans participation d'un partenaire, c'est à leur clitoris qu'elles s'adressent, et cela qu'elles aient ou non déjà goûté au plaisir des rapports sexuels vaginaux[24].

Le plaisir clitoridien ne s'opposerait pas pour autant au plaisir vaginal. Kinsey constate en effet par ailleurs que la masturbation féminine ne semble pas nuire aux joies du coït, au contraire :

> « Bien des cas précis montrent que l'expérience antérieure de l'orgasme [par la masturbation] a favorisé l'expérience éro-

tique dans le mariage. [...] il est certain que la pratique de la masturbation n'a diminué en rien l'aptitude des femmes de notre échantillonnage à parvenir jusqu'à l'orgasme au cours du coït conjugal[25]. »

Toutes les enquêtes ultérieures ont confirmé que les femmes qui reconnaissent se masturber sont également celles qui sont le plus satisfaites dans leurs rapports sexuels.

On ne doit donc pas minimiser le plaisir clitoridien et en faire le reliquat d'un plaisir infantile auquel on n'aurait pas su renoncer. Loin de faire obstacle aux plaisirs de la maturité, il est plutôt pour la femme un point d'appel du plaisir qui fait office, pour reprendre l'expression de Gérard Zwang, de révélateur érogène[26]. Pour lui, l'orgasme vaginal n'est pas un réflexe naturel mais résulte en fait d'un apprentissage par l'exercice de la pénétration, aiguillonné par le plaisir clitoridien. Il ne se produit qu'après un certain délai de pratique et vient se greffer sur l'orgasme clitoridien qui le prépare ; d'un point de vue mécanique, d'ailleurs, le clitoris est stimulé pendant la pénétration ainsi que pendant les spasmes de la plateforme orgasmique ; il participe donc à la jouissance vaginale.

Les deux foyers du plaisir féminin, clitoris et vagin, travaillent donc en complète harmonie. Marie Bonaparte, cette disciple de Freud emportée par son acharnement théorique, a eu bien tort de martyriser ce pauvre organe : il n'était pas pour grand-chose dans sa frigidité[27]. À l'origine de celle-ci, il faut plutôt chercher du côté de ses rapports psychologiques avec les hommes – j'entends, de ce que les hommes représentent pour elle – et non du côté de la mécanique clitorido-vaginale du plaisir.

Plaisir et sens : quand la relation donne du sens au plaisir

Car l'intérêt du mystère de la jouissance féminine est de nous rappeler qu'en aucun cas le plaisir ne peut se réduire à ses aspects mécaniques. La sensualité complexe de la femme redonne ainsi à la question du *sens* – c'est-à-dire de la signification, des attentes et projets qui soutiennent l'ensemble des activités humaines – un rôle dans l'érotisme que certains des aspects du fonctionnement sexuel de l'homme, distrait par *ses* sens, pourraient faire oublier.

Certes, la femme, quand elle est seule, n'a besoin que de son clitoris pour s'offrir des « stimulations sexuelles efficaces ». Et on le comprend quand on sait que cet organe est puissamment innervé, alors que l'innervation modeste du vagin en fait un organe peu sensible[28]. Mais le plaisir n'est pas qu'une sensation déclenchée par le contact. Puisque l'homme, à la différence de l'animal, n'a pas de comportement déclenché directement par des stimulations physiques de l'environnement, puisqu'il n'y a pas chez lui de sensorialité brute, la jouissance ne peut pas venir de « stimulations sexuelles efficaces » qui porteraient sur les zones sensibles. Elle se produit dans un contexte dont l'esprit tient compte. Ne voir que les « stimulations efficaces », c'est se concentrer sur la zone opératoire, sans tenir compte du reste, de tout ce qui paraît dormant mais est relié à cette zone, pour revenir à l'image que nous avons employée dans l'introduction. L'orgasme féminin est la preuve la plus éclatante de l'importance de ce contexte. Lorsqu'il s'agit de se faire plaisir seule avec soi-même, de chercher le plaisir tel qu'il peut naître de son corps quand celui-ci n'est pas « incorporé » à une relation, l'intérêt se porte là où le corps manifeste le plus de dispositions à réagir. Mais lorsqu'il s'agit du plaisir ressenti avec un homme, la pénétration apporte à la jouissance une composante à la fois physique et émotionnelle qui inclut la représentation de l'union charnelle avec l'amant : cette dimension donne à l'orgasme une tout autre nature.

Les femmes indiquent bien la différence des deux ressentis dans leurs confidences à Shere Hite : pour l'orgasme clitoridien, elles emploient les qualificatifs d'aigu, d'électrique, d'intense, alors que l'orgasme vaginal est décrit comme profond, apaisant, relaxant. Et bien que l'orgasme clitoridien soit le plus vif, la plupart des femmes hétérosexuelles préfèrent l'orgasme qu'elles ressentent quand un homme les pénètre parce que le plaisir s'intègre alors dans la dimension émotionnelle d'une relation. En attestent quelques-unes des déclarations recueillies par Shere Hite[29] :

> « Je peux orgasmer cinq fois quand je me masturbe et j'y prends beaucoup de plaisir... mais je ne me sens pas comblée ; les orgasmes ne sont pas aussi satisfaisants que quand je fais l'amour ; ils sont moins émouvants, moins profonds, moins significatifs. »
>
> « Je sens moins les contractions [de l'orgasme] quand le pénis est en moi, mais j'aime cette sensation de plénitude. »
>
> « Mes orgasmes sont plus forts, plus aigus quand je me caresse, mais ils sont meilleurs quand je fais l'amour, sans doute parce que j'aime serrer l'homme que j'aime dans mes bras. Quand je me masturbe, je me sens affreusement seule. »

Cette dernière réflexion, combien de fois l'ai-je entendue dans la bouche de mes patientes ? Je l'ai déjà dit, mais ce point est important car il paraît aujourd'hui bon de s'émanciper de tous les tabous, et la masturbation constitue l'un des derniers que l'on encourage à franchir à tout prix. Aujourd'hui, les sexologues, face à n'importe quelle difficulté sexuelle, recommandent à l'envi de se masturber pour apprendre à connaître son corps, et l'on pourrait croire à présent que tous ceux qui ne se masturbent pas sont nécessairement des névrosés. La masturbation, après avoir été si sévèrement condamnée, est devenue, pour certains professionnels des relations humaines, la solution à tout. Il est vrai que s'accorder du plaisir est une nécessité pour se découvrir, et s'autoriser le plaisir atteste également d'un bon rapport avec son corps. Mais faire de ceux qui ne se masturbent pas des esprits étroits, c'est renverser l'intolérance d'antan en une autre forme d'intolérance, celle qui exige de chacun un affranchissement sans limites. Bien des femmes, même ardentes et libres, n'ont que très rarement recours à la masturbation non pas par culpabilité mais parce que, dans le plaisir solitaire, elles mesurent trop la solitude[30]. Celles qui se masturbent le font plus volontiers comme un jeu qu'elles partagent avec leur compagnon ; le plaisir, chez la femme, ne se conçoit que s'il est « significatif » : c'est-à-dire s'il a un sens, et *ce sens ne peut être donné pour elle que dans l'union* à un homme.

Peut-être que nous les hommes, nous devrions y réfléchir ?

Les dangers de la performance

L'homme qui cherche la « stimulation sexuelle efficace » ne devrait donc pas perdre de vue que sa présence aimante est certainement déjà la meilleure des garanties d'efficacité pour la femme. Certes, il n'est pas inutile de connaître les particularités du corps féminin pour savoir offrir à la femme les caresses auxquelles elle est plus particulièrement sensible, mais la recherche de performance, en matière de plaisir féminin, est, véritablement, un *contresens.* Comme partenaire amoureux, l'homme provoque chez la femme un plaisir qui n'est pas seulement dû au frottement mécanique qu'il effectue avec ses doigts sur le clitoris ou aux mouvements de sa verge dans le vagin. Y contribuent aussi bien d'autres aspects : le poids et la chaleur de son corps, le contact de sa peau, son odeur, par exemple, pour n'en rester qu'à des stimulants physiques – mais au-delà, l'émotion ressentie en sa présence, tout ce qui a précédé l'union sexuelle, dans les instants d'avant le rapprochement comme au cours de leur histoire, tout ce qui détermine l'attirance qu'exerce cet homme-ci pour cette femme-là : en somme, tout ce qu'il représente pour elle. C'est cet homme-ci, cet homme qu'elle connaît, l'idée qu'elle se fait de cet homme qu'elle associe à son orgasme, c'est lui qui déclenche cet orgasme et non ses organes génitaux.

La génitalisation de la sexualité est une vision masculine ; l'homme peut se contenter d'un plaisir génital, voilà pourquoi il peut trouver du plaisir avec ses mains ou une prostituée. La femme peut trouver du plaisir avec ses doigts en caressant son clitoris – un plaisir génital comme l'homme. Mais ce plaisir la laisse insatisfaite, il lui faut l'inclure dans un sens, et ce sens est l'homme. Pas n'importe quel homme : celui avec lequel elle ne se sent pas seule. Celui qui l'accompagne – dans le plaisir comme dans la vie. Celui qui donne un sens à son existence : celui-là transforme l'orgasme génital en un tout autre orgasme, une jouissance profonde à laquelle participent tout son corps et son esprit, et qui réduit à peu de chose l'orgasme génital. On parle alors d'orgasme vaginal, mais n'est-ce pas réduire encore au génital ce que ressent la femme lorsqu'elle s'offre à la pénétration, lorsqu'elle se sent prise par l'homme avec lequel elle désire faire l'amour ?

Sexualité féminine : vers un néocolonialisme masculin ?

Libération de la femme : à la découverte du continent érotique féminin

L'exploration de la sexualité féminine a eu le mérite de rappeler que les femmes avaient une sexualité, après des années où l'on avait négligé ce domaine en donnant la priorité à la sexualité masculine. Il n'y a guère plus d'un siècle, on pouvait encore prétendre que la question de l'orgasme féminin était secondaire, et que les femmes qui se préoccupaient de l'orgasme – voire celles qui en éprouvaient – étaient des prostituées[31]. Cette vision des choses correspondait à un état d'esprit : l'alliance homme-femme ne se concevait que dans le cadre de la reproduction et la transmission d'un patrimoine familial ou historique ; le plaisir passait après ce souci de filiation. La société d'alors avait d'autres priorités que l'érotisme et elle se souciait bien peu de son versant féminin. En ce qui concerne les hommes en revanche, tout était prévu pour que leur sexualité puisse être satisfaite si elle ne parvenait pas à s'accommoder du cadre conjugal : courtisanes et demi-mondaines, maîtresses attitrées ou prostituées, maisons de tolérance aux décors flamboyants étaient à disposition pour leur bon plaisir. À côté des femmes auxquelles on s'allie pour construire une famille, il y avait les autres, celles qui sont spécifiquement dédiées à la satisfaction érotique de l'homme.

L'évolution des mentalités, à laquelle ont largement contribué les mouvements d'émancipation féminine, a permis à la femme de reprendre – peut-être même de prendre, car l'a-t-elle jamais prise auparavant ? – sa place comme partenaire dans ce que Gérard Zwang appelle la fonction érotique, qui représente au niveau humain ce qu'est la fonction sexuelle chez l'animal[32].

Érotismes quantitatif et qualitatif: deux rapports distincts au plaisir

Aujourd'hui, tout nous rappelle que les femmes ont, elles aussi, un appétit érotique. Le problème est que cet appétit est le plus souvent formulé en termes masculins : il n'y est question que de performances. Nous avons vu que le fonctionnement du sexe masculin se prêtait à une évaluation en termes de performances. Pas celui de la femme. Le plaisir de la femme s'apprécie en termes d'intensité, celui de l'homme en termes de quantité. Le plaisir de la femme est une lente montée qui naît dès les premiers gestes de l'homme – un simple contact de la main, un baiser dans le pli du coude –, celui de l'homme débute avec la manipulation de ses organes génitaux. Le plaisir de la femme culmine avec une extase que l'on qualifie d'orgasme comme l'extase de l'homme, mais qui est un transport intérieur différent, accompagné de spasmes, durable et plus ou moins répétable. Après sa jouissance, le plaisir de la femme s'éteint lentement et progressivement. Le plaisir de l'homme se maintient aussi longtemps que son érection, apparaît avec celle-ci, se montre peu progressif, et culmine dans une jouissance aiguë vécue comme une décharge. Au moment de son pic, le plaisir de l'homme s'extériorise par une éjaculation. En somme, tout est discontinu et visible chez l'homme, donc facilement dénombrable, alors que tout est continu et intérieur chez la femme. Ce qui avait été déjà entrevu au niveau des désirs, dans le chapitre précédent, se confirme dans l'analyse de la jouissance.

L'homme est ainsi un exemple de sexualité quantitative, alors que la femme vit dans le qualitatif. L'ennui est que la société – ses chercheurs, ses porte-parole – privilégie ce qui est dénombrable. « Combien d'orgasmes ? » est une notion plus facile à explorer que « Quel plaisir ? ». Georges Bataille a d'ailleurs abondamment critiqué ce décalage entre la vision chiffrée de la sexualité qu'inaugure le rapport Kinsey, et ce qu'il appelle les « vérités intimes », qui renvoient à l'expérience subjective de chacun des partenaires du couple[33].

L'exploration de la sexualité féminine s'est donc fixé des buts qui répondaient plus à un regard masculin que féminin sur la sexualité. Et elle a achevé de dérouter les hommes. Par exemple, quand ceux-ci, avec leur érotisme de comptable, ont appris que le plaisir de la femme pouvait être « multiorgasmique », ils se sont mis à tenter de dénombrer les extases pour s'assurer de la performance de leur partenaire.

Et beaucoup de femmes prises à ce jeu ont, elles aussi, commencé à s'interroger : « À combien d'orgasmes suis-je parvenue ? », ou tout simplement : « Ai-je bien orgasmé ? Dans cette relation-ci, avec ce partenaire-là ? Et dans ma vie entière ? Que vaut ma vie sexuelle ? » Pas un mois sans que les journaux féminins, surtout quand arrive l'été, entraînent leurs lectrices dans des enquêtes alléchantes sur leur sexualité du type : « Aimez-vous le sexe pour le sexe ? » Enquêtes qui privilégient toutes une sexualité quantitative de pacotille.

L'angoisse de performance masculine : voir ce qu'on fait

Les hommes croient, grâce à la science, avoir levé le mystère de la jouissance féminine. Mais ils n'ont fait que lever un coin du voile. La jouissance de la femme est autre, elle n'est pas la leur : c'est bien là le problème. Elle est un mystère, et ce mystère fait partie intégrante de leur désir. Ils le devinent d'ailleurs, puisqu'ils continuent à traquer le mystère derrière le moindre trou de serrure, sans être vraiment dupes. Sans fin ils renouvellent l'expérience, alors qu'ils savent bien, au bout du compte, qu'ils ne verront rien de plus que l'adolescent de Sollers. Mais ils ne parviennent pas à s'y résoudre. Il y a au fond de chaque homme un enfant qui cherche le trésor au pied de l'arc-en-ciel, et court indéfiniment vers cette promesse. Ce trésor serait celui du mystère de la jouissance féminine enfin révélé, de tout ce qu'ils veulent savoir sur leur sexe de femme et qu'elles ne leur ont jamais dit, ni montré. Tout ce qu'elles cachent derrière ce corps qui les attire tant. Tout ce qu'ils vont enfin découvrir sous leur jupe, derrière l'appel des seins et des jambes, au fond de leur regard.

En fait, les hommes rêvent de *voir* ce dont il s'agit de jouir, à la façon dont ils voient leur sexe jouir. Dépourvus d'imagination, ils attribuent à la femme un sexe proche du leur et ils attendent qu'elle leur montre tout – alors qu'il n'y a rien à montrer. Ils espèrent indéfiniment trouver la femme qui osera se dévoiler pour leur dire : « Je pense à ton sexe comme tu penses à mon corps ; je désire ton sexe comme tu désires mon corps ; je jouis comme tu éjacules ; observe comme je me déverse. » Hélas, remarquent Bruckner et Finkielkraut :

> « La femme ne conforme jamais complètement sa jouissance à ces normes de visibilité, ses orgasmes ne se répandent pas, ils sont désespérément improductifs, et même si l'on veut à toute force les ranger dans la rubrique de la décharge, cette

décharge demeure invisible, métaphorique : ce qui fait planer sur l'étreinte le risque affreux de l'indécidable[34]. »

L'indécidable, un écueil exclusivement masculin[35], une préoccupation profonde qui tenaille depuis toujours la moitié de l'humanité : celle qui arbore des organes génitaux visibles. Jusqu'au XIXe siècle, on croyait que les femmes connaissaient, semblablement aux hommes, des épanchements de semence[36]. Aujourd'hui encore, alors qu'on dispose de tant de données sur la sexualité féminine, la norme masculine continue d'aveugler. Il faut croire que les hommes y tiennent.

L'illusion pornographique : le triomphe du masculin

Et le commerce y trouve son compte. Car la pornographie vit – et prospère – grâce à cette illusion. De ce point de vue, la libération sexuelle n'a pas eu l'effet attendu. Elle a encouragé le développement de la pornographie qui, à la manière des prostituées, se conforme aux attentes de ses clients, un public quasi exclusivement masculin. Les femmes ne cherchant pas à voir, il n'y a rien à leur vendre de spectaculaire. Mais les hommes… Tout voir ? Ils sont prêts à y consacrer des fortunes.

On leur propose en abondance, sur papier ou sur écran, des scènes où s'ébattent des créatures aux proportions de rêve qui exhibent sans pudeur leur jouissance au regard de tous – une jouissance simulée sous l'éclairage de projecteurs mettant en valeur leur anatomie, une jouissance taillée sur mesure pour le regard masculin. Ils ne savent quel choix faire entre les films pornos qui multiplient la surenchère pour exploiter ce que Bruckner et Finkielkraut appellent le « leurre du manque-à-voir[37] ». Un site Internet va jusqu'à leur offrir d'observer en vidéo des femmes en plein orgasme[38]. Moyennant paiement, bien entendu.

Cet appétit masculin pour la révélation du mystère représente un filon que l'on n'est pas près d'abandonner, et qui contribue par sa large diffusion à faire de l'érotisme masculin la norme. La libération sexuelle aura eu l'inconvénient d'une captation de la vie sexuelle par l'ordre du spectacle[39], et d'une nouvelle forme d'aliénation de l'érotisme féminin à la sexualité masculine. En flattant l'homme dans le sens de ses fantasmes, l'illusion pornographique le pousse à croire à un univers peuplé de créatures féminines qui vivent comme lui dans le désir du sexe. Et Bruckner et Finkielkraut voient une menace dans cette drogue masculine : celle qui pousserait l'homme à s'imaginer qu'entre le désir et sa satisfaction, il pourrait n'y avoir d'autre frontière que la répression due aux interdits féminins : « La pornographie est un conte futuriste, une Sex-Fiction qui commence par ces mots : il y aura une fois où les femmes, d'une impulsion irrésistible, et qui ne devra rien à la complaisance, se jetteront sur nos queues[40]. »

On mesure les dangers de cette fiction. Ces nouveaux hommes libres, consommateurs de sexe spectaculaire et inconscients qu'ils ne sont rien d'autre que la cible d'un marché ajusté à leur goût, sont portés à prendre pour de malheureuses femmes « non libérées » celles qui ne se comportent pas comme les héroïnes de leur porno favori[41]. Soucieux d'émanciper la femme en la conformant aux appétits masculins, ils font des émules auprès de bon nombre de femmes influençables, éprises de liberté et en quête de recettes, prêtes à tout pour devenir les égales des hommes et s'affranchir – enfin ! – de leurs préjugés ridicules.

Mimétisme féminin

Encouragées par la mode de la liberté sexuelle, certaines femmes mettent en effet un point d'honneur à se comporter semblablement aux désirs des hommes. Elles font de l'orgasme non pas le sommet de la volupté, l'heureuse acmé d'un abandon à la jouissance, mais l'objectif même du rapport sexuel. Dans le sillage de la sexualité masculine, elles décomptent des scores et mettent alors, elles aussi, un point d'honneur à être multiorgasmique. Devenue une obsédante course à l'orgasme, l'émancipation sexuelle prend pour elles la forme d'une aliénation à la performance quantitative. Fières de leurs prouesses, ces femmes libérées toisent les autres femmes, qu'elles regardent comme des simplettes. Dans un livre qui décrit les obsessions d'une femme jalouse, l'écrivain Annie Ernaux nous offre un aperçu saisissant de ce que représente cette concurrence féminine d'un nouveau type :

> « Un jour je me suis souvenue de J., les yeux brillants sous les cheveux frisés, se vantant d'avoir dans son sommeil des orgasmes qui la réveillaient. Aussitôt c'est [cette] autre femme qui a pris sa place, [cette] autre femme que je voyais et entendais, exsudant la sexualité et les orgasmes à répétition. C'était comme si toute une catégorie de femmes aux capacités érotiques hors du commun, la même que celle dont les photos radieuses ornent le "Supplément Sexe" pour l'été des magazines féminins, se levait triomphalement – dont j'étais exclue[42]. »

Le livre de Catherine Millet est un autre exemple de cet égarement qui pousse quelques femmes à vouloir se conformer aux normes de la sexualité masculine. L'intitulé de la première partie : « Le nombre », en dit long sur la volonté de performance. Et la façon dont elle conclut le chapitre témoigne de façon cocasse du caractère absurde de l'acharnement que met l'auteur à multiplier la jouissance par la voie du quantitatif. Elle nous confie qu'un soir de solitude, elle se livre à une masturbation avec un *sex-toy* sophistiqué qu'on lui avait offert des années auparavant et qu'elle redécouvre par hasard[43]. L'engin possède notamment un appendice vibrant destiné à exciter le clitoris. À son grand étonnement (« J'en ai été toute retournée »), Catherine M. se sent transportée : « J'ai joui instantanément, dans un spasme très long, parfaitement identifiable, mesurable, et sans que j'aie eu à me raconter des histoires » : en somme, une jouissance, une vraie, obéissant à tous les critères de Masters et Johnson. Est-ce à dire que la longue liste de plaisirs en tous genres dont elle nous a accablés dans le répertoire méthodique qui précède (quatre-vingt-dix pages, tout de même) était en toc ? On est en droit de s'interroger, et de fait, quelques lignes plus tard, elle sanglote en constatant que :

> « L'orgasme, disons même l'orgasme de la qualité la plus pure, pourrait donc être déclenché sans qu'il ait fallu remonter à la source du saisissement de la "première fois" [...] et sans même avoir eu le temps de convoquer par l'imagination livreurs et ouvriers de chantier. [...] Le contraste entre ce qui correspondait si bien à ce que l'on appelle le plaisir solitaire et mon ordinaire goût pour la pluralité était comique[44]. »

La clé de cette contradiction – « baiser » avec le plus grand nombre pour découvrir que, finalement, c'est toute seule qu'on jouit le mieux – nous est livrée à la fin du livre : l'itinéraire sexuel de Catherine, que sa mère traitait de « petite vicieuse », répond non à une quête de jouissance, mais à un défi : « Baiser par-delà toute répugnance, ce n'était pas que se ravaler, c'était, dans le renversement de ce mouvement, s'élever au-dessus des préjugés[45]. » Nous verrons plus loin comment certaines de mes patientes m'ont appris qu'on pouvait de même chercher le salut dans l'acharnement sexuel.

Ce n'est probablement pas une telle démarche qui pousse les femmes à s'offrir des spectacles de *strip-tease* masculin. Mais quand on voit quelle excitation bruyante et démonstrative gagne le public des chippendales, on ne doute pas que les femmes qui se rassemblent pour ces spectacles trouvent au moins autant de plaisir à retourner la situation ordinaire et à s'admirer dans leur liberté de mœurs qu'à admirer des corps masculins. Les *strip-teases* féminins suscitent chez les hommes une émotion plus discrète, mais beaucoup plus profonde. Le phénomène n'a d'ailleurs pas pris une grande ampleur, ce qui prouve combien il ne répond en fait qu'à un besoin artificiel.

L'orgasme : du scientifique au sensible

Quand les savants se penchent sur le sensible

En dépit de leurs exigences d'objectivité, les recherches scientifiques sur la sexualité ne se bornent pas aux manifestations extérieures du plaisir. Masters et Johnson, par exemple, ont fait des efforts pour apprécier la dimension subjective de la jouissance.

Les 487 femmes qui ont orgasmé dans leur laboratoire ont été systématiquement interrogées sur leur ressenti juste après la période postorgasmique. Ce qui a permis de dresser un tableau en trois stades de l'évolution subjective de l'orgasme féminin[46]. Au premier stade, l'orgasme commence par une sensation de suspension ou d'arrêt, immédiatement suivie d'une « prise de conscience intense de la sensualité, localisée dans la région du clitoris, mais irradiant vers le haut dans le pelvis ». Simultanément, il y a perte sensorielle, et chez certaines, sensation d'expulsion. La deuxième étape correspond à une sensation de chaleur progressant du pelvis à l'ensemble du corps. Le troisième stade est un sentiment de contraction involontaire localisée dans la partie basse du pelvis, décrite comme un « battement pelvien », dont la pulsation gagne progressivement l'ensemble du corps.

Les données recueillies de la même façon sur 417 hommes, interrogés immédiatement après l'émission du sperme, permettent de distinguer deux étapes dans l'orgasme masculin[47]. La première consiste en une impression de « sentir venir l'éjaculation », impression qui se combine à une sensation d'impuissance à contrôler et d'irrémédiable. La deuxième étape comporte deux phases : une première phase correspond à des sensations de contractions expulsives péniennes ; la seconde phase est une appréciation subjective du volume de sperme émis, un plus grand volume étant ressenti comme lié à un plus grand plaisir.

De ces minutieuses observations recueillies à chaud par des savants consciencieux, on retiendra deux points. Le premier est que là encore, l'homme s'oppose à la femme par la simplicité – tout tourne autour de l'expulsion – et le quantitatif – combien de centimètres cubes ? L'exploration subjective de Masters et Johnson confirme que même si les organes pelviens de l'homme et de la femme se contractent semblablement, le plaisir qu'ils ressentent est bien différent.

Mais on doit aussi souligner ici un autre point. Les recherches dont il est question étudient l'orgasme *en soi*, comme s'il était une activité érotique isolée du contexte. Elles obtiennent alors des réponses qui correspondent au champ d'observation. Les sujets sont là « pour orgasmer » ; leurs introspections postorgasmiques ne peuvent concerner que la façon dont ils ont physiologiquement ressenti cet orgasme devenu objet d'expérience – et cet éprouvé subjectif est probablement éloigné de ce que ressent, en situation naturelle, un être humain se livrant à une « automanipulation de ses parties génitales » pour son plaisir, et non pour le progrès de la science. Ne parlons pas de ce que peuvent ressentir lors de l'orgasme les partenaires d'un couple : ce vécu-là n'a probablement qu'une parenté lointaine avec les données subjectives recueillies ainsi, dans un laboratoire.

Points de vue littéraires

Après tout, ceux qui ont le mieux saisi l'univers de la jouissance, et en particulier de la mystérieuse jouissance féminine, sont peut-être non des scientifiques en quête d'objectivité mais des artistes, des écrivains. La jouissance intérieure de la femme ne peut se voir, c'est la malédiction de l'homme. À défaut, elle peut être racontée, décrite par des mots, transcrite dans un récit.

• Lady Chatterley : une vision intime de l'orgasme féminin. On doit par exemple à D.H. Lawrence des pages superbes sur les transports que connaît la femme lors du plaisir sexuel. Citons ici l'une de ces descriptions, qui en apprennent davantage sur le plaisir féminin que les décomptes d'orgasmes. Lady Chatterley, qui n'avait jusque-là connu que des plaisirs clitoridiens et considérait l'acte sexuel comme une « ridicule poussée des fesses », découvre entre les bras de son fameux garde-chasse son premier orgasme vaginal :

> « Alors qu'il commençait à bouger, dans son orgasme soudain et irrésistible, s'éveillèrent en elle d'étranges frissons

inconnus qui la traversèrent de leurs ondes. Ondulant, ondulant, ondulant, comme les battements mouvants de douces flammes, douces comme des plumes, atteignant des points brillants, exquis, exquis qui la faisaient fondre et la laissaient toute fondue à l'intérieur. C'étaient comme des sons de cloche qui montaient, montaient en ondulant jusqu'au point culminant. Elle restait là, inconsciente des petits cris qu'elle poussait vers la fin. Mais cela finit trop vite, trop vite et elle ne pouvait plus conclure son plaisir par elle-même. Cette fois c'était différent, différent. *Elle ne pouvait plus se durcir et s'agripper à lui pour obtenir sa propre satisfaction.* [...] Elle s'accrochait à lui, perdue dans la passion, et il ne se retira pas tout à fait d'elle, et elle sentit le doux bourgeon qui remuait en elle ; d'étranges rythmes jaillissaient dans son corps en un mouvement régulier qui grandissait, gonflait, gonflait jusqu'à emplir toute sa conscience éclatée ; et puis l'indicible mouvement reprit et ce n'était pas un mouvement mais de purs et profonds tourbillons de sensations qui tournoyaient de plus en plus profondément dans sa chair et sa conscience jusqu'à ce qu'elle ne fût plus qu'un parfait fluide concentrique de sensations ; et elle restait là, poussant des cris inarticulés dont elle n'avait pas conscience. Sa voix issue de la nuit la plus obscure, la vie[48] ! »

De cette marée intérieure qui étourdit la femme en la roulant dans ses flots de volupté, on retiendra la confusion, la perte de conscience ou, en tout cas, la modification de l'état de conscience, ainsi que la perte de contrôle, à l'inverse du plaisir clitoridien (évoqué dans la phrase intentionnellement surlignée). L'orgasme féminin n'est décidément pas une décharge, il est un moment d'abandon de soi dans un transport qui efface les limites et amène la femme à se dissoudre momentanément dans la relation amoureuse, en incluant l'autre dans une sensation bouleversante qui vient du tréfonds de soi. L'incorporation orgasmique de la femme n'est que le prolongement érotique de l'inclusion affective. Elle témoigne de l'oubli du plaisir pour soi, qui se vit dans un contrôle solitaire de ses émois, au profit de l'abandon de maîtrise qui mène au transport fusionnel.

• Regards masculins sur l'extase. Bruckner et Finkielkraut donnent de la jouissance féminine un autre point de vue : ils portent sur l'extase de la femme le regard extérieur du partenaire masculin.

> « Cette jouissance [féminine] est informulable, multiple, sans contenu ; je ne la partage pas, je ne jouis que de son évasion, son éternel glissement d'eau contre mon corps. Les spasmes de l'aimée n'ont pas la certitude rudimentaire de la semence virile ; ils sont ce visage tordu qui, sous l'emprise d'une insoutenable dévastation, ne me voit plus, cette face que je ne peux contenir d'un regard comme pendant le sommeil, cette peau incandescente qui se colle à moi ou me fuit, ce vertigineux ballet de jambes, de bras, de baisers qui m'étreint, me repousse, s'exaspère de mon contact, s'augmente de ma distance, me parle de mille choses que je ne comprends pas et ne me dit jamais que ceci : je ne suis pas où tu es, je chavire où tu ne tressailles pas, de moi tu n'auras ni vision claire ni perception nette car je ne suis rien dans les termes où tu peux l'entendre[49]. »

C'est, en somme, les sensations du garde-chasse que nous livrent là les auteurs : l'homme que ces bouleversements féminins rendent perplexes car il ne s'absente que brièvement, lui, lors de la décharge…

Alors que la femme se perd et se dissout dans l'étreinte, on aurait tort toutefois de penser que l'homme garde la tête froide et reste simplement observateur. Car l'homme, quand il ne craint pas l'échec, quand il n'est pas obsédé par la performance, quand il ne se sent pas évalué mais aimé, perd également conscience. Même si cela est plus aigu et plus bref que la femme, l'homme apprend, dans les bras de la femme, à dépasser cette jouissance illusoire orchestrée, avec la complicité de son instrument, autour d'un théâtre d'ombres ; il s'ouvre alors à ce qu'il cherche sans le savoir : une volupté qui se joue à deux et s'accomplit en chacun pour ne faire d'eux qu'un seul.

Se rejoindre

L'érotisme, soutient Georges Bataille, est un appétit de transgression. Il obéit au désir profond de faire effondrer les limites, disparaître les frontières qui séparent l'un de l'autre les amants. C'est son sens final, celui que cet auteur oppose au premier mouvement que créent les signaux annonciateurs. Il est un aperçu de la fusion, une réponse à l'intolérable distinction entre toi et moi, entre hommes et femmes. Pour Bruckner et Finkielkraut, c'est au niveau de la recherche de fusion que s'opposent le plus hommes et femmes : « Quand les femmes refusent de se laisser dicter par les images qui nous habitent, c'est paradoxalement à notre désir que leur révolte s'adresse : il y a sans doute du plaisir à être comblé, mais la jouissance ne peut venir que d'être confondu[50]. »

Même s'ils sont plus sensibles chez la femme, ces besoins fusionnels habitent en fait l'homme et la femme. Mais la génitalité de l'homme le pousse vers des plaisirs d'apparence, qui le distraient sans le satisfaire – il a l'habitude de jouer et confond l'érotisme avec un jeu qui l'enferme en lui-même ; au contraire, les appétits fusionnels de la femme, son goût pour l'inclusion et l'incorporation l'éloignent de la génitalité dans laquelle elle voit un sujet de méfiance – après l'union, la séparation, et je ne me serais offerte qu'à son plaisir, pense-t-elle. C'est pourtant l'union sexuelle qui offre aux deux sexes la plus exaltante ouverture sur un éprouvé commun, au-delà de ces corps qui les séparent et les poussent en même temps l'un vers l'autre.

5

Dedans, dehors : le corps féminin

Du fait même de sa conformation, les rapports de la femme à son corps – la place qu'il occupe dans son esprit et les représentations qu'elle en a – ne peuvent en aucun cas se superposer à ceux qu'entretient l'homme avec son corps.

Le corps sexué de la femme

Un contenant fendu à sa base

Le sexe de la femme se situe visuellement au point de fuite de son ventre ; il paraît en être le fondement, et son repli s'efface comme le piédestal s'efface sous l'objet ; il est le socle discrètement fendu du vase de chair qu'enserrent ses hanches et qu'orne son nombril. Aussi le corps de la femme représente pour elle non pas un corps *avec* un sexe, à la façon de ce que l'homme tend à croire en se fondant sur sa propre expérience dans laquelle il inclut la femme selon son habituelle tendance à l'« androcentrisme », mais plutôt un corps avec un ventre dans lequel le sexe s'enfouit et se confond. La sexualité n'est pour la femme qu'une dimension du contenant qu'elle se sent être, un tropisme qui la pousse à aller au-devant de l'autre sexe pour s'emplir d'ondes de plaisir ; mais la femme sent au fond d'elle-même, au fond de son ventre, un contenant débordant d'attentes qui vont bien au-delà de la volupté du ventre.

Dans la fente, un sexe ?

« Dans notre culture, il est possible de devenir femme sans avoir pris conscience d'avoir un sexe, le vagin étant comme absent du schéma corporel », déclarent d'une même voix Patricia Dupin et Frédérique Hédon, qui ajoutent : « Ce sont les caractères sexuels secondaires [ceux qui apparaissent à l'adolescence], la maternité future et les qualités morales qui signent l'identité sexuée[1]. » Et, de fait, l'expérience clinique confirme la fragilité de la représentation génitale de la femme.

Dans le chapitre qui traite de ce sujet, j'avais avancé que le sexe féminin n'était qu'un mot : par contraste avec le sexe masculin, il est en effet plus un mot qu'une réalité pour la fillette qui s'éveille à la représentation de soi. La « zézette », pour employer le vocabulaire des enfants, n'a pas l'évidence matérielle du « zizi ». Cependant ce mot désigne une partie de soi qui n'est pas neutre, un endroit qui attire l'attention et pour lequel la petite fille manifeste une curiosité naturelle[2]. Mais l'endroit reste mystérieux, car elle ne le voit pas, elle ne peut qu'en toucher la surface, en deviner les replis dans le miroir ou l'examiner sur une autre petite fille. Ce trou n'est pas facile à concevoir tant qu'il n'a pas sa fonction, et il est logique qu'il échappe à la construction du « schéma corporel », alors que les autres orifices du corps, visibles ou importants d'emblée pour soi-même ou les autres, n'en seront jamais absents[3].

Dedans, dehors : le corps féminin

Du plaisir d'être fille au plaisir d'être femme

Dès l'origine, le sillon que l'on palpe au fond du mystérieux bourrelet n'ignore pas le plaisir sensuel ; il dispose d'une papule que l'on peut toucher comme la pointe d'un mamelon, et qui déclenche des sensations voluptueuses. Tout comme le petit garçon, la petite fille découvre à cette époque d'éveil à soi-même les joies de l'automanipulation intentionnelle. Mais, on l'a vu, ces premiers pas dans la masturbation n'ont rien de commun avec ceux du petit garçon, tant en fréquence qu'en intensité. La manipulation du sexe est au second plan.

Quand elle naît à elle-même, entre 2 et 3 ans, la petite fille prend davantage conscience d'une appartenance à un camp, le camp des mamans, que de la possession d'un sexe à la façon du petit garçon : un instrument dont on tire du plaisir. Elle devine qu'elle aura dans le futur, comme sa maman, une poitrine qui se remarque[4] et des enfants logés à l'intérieur de son ventre. Elle voit les ventres des femmes, sa maman et d'autres mamans, s'arrondir quand ils abritent un bébé. Par où sortiront ces enfants ? Même si elle perçoit confusément un lien entre la « zézette » et le ventre procréateur, longtemps elle pense que ce sera par-derrière, ou par le nombril, les seuls orifices dont elle a une conscience claire. Et elle redoute d'avoir très mal ! Mais elle se raisonne : ce n'est pas pour demain, mais pour plus tard, quand elle sera grande comme maman. Et aussi belle qu'elle. Car les mamans, pour les petites filles, sont belles et attirent les papas. C'est la règle du camp auquel elles appartiennent, le camp des filles, des femmes et des mamans, l'ordre des choses pour ce camp-là : puisqu'un contenant c'est une enveloppe, avec, naturellement, un dehors et un dedans, il va de soi qu'il faut soigner le dehors, ce dehors qui signale les promesses du dedans en s'exposant aux regards.

C'est sur ce socle à la sexualité imprécise, occupant une place secondaire et fortement prise dans le halo de la fonction maternelle, que le corps féminin deviendra quelques années plus tard, pour la jeune fille, la cible des désirs masculins. Or, si les garçons veulent toujours voir et toucher le corps de la femme et, plus encore, en pénétrer l'énigmatique béance, contenir le sexe de l'homme n'est pas pour la jeune fille, il s'en faut, un désir prioritaire. L'adolescente ordinaire préfère retarder le moment de la pénétration, qu'elle vit comme un bouleversement intime inquiétant. Même lorsqu'elle a découvert la masturbation et pris du plaisir à se caresser seule, elle n'a connu que des jouissances clitoridiennes. À la différence du garçon, l'acte sexuel ne représente pas pour elle la prolongation de la même activité avec une partenaire de jeu. Il suppose le franchissement d'une étape nouvelle : l'introduction du membre masculin ; il s'agit quand même de laisser un étranger s'infiltrer dans son corps, et cela, au travers d'un conduit obstrué par un voile qui teintera de sang la première effraction. L'émotion provoquée par les caresses – le plaisir clitoridien joue là son rôle incitateur –, la curiosité, la pression normative des amies de son âge aideront la jeune fille à surmonter ses premières appréhensions. Bientôt, elle trouvera même du plaisir à contenir en elle le sexe de l'homme : de ce jour, le vagin sera devenu un organe qui participe à sa sexualité, et non plus seulement un nom sur la planche d'anatomie qu'elle a consultée pour apprendre à se connaître. Après avoir été ignoré ou confondu avec le conduit d'où s'écoulent tous les fluides intérieurs, le sexe féminin se transforme alors en un instrument de plaisir, comme le sexe de l'homme – mais après tant de mutations dont ce dernier ignore tout !

Quand le beau rejoint le bon

À l'inverse du corps de l'homme dont le sexe absorbe tant l'attention depuis qu'il a remarqué ce bout de chair et a pu en noter les effets sur les autres, le corps féminin ne peut donc être conçu par celle qui l'habite que comme un tout. Et c'est comme un tout qu'il est proposé à l'homme. On n'offre pas une fente, on offre une femme. Et on ne l'offre pas à un sexe, mais à une histoire d'amour.

On offre à l'amour une femme belle – aussi belle que l'était maman –, celle que l'on tremble de n'être pas. Et l'on craint au surplus que celui auquel on s'offre – seul des deux à être vraiment sexué parce qu'il a l'attribut pour ça[5] –, se pliant aux besoins de ce membre tendu, ne voie dans le cadeau qu'on lui fait qu'un étui pour sa propre jouissance. L'histoire commence mal : d'un côté, les appétits libidineux du jeune garçon qui ne songe qu'à découvrir ce que cachent les jupes, de l'autre l'idéalisation romantique et exigeante de la jeune fille... Voilà qui ne devrait mener qu'à de douloureuses déceptions ; dans la plupart des cas, heureusement, l'histoire se termine bien. Chez la fille, le plaisir du bouton qui se cache entre les cuisses finit par réconcilier les aspirations nobles, celles qui visent un idéal de vie, et les plus animales, celles qui réalisent la vie avec l'aide du sexe de l'homme. Et le garçon apprend, chemin faisant, que les bras d'une femme valent bien son sexe.

La femme se veut belle. Cette beauté peut paraître une obsession, une fin en soi, tant elle accapare tous les magazines féminins. Mais la beauté des femmes est comme le sexe de l'homme : une préoccupation constante qui serait bien vaine si au-delà de la jouissance solitaire – jouir de plaire –, il n'y avait pas, toujours ou presque, un homme à qui s'adresse cette beauté, un homme pour qui être belle.

La femme veut être belle pour construire son histoire, l'histoire d'amour et de procréation à laquelle elle se destine depuis qu'elle a pris conscience de son sexe.

Au-dehors : la beauté

« La Beauté ne se discute pas ; elle règne de droit divin. Elle fait prince quiconque la possède[6] », et plus encore, au féminin, princesse… Laissant aux philosophes le soin de s'interroger sur sa nature, on se gardera bien de s'engager ici dans un débat sur l'esthétique. Ce qui est en cause, c'est l'apparence physique qui suscite l'attirance, ce que l'on désigne communément par « beauté » et qui fait dire de cet homme-ci ou de cette femme-là qu'ils sont « beaux ».

La question de l'attirance physique est au centre des relations entre hommes et femmes et elle a fait l'objet de nombreuses recherches ces dernières années. Celles-ci confirment, comme on pouvait le deviner, que la beauté ne fait pas le même effet selon le sexe. Avant d'approfondir ce point, il est toutefois utile de rappeler combien l'attirance physique suscitée par la beauté intervient dans toutes les relations, même non sexuées.

La prime à la beauté

Selon Judith Langlois[7], une psychologue américaine qui travaille sur cette question depuis près de trente ans, la beauté physique est une qualité qui s'impose d'elle-même ; elle offre à ceux qui en bénéficient de nombreux avantages, quel que soit leur âge : on les trouve plus positifs, on les juge plus favorablement, on les traite mieux[8]. Une apparence physique avenante confère ainsi un privilège pour l'ensemble des relations sociales. Rien de plus injuste, on en conviendra : pourquoi traiter avec les égards d'un prince ceux qui ont la chance d'être beaux ? C'est pourtant là un fait auquel il n'est pas facile de s'opposer, même par des dispositions juridiques[9]. L'apparence physique pourrait bien être, ainsi que le suggère le sociologue Jean-Francois Amadieu, « l'un des facteurs les plus insidieux de discrimination sociale et de reproduction des inégalités[10] ».

Cela commence à l'école, où les beaux enfants sont mieux suivis, placés aux premiers rangs, considérés comme plus brillants, constate Marilou Bruchon-Schweitzer[11].

Cela se poursuit pendant les études supérieures où les beaux bénéficient d'un avantage dans les présentations orales, ajoute Jean-François Amadieu[12].

Cela se prolonge dans la vie professionnelle, où, quel que soit le sexe, les beaux paraissent plus compétents, démontre une large enquête récente[13].

Le bénéfice de la beauté se fait donc sentir dans tous les domaines de l'existence, et en particulier dans la vie sociale où l'on recherche la compagnie des beaux, perçus comme plus gentils, plus sociables. Même les mauvais garçons ont avantage à être séduisants : si l'on demande à des étudiants en psychologie de juger, parmi une série de photos d'hommes jeunes, quels sont ceux qui sont susceptibles de commettre des crimes violents, ils désignent les moins attirants[14]. Doit-on en venir à l'équation beau égale bon, laid égale méchant ? Certaines recherches tendent à démontrer que plutôt qu'une prime à la beauté, il existerait surtout un handicap de la laideur[15]. La question de la comparaison des avantages de l'une par rapport aux inconvénients de l'autre reste donc ouverte, mais, quoi qu'il en soit, la beauté représente indiscutablement une faveur très précieuse de la nature.

Le goût du beau nous vient très tôt

Comble de l'injustice, on vient de découvrir que la loi de la beauté s'impose de plus très précocement aux êtres humains. Elle se manifeste dès les premiers jours de la naissance, modulant les relations entre la mère et l'enfant. Elle affecte le comportement de la maman, elle oriente le regard du bébé : les mamans ont ainsi davantage d'attention pour leurs beaux bébés, et les bébés regardent davantage leurs belles mamans.

Qu'est-ce donc qu'un beau bébé ? Les travaux d'une psychologue américaine, Karen Hildebrandt, démontrent que certaines caractéristiques précises doivent être présentes : il faut avoir de grands yeux, un grand front, un petit nez et des traits fins[16]. Comme ces bébés qui sourient dans les publicités, en somme…

Leur attirance ne s'exerce pas que sur la maman, mais aussi sur tous ceux qui s'en occupent, y compris les professionnels : les beaux bébés vont être pris dans les bras en premier, on les gardera contre soi plus longtemps, on s'occupera d'eux plus que des autres… Même les papas n'échappent pas au charme, et attendent davantage des enfants qualifiés de beaux que des autres[17] ! Ces discriminations précoces observées initialement par Judith Langlois ont été amplement confirmées dans les familles et les crèches par Marilou Bruchon-Schweitzer.

Plus surprenant encore, l'effet beauté s'exerce dans les deux sens : l'enfant, lui aussi, regarde davantage un visage de maman séduisante[18]. À la surprise générale, ce phénomène a été retrouvé très précocement, chez des nouveau-nés. Trois jours après leur naissance, les bébés fixent déjà plus longuement les jolis visages féminins que les autres[19] !

Pour le chercheur auquel on doit cette découverte, dès notre venue au monde, nous aurions dans notre cerveau une certaine idée de la beauté. Car nous naissons équipés d'une représentation innée du visage, inscrite dans notre système perceptif sous forme d'un prototype qui répond à l'ensemble des faciès de notre espèce. Ce prototype dispose de toutes les caractéristiques moyennes des visages que nous aurons à reconnaître. Or la beauté semblerait, précisément, résider dans un effet de moyenne, comme nous allons le voir.

Quand la science se penche sur le beau : les canons scientifiques de la beauté

Pour beaucoup, la « beauté », ce qui attire nos yeux et provoque une émotion esthétique, n'est qu'un produit culturel dépendant des lieux et des époques. L'expression proverbiale : « La beauté est dans les yeux du contemplateur », résume cette position.

Kinsey, par exemple, note que l'attirance exercée par certains attributs de la femme, tels les seins, varie selon les endroits :

> « Les Américains passent pour être plus volontiers attirés par les seins des femmes que la plupart des Européens. Dans la plupart des pays européens, ce sont les fesses des femmes qui suscitent le plus d'intérêt. Selon les travaux anthropologiques, il existe en différentes parties du globe des tribus incultes qui n'attachent guère d'attention aux seins féminins […]. Pendant des siècles les Chinois paraissent avoir considéré

comme déplaisant et antiérotique tout développement des seins[20]. »

Pourtant, malgré l'influence incontestable des lieux et des modes sur les goûts, il y aurait des fondements naturels à l'attirance. Une recherche qui explore les goûts masculins dans des contextes culturels très différents montre que de grands yeux et un petit nez semblent être des caractéristiques universelles pour qu'une femme soit jugée belle[21]. Certains aspects de la beauté pourraient ainsi s'imposer quelles que soient les époques et les cultures.

Dans ces dix dernières années, de nombreuses recherches ont tenté de déceler quels paramètres intervenaient pour provoquer l'attirance. Quelques dimensions fondamentales ont été isolées. Elles démontrent que la beauté est au service des grands desseins de la reproduction de l'espèce.

• Beauté des corps. Les clés de l'attirance physique du corps de la femme semblent se résumer à deux index simples, mais à portée universelle, valables pour les Occidentaux comme pour les Chinois ou même les Gambiens : le rapport de la taille sur les hanches, WHR (*Waist to hip ratio*), et l'indice de masse corporelle, IMC. Le premier index, le WHR, doit dans l'idéal tourner autour de 0,7. Le second, l'IMC, obtenu en divisant le poids par la taille au carré, correspond à une mesure des masses graisseuses du corps et ne doit pas trop s'éloigner de 19 kg/m^2. Ces deux mesures sont corrélées.

La psychologie évolutionniste explique ce phénomène par les exigences de la propagation de l'espèce. Les corps de femmes qui attirent les hommes sont ceux de la partenaire sexuelle la mieux adaptée à la reproduction : elles ont un bassin développé approprié à la gestation et une accumulation de graisse convenable, sans excès ou insuffisance, ce qui témoigne d'une bonne santé.

Qu'en est-il de la beauté du corps masculin ? Peut-on lui trouver des caractéristiques fondamentales à partir desquelles il se montrerait attirant pour les femmes ? De ce point de vue, la situation est plus obscure. Après une revue extensive des travaux réalisés dans ce domaine, deux chercheurs concluent qu'on ne parvient pas à déceler clairement ce qui, dans le corps d'un homme, attire les femmes[22]. La science apporte ainsi sa confirmation à ce que l'on a déjà noté à plusieurs reprises : l'attirance du corps joue un rôle moindre pour les femmes que pour les hommes.

• Beauté des visages. Parallèlement aux investigations sur l'attirance du corps, consacrées avant tout aux corps féminins, l'exploration scientifique de la beauté des visages s'est également considérablement développée ces dernières années. Avec l'aide de l'ordinateur qui permet de faire varier par degrés certains traits choisis, certaines caractéristiques qui rendent une physionomie plaisante ont pu être précisées. Les critères importants pour l'attirance du visage se révèlent être la *symétrie* et la *prototypie*[23] : un visage considéré comme séduisant possède des caractéristiques de symétrie, et il se rapproche du visage idéal qui résulterait de la moyenne de tous les visages existants.

Outre ces critères strictement morphologiques, d'autres aspects du visage, reliés au niveau d'imprégnation hormonale, interviennent également. Dans toutes les cultures, les hommes sont attirés par des visages féminins possédant les caractéristiques de la jeunesse ; pour les évolutionnistes, la raison en est simple : l'imprégnation œstrogénique révélée par les traits des visages de jeunes femmes constitue une garantie d'efficacité reproductive[24]. De façon spectaculaire, certaines recherches sur les relations entre beauté faciale et imprégnation hormonale confirment les thèses évolutionnistes en montrant que les hommes sont davantage attirés par les visages de femmes en phase d'ovulation[25] !

En ce qui concerne les femmes, la situation est plus complexe. Elles sont, globalement, attirées par les visages masculins dont certaines caractéristiques (proportion des mâchoires et du nez) signalent le haut niveau de testostérone et la force physique. Mais leur jugement est influencé par leur positionnement dans le cycle menstruel[26]. Et surtout, la nature de l'attirance provoquée par les visages d'homme sur les femmes dépend de leur état d'esprit : elles pourraient privilégier les visages les plus « masculins », qu'elles jugent plus aventureux et combatifs, pour de brèves rencontres, et choisir des visages aux caractéristiques plus féminines comme partenaires durables, parce qu'ils leur paraissent plus appropriés à un rôle de père et mari[27] !

• La beauté : une affaire darwinienne ? Les visages ne nous paraîtraient-ils donc beaux que parce qu'ils témoignent de dispositions biologiques favorables à la reproduction et à l'évolution de l'espèce humaine[28] ? La beauté en général, d'ailleurs, n'obéirait-elle qu'à des critères darwiniens[29] ? Rien n'est moins évident.

D'autres facteurs de l'attirance physique tels que la mobilité expressive – sourire, mimique et gestualité générale –, la chaleur du regard et le timbre de la voix, la couleur et le grain de la peau, et même, au niveau morphologique, la qualité des courbes qui modèlent un visage et un corps, tous ces aspects si complexes de notre apparence sont ignorés par ces travaux qui, pour les besoins de la science, ne retiennent que quelques composantes simples.

Ces explorations nouvelles et fascinantes de l'attirance ne doivent donc pas faire oublier que – sans nier que la beauté se construit sur un socle naturel, inné –, la séduction qu'exerce une personne ne dépend pas seulement des proportions de son physique ; elle dépend également d'une myriade d'autres évaluations difficiles à cerner qui conduisent à prêter attention à un regard, un sourire, une mimique ou une façon de se mouvoir qu'un autre remarquerait à peine. L'attirance est ainsi le produit de chaque histoire individuelle qui a façonné une certaine représentation de la partenaire affective idéale.

Elle résulte également de la classe sociale d'appartenance qui conditionne en grande partie le jugement. La mise en valeur de la beauté impose d'employer des moyens – coiffure, maquillage, parure, par exemple – qui constituent des signes très sûrs, évalués au premier coup d'œil, de distinction entre catégories sociales. Il serait excessif de dire que, face au tableau humain s'offrant à nos yeux lors d'une rencontre nouvelle, le cadre compte autant que l'œuvre dont il est supposé souligner la beauté, mais, assurément, l'effet de l'apparence physique n'intervient pas seul : il se conjugue à d'autres impressions de nature psychosociale pour produire un jugement global[30]. C'est de ce jugement global sur l'« allure » de la personne que dépendra finalement l'attrait ressenti.

Du moins, si rudimentaires soient-elles, les recherches expérimentales sur la beauté physique ont le mérite de nous rappeler que des dimensions naturelles – certaines proportions, le besoin de symétrie et des indicateurs hormonaux – et non point seulement des références personnelles ou culturelles, interviennent dans ce qui fonde l'attirance pour l'autre sexe. Si, chez l'homme, rien n'est totalement inné, tout ne saurait non plus être ramené aux seuls résultats d'un acquis. La nature exerce ses droits.

Beauté et sexe : l'asymétrie des sexes face à la séduction physique

D'où la question : puisque la beauté est une loi aussi inévitable que la pesanteur, pourquoi les hommes, pour leur compte personnel, semblent-ils y échapper ? Pourquoi les femmes sont-elles à ce point accaparées par leur beauté, et les hommes aussi peu ?

Certes, la situation évolue. Ou, du moins, on cherche à la faire évoluer. On propose de plus en plus aux hommes de se préoccuper de leur apparence. Mais ne s'agirait-il pas avant tout d'une volonté commerciale ? Pour le moment, même si l'on a sérieusement amélioré le raffinement des dessous masculins, ou élargi la diversité des parfums pour homme, l'obsession de la beauté au masculin reste limitée.

On a noté combien les femmes, si préoccupées par leur propre beauté, étaient assez peu exigeantes en matière de beauté masculine. Et les études expérimentales que l'on vient d'exposer le confirment : les critères de ce qui attire physiquement un homme sont toujours simples, ils sont beaucoup plus incertains chez la femme.

Pourquoi cette entorse aux lois de la beauté ? Nous avons vu que les femmes n'avaient pas la même sensibilité que les hommes aux déclencheurs visuels. Et que la femme vit son corps comme une intériorité. C'est de même une intériorité qu'elle recherche dans l'autre sexe, et c'est une intériorité qu'elle souhaiterait que l'homme découvre sous sa parure. Voilà pourquoi les hommes sont moins préoccupés de leur apparence que les femmes : ils savent qu'elles y attacheront une importance modérée, que ce facteur n'intervient que parmi d'autres aussi importants dans leur choix, comme le fait de disposer de qualités personnelles qui permettent d'envisager la relation dans la durée.

Les femmes, en revanche, savent combien les hommes attachent du prix à l'apparence, combien ils sont sensibles aux signaux annonciateurs de la jouissance. Elles n'ignorent pas qu'ils succombent à la beauté, et elles ont donc le souci de cultiver ce qui suscite le désir des hommes.

Beauté féminine : côté femme

• Un souci permanent et parfois tyrannique. D'un point de vue expérimental, si les femmes paraissent confuses dans leur façon d'appréhender la beauté masculine, elles portent en revanche un jugement clair sur leur propre beauté et celle des autres femmes, à laquelle elles prêtent davantage d'attention qu'à la beauté des hommes[31]. De façon remarquable, leur appréciation des autres femmes se montre de plus influencée par leur état hormonal[32] ! À l'arrière-plan de leur conscience, elles se livrent en fait en permanence à une évaluation de leur beauté, qu'elles comparent à celle des autres femmes. Cette évaluation prend parfois un tour tyrannique.

Inutile de rappeler ici combien sont orageuses leurs relations avec leur miroir et avec ces abominables calories alimentaires qui conditionnent l'IMC. Le sujet a déjà été évoqué au chapitre des fantasmes : toutes les femmes rêvent d'être Phryné et de jouir comme elle de cette beauté qui suspend le jugement. Dans la plupart des cas, ce fantasme ne prend toutefois que des proportions bénignes, et la femme admet ne pas disposer de la beauté fatale. Plus pathologiques, et parfois pathétiques, sont les efforts que font certaines pour se rapprocher de leur idéal de beauté : des patientes multiplient parfois jusqu'à la mutilation les interventions esthétiques. Des femmes encore jeunes s'obstinent, hélas, à être encore mieux qu'elles ne sont, au mépris de la souffrance et des risques encourus. Pour gommer un défaut à peine visible de leur visage ou de leur silhouette, elles acceptent de s'exposer aux dangers de déformations handicapantes durables. D'autres refusent de vieillir au point d'en faire une idée fixe, et préfèrent orchestrer leur destruction au moyen du bistouri plutôt que de laisser agir la nature. Il s'agit souvent de femmes qui, ayant bénéficié du pouvoir de la beauté, ne peuvent tolérer que leur règne se fane.

Posséder la beauté peut être pour la femme, littéralement parlant, un désir fou. Et pour certaines, plutôt mourir que d'y renoncer.

• Une connivence entre mère et fille. Entre les filles et la beauté, les rapports d'amour se nouent très tôt : parce que maman est belle, dans les yeux de son enfant (et on a vu combien la beauté captive les enfants dès les premiers jours) ; et parce que la beauté fascine maman – elle la souhaite pour tous ses enfants, mais plus encore pour les filles. Fille elle-même, elle est coquette et lorsqu'on dit de sa fille : « Comme elle est belle ! », ce compliment s'adresse également à elle. Même si la nature y est pour beaucoup, elle s'attribue une responsabilité dans l'apparence de ses enfants, et donner à sa fille la beauté en héritage, c'est lui faire le plus grand des cadeaux. Être belle est une promesse d'amour, et en fera peut-être même une princesse… Cette identification commune à la beauté qui relie mère et fille est un point critique pour la différence des sexes.

• Amour et beauté. Entre amour et beauté, j'ai pu noter à de nombreuses reprises combien la confusion était fréquente, sinon constante, dans l'esprit féminin. Le lien entre les deux semble se tisser très tôt chez la femme, au point que des carences affectives de l'enfance ne produiront pas, du point de vue de la représentation de soi, le même effet selon le sexe.

Une femme qui ne s'est pas sentie aimée convenablement dans son enfance manquera d'assurance dans sa beauté : même si elle est objectivement très séduisante, elle aura le sentiment de ne pas être « belle ». Les raisonnements n'ont pas plus de prise que le miroir sur cette conviction profonde. Comment expliquer que ce problème, si courant chez des femmes, ne se rencontre jamais chez des hommes ? Parce que très tôt, pour le sexe féminin, beauté et amour se confondent : être une belle petite fille signifie être une petite fille qu'on aime.

Un fait en apporte la preuve. Pour tous les enfants, « pas aimé » signifie « pas aimable » ; l'enfant est toujours coupable, il se sent responsable et croit n'avoir pas mérité l'affection de ses parents, quand il en manque. Chez la petite fille, une particularité importante fait mieux saisir combien le rapport à la beauté prend une forme différente : ce « pas aimable » se transforme chez elle en « pas belle », alors qu'il prend d'autres formes chez le garçon.

Ce sentiment de ne pas être « belle » la poussera, lorsqu'elle sera plus âgée, à multiplier les artifices de séduction. Et à s'étonner alors de ne croiser sur sa route que des séducteurs... qui ne l'aiment pas ! Mal aimée à l'origine, pas aimée ensuite, la malédiction se poursuit : sa mère avait donc bien raison de ne pas l'aimer !

• Le mythe de la Princesse Charmante. La beauté fait princesse plus que prince… Les princesses des contes de fées ont de quoi faire rêver les jeunes filles et leurs mères. On s'incline devant elles ; elles sont habitées par de bons sentiments (on rencontre rarement de mauvaises princesses, alors que les reines ne sont pas toujours recommandables) ; elles disposent des plus beaux habits ; elles peuvent consacrer leur temps à ce qui les passionne : se faire belles et choisir dans la cour des prétendants celui qui sera leur prince. Les princesses vivent dans un monde de beauté et d'amour. S'offrir à celui-ci qu'elles aiment en évitant celui que leur destinent le roi et la reine, c'est leur seul souci. Retirées dans leur château aux mille dorures et leur parc aux mille fleurs, elles parviennent à éviter la laideur du monde, et c'est ce qui fascine les femmes. Mais ignorer les mauvais côtés du monde suppose de disposer de tous les pouvoirs : jeunesse, beauté et richesse.

Dans ces conditions, ceux qui les entourent ne seraient-ils amoureux d'elles que pour profiter de ce pouvoir merveilleux ? En pratique, pour une princesse, se méfier du Prince Charmant : il a peut-être une idée derrière la tête…

De même qu'il y a une Phryné qui sommeille en chaque femme, il y a également une princesse. Heureusement, la plupart savent faire la part du rêve. Mais certaines s'isolent sur leur île de beauté et s'éloignent de l'amour vrai pour un monde idéal, au centre duquel elles régneraient. Dans ce monde parfait, la grossièreté du désir masculin n'a pas sa place.

• La menace des autres femmes. Sandra est une de mes patientes qui, à 35 ans, s'est déjà fait reprendre les cuisses et les fesses, a augmenté d'une taille son tour de poitrine : elle illustre bien, dans ses excès, la condition féminine et ses rapports avec la beauté. Or, ce qu'elle redoute plus que tout, ce sont les vacances d'été qu'elle passe en famille, avec ses beaux-parents. Elle est torturée à l'idée de retrouver sa belle-sœur, l'épouse du frère de son mari. Elle la trouve écrasante. Cette belle-sœur affiche sa réussite : elle est fière de sa vie professionnelle ; elle est toujours au courant de tout ; elle ne porte que des tenues de marque. Sandra, à côté d'elle, se sent effacée. Pour demeurer *visible* (c'est le terme qu'elle emploie), elle doit traquer les centimètres, courir après les derniers vêtements à la mode ; elle affronte avec angoisse (malgré son WHR irréprochable) l'épreuve de l'essayage des maillots de bain. Pendant cette période critique, des effondrements dépressifs graves sont fréquents. « Être belle » se confond véritablement pour Sandra avec une lutte pour la vie, et échouer représente un risque vital – qui pourrait même la pousser au suicide : il s'agit d'exister à côté de la belle-sœur, qui accapare toute la scène.

La concurrence avec les autres femmes est finalement l'ordinaire féminin. On l'a vu, les femmes s'observent entre elles, inquiètes de découvrir plus de beauté chez une rivale. Mais elles acceptent (cela ne leur rend pas l'adolescence facile) de se rendre à la réalité : « Je ne peux pas être la plus belle, j'en suis (plus ou moins) loin, je m'en arrange, cela ne m'empêchera pas d'être aimée. » Sandra s'accommode bien de la compétition féminine pour la beauté : elle supporte la foule des rivales anonymes, et ne souffre pas exagérément de ne pas être aussi belle que telle actrice de cinéma, ou telle femme croisée dans la rue. La rivalité cruciale ne porte pas sur n'importe quelle rivale, mais sur quelqu'un de la famille, quelqu'un qui, en se *montrant* mieux qu'elle, lui donne l'impression d'être ignorée – effacée, *invisible* pour ceux dont le regard compte parce qu'elle les aime : sa famille d'élection, sa belle-famille. Séduction, affection, amour : son exemple nous montre combien, dans l'univers féminin, tout est lié ; il importe d'être regardée par ceux qu'on aime pour se sentir exister.

• Vieillir. Inconscience ou simple gêne ? Le besoin profond qu'éprouvent les femmes de se sentir regardées est volontiers nié. Elles ont beau se soucier en permanence de leur apparence, les soins qu'elles lui apportent sont présumés ne s'adresser qu'à elles-mêmes, ou à celui qu'elles aiment. Lorsqu'elles sont particulièrement belles, elles se plaignent même souvent des regards insistants et des réflexions que déclenche leur passage. Pourtant, une patiente âgée, autrefois très séduisante, me confiait un jour : « Pour une jolie femme, il y a pire que d'être sifflée dans la rue : ne plus être sifflée ! » C'est lorsque la beauté s'estompe que la femme prend la mesure de l'habitude qu'elle en avait prise, et des bénéfices qu'elle en tirait. Pour une femme, pendant une longue période de la vie, être regardée, c'est exister ; il faudra donc apprendre à exister autrement lorsque l'on sentira les regards s'éloigner. Ou, pour reprendre l'expression de Sandra, lorsque l'on se sentira devenir *invisible*.

« Les hommes ne se retournent plus sur moi », s'afflige Chantal, l'héroïne du roman de Kundera, *L'Identité*. Comme toutes les femmes, elle croyait n'y avoir jamais prêté attention et elle découvre avec étonnement qu'elle est sensible à cette perte d'intérêt des hommes pour son corps. Elle voudrait plaire à nouveau, plaire à tous, sentir le regard de désir des hommes, et non pas se sentir isolée dans le regard d'amour d'un seul homme :

> « Ce dont elle avait besoin, ce n'est pas d'un regard d'amour, mais de l'inondation de regards inconnus, grossiers, concupiscents et qui se posent sur elle sans sympathie, sans choix, sans tendresse ni politesse, fatalement, inévitablement.

Ces regards la maintiennent dans la société des humains. Le regard de l'amour l'en arrache[33]. »

Le regard de l'amour ne concerne en effet que quelques rares êtres autour de soi, ceux qui comptent, ceux que l'on aime et qui vous aiment.

Être femme, c'est vivre avec un corps qui passe, dans le regard de l'autre sexe, par des étapes que ne connaît pas le corps masculin : d'abord ignoré pendant la période insouciante de l'enfance, puis détaillé dans ses transformations à l'adolescence[34], enfin observé et soupesé à l'âge adulte, avant de retomber dans l'indifférence de l'anonymat. Lorsque, profitant de la grâce exceptionnelle que confère la jeunesse, ce corps s'impose de lui-même parmi les autres, comment échapper aux désirs contradictoires de Mlle Else ? Il y a de l'exhibitionnisme au fond de chaque femme, comme on l'a dit, mais c'est un exhibitionnisme innocent. Une sorte d'espace familier dans lequel la femme ordinaire vit, agit et se déplace, pendant la période de grâce et même au-delà, sans bien en prendre conscience : cet exhibitionnisme bénin reste à la périphérie de sa conscience et paraît ne pas participer à ses calculs conscients. Mais elle sait bien qu'on regarde ses jambes quand elle les croise, elle a appris – au point de n'y plus penser – à serrer ses genoux quand elle s'assoit, à tirer sa jupe dans un geste de pudeur ; elle dissimule sous les vêtements les parties d'elle-même qu'elle n'a pas le droit de montrer – mais choisit soigneusement des tenues qui soulignent les aspects avantageux de son physique et masquent au mieux ceux qui la déçoivent. Chez la femme, tout est ainsi calculé pour offrir à la vue des inconnus qu'elle croise ce qui est autorisé et qui la met en valeur. *Ce besoin d'être vue pour ne pas être invisible* fait partie de l'identité féminine ; quand elles n'en font pas une idée fixe, comme celles qui veulent être des princesses, les femmes intègrent ce besoin à leur existence au point de l'oublier – et elles n'en prennent la pleine mesure qu'après coup, lorsqu'elles ne se sentent plus regardées.

Passé le moment du deuil, certaines femmes se trouvent alors libérées. Celles que la nature n'avait pas gâtées peuvent même alors prendre une revanche sur celles qui les écrasaient de leur beauté. Les plus belles ont davantage de mal à devenir invisibles pour les hommes. Mais, lorsqu'elles y sont parvenues, elles connaissent, disent-elles, un véritable soulagement : l'apaisement qu'on éprouve en s'autorisant, enfin, à déposer les armes.

Beauté féminine : côté hommes

Pour mieux juger du regard des hommes sur la beauté féminine, prenons le cas extrême d'un patient qui nous offre une perspective caricaturale.

Antoine est un homme de 40 ans qui a une activité professionnelle satisfaisante, mais sort peu et n'a pas d'amis. Un symptôme handicape péniblement sa vie sociale : la promiscuité féminine le fait rougir et bégayer. Cela peut se produire avec n'importe quelle femme, mais plus particulièrement quand elles sont belles.

À cause de ce symptôme, Antoine n'a jamais osé s'approcher d'une femme. Pendant ses années d'étude, il évitait les soirées avec les jeunes de son âge par crainte d'être confronté à l'autre sexe. Fuyant ainsi les premières occasions de rencontres, il s'est tenu de plus en plus à l'écart. Un cercle vertueux fatal s'est installé ; aujourd'hui, alors qu'il se sentirait davantage capable d'exprimer son désir à une femme, il redoute de lui paraître ridicule, faute d'expérience.

Ce n'est pas qu'Antoine n'aime pas les femmes. On pourrait dire au contraire qu'il les aime trop. Au fil des séances, il a découvert en effet que ce débordement émotionnel non maîtrisé face à elles révélait une immense peur qu'elles lui fassent perdre tout contrôle.

Depuis toujours, Antoine est, comme beaucoup de garçons, habité par des fantasmes obsédants très culpabilisants vis-à-vis des femmes. À l'adolescence, il s'est beaucoup masturbé devant des images pornographiques. Deux types d'angoisses le retiennent de rencontrer des femmes réelles. D'une part, il craint que, perdant la maîtrise de ses actes, il ne soit saisi d'une impulsion condamnable inspirée par ses fantasmes ; d'autre part il redoute que, même s'il parvient à se maîtriser, tous les désirs qui l'habitent transparaissent et horrifient les femmes.

Pourquoi Antoine ne peut-il ainsi assumer ses désirs érotiques sans culpabilité ? Sans doute les relations qu'il a eues avec ses parents ne lui ont pas permis de s'autoriser l'érotisme transgressif qui accompagne le désir de l'autre sexe. La femme est trop respectable pour être souillée par la sexualité. Aussi, il ne peut s'accorder le plaisir que seul, avec les partenaires virtuelles de la pornographie.

Même lorsque Antoine croise des femmes dans la rue, il s'empêche de les regarder. Par peur qu'elles ne perçoivent sa convoitise. Il est très apaisé quand je lui explique que les femmes ne regardent pas les hommes : elles ne risquent donc pas de deviner chez lui plus de convoitise que chez les autres. En revanche, elles sont habituées à être enveloppées, depuis l'adolescence, par les regards des hommes – ces regards « inconnus, grossiers, concupiscents » que regrette Chantal. Grâce à cette simple remarque, Antoine s'est senti le droit de laisser flâner son regard, comme le font tous les hommes. Et il a constaté que, dans l'ensemble, les femmes, en effet, ignoraient les hommes[35].

Le monde a la couleur des femmes, on l'a vu, mais uniquement pour l'homme : sans même y réfléchir, il scrute et évalue toutes les femmes qu'il croise sur son passage. Rien de comparable chez la femme. Pour elle, le monde a plutôt la couleur de l'amour – un sentiment compliqué sur lequel on reviendra longuement. Elle peut, bien sûr, croiser un regard ou jauger une silhouette, mais ses apparences à elle produisent instantanément sur le radar masculin un écho incomparablement plus fort. Lorsque les femmes regardent autour d'elles, ce sont en fait les autres femmes qu'elles évaluent d'un coup d'œil. Radars féminins et masculins sont ainsi tous dirigés sur la même cible : le sexe féminin, sujet de désir pour l'homme, et de rivalité pour la femme.

Au-dedans : la maternité

Écrire sur la maternité, c'est s'aventurer en territoire périlleux, plus particulièrement pour un auteur du sexe masculin. S'il est un domaine où l'on risque, au moindre faux pas, de froisser durablement les susceptibilités féminines, c'est bien celui-là. Sans doute parce que trop longtemps féminité et maternité ont été confondues, au bénéfice de l'ordre masculin.

Danger : terrain miné

Après tout, en effet, pourquoi tant de passion ?

Avec la possibilité de maîtriser la reproduction, la femme s'est découvert une liberté de choix. Sa sexualité peut aujourd'hui être dissociée de la maternité ; ses rapports avec l'autre sexe deviennent ce qu'elle désire en faire. Le féminisme a profité de cette révolution dans la contraception pour faire prendre conscience aux femmes qu'elles pouvaient s'émanciper des rôles qui leur avaient été prescrits par la société, rôles établis quand elles ne pouvaient pas éviter la maternité. Elles ont à présent les moyens de disposer de leur corps au même titre que de leur existence. Féminité ne coïncide pas avec maternité, plaisir ne rime plus avec reproduction.

Certes, les femmes, en jouissant de cette liberté nouvelle, ont accusé les hommes, ou, ce qui revient au même, une société organisée par et pour les hommes, de les avoir enfermées jusqu'à présent dans le rôle de reproductrices pour mieux les asservir. On doit reconnaître qu'il leur a fallu consentir à beaucoup de sacrifices en contrepartie du pouvoir de procréation que leur a donné la nature. Pendant des siècles, elles ont été éloignées du savoir et de tous les moyens d'accès à un pouvoir social direct. Après tant de millénaires de sujétion masculine, on conçoit que le débat sur la fonction maternelle à laquelle on les a si longtemps bornées prenne rapidement une tournure passionnelle, surtout s'il est abordé par un homme.

Aujourd'hui encore, la situation n'est pas totalement symétrique et un déséquilibre injuste donne à l'homme, dans le couple, le beau rôle pour le plaisir, puisque le poids de la contraception par la pilule repose unilatéralement sur la femme.

Toutefois, à côté de cette légitime révolte, une autre raison rend le sujet délicat. Une raison plus obscure. De nombreuses luttes opposent depuis quelques décennies celles qui croient à la fibre maternelle et celles qui la contestent. Les hommes s'aventurent peu sur ce territoire. Derrière cette polémique exclusivement féminine, on devine quelque chose de plus qu'un avatar de la guerre des sexes : un affolement, presque une panique, qui saisit les femmes face à cette liberté nouvelle de s'émanciper de tout. Le danger n'est pas cette fois de retomber sous le joug de l'oppression masculine, mais de perdre un axe de leur identité.

Certaines femmes qui ont choisi de ne pas avoir d'enfants s'étonnent, par exemple, qu'on les questionne sur les raisons de ce choix alors qu'on ne demande jamais d'explication aux hommes. C'est méconnaître combien hommes et femmes diffèrent sous cet angle. Car la grossesse n'est pas, dans l'enfance des garçons, une des bases de référence de leur identité en construction : ils ont grandi auprès de pères qui ne font qu'engendrer et ils n'imaginent pas, même dans leurs rêves les plus incohérents, que le camp masculin puisse enfanter. Plus tard, ils apprendront qu'ils sont responsables pour moitié des chromosomes de l'être qui sort du ventre de la femme. Devenus conscients de leur participation génétique équivalente à celle de l'autre sexe, ils ne vivront toujours pas la relation à la reproduction comme les femmes, simplement parce qu'ils n'ont pas le corps à ça. « Avoir un enfant » – c'est ainsi que se formule le désir d'enfant chez eux – restera toujours pour eux un désir plus abstrait que « faire un enfant », comme le conçoit le désir féminin – les enquêtes, nous le verrons plus loin, le confirment.

Quand un homme parle de *faire* à une femme, c'est plutôt d'amour qu'il s'agit : l'homme « fait » l'amour – et on a vu quelles illusions se cachaient derrière ce « faire » ; la femme, elle, « fait » l'enfant. Dans les deux cas, la situation prête aux mêmes erreurs, au même aveuglement : l'homme en vient parfois à oublier que l'amour se fait en réalité à deux, et s'égare jusqu'à jouir seul d'une partenaire qu'il ignore ; la femme libre est quelquefois de même tentée d'oublier que l'enfant se fait à deux.

La libération des femmes n'est pas allée jusqu'à redistribuer les cartes de la nature : certes, elles peuvent aujourd'hui s'émanciper de la fonction maternelle, mais celle-ci n'appartient qu'à elles seules : ce sont elles qui *enfantent*. Et pas les hommes, qui ne font qu'*engendrer*. Elles le savent bien ; elles l'ont compris très tôt, à l'âge de 2 ou 3 ans, quand elles se sont senties appelées à devenir femme... comme leur mère. Elles peuvent bien décider de ne pas avoir d'enfants, bâtir une vie qui se détourne du maternel, au fond d'elles-mêmes elles resteront toujours des mères en puissance, des mères qui font le choix de ne pas l'être. Aujourd'hui femmes, hier enfants de femme, elles ont grandi auprès d'une mère.

Aujourd'hui : mais où est donc passé l'instinct maternel ?

Peu de sujets prêtent autant au procès d'intention que l'instinct maternel. Quand on l'aborde, les femmes regimbent toutes : celles qui sont mères devinent, derrière le propos, un prétexte pour satisfaire l'égoïsme masculin en délivrant l'homme de ses responsabilités paternelles ; celles qui n'ont pas d'enfants s'attendent à ce qu'on les rende fautives de ne pas contribuer à la propagation de l'espèce.

Nos mères ou nos grands-mères avaient-elles un instinct maternel ? J'imagine que ce terme ne les aurait pas horrifiées. Mais la situation d'autrefois ne donnait pas à la question de l'instinct le même poids. Puisque, malgré les moyens contraceptifs, la reproduction se posait peu en termes de choix, celles qui n'avaient pas d'enfants ne risquaient pas d'être qualifiées de monstres refusant d'obéir à un instinct. Tout au plus pouvaient-elles être considérées comme des femmes infécondes, des invalides. L'absence d'enfant ne pouvait être qu'un handicap, et en aucun cas une perversion de la volonté.

Avec le choix est venu le temps des questions. Qu'est-ce que la maternité ? Une femme qui refuse d'avoir des enfants est-elle une anormale qui désire tordre le cou à ses instincts ?

L'instinct maternel est devenu un sujet brûlant.

• L'instinct maternel : une construction sociale ? S'est élevée alors la voix libératrice des féministes : l'instinct maternel n'existe pas, il n'est rien d'autre qu'un produit de la société.

En France, l'auteur la plus influente dans ce domaine a été Élisabeth Badinter[36]. Le titre de son livre, *L'Amour en plus*, en dit déjà beaucoup : l'amour maternel est comme un supplément d'âme que la mère met dans sa tâche reproductive, laquelle ne s'accompagne pas toujours de l'affection spontanée que l'on attribue aux mères pour leur progéniture. Retraçant l'évolution des relations maternelles depuis le XVIIe siècle, l'auteur soutient que les mères étaient plutôt indifférentes à leurs enfants jusqu'au milieu du XVIIIe siècle. C'est à cette époque seulement que serait apparu chez elles un souci de tendresse pour leur progéniture, grâce notamment à Rousseau et à son *Émile*, mais aussi, plus largement, en raison d'une évolution culturelle, à la fois philosophique et sociologique. Cette évolution met un terme à l'un des fondements structurants de la société jusqu'alors : l'autorité patriarcale qui faisait du père, comme du roi, le représentant de la divine autorité sur terre. L'esprit des Lumières attribue à hommes, femmes et enfants une égale dignité et respectabilité. Parallèlement, le bonheur devient une préoccupation aussi importante que le devoir, et ce bonheur doit être puisé dans l'harmonie familiale, à présent que les alliances se forment par choix mutuel et non par nécessité sociale. Dès lors, la responsabilité parentale prend le pas sur l'autorité patriarcale et, au sein de cette responsabilité nouvelle, le rôle de la mère va s'affirmer de plus en plus, pour aboutir au rôle prééminent que lui conférera la psychanalyse :

> « On peut dire [...] que si le XVIIIe siècle lança l'idée de responsabilité parentale, le XIXe siècle l'entérina en accentuant celle de la mère et le XXe siècle transforma le concept de responsabilité maternelle en celui de culpabilité maternelle[37]. »

De l'indifférence des mères d'antan, Élisabeth Badinter apporte trois preuves : le manque d'émotion à la mort d'un enfant, l'injustice que représente le traitement inégal des enfants selon leur sexe et leur place dans la fratrie, et surtout le refus d'allaitement maternel. C'est ce dernier qui est le plus documenté, car la mise en nourrice, pratique très courante à l'époque, entraînait une grande mortalité infantile par négligence ou incompétence.

Mais la démission des mères face à leurs responsabilités nourricières constitue-t-elle réellement une preuve de l'indifférence maternelle ? Si aimantes soient-elles, elles se plient aux normes sociales de leur époque. Lorsque celles-ci imposent – pour de multiples raisons, le plus souvent économiques – de confier leur enfant à une professionnelle, elles le font sans qu'on puisse en conclure quoi que ce soit à propos de ce que représente pour elles, en termes d'affection, l'enfant qu'elles ont mis au monde. Tout au plus peut-on dire que l'« instinct maternel » n'est pas plus puissant que les pesanteurs sociales. Surtout quand la société en question repose sur l'autorité du pilier patriarcal. Quand Élisabeth Badinter parle de l'« enfant-gêne », prenant ainsi le contre-pied de l'« enfant-roi » d'aujourd'hui, c'est peut-être autant, sinon davantage, de la gêne pour le mari que de la gêne pour la femme qu'il s'agit. On fera la même remarque à propos du « traitement inégal » que les femmes réservaient autrefois à leurs enfants selon le sexe : certes il y a là une injustice condamnable aux yeux d'un esprit contemporain, mais on retrouve encore aujourd'hui des inégalités de ce genre dans certaines successions, quand il s'agit de préserver un patrimoine en évitant le morcellement des propriétés. Bien plus choquant que ces petites injustices, on constate que sévit encore de nos jours dans certaines régions du monde, en Asie particulièrement, un infanticide sélectif au profit du sexe masculin. Tout simplement, nous explique l'anthropologue Sarah Blaffer Hrdy, parce que « les hommes de la famille veulent des fils et en conséquence les femmes en veulent aussi. Dès leur plus jeune âge, ces femmes ont été conditionnées pour placer leurs espoirs dans le fils qu'elles auraient un jour », et la préférence maternelle se plie par nécessité aux intérêts de la famille du mari[38].

Enfin, en ce qui concerne l'indifférence apparente des mères du XVIIe siècle à la mort de leurs enfants, il m'a été donné de m'occuper pendant un temps d'une patiente mère de quinze enfants, dont deux étaient décédés. À propos des questions de vie et de mort, elle avait, pour elle-même comme pour sa progéniture, une vision bien différente de celle des mères que j'ai l'habitude de rencontrer, pourvues d'une descendance plus modeste. Il fallait, pour la comprendre, accepter un changement de perspective et quitter, à propos de l'existence, la lorgnette de l'individuel pour passer au grand-angle du collectif : chaque individu paraît alors s'effacer dans le grand mouvement du groupe.

La primatologue Sarah Blaffer Hrdy, qui a réuni une documentation considérable sur la question de l'instinct maternel, s'exprime avec plus de prudence et de sagesse que l'auteur de *L'Amour en plus* quand elle déclare : « Je suppose que les mères du passé étaient émotionnellement semblables à moi. Mais elles prenaient leurs décisions dans des conditions plus ardues[39]. »

Au fond, l'argumentation d'Élisabeth Badinter repose sur ce présupposé qui rapproche l'amour maternel de deux pôles, l'un romantique, l'autre animal. D'un point de vue romantique, l'amour est tenu pour un sentiment absolu, s'imposant impérieusement par-delà les nécessités du contexte – l'amour maternel devrait donc obéir, comme n'importe quel amour, à la loi qui place au-dessus des contingences ce beau sentiment[40] ; d'un point de vue animal, l'amour maternel, s'il est assimilé à un instinct, doit s'exprimer de façon mécanique et se dérouler à la façon d'un automatisme qu'aucune condition ne peut entraver. Puisqu'il n'échappe pas au contexte, le lien qui unit la mère à l'enfant n'est ni un amour ni un instinct, il n'est rien d'autre qu'une construction sociale.

En termes d'instinct comme d'amour, la complexité de l'être humain impose d'adopter une pensée plus nuancée, exempte de manichéisme. On a vu combien la notion d'instinct, de même que celle de « pulsion », n'avait pas grand sens pour l'homme qui garde une liberté à peu près entière par rapport à toutes ses dispositions naturelles. Il ne saurait y avoir un instinct maternel chez la femme au sens strict ; tout au plus peut-on parler d'un besoin, à l'égal des besoins alimentaires : si ces derniers revêtent des formes différentes selon les cultures, cela ne les réduit point à de pures constructions sociales ; et s'il existe des humains anorexiques, cela ne fait pas de la faim une simple invention de l'esprit.

• Adorables bébés : un phénomène biologique ? Féministe également, mais primatologue et anthropologue, Sarah Blaffer Hrdy ne se laisse pas prendre au piège de cette vision tranchée de l'instinct maternel. Certes, remarque-t-elle, il n'existe pas un sens inné du maternage – mais qu'y a-t-il d'inné chez l'homme en dehors de quelques réflexes archaïques qui disparaissent quelques mois après la naissance ? Certes, les comportements maternels n'affectent pas la forme stéréotypée du comportement instinctif que l'on observe dans le monde animal – cela serait si simple si les femmes « se mettaient à gratter furieusement le sol juste avant d'accoucher », ou si « elles ressentaient ensuite le besoin impérieux de lécher le bébé sur tout le corps, ou de manger le placenta[41] » ! Non, il n'existe rien qui permette d'affirmer que la femme dispose d'un « instinct maternel » à la façon d'un animal, mais il existe tout de même bon nombre de preuves que l'attachement d'une mère pour son enfant repose sur des bases biologiques, et pas simplement sur une construction sociale.

Que se passe-t-il à la naissance ? Tout dépend de la culture. On se débarrasse du placenta en le jetant ou en l'enterrant, on nettoie l'enfant en le lavant et en l'enduisant d'huiles, cela sans faire de cérémonies ou au contraire avec un rituel compliqué. On met le bébé dans les bras de la maman ou, à l'inverse, on interdit le contact pendant quelques heures. Rien d'universel, note Sarah Blaffer Hrdy, sinon peut-être, après le lavage, une inspection du bébé qui commence par le sexe, s'attarde sur le visage, et s'accompagne d'un contact physique avec tout le corps de l'enfant. Cependant, même cette inspection peut être négligée par des mères inexpérimentées.

Passé le moment de la naissance, ce sont les soins au bébé, ce que l'on appelle le maternage, qui occupent le devant de la scène. Le maternage chez les humains, tel que l'observent les ethnologues, ne correspond pas davantage à un comportement universel. On sait en outre que, comme la plupart des activités humaines, il s'améliore avec le temps et l'expérience. Mais les déclarations des mères sur ce qu'elles éprouvent dans les premiers mois de la vie de l'enfant témoignent d'un attachement à part, bien éloigné de ce qu'elles connaissent d'habitude dans d'autres types de rapports humains. La nature du lien – très charnel – qui unit la maman au bébé est une surprise pour beaucoup de jeunes mères qui n'anticipaient pas cette forme d'intimité physique avec leur nouveau-né. Cette expérience est volontiers décrite comme sensuelle, proche de l'érotisme ; en tout cas, elle se fonde sur des sensations physiques – contact, odeur – et elle se place au-delà (ou en deçà) des mots. Jane Swigart rapporte des confidences de mères qui expriment en termes d'intimité amoureuse ce qu'elles ressentent à propos de la relation unique qu'elles vivent avec leur bébé[42]. Le chaleureux dorlotement du nourrisson les absorbe et en même temps les comble au point, dans quelques cas, de prendre la priorité sur le mari et les autres enfants, avec les conflits que l'on devine.

Il y a de bonnes raisons de penser que cette relation très étroite de la mère à son enfant, façonnée par des cadres socioculturels, s'appuie en fait sur des mécanismes innés où interviennent le cerveau et des sécrétions hormonales complexes. Une réactivité spécifique de la mère au bébé se met en place très tôt : en une seule journée après la naissance, une mère parvient à identifier son nourrisson à l'odeur et, en quarante-huit heures, elle distingue les cris de son enfant des autres cris. Plusieurs recherches démontrent que le seuil de réponse des mères aux stimuli de l'enfant (pleurs, odeurs) est abaissé. Cette sensibilité serait liée à une imprégnation par des hormones telles que le cortisol et la prolactine, et elle s'accroîtrait avec l'expérience du maternage. Mais, à la différence de la réactivité paternelle, elle est présente dès le premier maternage, et se montre sans doute plus fine pour la mère[43].

La relation de la mère à l'enfant obéit donc à un processus réglé par des niveaux hormonaux, modulable par les attentes personnelles, l'expérience et la culture, mais vraisemblablement présent dès avant toute expérience de mise au monde. Pour Sarah Blaffer Hrdy, la réactivité maternelle aux signaux de l'enfant est en fait très probablement innée[44] ; elle conclut : « Si l'on n'accorde pas à ce terme son sens strict, il est légitime de qualifier d'"instinctive" l'adoration qu'éprouvent les mamans pour leur bébé. » Notons en passant que même l'intimité amoureuse décrite par les mères de Jane Swigart pourrait trouver ses fondements dans des sécrétions d'ocytocine, une hormone que l'on retrouve chez les mères allaitantes et qui se trouve être précisément l'hormone secrétée pendant l'orgasme ! Si la part innée des mécanismes d'attachement entre la mère et l'enfant reste contestée, leur base biologique est à présent bien établie.

Quels qu'en soient les fondements, le bien-être que ressent la mère auprès de son nourrisson est si profond qu'il s'impose parfois malgré des attentes contraires. C'est ce qu'il m'a été donné de constater. Il s'agissait d'une femme qui, ayant été abandonnée par sa mère à sa grand-mère, avait redouté pendant toute sa grossesse de n'avoir aucun instinct maternel. À l'accouchement, elle fut très surprise, après un premier moment de dégoût, d'éprouver lors du second contact avec son nourrisson une émotion indéfinissable, un bien-être intense et indescriptible : dès lors, elle ne pensait plus qu'à le garder auprès d'elle et ressentait auprès de lui un véritable plaisir physique. En l'écoutant m'évoquer sa jubilation, je ne pouvais m'empêcher de penser au « magnétisme des bébés[45] » – cette puissante attraction qu'exercent les nouveau-nés sur les primates femelles et dont les déterminants sont connus des primatologues : petit corps, grosse tête, tortillement, pelage…

Désir d'enfant : une vue de l'esprit ?

« Les libertés que nous avons acquises grâce à la contraception et à la fécondation artificielle n'empêchent pas que le désir de maternité reste et restera l'onde porteuse de l'expérience féminine[46] », déclare Julia Kristeva, une femme non suspecte de complaisance sexiste. Les relations qui se tissent entre l'enfant et sa mère après la naissance s'appuient, nous venons de le voir, sur des réactions innées de part et d'autre. Peut-on étendre ce constat à des dispositions féminines antérieures à la maternité, et soutenir que le désir d'enfant chez la femme est lui aussi inné ? Rien n'est moins sûr.

• Désir d'enfant au féminin. Pourquoi une femme désire-t-elle donner naissance à un enfant ? À cette question posée dans un forum d'Internet[47] réunissant une vingtaine de participantes, on trouve des réponses aussi variées que : « Parce qu'il n'y a rien de plus beau que de donner la vie », ou encore : « Va comprendre, Charles ! » Dans l'ensemble, un consensus semble toutefois s'établir autour du premier avis. Mais l'une des internautes remarque : « C'est comme si on te demandait "Pourquoi tu aimes, à quoi ça sert ?". C'est un besoin et un désir profond qui viennent naturellement. » Et elle ajoute : « En principe, ça se pense et ça se réfléchit à deux. »

Interrogeant les femmes sur leur désir d'enfant, Jane Swigart[48] s'étonne de ne relever que des réponses hétérogènes et assez plates, malgré le niveau intellectuel de ses interviewées. On pouvait imaginer, dit-elle, que la conception d'un enfant répond à la volonté de concrétiser un amour et de créer ensemble un être nouveau. Les réponses qu'elle recueille sont bien plus prosaïques.

Pour certaines mères, la question ne s'est pas posée. Elles n'imaginaient pas vivre sans enfants, soit en raison de la pression sociale, soit en fonction des normes familiales : « Mes parents voulaient des petits-enfants [...]. J'aurais eu l'impression de les abandonner si je n'avais pas eu de gosses », dit l'une d'elles. Une autre banalise son désir d'enfant en le réduisant à une simple curiosité : « Je voulais tout connaître, et je pensais qu'il me manquerait quelque chose si je n'avais pas au moins un enfant. » Toutes ces femmes semblent ne pas avoir conçu des enfants en fonction d'un désir réellement personnel, mais plutôt parce que « ça se fait », parce que le destin maternel est une composante intégrée au destin féminin, sans s'interroger sur leur besoin ou leur curiosité.

Parmi les femmes qui ont eu conscience de faire un choix et sont donc plus aptes à décrire leur désir d'enfant, on observe des réponses variées.

Les unes voient dans la procréation une réponse à des tourments existentiels : éviter la vieillesse et la solitude, trouver un but qui maintienne de la beauté à la vie quand tout se fane, contribuer à une œuvre qui durera bien au-delà de soi : « Je suis terrorisée à la pensée de vieillir sans enfants. J'ai la hantise de me réveiller un matin stérile et vide et toute seule. » Ces femmes qui disent avoir désiré un enfant pour donner un sens à leur vie se découvrent volontiers tardivement une vocation de mère : « Je n'ai jamais voulu un enfant avant la trentaine, confie l'une d'entre elles. À ce moment-là, tout ce que je faisais m'a semblé vide. »

D'autres mères déclarent avoir voulu un enfant pour protéger leur couple ou sauver un mariage en péril.

D'autres enfin parlent de leur besoin d'enfant comme d'une préoccupation affective intense qui recouvre un manque présent – elles veulent se sentir réellement aimées (et ne plus jamais se sentir seules) – ou qui prolonge des émotions de l'enfance – elles veulent aimer comme on les a aimées dans l'enfance, ou à l'inverse réparer les dégâts qu'elles ont subis en donnant à leur progéniture le bonheur qu'elles n'ont pas connu.

Un enfant pour rabibocher, consoler, ou fusionner ? Cela ne concerne après tout que les mères. Pourtant, rappelons-nous la remarque si juste de cette internaute : en principe, un enfant, « ça se pense et se réfléchit à deux ». Curieusement, le désir d'enfant n'est le plus souvent posé qu'en termes féminins. Le désir des hommes est négligé, ignoré comme s'il était supposé suivre en miroir les envies féminines.

• Désir d'enfant au masculin. Sans aller aussi loin qu'un de mes confrères obstétriciens qui prétendait n'avoir jamais connu d'homme désirant véritablement des enfants, il est clair que le désir d'enfant, lorsqu'il se manifeste chez l'homme, prend une tournure différente de ce que l'on observe chez les femmes. Jane Swigart[49] note que la volonté masculine de procréation répond souvent à des motifs terre à terre ; elle relève plutôt de l'instinct de propriété et de l'esprit de compétition : l'homme veut un enfant pour qu'il puisse « suivre ses traces » et reprendre son ouvrage interrompu, pour perpétuer son nom ou pour prendre une revanche sur ce que le sort lui a fait endurer. Ce sont des raisons qu'indiquent rarement les femmes.

On peut aussi, quand on est homme, vouloir des enfants parce que sa compagne en désire : c'est après tout un cas fréquent.

Quoi qu'il en soit, le désir de maternité de la femme, cette « onde porteuse de l'expérience féminine », se compare difficilement à son homologue masculin, le désir de paternité.

Celui-ci est moins affectif, moins instinctif ; plus construit, plus culturel, il est le fruit d'une maturation assez lente.

En fait, la question du désir d'enfant est une préoccupation essentiellement féminine. Elle ne figure pas au répertoire masculin – au moins avant un âge avancé. Les forums d'Internet sur le désir d'enfant ne sont d'ailleurs fréquentés que par des femmes, qui ne s'attardent pas trop sur les humeurs de leur compagnon. Ce dernier n'est que rarement évoqué. Si l'on en parle, c'est pour regretter de ne pas encore avoir trouvé le bon – celui qui ferait un si bon père – ou pour s'inquiéter de la durée de ses sentiments.

Les débats actuels autour du désir d'enfant ne concernent ainsi que le désir de maternité, sans que quiconque s'en émeuve, ni du côté féminin ni du côté masculin.

Les libertés acquises vis-à-vis de la reproduction offertes par les techniques actuelles donnent aux femmes le moyen de choisir si elles veulent ou non un enfant, et les conduit à s'interroger sur leur *réel* désir d'enfant. La question ne se pose pas de la même manière pour les hommes, habitués depuis toujours à disposer d'un corps libre de jouir sans conséquences. Toutefois la façon dont s'interrogent les femmes n'est pas sans effet pour eux, par ricochet. Pour la femme comme pour l'homme, il n'est désormais plus possible de s'en remettre au hasard, ou aux nécessités sociales, pour organiser son avenir. Avec cette liberté nouvelle de la femme apparaît ainsi pour l'homme une responsabilité inattendue : celle de partager avec sa compagne la volonté d'un enfant. Et du même coup, de s'interroger sur son propre désir d'enfant.

• Du désir à la décision : programmer la procréation. Comment les couples se décident-ils à avoir des enfants ? C'est à cette question qu'a tenté de répondre une enquête sociologique minutieuse de l'Institut national d'études démographiques (INED)[50].

Premier constat : la procréation est maintenant le résultat d'une décision mûrement réfléchie qui s'inscrit dans un programme déterminé ; *elle répond à une stratégie.* Puisqu'on dispose d'une contraception efficace, on peut choisir le moment de la naissance, et l'on ne s'en prive pas, certains allant même jusqu'à choisir le signe zodiacal. Pourtant les parents se défendent de faire des calculs : « L'idée de planifier l'arrivée d'un enfant heurte même certains, comme s'ils voulaient préserver le côté mystérieux et désintéressé de la naissance. » Sa venue reste, dans l'esprit de chacun, liée à un processus spontané et naturel. Les habitudes sont là ; pendant des millénaires, la procréation n'était pas maîtrisée et la conception partageait l'énigme de la création : elle était aussi imprévisible que l'être nouveau qui, à son terme, vient au monde. En est-il autrement aujourd'hui ? Sans doute, quoi qu'en disent les parents de l'enquête. Quand 97 % des femmes utilisent des moyens contraceptifs, le désir d'enfant devient une volonté ; il obéit à une intention et passe par la décision préalable de stopper la contraception. Ce que l'on ne fera que lorsque tout s'y prête.

C'est-à-dire quand ? Interviennent là les normes que l'on s'est fixées. La décision d'avoir un enfant, puisqu'elle n'est plus soumise aux aléas de la nature, dépend de critères sociologiques et psychologiques.

L'optimum d'âge, de confort, de réussite que se fixent les couples avant de se lancer dans une procréation dont ils s'attribuent le contrôle est en effet déterminé par des aspirations sociales. Question d'âge, déjà. L'âge idéal, d'après les femmes, pour avoir le premier enfant se situe à 26 ans pour la mère, 28 ans pour le père[51]. Question de saison, aussi. Les naissances sont souhaitées au printemps. Question de commodité, enfin : a-t-on des moyens suffisants ? l'enfant perturbera-t-il le déroulement de la carrière ? est-ce le bon moment pour l'accueillir ?

Se sentir prêt n'obéit pas qu'à des critères pratiques. Il s'agit aussi de l'être « psychologiquement »[52]. Ce qui repose sur un consensus dans le couple. La femme ne prend la décision de faire un enfant que si elle en ressent le besoin – un besoin qui n'est plus désormais considéré comme consubstantiel à la condition féminine – et si elle est confortée par l'accord de son conjoint. Cet accord donne à l'homme son statut de partenaire à part entière dans une relation nouvelle fondée sur des choix communs pris librement. L'enfant ne sera créé qu'à l'issue de négociations où chaque interlocuteur fait valoir ses priorités, ce qui impose des partenaires impliqués dans leur vie de couple et des relations dont la durée a permis de tester la stabilité et la qualité.

• Stratégies perdantes. La maîtrise de la procréation a ses bons côtés quand elle permet aux partenaires de s'impliquer tous deux délibérément dans l'aventure de la conception. Mais la médaille a son revers. L'idée même d'un pouvoir de contrôle sur les naissances peut induire en erreur : la maîtrise de la procréation n'est pas une maîtrise de la création. Dangereuse illusion entretenue par un abus de langage : plutôt que de maîtrise de la procréation, c'est de maîtrise de l'infécondité qu'il faudrait parler. Car c'est cela seulement que l'on domine bien aujourd'hui.

En ce qui concerne la procréation, la nature garde ses droits. En priorité pour ce qui touche à la recombinaison génétique des chromosomes des parents, qui, comme on sait, reste soumise aux hasards du loto naturel. Mais la conception elle-même conserve également des aspects mystérieux, et le grand bal des gamètes mâles et femelles, fût-il organisé à la meilleure époque et dans les meilleures conditions, ne mènera pas toujours à la fécondation souhaitée. Aldo Naouri rappelle qu'un rapport sexuel complet en vue d'une procréation survenant dans les conditions optimales n'a que 25 % de chances de déclencher une grossesse[53]. Malheureusement, soutenus par les espoirs qu'entretiennent la science et les progrès techniques, hommes et femmes s'illusionnent et se croient devenus maîtres d'une situation qui relève encore beaucoup de la nature.

La vie d'une femme s'organise aujourd'hui selon une stratégie dans laquelle la procréation doit pouvoir trouver sa place sans désordre. Celles qui ont fait de longues études et obtenu des diplômes de haut niveau s'engagent dans une carrière professionnelle accaparante qui laisse peu de temps pour un enfant. Elles ont de plus de grandes exigences quant au compagnon qui pourrait représenter un père valable pour leur progéniture. Si toutefois elles en rencontrent un, leurs déplacements professionnels incessants et leur indisponibilité ne facilitent pas la stabilisation de la relation. Aussi c'est souvent lorsque s'approche la quarantaine, au moment où l'horloge biologique leur rappelle que la liberté a des limites, qu'elles prennent conscience de leur désir d'enfant et s'affolent.

C'est le constat que fait Sylvia Ann Hewlett dans un livre[54] où elle rend compte d'une enquête portant sur des Américaines de niveau social élevé. Elle observe que 42 % des femmes qui travaillent dans des compagnies importantes sont sans enfants après 40 ans, et ce chiffre s'élève même à 49 % chez les femmes dont les revenus annuels dépassent 100 000 dollars. La plupart des autres n'ont qu'un seul enfant, parce que, disent-elles, elles ont commencé trop tard. Parmi les femmes sans enfants, peu semblent avoir véritablement fait le choix d'éviter la procréation ; à la fin de leurs études secondaires, seules 14 % d'entre elles étaient déterminées à ne pas avoir d'enfants. Beaucoup parlent en fait d'un non-choix : le travail absorbe, le temps passe, l'horloge biologique tourne. La situation est sans doute aggravée par une trop grande confiance dans la capacité d'enfanter. Peu de femmes, observe-t-elle, sont conscientes que leur degré de fertilité, maximal à l'âge de 27 ans, décroît lentement et s'effondre passé l'âge de 40 ans[55].

Économiste, diplômée de Harvard, Sylvia Ann Hewlett se dit féministe... Elle veut protéger les femmes contre leur inquiétant aveuglement, encouragé par une société obsédée par la performance et la productivité, et clame : « En trente ans seulement, nous sommes passées de la crainte de notre fertilité à son gaspillage – très souvent sans le vouloir. » Elle recommande de s'engager dans la maternité avant 35 ans et, quand cela se révèle nécessaire, de faire un choix entre carrière et enfant. Elle explique surtout qu'une femme doit anticiper ce qu'elle veut être à 45 ans, car, si son désir est d'être mère, elle doit s'y engager longtemps à l'avance.

Inutile de dire que ces thèses, considérées comme rétrogrades, sont contestées. Des contre-exemples sont avancés : par exemple, de nombreuses femmes ont fait une grande carrière dans la recherche scientifique tout en étant mères de plusieurs enfants[56]. Il existe certainement des femmes exceptionnelles, mais celles que je vois passer dans mon cabinet de psychiatre donnent dans l'ensemble raison à Hewlett : beaucoup semblent avoir laissé passer l'heure sans y prêter attention, paniquent lorsque sonne le dernier appel, et se lancent alors parfois dans des chemins hasardeux en se désespérant après coup de ne pas avoir saisi les opportunités.

• Non-désir d'enfant. À présent qu'elles sont libres de se lancer ou non dans la maternité, certaines femmes proclament leur non-désir d'enfant. Peu nombreuses à l'origine, ou moins remarquées, ces femmes se font entendre davantage ces dernières années. Elles pourraient représenter une orientation féminine nouvelle, jusqu'alors ignorée ou dissimulée.

Une sociologue, Mardy Ireland[57], a mené dans les années 1990, à l'aide d'entretiens approfondis et de questionnaires, une enquête sur 100 femmes sans enfants, âgées de 38 à 50 ans. Les résultats obtenus la conduisent à distinguer trois groupes. Dans le premier, que Mardy Ireland qualifie de femmes « traditionnelles », le rôle maternel n'a pas pu se réaliser du fait de problèmes de santé ou d'infertilité – ces femmes ne se concevaient pas autrement que mères, mais elles ont dû renoncer en raison d'un obstacle naturel. Le deuxième groupe est celui des femmes « transitionnelles » : il correspond aux femmes dont nous venons de parler, celles qui ont vu, trop tard, la fenêtre biologique se refermer devant elles parce qu'elles n'ont pas pris de décision à cause de leur carrière, ou parce que leur compagnon n'était jamais le partenaire adéquat. Enfin, le troisième groupe est constitué de femmes qui ont consciemment décidé tôt, avant 30 ans, de ne pas avoir d'enfants – Mardy Ireland les désigne comme des femmes « métamorphiques[58] ».

Sur les 39 femmes qu'elle place dans ce dernier groupe, 19 sont célibataires. Les couples sont construits sur des rapports totalement symétriques, et les liens sont moins sûrs que dans les couples plus traditionnels. Les femmes « métamorphiques » sont souvent impliquées dans des activités créatives, artistiques ou scientifiques, et elles tiennent à se donner entièrement dans ce qu'elles font, aussi bien dans leur activité personnelle que dans leur vie amoureuse. Elles ont, observe Mardy Ireland, un perfectionnisme qui leur rend impossible d'envisager simultanément la maternité et un travail créatif : « Elles aiment se concentrer sur une chose à la fois et devenir excellentes[59]. » Dans leurs antécédents familiaux, on découvre des histoires variables, aussi bien positives que négatives, mais on trouve toujours en elles un besoin de rentrer en contact avec une dimension essentielle d'elles-mêmes que la maternité viendrait bâillonner. Mettre un enfant au monde condamne à ne plus vivre à travers soi, ce qu'elles ne peuvent concevoir. Deux exemples de ces femmes sont fournis ; chez chacune, l'identification à la fonction maternelle s'est mal mise en place pour des raisons différentes : l'une d'elles est la fille d'une lignée de fortes femmes, brillantes et ambivalentes par rapport à la maternité ; l'autre, aînée de quatre enfants, a dû prendre très tôt, par défaillance de sa mère, un rôle maternel.

Ces femmes métamorphiques ressentent précocement, dès avant 30 ans, une absence de désir d'enfant, et elles s'en font longtemps le reproche. Tant qu'elles ne se sont pas acceptées comme elles sont, elles s'interrogent : « Suis-je malade ? N'ai-je pas eu mon compte d'amour maternel ? N'ai-je pas assez d'amour à donner ? Suis-je incapable de faire face à la demande d'un enfant ? » La pression sociale est forte, elles se sentent mises à l'écart et elles souffrent du jugement hostile de ceux qui les entourent.

Édith Vallée, une psychologue que l'on pourrait classer dans les « métamorphiques », a rassemblé dans un livre[60] les témoignages de celles qui, comme elle, ont décidé de ne pas enfanter. Elle estime que, malgré sa permissivité de surface, la société actuelle reste très normative en ce qui concerne le désir d'enfant pour les femmes :

« Il est de bon ton de ne pas contester aux femmes le droit de mener leur vie à leur guise, mais cette tolérance n'est qu'apparente. Elle s'accompagne d'une condamnation : il est impossible d'être épanouie sans enfants. On s'imagine que ces femmes sont forcément dépressives. »

Cependant, malgré les résistances, la situation évolue et le non-désir d'enfant est de plus en plus communément admis. La diminution du taux de fertilité dans les pays développés[61] a conduit à s'interroger sur ce que représentait un enfant pour une femme, et à faire preuve de plus de réalisme sur les affres de la maternité, que l'on avait jusque-là sans doute trop exaltée. Donner la vie est peut-être le soleil d'une existence, mais non point un soleil sans nuages. Les enfants exigent beaucoup d'efforts des parents : efforts physiques avec les nuits d'insomnie des maladies d'enfance, efforts matériels avec le coût de leur entretien et de leur éducation, efforts de disponibilité qui imposent des compromis avec les ambitions personnelles. La plupart de ces efforts, en dehors du soutien matériel, reviennent aux femmes, même dans une société comme la nôtre où la participation masculine aux responsabilités familiales a connu un rééquilibrage.

D'un point de vue purement comptable, en termes d'économie d'effort et de rapport coût-plaisir, les enfants ne sont assurément pas un bon investissement. Dans un livre choc, *No Kid*, l'essayiste Corinne Maier énumère quarante bonnes raisons de ne pas avoir d'enfants[62]. En fait, une seule de ces raisons suffit à les résumer toutes : « L'enfant est là pour vous empêcher de jouir. » Certes, si la jouissance est l'axe de l'existence, mieux vaut s'abstenir de toute progéniture.

Livre-document écrit par une vraie femme « métamorphique », la journaliste canadienne Émilie Devienne, *Être femme sans être mère*[63] est un plaidoyer pour le choix de ne pas avoir d'enfants ; elle brandit comme C. Maier l'argument de la privation de jouissance, mais elle évoque également de nombreuses craintes. Ces craintes concernent globalement sa capacité à assurer le bien-être de l'enfant : matériel, bien entendu (peur de la précarité financière), mais moral tout autant, voire davantage (peur de ne rien avoir à transmettre à son enfant) ; elle redoute également de lui faire endosser son propre passé (ses conflits personnels, ses mauvais côtés) ; de ne pas savoir l'aimer tel qu'il est ou de l'aimer trop ; et enfin de le livrer à un monde dont l'avenir est incertain. En fait, Émilie Devienne semble vouloir échapper à la maternité parce qu'elle la place trop haut : elle donne l'impression de ne la concevoir que sous une forme d'absolu qui conférerait à la mère un rôle de protection totale dans un climat d'amour irréprochable ; elle paraît également incapable de concevoir que l'enfant qu'elle mettra au monde disposera de ressources personnelles pour s'adapter au monde – ou à sa mère.

Ce sont également des craintes de cet ordre qu'exprime une internaute dans un forum Internet sur le non-désir d'enfant[64]. Elle distingue procréer, « une obligation de l'espèce à laquelle nous pouvons nous soustraire aujourd'hui », et être mère : faire les gestes adéquats au maintien de la vie de son enfant ; éprouver à son égard des sentiments de tendresse et d'amour sans songer à satisfaire un projet personnel. Et elle ne se sent pas de taille[65].

Mais échapper à la maternité n'est pas seulement une fuite devant des responsabilités que l'on perçoit comme extrêmes, c'est aussi un moyen pour ces femmes de préserver une indépendance qui paraît presque sacralisée. Une citation du philosophe Michel Onfray, le chantre de l'hédonisme, revient d'ailleurs à deux reprises dans le texte d'Émilie Devienne[66] :

« L'apparition des enfants signe sans appel la disparition de l'autonomie et de l'indépendance des partenaires qui le décident. » Il s'agit donc de se consacrer à soi, la seule chose que l'on soit assuré de bien faire, et d'en tirer du plaisir.

Quand le corps résiste à l'esprit

• Infertilité et procréation médicalement assistée : où le désir se fait obsession. À peu près au même moment, deux grands quotidiens nationaux français s'émeuvent, l'un du non-désir d'enfant dans un article intitulé : « Ces femmes qui refusent de devenir mères[67] », et l'autre des surenchères dans la procréation médicalement assistée (AMP) sous le titre : « Un enfant… mais pas à tout prix[68] ». Contraste révélateur des contradictions contemporaines.

Avec les techniques de fécondation *in vivo* ou *in vitro*, le recours à des donneurs de sperme ou d'ovocytes, le transplant d'œuf fécondé dans l'utérus de mères porteuses, les techniques de l'AMP ouvrent des voies en apparence illimitées à la procréation.

Dès lors que l'on dispose des moyens techniques de réaliser une grossesse, sur quels critères s'opposer à un désir d'enfant ? Où fixer les limites ? La directrice du centre d'éthique d'un grand hôpital s'interroge. Le débat paraît surréaliste quand on l'envisage après avoir donné la parole à toutes ces femmes qui ne veulent pas d'enfants. Elle nous parle d'un jeune couple de 30 ans tous deux porteurs d'une maladie qui les condamne à brève échéance, et qui mettent en accusation la médecine grâce à laquelle ils ont survécu jusque-là : « À quoi ça sert si l'on ne peut vivre pleinement ? Et pour nous, vivre pleinement, c'est avoir un enfant. » Elle cite également des hommes qui ont traversé un cancer et ont fait conserver leur sperme avant la chimiothérapie. Ils en ont réchappé, ils s'offrent une seconde vie avec une femme beaucoup plus jeune qu'eux : « Qui sommes-nous pour leur dire non ? » Enfin elle rapporte le cas d'une femme de 43 ans qui s'était fait faire une ligature de trompes après trois enfants, dix ans auparavant, et qui rencontre l'homme de sa vie, plus jeune qu'elle, à qui elle a envie de donner « à lui aussi, qui n'en avait jamais eu, un enfant et une famille ». Techniquement, on peut l'aider par un don d'ovocytes. Que faire ? Selon la loi, elle est trop âgée. Mais la loi ne fixe pas les mêmes limites pour l'homme. Pourquoi cette injustice ?

Dans tous les exemples cités, ce qui frappe le psychiatre, c'est l'instrumentalisation de l'enfant, dont on parle comme d'un projet purement personnel. Dans le paragraphe précédent, on a vu que les femmes qui ne veulent pas d'enfants placent peut-être trop haut la responsabilité de la mère dans le devenir de l'enfant ; à l'inverse, ces couples qui veulent à tout prix un enfant semblent donner priorité à leur désir, sans bien envisager leur responsabilité vis-à-vis de l'être qu'ils mettent au monde. Ce qui compte, c'est que les parents « vivent pleinement », et offrent à leur partenaire l'occasion de jouir d'un enfant ; mais au fond, peu importe le sort de l'enfant convoité qui, pour les demandeurs âgés, se retrouvera orphelin très tôt, ou encore qui – pour ceux qui font appel à des dons de gamètes extérieurs au couple – ne connaîtra qu'à moitié son appartenance.

N'aiderait-on pas davantage certains de ces adultes en manque d'enfants en leur apprenant à savoir renoncer, à accepter d'être privés ? Que seront d'ailleurs les enfants de ces parents à qui rien ne doit jamais résister – puisque la technique le permet – et qui ressemblent ainsi furieusement à des enfants eux-mêmes ?

• Non-désir, AMP : un besoin stérilisant de maîtrise ? Une psychiatre de la maternité Port-Royal déclare qu'elle ne croit pas au non-désir d'enfant parce qu'elle voit « toute la douleur du monde qui se déverse dans ses consultations pour infertilité[69] ». De façon paradoxale, ce sont précisément les raisons qui me pousseraient à y croire. Car, dans un certain nombre de ces cas, ce n'est pas tant l'infertilité qui est intolérable à ces patients et les rend si malheureux, c'est plutôt de se sentir impuissants face à des événements qui s'imposent à eux et leur résistent, alors que rien ne devrait faire obstacle à leur volonté. L'expression rageuse de la frustration prend quelquefois la forme d'une immense plainte.

Ce qui pousse des femmes aujourd'hui à ne pas désirer d'enfants, c'est qu'elles craignent de perdre la maîtrise de leur existence. Ce qui en pousse d'autres à réclamer l'AMP à cor et à cri, c'est qu'elles ne tolèrent pas que leur corps ait ses limites, et qu'il ne leur permette pas d'accéder à une conception dont elles s'imaginaient être totalement maîtres. Ces femmes ne savent pas affronter une réalité qui ne plie pas aux exigences de leur volonté personnelle : elles sont également désarmées par la réalité d'un enfant dont le destin leur échappe en partie (ou dont, à l'inverse, elles se croient trop responsables, oubliant son autonomie), et par la réalité d'un corps dont les replis et les secrétions ne se conforment pas impeccablement à leurs désirs.

Pour un psychiatre, le désir d'enfant chez une femme est une affaire bien troublante. Rien de biologique là-dedans, rien d'inné, convenons-en, pour reprendre la question posée dans l'introduction. Mais un rapport secret avec le corps qui, depuis l'origine, c'est-à-dire depuis la prise de conscience de soi, est associé à la procréation, et qui, tous les vingt-huit jours, sonne le rappel de cette fonction-là. Notons à ce propos un fait nouveau et finalement récent : la pilule anticonceptionnelle provoque des hémorragies de privation tous les vingt-huit jours avec une régularité de métronome. Le rythme du corps est ainsi assuré artificiellement par un agent qui lui est extérieur. Autrement dit, les saignements réguliers de la femme ne peuvent plus aujourd'hui être à ses yeux une expression de la nature qui parle à travers son corps, mais un fait physique dont elle s'est annexé le contrôle ; elle parvient à plier le cycle naturel à sa volonté, et elle peut croire qu'elle ne dépend plus d'une chair qui ne lui résiste que dans son apparence. Mais la procréation ne se fait pas sans la complicité du corps.

Le développement de l'AMP m'a permis d'assister à des expériences stupéfiantes. Je garde en particulier le souvenir d'une patiente qui, depuis plusieurs années, s'acharnait à avoir un enfant. Elle consulte un jour un énième gynécologue. Celui-ci, après avoir observé ses hystérographies, lui assène brutalement : « Inutile. Avec cet utérus-là, vous ne pourrez jamais avoir d'enfant ! » Un mois après, elle était enceinte. Combien d'autres également, après avoir subi le parcours du combattant imposé par certaines méthodes de l'AMP, ont décidé de se tourner vers l'adoption… pour être finalement enceintes après le premier enfant adopté ! Entre le désir de la femme et son corps, le courant ne passe pas toujours bien ; dans les quelques cas auxquels il m'a été donné d'assister, c'était lorsque la femme lâchait prise – laissant au placard sa *volonté* d'enfant – que son corps se réveillait, comme s'il avait refusé de se mettre à l'œuvre tant qu'on tentait de lui imposer ce qui ne pouvait qu'émerger dans un abandon confiant à ses aptitudes naturelles.

Comment parvenir à cet abandon quand on a pris l'habitude de faire de son corps un instrument docile, qui saigne régulièrement sous pilule, et devrait, en principe, avec la précision horlogère d'une mécanique suisse, procréer dès que l'on stoppe la pilule ? Un enfant ne se fait pas dans la maîtrise, à la façon des études ou d'un sport : c'est ce que semblent avoir oublié nombre de nos contemporaines pour lesquelles donner la vie n'est devenu qu'une performance parmi d'autres, et qui enragent ou paniquent quand elles ne triomphent pas de la nature.

• À propos de l'avortement : quand le corps prend les devants. On accorde volontiers aux grossesses qui se terminent par une interruption volontaire (IVG) la valeur d'un rappel du désir d'enfant dont sont porteuses les femmes au plus profond d'elles-mêmes, dans la part non consciente et non décisionnelle de l'esprit. Dans cette perspective, la grossesse correspond alors à ce que les psychanalystes qualifient d'« acte manqué » : elle démontre un désir inconscient d'avoir un enfant, un désir de la chair qui se heurte ensuite à une décision de la conscience sous forme de refus – refus de mettre au monde cet enfant et refus de devenir mère. Le désir d'enfant s'oppose ainsi à la volonté de la femme qui le porte.

J'ai moi-même eu plus d'une fois l'occasion d'être confronté à des grossesses où se manifestait bien un divorce entre le vouloir conscient et une réaction du corps qui ressemble à un appel. Cette situation représente, remarquons-le, l'opposé diamétral de celle que l'on vient d'évoquer dans le paragraphe précédent : ces femmes chez lesquelles la volonté d'être enceinte paraît buter sur la résistance d'un corps qui se cabre et refuse d'être « maîtrisé ».

Aldo Naouri[70] considère qu'il y a en fait, derrière toute grossesse, un désir d'enfant. La part du désir est selon lui nécessaire à la procréation. Aussi, devant le chiffre important des IVG en France[71], il conclut :

> « Comme si quelque chose de l'inconscient féminin venait faire obstacle à la toute-puissance décisionnelle du vouloir, au nom de la plus grande puissance encore du désir : ces grossesses interrompues n'ont certes pas été voulues, mais elles ont été incontestablement désirées, sans quoi elles n'auraient pas eu lieu[72]. »

Il est probable que, parmi les grossesses non voulues, certaines n'ont pas été des grossesses désirées, quoi qu'en dise Naouri. Mais l'importance du phénomène est troublante, d'autant que l'information et les possibilités de contraception en France ne sont pas négligeables. Quels sont les adolescents et adultes qui, aujourd'hui, ignorent le préservatif, ne savent pas s'en servir et n'ont pas les moyens de s'en acheter ? Or, curieusement, dans ces vingt dernières années, alors que les obstacles matériels et moraux à la contraception se sont effondrés, les statistiques d'IVG sont restées à peu près stables…

Désir ou non-désir, que dire donc des facteurs qui influencent la volonté d'une femme accidentellement enceinte ? C'est l'objectif auquel tente de répondre une enquête menée en Angleterre sur des adolescentes enceintes[73]. À cet âge, on peut considérer que, même si le corps a désiré l'enfant, la grossesse ne peut être qu'accidentelle et la volonté a de nombreuses raisons de s'opposer à la venue au monde de l'enfant. La plupart de ces jeunes filles déclarent d'ailleurs qu'elles n'avaient jamais réfléchi à la grossesse, l'avortement et la maternité avant d'être enceintes. Et elles sont choquées et même horrifiées lorsqu'elles se découvrent enceintes. Or 44 % de ces adolescentes gardent l'enfant. Dans cette étude très complète, tous les facteurs influençant la décision de garder l'enfant sont analysés, et ils ont chacun (notamment le facteur social) un poids sur la décision[74].

Mais l'un des facteurs les plus importants est l'attitude face à la maternité. Les jeunes femmes qui décident d'avorter sont celles qui ont des attentes clairement établies pour leur futur, et qui envisagent un niveau d'éducation supérieure et une carrière. « Il n'était pas question de le garder car je savais que je devais entrer à l'université… J'ai eu une bonne éducation et j'avais ma carrière à faire, c'était tout tracé pour moi », déclare l'une d'entre elles.

Celles qui gardent l'enfant perçoivent la maternité de façon plus positive parce que l'enfant n'interfère pas avec leurs projets futurs. Poursuivre une grossesse, même inattendue, peut représenter une ouverture positive dans l'existence, l'occasion de prendre des responsabilités et, dans certains cas, de nouer des relations plus fortes avec un proche : « C'est la meilleure chose qui me soit arrivée… déclare l'une de ces jeunes femmes. Si je n'avais pas eu ce bébé, je suis sûre que j'aurais été en prison. » Dans tous les cas, elles estiment que la décision leur appartient en propre, elles sont peu influencées par le père de l'enfant (« Il m'aurait laissée immédiatement tomber… J'en suis venue à penser que ça n'était plus son bébé, mais le mien »). Surtout, elles découvrent avec surprise une *expérience* qu'elles n'anticipaient pas et elles optent pour une décision qu'elles ne pressentaient pas, parfois en désaccord avec leurs opinions antérieures, si toutefois elles en avaient.

Entre désir et réalité : l'écran de nos projections personnelles

La pratique d'un psychiatre se confronte en permanence au décalage entre ce qui est vécu, et ce que l'on anticipait.

J'accueille toujours avec beaucoup de prudence les propos que l'on tient sur ce que l'on fera si son conjoint vous trahit, ou, plus largement, si la vie vous trahit.

Nous vivons en permanence dans deux mondes qui se conjuguent comme ils peuvent : un monde de représentations grâce auquel nous balisons notre route et qui nous donne l'impression de ne pas être complètement perdus, et un monde d'expérience pratique souvent en désaccord avec ces représentations, mais qui conduit à des réajustements et nous maintient en éveil. Parfois, nous tenons tant à nos représentations que nous ne sommes pas capables de les modifier en observant le décalage entre ce que nous nous disons et ce que nous faisons. Ainsi, comme on l'a vu pour les naissances des enfants, chacun fait plus ou moins preuve de calcul, mais reste convaincu de laisser faire la bonne nature.

Le maternage semble obéir à des mécanismes biologiques et Sarah Blaffer Hrdy juge que l'on peut qualifier d'« instinctives » les émotions qui relient mère et enfant lors des premiers mois. Mais une relation doit être expérimentée pour être ressentie.

Tant qu'elles n'avaient pas les moyens de contrôler leur maternité, les femmes n'échappaient pas à l'expérience. C'était peut-être parfois une mauvaise expérience, mais souvent également, en raison de toutes les dispositions biologiques qui favorisent la relation de la mère et de l'enfant (tant du côté de la mère que du côté de l'enfant), c'était une découverte exaltante.

Aujourd'hui, elles doivent décider d'être mère avant de l'avoir vécu. Or là, si l'on s'en tient à l'exposé des faits, et non au vécu, il est vrai que la maternité n'est pas tentante. On conçoit que le désir d'enfant puisse disparaître chez certaines femmes. Habituées à réfléchir et non à vivre, elles ne voient pas de raisons de désirer un enfant. Et il n'y en a pas. Le désir d'enfant ne répond à aucune logique. Pas plus que l'amour et la vie.

Le repli stratégique vers la contemplation de soi-même est une menace constante ; transmettre la vie est sans doute la meilleure des garanties contre cette menace. Avec l'enfant se tisse une relation qui ouvre sur le monde imprévu de l'autre, et en nous en apprenant sur lui il nous en apprend davantage sur nous-mêmes. L'internaute qui ne veut pas d'enfants se plaint de la solitude des mères d'aujourd'hui : comment peut-il en être autrement si l'on n'ose plus prendre le risque d'être déçu dans ses désirs en affrontant les risques de la rencontre et du partage ? En cherchant toujours à combler des désirs qui s'enracinent dans des représentations erronées – si elles ne s'appuient pas sur du vécu –, ne risquons-nous pas de rester tout simplement seuls, les uns au milieu des autres, sans avoir pris le risque de vivre ?

Sommes-nous devenus à ce point prisonniers de notre besoin de maîtrise ? N'avons-nous plus d'autre but que d'organiser notre vie selon notre bon plaisir ? En ce cas, même le plaisir du corps à corps, un plaisir partagé qui se joue à quatre mains, et plus encore d'autres plaisirs qui ne sont pas ceux des sens, comme la conception d'une vie nouvelle et la transmission d'une part de soi à un enfant, tous ces plaisirs risquent de nous rester étrangers. Ce sont autant de sauts dans l'inconnu qui ne peuvent s'accomplir que dans une forme d'abandon ; rien n'y incite aujourd'hui.

En fait, ce sont toutes les œuvres de l'amour qui ne se conquièrent pas plus qu'elles ne s'achètent ; le pouvoir de la technique ou la force du raisonnement ont peu de prise sur elles ; il leur faut surtout de la curiosité pour l'inconnu que représente autrui, ainsi que de la patience, de la confiance et de la persévérance. Mais l'amour, au fond, à quoi ça sert ? On l'a vu, la question se pose ; formulée dans ces termes, elle n'a pas de réponse. L'amour ne *sert* à rien : il est simplement indispensable pour vivre. Ne serions-nous pas en train de confondre amour, bonheur et plaisir – en commettant l'erreur d'assujettir notre vie à notre volonté ?

N'anticipons pas davantage sur la partie suivante de ce livre, qui quitte l'espace concret, mais si limité, du corps à corps, pour s'aventurer dans l'aventure mystérieuse, mais si merveilleuse, du cœur à cœur.

6

Commentaires d'étape : la cuisine des sexes

Marquons une pause pour commenter ce qui contribue à construire la différence des sexes. Dans la cuisine qui donne à chaque sexe son goût, nous ne voyons qu'un soupçon d'hormones, un zeste de culture… et le corps, encore le corps. Pas davantage…

La manette et le bouton

Entre hommes et femmes, tout ne se résumerait ainsi qu'à une simple question de conformation : chez l'un, une manette, chez l'autre, un bouton, rien de plus ? Sommaire, et pourtant…

Dans les chapitres précédents, nous avons parlé avant tout du plaisir, mais sans omettre, au moment de la construction de soi, la question du pouvoir. Certes, homme et femme se distinguent par leur appropriation du plaisir, la manette se prêtant tout autrement que le bouton aux jeux autoérotiques. Cependant la construction de soi ne s'appuie pas que sur le plaisir ; l'affirmation du « je » à sa formation n'est pas qu'un « je jouis », mais aussi un « je peux ». Chez le petit garçon, jouissance et pouvoir sont d'emblée étroitement mêlés, comme on l'a vu : avec sa baguette de chair, il découvre un pouvoir sur lui-même – se faire plaisir –, et sur les autres – troubler, susciter la réprobation en manipulant une partie de soi que l'on voit. Le « je » du petit garçon est ainsi un « je peux me faire jouir », qui se retourne facilement en un « je jouis de pouvoir jouir malgré les grands dont je dépends ». Cela n'est pas sans conséquences pour ses relations amoureuses. On n'en dira pas autant de la petite fille, qui ne peut pas, en arborant son bouton, provoquer autant de désordre. Le « je jouis » reste ainsi dissocié du « je peux », ce dernier étant d'ailleurs délégué à maman – qui peut tout sur elle comme sur les autres enfants, et qui de plus est capable, comble du pouvoir, de fabriquer des enfants dans son ventre. À côté de cette capacité à donner la vie, le pouvoir de la baguette du petit garçon apparaît dérisoire. On conçoit que l'attention de la petite fille se détourne du « je jouis » – une sensation dont le bouton déclencheur n'est même pas visible – au profit de ce que lui promet le « je peux » pour l'avenir. La fillette a tôt fait de comprendre qu'elle est de celles qui constituent, comme l'illustre si bien le tableau de Courbet, l'origine du monde – ou plutôt qu'elle le sera, ce n'est qu'une question de patience –, alors que le garçonnet s'attribue un pouvoir par les effets immédiats de sa conduite, et il en jouit.

De la naissance au monde à la naissance à soi : l'importance du langage

Un conflit classique chez les psychanalystes oppose ceux qui considèrent que la différenciation des identités masculine et féminine trouve son origine dans la différence des corps – l'anatomie est un destin – ou dans un processus qui se met en place seulement lors de l'accès à la connaissance symbolique. Alors que le père de la psychanalyse optait plutôt pour la première hypothèse en fondant les deux identités sur la présence ou l'absence de pénis, Jacques Lacan s'est fait le champion de la seconde hypothèse en déplaçant l'accent de la formation de l'humain sur la structuration symbolique de son univers.

La représentation symbolique n'est pas absente dans le règne animal, mais elle prend chez l'humain une forme à part avec l'accès au langage. Pour Lacan, tout se joue à ce niveau : le langage est ce qui permet à l'enfant de se séparer et de s'autonomiser. Mais – et il suit là la voie freudienne –, c'est également le père qui ouvre à l'enfant la voie d'un « tiers », en l'extirpant de la relation organique qui le lie à sa mère. Père et « autre » séparateur sont ainsi tissés dans une même toile symbolique dont le langage constitue la trame. Cette séparation par l'autre est à la base de l'individuation et des identifications sexuées : identification féminine au même – maman – ou identification masculine à l'autre – papa. L'alliance ainsi tressée entre l'autonomisation par la symbolique linguistique et par la référence d'un tiers paternel fait dire à Luce Irigaray[1] que le langage est de l'ordre du masculin, et qu'un langage féminin reste à inventer.

C'est sans doute aller loin que d'identifier ainsi « non-mère » et père, puis père et langage, mais on admettra qu'en se construisant un « soi » où s'unifient dans une conscience de soi des perceptions jusque-là diffuses, le nourrisson émerge d'un bain maternel et quitte *cette maman-là*, une sensation maternelle plus qu'une mère – la maman de la période sensori-motrice, intimement unie à lui par des sensations profondes et des impressions sensorielles au point d'en être confondue avec lui. Il accède à un monde où coexistent soi, maman, les autres (dont le père) et le langage pour communiquer. Progressivement, les échanges linguistiques prennent le pas sur les échanges sensori-moteurs, et la conscience de soi se construit sur les bases du langage qui permet de s'autonomiser en exprimant ce que l'on veut et ce que l'on ne veut pas : « Non » est un des premiers mots qu'apprend un enfant devenu cette fois un sujet à part entière, capable de dire « Je » ; « Non » est un des organisateurs de la personnalité selon le psychanalyste René Spitz, comme on l'a vu.

Toutefois, cet avantage sur le plan de l'évolution – puisqu'il permet à l'homme de s'émanciper de l'univers concret – n'est pas sans inconvénients : le passage du sensori-moteur au linguistique doit se payer au prix d'une perte. Le langage, outil de communication avant tout, ne traduit que faiblement notre expérience intérieure, et la conscience verbale nous éloigne de nos sensations. D'autant que la culture s'en mêle et nous dicte ce que nous devons ressentir – ou, du moins, elle tente de nous influencer en fonction de critères sociaux, esthétiques, moraux, ou plus simplement fonctionnels. Le rapport à nos sensations prend alors le détour du narratif : elles deviennent ce que nous nous racontons qu'elles sont, et ce que nous nous racontons est un compromis entre ce que nous dit notre corps d'une part – ce que nous ressentons en profondeur – et ce que nous suggère notre façonnement culturel d'autre part.

Sensations sans calculs

En opposant manette et bouton, j'ai pris le parti de placer la différence des corps à l'origine de la différence des identités sexuées : l'anatomie est un destin. J'y reviens. Le bouton et la manette ont une existence semblable dans la période sensorimotrice. Ils sont la source de sensations comparables. Mais, lors de l'accès au symbolique, le bouton disparaît des données immédiates du corps pour être relégué au rang des représentations : la sexualité ne peut alors plus être aisément vécue comme un ressenti immédiat car sa source n'est pas visible, elle s'intègre dans ce qui est absent mais que le langage rend présent : dans le *narratif*. Chez l'homme, sexe et sexualité restent des données immédiates du corps, reprises par la conscience verbale – mais non entièrement intégrées et subordonnées à elle ; alors que la femme, en matière de sensualité, se coupe du sensori-moteur quand elle accède à la conscience verbale : elle n'y reviendra que par l'intermédiaire de l'homme.

L'homme reste, avec son sexe qui se voit et se touche, en connexion avec la volupté originaire du corps : le réel de son sexe se prolonge dans la réalité de l'univers que reconstruit sa conscience. La prolongation du sensori-moteur dans cette réalité-là se situe plutôt chez la femme dans sa relation précoce avec le nourrisson : mère comme maman l'était, elle retrouve alors avec le nourrisson un contact et un échange qui la mettent au diapason de vibrations profondes, non verbales. C'est pourquoi certaines mères décrivent cette intimité comme exceptionnelle et voluptueuse. Elle est un retour à des sensations oubliées, à un vécu sensori-moteur qui s'éprouve sans le filtrage des mots de la conscience verbale : « Comment dire, j'ai l'impression de vivre pour la première fois quelque chose de réel », s'étonne d'ailleurs une des mères de Jane Swigart.

Chez l'homme, en revanche, c'est la *paternité* qui est de l'ordre du narratif : il n'a pas le corps à ça. Il a le corps à se masturber – ou à pénétrer la femme.

Agir/être : question d'hormones ou de manette ?

Selon le pédiatre et psychanalyste D.W. Winnicott[2], on peut opposer deux prototypes de comportements, l'un masculin : faire (*doing*), et l'autre féminin : être (*being*) ; ils se différencieraient vers 3 ans, à la période œdipienne. Le pouvoir de la manette d'un côté, face à celui moins visible mais tout aussi considérable de la maman en puissance de l'autre côté, ne pourraient-ils être à l'origine de cette opposition ? Avec sa manette, l'homme *fait*, face à la femme qui se contente d'*être* : on a croisé ce thème à plusieurs reprises dans ce parcours sur les spécificités érotiques des deux sexes.

Plus largement, l'action, le passage à l'acte et la prise de risques sont habituellement tenus comme des attributions du registre masculin. Passant en revue les distinctions établies entre les deux sexes dans un grand nombre de cultures, Françoise Héritier[3] observe que les critères attachés au masculin sont toujours avantageux et le désignent comme supérieur au féminin, ce qui est dans l'ensemble contestable sauf sur un point : quels que soient le lieu et la culture, les hommes prennent plus de risques que les femmes.

Témoignage modeste mais probant de ce goût pour le risque lié au sexe, les chutes de vélo se révèlent deux fois plus fréquentes chez les garçons que chez les filles, signale Alain Braconnier[4]. Selon lui, l'expression en acte est une caractéristique précoce du garçon qui résulterait de l'imprégnation par l'hormone mâle, la testostérone, alors que les filles sont davantage prédisposées à la participation émotionnelle. J'aborderai plus loin ce que suggèrent les études hormonales sur la différence des comportements masculins et féminins, mais il me semble que les différences anatomiques concernant une partie du corps cruciale, puisqu'elle est celle où naît le plaisir de l'excitation génésique, suffisent à expliquer pour une large part que le garçon aime « faire », alors que la fille aime « être ».

Et en particulier, comme on l'a vu à différentes reprises sous des formes variées, il aime *faire* l'amour, elle aime *être* aimée.

Le nouvel ordre sexuel

La question de la masculinisation de l'érotisme a déjà été abordée au chapitre 4. Le sujet me paraît toutefois suffisamment important pour être repris ici sous l'angle plus large de la culture de la libération sexuelle.

L'utopie de la liberté sexuelle

Depuis les années 1960, un nouvel ordre s'est imposé en matière de sexualité, que l'on a voulu considérer comme un comportement ordinaire, en le libérant de tous les tabous dont il avait été entouré pendant des siècles. Le terrain avait été préparé par la psychanalyse et sa découverte d'un inconscient profondément lié à la sexualité. Une mauvaise interprétation des premières thèses de Freud sur les effets névrosants des interdits sexuels – thèses dont il est vite revenu, comme on l'a déjà dit – a en effet poussé certains disciples du freudisme à prôner la révolution sexuelle comme une catharsis généralisée[5]. Mais c'est le travail de Kinsey, qui, de mon point de vue, peut être considéré comme un véritable manifeste révolutionnaire : avec le sérieux d'un savant préoccupé seulement de fournir des données objectives, il expose le plus intime d'une existence humaine, celle que l'on dissimule et que l'on vit dans le secret ; il plie à la rigueur des chiffres et des courbes et, avec un même détachement, la sexualité que l'on vit avec le même sexe ou l'autre sexe, avec soi-même ou des animaux. Georges Bataille avait de bonnes raisons de s'en formaliser : ce sujet ne peut pas être traité comme les autres. Il concerne le corps à corps, il est trahi par les mots, mais également dénaturé par les chiffres.

Notons que la sexualité a toujours été abordée avec prudence dans toutes les cultures. Dans la mythologie, on la voit à l'origine des pires catastrophes, elle entraîne les dieux dans des folies qui, bien souvent, débordent l'Olympe et engendrent des cataclysmes sur terre : c'est dire combien son ressort est peu maîtrisable. Dans les cultures primitives, elle est soigneusement encadrée par des systèmes de règles assez variables, amplement décrites par l'anthropologue Malinowski[6] ; dans un ouvrage récent[7], Maurice Godelier en expose plusieurs exemples. Même les cultures les plus libres n'autorisent pas l'accouplement ni la masturbation en public[8] et n'ignorent pas la pudeur : on est mortifié d'être pris en flagrant délit d'acte sexuel ou simplement soupçonné d'un désir compromettant, et il y a des parties du corps que l'on serait honteux de montrer, comme le signale Sarah Blaffer Hrdy[9].

Il y a une raison simple à cela, une raison qui n'est pas morale, ou plutôt qui ne relève pas de la stigmatisation religieuse[10], mais qui procède d'une morale naturelle : l'individu qui se livre au plaisir se coupe des autres et de son environnement. D'un point de vue social, le plaisir sensuel est ainsi une menace pour la collectivité. Et il risque, par les effets du mimétisme si puissant de l'excitation génésique, de pousser à l'agitation et au désordre, d'autant que l'homme, pour satisfaire ses désirs, est capable de violence si des règles éducatives ne viennent pas encadrer sa conduite. Malinowski jugeait qu'en l'absence de « saisons de rut » chez l'homme, la culture suppléait à la nature et créait pour sa survie un système de freins artificiels. Freud a également toujours tenu la sexualité comme subversive pour l'ordre social, et il l'explique clairement dans *Malaise dans la civilisation*[11]. La culture et la civilisation exigent, rappelle-t-il à de nombreux propos dans des œuvres variées, la continence : l'éducation du sphincter anal n'en est que la première étape. Georges Bataille, qui suit une bien autre ligne de raisonnement, parvient à une position proche quand il soutient que l'homme échappe à l'animalité par le travail et l'imposition d'interdits qui contiennent la sexualité, tout en fondant – grâce à la transgression – l'érotisme propre à l'activité sexuelle humaine.

L'émancipation sexuelle de la femme : une bonne affaire

Dans sa volonté d'affranchir l'ensemble des humains du poids de leurs interdits sexuels, le nouvel ordre sexuel s'est penché avec une sollicitude toute particulière sur le sort de la femme, dont la sexualité avait été jusque-là singulièrement ignorée. Malheureusement, son entreprise de libération vise les deux sexes sans *distinguo*, car la culture de l'émancipation répond à des aspirations égalitaires et ne conçoit pas que les normes érotiques puissent différer selon les sexes. Comme, de plus, l'exploitation commerciale des désirs sexuels pousse également à adopter les normes masculines, l'ensemble des médias présente la sexualité féminine comme une version « bridée » de la sexualité masculine, qui ne demande qu'à se débrider. Avec à la clé, régulièrement, un nouvel écho de sensations érotiques féminines jusque-là inédites, présentées comme autant de conquêtes, et destinées davantage à promouvoir des ventes qu'à révéler nos compagnes à elles-mêmes.

Récemment est apparue une revue destinée aux femmes qui s'intitule sans ambiguïté *Sex toys* et propose, à côté de quelques interviews de personnalités du spectacle, une sélection d'accessoires vibrants originaux et parfois élégants testés par Amanda, Veronica, etc. De même, dans une émission de télévision réputée pour la qualité de ses enquêtes sur des sujets d'actualité[12], on pouvait voir un groupe de bonnes amies réunies autour d'une table pour assister à une démonstration de *sex toys* réalisée par l'une d'entre elles, à la façon dont s'organisaient autrefois entre ménagères les ventes de matériel culinaire. Faut-il en conclure que la sexualité des femmes est en pleine évolution, et que mes remarques sur leur érotisme relationnel, à la différence des hommes qui recherchent le plaisir pour lui-même, appartiennent déjà au passé ? Si cela était, on pourrait s'étonner d'observer cette grande constance dans les statistiques qui décrivent le comportement sexuel chez la femme. Mais après tout, peut-être faut-il attendre plus de cinquante ans pour qu'une culture émancipatrice porte ses fruits, et dont seules les enquêtes futures révéleront les changements ?

Plutôt que de s'obstiner à attendre une improbable évolution de la sexualité féminine qui la rapprocherait des normes masculines, voyons ce que révèle le spectacle de ces femmes libres, assumant devant tous leur vibrante sensualité. Dans la revue comme à la télévision, notons déjà un point commun entre elles : lorsqu'elles parlent de leur gadget, elles font toujours référence à leur compagnon, qui « va aimer ». Ajoutons deux remarques qui démontrent que, même lorsque la femme se libère, elle reste femme : les accessoires de la jouissance sont présentés sous une forme esthétisante dans la revue d'allure luxueuse ; ils sont exposés entre amies et font l'objet de commentaires nombreux et jubilatoires dans le documentaire télévisé.

Quel contraste avec l'homme qui, lorsqu'il cherche son plaisir, vise l'efficacité plus que la beauté, et préfère le vivre seul, sans avertir les amis ! Peu glorieux, il pénètre discrètement dans un sex-shop pour se procurer l'accessoire souhaité, qui peut être très laid… de même qu'il est capable de suivre une prostituée sans convoquer la presse.

La sexualité féminine est décidément de l'ordre du narratif, et si, selon la culture du moment, le vrai chic est de s'offrir en toute liberté des plaisirs solitaires avec des vibreurs ornés de strass, bien des femmes suivront la tendance. Mais on peut être assuré qu'elles se lasseront vite de ce nouvel accessoire à la mode… à moins qu'il n'émoustille leur compagnon.

Limites de la plasticité sexuelle féminine

Cela impliquerait-il que la sexualité féminine se réduit à être le produit de ce qu'elle se raconte et donc de ce qu'on lui raconte ? Peut-on même aller jusqu'à clamer, avec l'ultraféministe du *New York Radical Women*, Anne Koedt : « Il me semble que ce sont d'abord des raisons psychologiques qui poussent les femmes à prendre des hommes comme partenaires sexuels, et non des femmes[13] » ?

Nous avons vu que les scènes visuelles semblaient avoir peu d'effet sur les femmes, au contraire des hommes. Or une recherche récente démontre que, physiologiquement, les femmes réagissent aux images pornographiques : *leur corps est ému*, même si leur esprit est indifférent, ou éprouve de la répulsion. Voilà qui démontre que le socle naturel n'est pas absent chez la femme : il est simplement sujet à un filtrage que l'on ne retrouve pas chez l'homme ; le corps parle à la femme pareillement qu'à l'homme, mais il prend chez elle des détours que ne connaît pas la sexualité masculine. Et le filtrage ne peut pas aller jusqu'à la faire agir à contre-courant de sa nature – ce serait alors un égarement rapidement corrigé. Or, l'orientation sexuelle semble se mettre en place si précocement que l'on peut légitimement parler de nature – des dispositions liées au milieu familial y participent peut-être, mais elles interviennent alors avant même la formation de l'identité sexuée[14]. Il est donc peu probable que la culture, par le relais de son influence sur le psychisme, dirige l'orientation sexuelle des femmes – pas plus qu'elle ne dirige celle des hommes – et les incite à l'homosexualité.

De même, on l'a vu, et la dernière enquête en date sur la sexualité des Français le confirme : plus de cinquante ans de prosélytisme pour la libération sexuelle de la femme et la masturbation féminine n'ont eu finalement que peu d'effet sur son comportement. Décidément la femme ne veut pas jouir… comme l'homme. Tout simplement parce qu'il s'agit là d'une tendance « lourde », d'une tendance profonde parce que inscrite dans le socle naturel : la femme n'est pas l'homme, la femme n'a pas avec son corps la relation de plaisir de l'homme, le corps de la femme et le corps de l'homme ne se prêtent pas à la même appropriation du plaisir. Aucun façonnement culturel ne pourra triompher de ce façonnage naturel. La culture peut favoriser certaines formes de la sexualité – ainsi la fellation et le cunnilingus, selon cette enquête, « ont connu une diffusion spectaculaire depuis les années 1970 et sont devenus une composante très ordinaire du répertoire sexuel » – mais elle a peu d'effet sur ces différences fondatrices.

D'autres effets de la culture, en revanche, peuvent être redoutés. Dès 1970, le rapport Simon avait mis en garde :

« La population évolue au sein d'un climat de plus en plus érotique ; les mass-médias, et en particulier la TV, à laquelle aucun groupe n'échappe plus, véhiculent le sexe comme une marchandise vendable. Ces modifications imprègnent les jeunes dès leur disponibilité audiovisuelle[15]. »

En ce qui concerne la sexualité masculine, il y a bien longtemps que le marché est exploité à travers la publicité et la pornographie. Sa sexualité quantitative s'adapte bien, on l'a dit, à la logique de la consommation marchande, et celle-ci ne ménage aucun effort pour lui proposer de nouveaux rêves érotiques. Cet érotisme commercial ne fait toutefois qu'exalter les goûts masculins, sans trop les déformer. Au pire, on peut redouter qu'en les exaspérant ainsi, l'exploitation commerciale des goûts masculins en vienne à enfermer les hommes dans un érotisme autistique de plus en plus éloigné de ce que peut leur offrir le contact féminin réel.

En revanche, quels seront les effets sur l'évolution de la sexualité féminine de cette imprégnation des jeunes filles actuelles, qui « dès leur disponibilité audiovisuelle », sont exposées à la représentation biaisée, à des fins commerciales, des plaisirs que l'on attribue à leur sexe ? Il est encore trop tôt pour se prononcer. On peut néanmoins craindre des gauchissements, des « féminités contrariées » qui pratiqueront leur sexualité avec la même application laborieuse que certains gauchers écrivant de la main droite…

Cerveau, hormones et culture : regards biologiques et sociaux sur les différences sexuelles

Avant de quitter le domaine du corps à corps, il me reste à réparer ce qui peut apparaître comme un oubli sérieux. On pourra s'étonner qu'un auteur de formation médicale qui prétend traiter des différences entre sexualités masculine et féminine n'accorde à la question du cerveau et des hormones qu'un paragraphe sommaire au terme de son exposé. C'est que rien dans le domaine de la physiologie des corps ne me paraît avoir une importance aussi considérable que les données anatomiques qui président à l'appropriation de soi et de son corps, appropriation qui ne peut naturellement pas être envisagée sans la construction simultanée du monde des autres et la catégorisation en deux sexes : mon sexe, l'autre sexe.

Cerveau et sexe

Les progrès réalisés dans le domaine des neurosciences, en particulier avec l'imagerie cérébrale, ont fait couler beaucoup d'encre sur les différences sexuelles. Existerait-il une « bosse du sexe », une formation cérébrale spécifique qui permettrait de différencier hommes et femmes, de façon aussi indiscutable que la fameuse « bosse des maths » ?

En aucun cas. Malgré les avancées réalisées dans les explorations du cerveau, il n'existe pas plus d'indications en faveur d'un cerveau sexué, c'est-à-dire différent chez la femme et l'homme, qu'en faveur, précisément, d'un cerveau de matheux. C'est du moins ce que conclut la neurobiologiste Catherine Vidal après avoir recensé les pistes qui ont été explorées pour expliquer, à partir de la matière grise, les différences hommes-femmes[16].

Certaines d'entre elles nous rappellent que le mépris pour la femme n'appartient pas qu'aux philosophes classiques ; il était partagé par les plus grands biologistes. Paul Broca, auquel on doit la première description des zones cérébrales impliquées dans le langage, avait calculé une différence de 181 grammes entre le poids moyen des cerveaux masculin et féminin, à l'avantage du premier cité, sans tenir compte de l'influence de la taille et de la carrure sur le volume du cerveau – dont, comme le note l'auteur, il était pourtant bien conscient. Cela reste quoi qu'il en soit sans conséquences, puisque aucune recherche n'a pu retrouver de relation entre poids du cerveau et intelligence.

Plus intéressante car moins rudimentaire, la mesure du « corps calleux », une structure anatomique qui renferme les voies de connexion entre les deux hémisphères, a fait l'objet de multiples explorations : partant de l'observation que les femmes semblent plus douées pour le langage que les hommes, on a fait l'hypothèse qu'elles mobiliseraient simultanément les deux hémisphères et seraient ainsi moins « asymétriques » dans leur fonctionnement cérébral. Une hypothèse qui, cette fois, n'implique pas de jugement de valeur. Mais que réfute une synthèse très complète des travaux de cet ordre, selon Catherine Vidal. On oublie souvent que le cerveau est en fait une matière évolutive avec l'expérience et l'apprentissage – ce que l'on qualifie de « plasticité » cérébrale – et les différences liées aux acquis pèsent probablement davantage que les différences innées. L'auteur rappelle à ce propos que les connexions entre les neurones du cerveau du nouveau-né sont encore inachevées à 90 %, ce qui, on en conviendra, laisse de la marge pour un formatage par l'environnement.

N'y a-t-il pourtant aucun espoir de repérer des différences cérébrales selon le sexe ? Ces différences, si elles étaient notées un jour, ne seraient certainement pas structurelles mais plutôt fonctionnelles, c'est-à-dire qu'elles correspondraient à une utilisation et à une articulation distinctes des zones cérébrales dans la réalisation d'une tâche : hommes et femmes, en somme, n'exploitent peut-être pas leur cerveau de la même manière. On le constate plus particulièrement dans des tâches visuo-spatiales : le repérage dans l'espace et la pratique de l'espace se font sans doute différemment chez les hommes et les femmes. C'est ce qui apparaît le plus clairement dans certains tests psychologiques, et ce que confirment aussi des données de l'imagerie cérébrale. Toutefois, ces données seraient influencées par la culture et se manifesteraient moins dans certaines ethnies. Quel est donc, là encore, le poids de l'acquis et des jeux spécifiques aux deux sexes ?

Rien, en somme, de bien sérieux du côté du cerveau : même avec les outils d'aujourd'hui, impossible de retrouver chez les femmes des fibres nerveuses plus fines et plus fragiles que celles des hommes. Malebranche s'était fourvoyé[17].

Hormones

Qu'en est-il du côté des hormones ? Testostérone pour les hommes, œstrogènes pour les femmes, n'auraient-elles pas leur rôle pour expliquer des différences fondamentales entre les deux sexes ? Les pistes hormonales, il faut l'admettre, sont plus convaincantes que les hypothèses cérébrales pour expliquer certaines différences de comportement.

Pour Catherine Vidal, rien ne permet de penser que le cerveau subit l'influence des hormones, car les récepteurs sensibles à ces substances sont rares dans l'écorce cérébrale[18]. Mais Alain Braconnier ne partage pas cette opinion. Il affirme que les bébés garçons sont plus agressifs que les bébés filles, et que cette agressivité est « incontestablement liée à l'influence des hormones prénatales[19] ». L'imprégnation par les hormones sexuelles à la naissance des bébés est considérable : elle est, rappelle-t-il, d'un niveau comparable à ce que l'on observe plus tard à la puberté. Ce sont ces différences hormonales qui expliquent vraisemblablement des différences précoces de comportement. Telles que, par exemple, la grande réceptivité émotionnelle des filles qui, à peine âgées de quelques heures, répondent aux pleurs d'un autre bébé alors qu'un garçon n'y prêtera aucune attention[20].

À l'appui de cette thèse, il cite des observations réalisées sur des cas d'hyperplasie de la glande surrénale – un dérèglement qui s'accompagne d'une hypersécrétion d'hormones androgènes. Les petites filles atteintes de cette maladie sont plus agressives dans les premières années de leur vie, et elles s'intéressent davantage aux jeux et à la compagnie des garçons, alors qu'elles sont moins attirées par les jeux qui s'appuient sur des rôles d'imitation maternelle, comme les jeux de poupée. Les garçons présentant cette affection se montrent, eux aussi, agressifs, et même plus agressifs que leurs frères, ce qui exclut un simple penchant familial. Il pourrait donc bien y avoir des tendances comportementales ou des dispositions de la sensibilité influencées par les hormones.

Culture : le regard des parents

Le poids des facteurs hormonaux face à celui de l'environnement et de la culture sur le cerveau encore si malléable de l'enfant n'en reste pas moins un sujet de débat interminable entre innéistes et culturalistes. De nombreuses recherches ont en effet démontré que le regard de l'adulte sur l'enfant, loin d'être « sexuellement neutre », était déformé par des stéréotypies culturelles. Le même bébé décrit comme robuste et tonique si on le prend pour un garçon sera considéré comme fin et gracieux si l'on annonce que c'est une fille[21] ; les sanglots d'un bébé de 9 mois sont interprétés comme une manifestation de colère si l'on pense que c'est un garçon, de chagrin si l'on croit que c'est une fille[22].

Souvenons-nous de ce qui a été dit un peu plus haut à propos de la beauté : elle serait dans l'œil du contemplateur. Le sexe également. L'univers humain est sexué et, partout sur la planète, les êtres humains se répartissent en deux camps : hommes et femmes. Autour de cette division naturelle, les sociétés construisent une représentation du masculin et du féminin, ce que l'on appelle le *genre*, assortie de règles d'échanges, et les individus qui la composent sont influencés par ces oppositions de genre à usage local et temporaire. Mais la répartition en deux sexes est une loi naturelle qu'aucun humain ne peut méconnaître dès qu'il a dépassé les 18 mois, peut-être même avant. Car, dès l'âge de 1 an, des bébés de même sexe se reconnaissent entre eux.

C'est ainsi seulement dans la première année de notre vie que nous vivons dans l'heureuse insouciance conférée par l'ignorance de ces différences. Nous ne savons pas encore que le monde comporte deux camps. Mais nous évoluons sous la protection de parents qui, eux, n'en ignorent rien. Des parents qui nous tiennent dans leurs bras, nous parlent, nous caressent différemment selon le camp que nous a assigné la nature[23], des parents qui croient au genre et qui, partant de notre sexe, nous conduiront vers notre genre avec la complicité de la société dans laquelle ils vivent.

Comment nier que facteurs hormonaux et facteurs culturels, et ce dans quoi nous baignons au-dehors comme en dedans, influencent notre comportement et l'expérience que nous faisons de notre camp et de celui de l'autre sexe ? Dans la construction du masculin et du féminin, on ne doit cependant à ces facteurs que l'habillage des superstructures ; ou, pour le dire autrement, dans la cuisine des sexes, ils ne représentent que la sauce et non le corps du plat.

Chacun des deux sexes habite deux corps différents et se construit différemment, c'est ce que voulait démontrer cette première partie. Tournons-nous à présent vers ce qui rassemble ces deux sexes : chacun des deux sexes est habité par les mêmes besoins affectifs – c'est ce qu'expose la seconde partie de ce livre.

DEUXIÈME PARTIE

Cœur à cœur
Le besoin de l'autre

7

L'amour : toi et moi unis pour l'éternité

La vérité sort parfois de la bouche des acteurs de cinéma, surtout lorsque le scénario est signé Jacques Prévert. Dans *Quai des brumes*, Michèle Morgan, figure parfaite de l'éternel féminin, blonde et fragile juste ce qu'il faut, s'exclame : « Un homme et une femme ça peut pas s'entendre. Ils parlent pas pareil, ils ont pas le même vocabulaire » ; réplique de Jean Gabin, son pendant masculin, l'ours au cœur tendre, à la carrure généreuse et au verbe sobre : « Ils peuvent peut-être pas s'entendre, mais ils peuvent s'aimer[1]. » Quelle meilleure introduction à la seconde partie de ce livre ?

Sans l'amour, on n'est rien du tout

Amour et vanité

Qu'est-ce qui fait courir le monde ? Le sexe, l'argent ou la gloire, disent les cyniques. L'amour, répondent les chansonnettes, mais aussi les poètes et les artistes. Peut-on faire confiance à ces sentimentaux qui n'écoutent que leur cœur ? Pourtant les chansonnettes ont sans doute raison. À en juger par ma pratique, c'est le plus souvent pour des raisons d'amour qu'on est prêt à se donner la mort. Si l'amour peut ainsi faire mourir, n'est-ce pas le signe qu'il nous fait vivre ?

Il arrive pourtant que l'on perde de vue ce qui est important ; on en vient alors à croire que ce qui fait vivre – et peut aussi pousser à mourir –, c'est l'un ou l'autre de ces motifs auxquels les cyniques donnent tant d'importance.

Je me souviens d'une femme âgée de 70 ans environ, profondément déprimée. Elle vivait seule dans la solennité d'un vaste appartement, entourée d'une domesticité obséquieuse qui virevoltait en silence parmi les meubles d'époque. J'apprends que son frère – un homme de 75 ans également très fortuné et, comme elle, seul et sans descendance – avait profité de ce qu'il vivait désormais à Genève pour faire main basse sur le compte non déclaré d'une tante suisse décédée. Elle se trouvait ainsi dépossédée d'une part de la succession : un demi-million d'euros tout de même mais, au regard de sa fortune personnelle (et de celle de son frère), une goutte d'eau. De tels motifs auraient prêté à sourire, si la patiente n'avait exprimé une vraie détermination à mourir. L'argent s'avérerait-il donc être parfois, pour certains d'entre nous, une raison de vivre ?

Regardons-y de plus près. Ce que n'avait pas supporté cette respectable dame allait en fait bien au-delà des questions d'argent : le mauvais tour de son frère venait porter le coup de grâce à une rivalité ancienne, une rivalité qui s'était construite dans les premières années de leur vie. Ils étaient tous deux les seuls enfants de parents absorbés par leurs mondanités et souvent absents ; elle avait toujours jalousé, avouait-elle, l'affection privilégiée que sa mère paraissait porter à son frère ; pour se rattraper, elle s'efforçait de capter l'attention de son père, provoquant par là une jalousie fraternelle profonde qui faisait écho à la sienne.

Derrière le désir de mourir, en somme, comme si souvent, des enjeux affectifs, un désir d'amour, un besoin de reconnaissance qui remonte à l'enfance.

Le sens de la vie

À vrai dire, je n'ai rencontré que des histoires de cet ordre. Le deuil de la fortune, de la gloire ou du sexe n'a d'effets dangereux que s'il met en cause l'amour : ceux qui ont la chance d'aimer et de se sentir aimés surmontent ces épreuves sans risques, c'est-à-dire sans connaître, dans la plupart des cas, un effondrement réellement dangereux. Aussi, quand on me pose (c'est fréquent) la question : « Qu'est-ce qui donne du sens à la vie ? », je réponds que je suis écartelé entre deux niveaux d'expérience.

En tant que médecin, je considère la vie comme un fait biologique, un besoin inscrit dans un programme qui nous échappe, mais dont le résultat est que le fait de vivre est assorti d'une intention spontanée de vivre : il y a là comme un impératif biologique. Cette intention de la nature est parfois en contradiction avec nos déclarations mais j'ai appris à me méfier de nos déclarations ; beaucoup de patients sont convaincus de vouloir mourir : pourtant, lorsque, par malheur, on leur découvre une maladie fatale, je les vois s'accrocher désespérément à cette existence dont ils m'avaient dit tant de mal.

En tant qu'homme, mon expérience personnelle et ma pratique de l'humain me conduisent à penser que ce qui donne du sens à la vie, c'est simplement : l'amour.

Ça veut dire quoi, l'amour ?

Mais qu'est-ce donc que ce sentiment dont tout le monde parle tant ? Pas de mot plus ordinaire, que l'on brandit pour justifier toutes les exaltations, mais aussi tous les déchirements. Comment le rencontrer quand il se dissimule derrière tant de leurres ?

Sortilèges amoureux : la cécité passionnelle

« L'amour paraît avoir quelque chose d'énigmatique, quelque chose qu'on ne peut savoir avec précision et qu'on ne peut expliquer que de manière insuffisante », constate le romancier Patrick Süskind[2]. Certes cela est également vrai du big-bang ou de la météo, mais le mystère de l'amour concerne une affaire personnelle et vitale pour tout être humain, « au point que l'astrophysicien lui-même, s'il est amoureux, se souciera de l'origine de l'univers comme une guigne – et de la météo encore moins ». Perplexe devant cet incompréhensible sentiment, Süskind traque l'amour autour de lui et nous livre trois exemples.

La première scène est un couple observé dans un encombrement. Devant lui, dans une Opel vieillotte ornée d'un autocollant salace, une délicieuse brunette tient le volant avec « un joli profil, un cou très souple, d'abondants cheveux bouclés qui frémissaient quand elle riait, de petites dents étincelantes, des yeux vifs[3] ». À ses côtés, vautré, un type pataud, le cou épais, le crâne rasé, le nez écrasé, un anneau à l'oreille gauche, mâchonnant un chewing-gum : « N'importe quel observateur objectif ne pouvait qu'estimer que cette mignonne aurait vraiment mérité mieux que ce sinistre abruti. » Et pourtant, elle l'aime : pas un instant sans qu'ils se parlent, se palpent, se bécotent, se léchouillent.

Autre couple d'amoureux, croisés cette fois lors d'un dîner mondain. Deux personnes en vue, elle, 70 ans, mécène, lui, 50 ans, chorégraphe. Leur mariage tout neuf leur a valu la une de la presse *people*, où l'on s'est moqué de « son argent à elle et sa carrière à lui, les maris qu'elle a eus (cinq) et les femmes qu'il a épousées (trois), leur différence d'âge (dix-sept ans), etc.[4] ». Ils restent collés l'un à l'autre pendant tout le repas « accrochés comme deux bébés singes », refusant qu'on les sépare et disparaissant le plus vite possible, la main dans la main et les yeux dans les yeux, absorbés dans leur contemplation mutuelle.

Le dernier exemple est celui d'un coup de foudre. Un écrivain célèbre de 75 ans, marié depuis quarante-cinq ans et père de six enfants, tombe en pâmoison devant un garçon de service de 19 ans, Franzl, stagiaire dans l'hôtel où il séjourne pour l'été[5]. Dès lors, sa gloire internationale, la maladie de sa femme, la politique et les affaires du monde ne comptent plus. À la fin de l'été, la séparation est très douloureuse. Sous le prétexte d'aider Franzl dans sa carrière, l'écrivain lui écrit et attend désespérément sa réponse. Lorsque celle-ci lui parvient – une réponse d'une banalité insurpassable : « J'ai été vraiment très content que vous pensiez à moi » –, il est transporté de bonheur. Il la conservera auprès de lui comme une relique jusqu'à la fin de ses jours. Ce foudroiement passionnel lui inspirera sa dernière œuvre.

Entre ces trois exemples choisis pour illustrer trois aspects de l'amour – le premier, l'assouvissement animal ; le second, l'ivresse fusionnelle ; et le troisième, la fantaisie narcissique à usage personnel –, Süskind perçoit un dénominateur commun :

« [...] c'est que dans l'état amoureux et dans l'amour se manifeste une bonne dose de bêtise. Je recommande, en la matière, la lecture des lettres d'amour qu'on a soi-même écrites voilà vingt ou trente ans[6]. »

Cœurs simples

Alors, c'est quoi, l'amour ? Et si, là encore, la palme du bon sens revenait au cinéma (*Mariage à l'anglaise*, de David Kane) ?

« Ça veut dire quoi, l'amour ? Quand les gens se disent "Je t'aime", hein ? En fait, c'est de la paresse, on utilise un mot unique alors qu'on pourrait faire plein de phrases... Je suis intéressé par toi, je m'inquiète de toi. Tu me rends heureux, tu me fais rire. Éprouver ces choses pour toi me fait prendre conscience que je vis. Je sors de moi, je deviens comme toi, le simple fait de te regarder a un sens. Le simple fait d'être avec toi me fait réaliser pourquoi on vit. Et même si on a la trouille, on y croit, on prend le risque[7]. »

Autrement dit : toi que j'aime, tu me fais vivre en sortant de moi-même ; en m'ouvrant à toi, tu donnes du sens à ce qui m'entoure, du bonheur et de la joie à ma vie, et maintenant que je te connais, je m'inquiète pour toi, pour nous – et *je* prends le risque de vivre pour *nous*... Tout simplement !

Tous ceux qui réfléchissent au sujet n'en disent pas beaucoup plus.

L'amour : de belles paroles ?

Commençons par ce que se disent les amoureux. N'est-ce pas, après tout, en passant par les mots de l'amour que l'on pénétrera au mieux le cœur de l'amour ?

Je t'aime !

C'est en tout cas le pari que prend Roland Barthes qui traque les locutions amoureuses dans les grands textes classiques, mais aussi dans ses expériences personnelles et amicales. De sa promenade au sein des mots d'amour, il ramène des exemplaires variés appartenant tous à la féerie du jardin lexical que fait éclore en nous le sentiment amoureux. Les fruits de sa cueillette, disposés sans parti pris les uns à côté des autres, sans autre lien que l'ordre alphabétique, sont pesés et décortiqués dans un ouvrage fameux[8]. Des mots tels que *s'abîmer*, *absence*, *adorable*, y côtoient dans un désordre apparent – celui des émotions amoureuses – d'autres mots tels que *fou*, *obscène*, *suicide*. C'est, en somme, une perspective originale sur l'amour vu des mots qu'il nourrit. Je reprends ici quelques-uns de ses commentaires, en particulier celui de l'exclamation magique : *Je t'aime !*

• Le « je t'aime » des amoureux. Quand il n'anime pas des actes, l'amour prend volontiers la tournure d'une déclaration. La déclaration d'amour la plus intense, celle à laquelle on finit toujours par aboutir après plus ou moins de détours selon son imagination, ses capacités d'expression et sa pudeur de sentiments reste l'éternel : « Je t'aime. »

Passé le premier aveu, nous explique Barthes, *je t'aime* ne veut plus rien dire : « Il ne fait que reprendre d'une façon énigmatique tant elle paraît vide, l'ancien message. » Le sujet et l'objet viennent au mot en même temps qu'il est proféré, et « *je-t-aime* doit s'entendre à la hongroise, qui le dit d'un seul mot[9] ». *Je t'aime* n'est pas une phrase qui transmet un sens mais plutôt une *profération* qui exprime une jouissance. La jouissance ne se dit pas, mais elle parle et elle dit : *je-t-aime.*

Au *je-t-aime*, différentes réponses : le pire, c'est l'absence de réponse. *Moi aussi* n'est pas une réponse parfaite, parce qu'elle ne reprend pas la forme de la profération. Mon fantasme, lorsque je déclare *Je t'aime !* :

> « [...] que nos deux proférations soient dites *en même temps*, comme dans un *éclair unique*, ce qui est *empiriquement* impossible ; tout au moins que le sujet interpellé assume de formuler, de proférer le *je-t-aime* que je lui tends : *Je t'aime*, dit Pelléas. – *Je t'aime aussi*, dit Mélisande. »

Il s'agit non pas seulement d'être aimé en retour, de le savoir, d'en être sûr, etc., mais de *se l'entendre dire*, sous une forme aussi affirmative, aussi complète que la sienne propre.

> « Ce que je veux, éperdument, c'est *obtenir le mot*. Magique ? Oui, d'un certain point de vue. La Bête aime la Belle ; la Belle n'aime pas la Bête, mais à la fin, vaincue, elle lui dit le mot magique : "Je vous aime, la Bête" ; et aussitôt, un sujet nouveau apparaît. »

La profération est en fait une action : *Je-t-aime* est actif. Il s'affirme comme force contre d'autres forces, les mille forces du monde qui sont dépréciatives (la science, la réalité, la raison, etc.)[10].

Je t'aime, nous explique donc en substance Roland Barthes, exprime un sentiment qui ne se dit pas, qui ne fait que se vivre, mais qui tient absolument à être partagé. L'amour crée chez l'amoureux une aspiration à ressentir avec l'être aimé quelque chose qui assemble, qui unit dans une émotion simultanée et protège contre « les mille forces du monde » – et *je t'aime* est la profération que clame l'amoureux avec l'espoir de provoquer un écho qui transfigure la relation à deux en une unité indissoluble échappant à la triste réalité. Cette réalité de la condition humaine faite de solitude, de vieillissement et de mort.

• Lettres d'amoureux. Être avec l'autre, être uni à l'autre pour triompher de la solitude est le fond même de l'amour. C'est encore ce que suggère le thème de la « lettre d'amour », que Roland Barthes analyse en opposant le Werther de Goethe à la redoutable marquise de Merteuil, des *Liaisons dangereuses*.

Lorsque Werther écrit à Charlotte, nous dit-il, sa lettre suit le plan suivant 1. Quelle joie de penser à vous ! 2. Sans vous, je me sens bien seul au milieu des autres. 3. J'ai rencontré quelqu'un qui vous ressemble et avec qui je peux parler de vous. 4. Je forme des vœux pour que nous soyons réunis. Ainsi, dans la lettre d'amour, une seule information est déclinée sous tous ses aspects, à la façon d'un thème musical, c'est : *je pense à vous*. Ce qui caractérise la correspondance amoureuse, c'est sa nature non informative, car elle ne vise en fait qu'à réunir en pensée les amants séparés.

À l'opposé, les conseils de la marquise de Merteuil sont destinés à séduire et non à unir : « Vous voyez bien que quand vous écrivez à quelqu'un c'est pour lui et non pas pour vous ; vous devez moins chercher à lui dire ce que vous pensez que ce qui lui plaît davantage. »

> « La marquise n'est pas amoureuse ; ce qu'elle postule, c'est une *correspondance*, c'est-à-dire une entreprise tactique destinée à défendre des positions, à assurer des conquêtes. La lettre, pour l'amoureux, n'a pas de valeur tactique : elle est purement *expressive*. Ce que j'engage avec l'autre, c'est une relation, non une correspondance[11]. »

• Les maux de la jalousie. La relation amoureuse vise à l'exclusivité, elle se voudrait sans partage. D'où la jalousie qui accompagne nécessairement le sentiment amoureux, en nous faisant désespérer de cette relation idéale que la rencontre amoureuse laissait entrevoir.

Suivons Roland Barthes sur ce thème. Il nous parle de l'agacement de Werther devant la bonté de Charlotte.

> « Werther est capturé par cette image : Charlotte coupe des tartines et les distribue à ses frères et sœurs. Charlotte est un gâteau et ce gâteau se partage : à chacun sa tranche : je ne suis pas le seul – en rien, je ne suis pas le seul, j'ai des frères, des sœurs, je dois partager, je dois m'incliner devant le partage[12]. »

Et encore : « Le monde est mon rival. Je suis sans cesse dérangé par des fâcheux. » Est fâcheux tout ce qui raye fugitivement la relation duelle, altère la complicité et défait l'appartenance : « À moi aussi tu appartiens », dit le monde. Contradiction absolue : il faut que Charlotte soit bonne puisqu'elle est parfaite, mais il ne faut pas que sa bonté abolisse le privilège qui me constitue. « D'où je suis *agacé* contre l'autre, contre moi[13]. »

L'amour est ainsi une relation sous-tendue par un désir immense, celui de faire un de nous deux, de passer outre la barrière qui nous sépare de l'autre, l'être aimé. L'accouplement est l'expression physique de ce besoin, mais il va bien au-delà du simple rapprochement des corps. L'union vise en fait la totalité de l'être, et les deux amants voudraient se posséder complètement, « corps et âme », ce qui ne va pas sans difficulté. Il faut en effet admettre que l'autre reste disponible pour le monde auquel il appartient tout comme nous – sans quoi il n'aurait pas d'existence propre –, et que nous ne pouvons jamais nous approprier totalement comme nous y aspirons cet autre qui nous échappe en appartenant au monde des autres.

• Étreindre, aimer. Tel que l'analyse Roland Barthes, le sentiment amoureux vise ainsi à une union totale et sans partage. D'où nous vient donc ce désir de nous fondre à l'autre ? Cette union n'est pas sans rappeler celle qui a marqué nos premiers mois d'existence, celle que nous avons connue dans les bras de notre mère. C'est d'ailleurs ce que laissent entendre ces lignes inspirées par l'*étreinte* :

> « Hors l'accouplement, il y a cette autre étreinte, qui est un enlacement immobile : nous sommes enchantés, ensorcelés ; nous sommes dans la volupté enfantine de l'endormissement : c'est le moment des histoires racontées [...], c'est le retour à la mère. [...] Cependant, au milieu de cette étreinte enfantine, le génital vient à surgir [...] la logique du désir se met en marche, le vouloir-saisir revient, l'adulte se surimprime à l'enfant. Je suis alors deux sujets à la fois : je veux la maternité et la génitalité. (L'amoureux pourrait se définir : un enfant qui bande : tel était le jeune Éros)[14]. »

Roland Barthes est bien un auteur masculin. L'amour dont il nous parle est un mélange d'un bien-être affectif qui ressemble à celui qu'on éprouve dans les bras de sa mère lorsqu'on est enfant, et d'un désir génital qui le complète en s'y opposant, car il mue le charme de l'abandon en un « vouloir-saisir ». Cette opposition est développée ailleurs :

> « *Aimer* et *être amoureux* ont des rapports difficiles : car s'il est vrai qu'*être amoureux* ne ressemble à rien d'autre [...], il est vrai aussi que dans l'*être-amoureux* il y a de l'*aimer* : je veux saisir, farouchement, mais aussi je sais donner, activement. Qui peut donc réussir cette dialectique ? Qui, sinon la femme, celle qui ne se dirige vers aucun objet – seulement vers... le don ? Si donc tel amoureux parvient à aimer, c'est dans la mesure même où il se féminise, rejoint la classe des grandes Amoureuses, des Suffisamment Bonnes[15]. »

Il apparaît ainsi clairement que, pour l'auteur, le meilleur de l'amour est fourni par la part de ce sentiment qui se rattache à la tendresse maternelle. Le désir masculin, avec ses exigences génitales, vient polluer cet amour sans défaut. Seules les femmes sont capables d'aimer vraiment – ce que l'auteur identifie ici à : donner – comme le fait la « suffisamment bonne », une expression utilisée par le psychanalyste Winnicott pour désigner les mères[16].

Au-delà des paroles, l'union idéale

Cette promenade du côté des mots est une bonne introduction à l'amour. Non, ce sentiment n'est pas qu'un prétexte à de belles paroles, c'est une aspiration profonde que chacun d'entre nous porte au fond de lui. Mais cette aspiration vise à un idéal, et on devine que cet idéal se construit sur des réminiscences de nos premières relations avec celle qui était pour nous plus que tout : « maman ». Celle qui était unique et nous inspirait un bien-être et une sécurité dont nous conservons une nostalgie profonde. Cette femme qui fut la première femme de la vie d'un homme, et la première relation de tendresse de la vie d'une femme. Malheureusement, en grandissant, nous avons appris que ses bras ne pouvaient pas toujours nous protéger, nous avons découvert un monde de désirs et de réalités, et nous nous sommes découverts nous-mêmes. Le moment venu, nous cherchons un partenaire qui pourrait pallier ce qui nous manque et combler à la fois nos désirs érotiques, nos besoins affectifs et certaines aspirations sociales. Car « grandir », ce n'est pas simplement devenir indépendant des « grands », ces adultes qui gouvernent notre vie, c'est aussi se socialiser, c'est-à-dire identifier et accepter certaines contraintes de la vie en société pour y tracer sa voie. Entre l'adulte que nous sommes devenus, et l'enfant qui nous habite, l'amour tente une synthèse impossible qui ne pourra être vécue qu'à travers des conflits et des compromis.

À moins, bien entendu, que tel l'écrivain célèbre de Süskind, on l'utilise comme source d'inspiration romanesque : toutes les licences poétiques sont alors autorisées. L'amour peut, en ce cas, triompher de la mort, ou mieux, y entraîner les amants pour conserver son incomparable attrait avant d'être terni par les « forces dépréciatives du monde » qu'il défie.

L'amour jusqu'à la mort

Car, si l'amour est ce qui donne du sens à la vie, c'est aussi, comble du paradoxe, un moyen de donner du sens à la mort, à en juger par la façon dont les amoureux – et pas seulement dans les romans – sont facilement fascinés par la mort. Pour quelles raisons ? Amour et mort tissent ensemble plus d'un lien.

Pour maintenir l'amour au niveau de l'idéal vers lequel il tend, une bonne solution est d'en interrompre immédiatement par la mort les premiers élans. Pelléas meurt aussitôt après s'être assuré que Mélisande l'aime, « elle aussi » : sa confirmation met un point final à une quête qui peut à présent défier l'éternité dans la mort. On peut en dire autant de Tristan et Iseult, de Roméo et Juliette, et de beaucoup des grands amants que l'on rencontre dans les œuvres de fiction. La meilleure manière de préserver le mythe de l'amour tout-puissant est de le tuer dans l'œuf.

Hors la fiction, la mort peut être le moyen d'éteindre la souffrance de la privation quand l'amour ne peut plus être vécu. Elle peut être encore l'offrande suprême à laquelle on mesure l'intensité du sentiment. À l'époque romantique, on a vu des esprits exaltés aller jusqu'à placer le sommet de l'amour dans le sacrifice mutuel de la vie en se donnant la mort l'un pour l'autre.

Dans un autre sens, la mort peut également être un moyen facile de s'approprier définitivement l'autre : songeons aux crimes passionnels, façon d'obtenir un lien sans faiblesse – au prix de la disparition de l'être aimé… L'attitude inverse, qui consiste à se donner la mort, peut viser au même objectif : je te quitte pour toujours, autrement dit, je ne te quitterai jamais, tu ne risques plus de me trahir.

En fait, fondamentalement, l'amour tel qu'on l'envisage communément poursuit une utopie, celle de l'union totale et sans faille, impossible à réaliser entre deux adultes représentant deux corps, deux histoires, deux consciences, et pour le dire plus largement, deux « soi » distincts. Les êtres humains ordinaires savent bien cela et l'acceptent sans se montrer trop exigeants. Certains, pourtant, ne s'y résignent pas.

Il existe d'autres stratagèmes que s'unir dans la mort pour oublier qu'un et un feront toujours deux, et que l'amour suit un chemin qui ne mènera jamais complètement à la destination qu'il laissait entrevoir. Un stratagème classique est d'oublier l'autre, de le considérer comme identique à soi et de le traiter, en quelque sorte, comme un clone de soi-même ; à l'opposé, on peut également pratiquer la relation inverse et s'oublier, s'éliminer, pour que ne subsiste plus que l'autre. Peu ou prou, toutes les relations amoureuses conduisent à enjoliver le partenaire en s'abstenant de regarder de trop près certains défauts ou en accentuant certaines qualités[17], et l'on a vu avec Süskind combien l'amour pouvait « abêtir » ; mais le phénomène atteint chez certains des excès tels que l'on ne voit plus bien ce qui reste de la relation à deux ; le dialogue amoureux prend alors la forme d'un monologue, l'autre, le partenaire, ne représentant finalement rien d'autre qu'un prétexte à s'illusionner sur la rencontre idéale à laquelle on croit tant. Ce type d'union permet de préserver le fantasme de la fusion, mais il se fait au prix d'une mort, la mort de l'autre (ou de moi-même qui m'efface) qui rend la relation douloureuse mais sublime.

L'amour érotique

Au sens usuel, l'amour désigne un sentiment fondé sur une attirance physique – l'amour familial, celui qui lie entre eux parents et enfants, occupe une place à part. Cette attirance physique est une attirance d'origine sexuelle et responsable d'un désir érotique.

L'érotisme dans l'amour

• La relation érotique. Dans le panthéon grec, il fallait un dieu, Éros, pour représenter ce que le sexe inspire aux humains. Comme on l'a amplement expliqué dans la première partie, il n'y a pas chez l'homme de désir sexuel au sens strict ; il n'y a que des désirs érotiques. Ce que confirme Octavio Paz :

> « La sexualité est animale, l'érotisme est humain. C'est un phénomène qui se manifeste au-dedans d'une société et qui consiste, essentiellement, à dévier ou modifier l'impulsion sexuelle reproductrice et à la transformer en une représentation[18]. »

Cela reste exact même lorsque la sexualité semble au premier plan. Dans l'autoérotisme, par exemple, la sexualité prend la forme d'une représentation à usage personnel. De même, dans une relation à visée fondamentalement sexuelle, telle que celle de la prostituée à son client, la représentation n'est pas absente. La femme « vit de ses charmes » car elle sait les exposer en professionnelle et les mettre professionnellement à la disposition de l'homme qui veut en jouir. Il y a de la représentation dans tout cela, et même de la représentation théâtrale.

La relation érotique a vocation de satisfaire le désir érotique, mais trop de représentation nuit à établir une relation véridique. Complice vénale d'un simulacre, la prostituée n'est que le sujet d'une transaction : elle se prête à l'accomplissement d'une forme d'autoérotisme et la relation dans laquelle elle s'inscrit reste, pour l'essentiel, une relation à soi-même.

• L'amour érotique. Le désir érotique est une condition nécessaire mais non suffisante pour inspirer l'amour. Sentiment fondé sur un désir physique, l'amour érotique peut difficilement s'appliquer à toutes les relations qui prennent appui sur le désir, et en particulier à celle que l'on vient de décrire. Certes, il peut arriver que la personne aimée n'éprouve pas de sentiment en retour, ou qu'elle fasse payer cher le désir qu'elle inspire. C'est alors, tout simplement, un amour fondé sur des illusions, et l'on peut aimer d'un amour érotique sincère un homme ou une femme qui n'aiment pas en retour, et qui se comportent en prostitués. La littérature abonde d'exemples de ce type – voir Swann et son Odette –, et la vie réelle permet également d'en croiser un bon nombre. Nous avons vu que l'amour comporte une part d'aveuglement ; bien des amoureux sont dupes et ne réalisent pas, ou ne veulent pas réaliser, que l'on profite du désir que l'on suscite. C'est le risque de l'amour érotique : le désir physique constitue un si puissant ressort qu'il peut faire perdre le jugement. Et toutes sortes de mystificateurs, habiles à entretenir des illusions, savent en tirer profit.

Une patiente frigide m'expliquait combien elle était heureuse de son état, qu'elle annonçait partout en s'exclamant : « Au moins, on ne peut pas avoir de prise sur moi ! » Elle négligeait qu'à défaut de besoins physiques, elle avait comme chacun d'entre nous des besoins affectifs. D'ailleurs, elle ne cachait à personne qu'elle souffrait beaucoup d'être seule. On peut sans doute se passer de relations sexuelles, mais on s'accommode plus difficilement de la solitude, et une intimité suffisante pour donner le sentiment d'échapper à la solitude s'accompagne à peu près toujours, à un moment ou à un autre, d'une promiscuité sexuelle. Une amitié profonde ne peut la remplacer. Dans ce cas précis, l'avenir s'est d'ailleurs chargé d'en apporter la confirmation. J'ai revu un jour cette femme très désappointée : elle avait rencontré un homme qui l'attirait beaucoup mais qui ne pouvait avoir de relations sexuelles car il redoutait une crise nerveuse lors de l'orgasme. « Un homme qui vous aime sans vous encombrer de ses désirs, mais cela devrait vous combler ? » lui ai-je fait remarquer… Pas du tout ! À sa grande surprise, elle découvrait qu'elle ne parvenait pas à concevoir de sentiments sans désir, quitte pour elle à s'y soustraire.

Il est donc impossible d'éviter le désir dans l'amour. Qu'est-ce donc que ce désir qui s'enracine dans le sexe mais le déborde si largement qu'on doit lui donner le nom d'un dieu, et quels sont ses rapports avec l'amour ?

Le Banquet

À peu près 400 ans avant notre ère, sept convives, parmi lesquels le redoutable Socrate, discutent d'Éros au cours d'un dîner fameux, *Le Banquet.* Les joutes oratoires des sept convives reprennent sous d'autres formes ce que nous ont appris sur l'amour les paragraphes précédents. Mais l'ensemble du *Banquet* offre un panorama complet du sentiment amoureux où se ressent particulièrement la contradiction entre les besoins physiques et l'aspiration à une union idéale qui caractérise la tension amoureuse. L'amour est un déséquilibre dynamique, et la rencontre amoureuse agit comme un faux pas imprévu, un trébuchement qui déclenche une course vers un équilibre nouveau. Le centre de gravité de l'existence s'est brusquement déplacé et, désormais, il ne peut plus être conçu qu'au milieu des deux êtres que le destin a rapprochés. Il y a bien dans l'amour, comme l'explique l'un d'entre eux, le médecin Erixymaque, une quête d'harmonie et d'accord ; mais cette harmonie est un idéal bien difficile à atteindre, car quand l'amour surgit, le déséquilibre dans lequel il précipite est de deux ordres : concilier l'aspiration à l'union avec la nécessité de rester deux ; concilier les besoins du corps et le désir d'élévation – ce que les Grecs appelaient l'aspiration de l'âme au beau.

Il faut toute la dialectique socratique pour que l'attraction sexuelle qui est à la base de l'érotisme semble dépassée. Cette dernière, certes, peut se perdre dans l'érotisme vulgaire, mais elle est aussi ce qui pousse à l'érotisme noble qui n'est pas la beauté, mais qui tend vers la beauté. Dans ce monde masculin (l'érotisme grec, comme toutes les grandes questions, est avant tout une affaire d'hommes), c'est d'une femme, la prêtresse Diotime, que Socrate tient les révélations essentielles sur Éros. Celui-ci n'est pas un dieu, il n'est pas non plus un homme, mais un démon – c'est-à-dire un intermédiaire entre le divin et le mortel. Produit des dieux de la pénurie et des ressources, il est ingénieux, sait échapper aux nécessités, fuit la vieillesse et poursuit la beauté en recourant à tous les expédients imaginables. Quelle beauté ? « L'amour de la procréation et de l'accouchement dans de belles conditions. » Pourquoi la procréation ? « Parce que, pour un être mortel, la génération équivaut à la perpétuation dans l'existence, c'est-à-dire à l'immortalité. »

L'érotisme est une aspiration humaine à échapper aux limites de la condition humaine. L'élan érotique apparaît alors comme un mouvement qui, partant de la sexualité, nous aspire vers un au-delà du sexe où la question des rapports sexuels proprement dit doit – ou devrait, dans l'idéal – devenir secondaire.

L'amour est vraiment un démon qui joue sur notre point faible, cette charnière entre l'animal et le divin. L'accouplement des corps ne représente pas le summum de la beauté, même lorsqu'il met en scène de beaux corps, ce qui est rarement le cas. L'érotisme vulgaire – surtout lorsqu'il est masculin – s'accommode de cette imperfection physique de l'union humaine ; il la recherche même et souhaiterait pouvoir débarrasser l'accouplement de toutes les traces d'aspirations tant soit peu élevées qui éloignent l'homme de la génitalité et le coupent de son animalité. Mais l'érotisme amoureux, qui se voudrait céleste, doit procéder à des aménagements.

En fait – quoi qu'on en dise aujourd'hui où, comme on le verra plus loin, on a voulu panser les déceptions de l'amour par le culte de la sexualité –, l'accouplement physique ne parvient à être beau que parce qu'il s'inclut dans quelque chose de plus grand que lui, quelque chose qui le transfigure et que l'on appellera pour simplifier, en prenant le risque de paraître désuet, l'accouplement des âmes : cette force que donne l'amour pour se projeter dans un futur à deux, au-delà de la satisfaction des sens et des plaisirs immédiats ; cette nécessité de partager, de s'enrichir de l'autre et d'ouvrir sa vie à l'autre. L'amour transfigure l'érotisme vulgaire en un érotisme noble, il pousse à féconder « l'âme sœur » (cette moitié de nous-mêmes dont nous attendons tant, sans savoir ni quoi ni pourquoi) quand nous pensons l'avoir rencontrée, une fécondation dont l'accouplement n'est que la traduction physique.

Mais, on l'a compris, on parle là d'un idéal d'amour, et c'est bien la seule chose qu'on ait à l'esprit quand on parle d'amour ; or, l'amour est avant tout une relation – on aime quelqu'un, nous rappelle Socrate –, une relation qui se vit en unissant un couple d'humains qui se parlent ; les malentendus d'un dialogue qui vise à l'idéal sont aggravés par les petites tricheries que chacun entretient avec soi-même dès qu'il s'agit d'idéal. Viennent s'y ajouter les désaccords sur l'idéal selon les sexes, un point qu'ignore superbement Socrate.

Par chance, Éros sait se contenter de peu, et surtout, il ne manque pas de ressources pour refleurir quand il paraissait mort. À condition toutefois que chacun des partenaires du couple prenne conscience de son importance, et qu'il sache, quand il le faut, tout mettre en œuvre pour l'aider à refleurir.

L'amour romantique

De l'amour courtois à l'amour rousseauiste

Depuis *Le Banquet*, deux mille ans ont passé. Dans l'intervalle, les dieux de l'Olympe ont été détrônés par un Dieu tout-puissant et omniscient et, en Occident, l'amour chrétien s'est imposé, avec son sacrifice exemplaire – le sacrifice était déjà vanté par Phèdre, dans *Le Banquet*, comme une forme de l'amour. Après le temps de l'amour courtois, né dans le Midi de la France au XIIe siècle, où l'inspiration d'une Dame était le support de l'héroïsme[19], l'érotisme masculin se disperse au gré de rencontres occasionnelles et d'amours de circonstances, et l'érotisme féminin, quand il se révèle, c'est-à-dire quand la femme est à même de concevoir des désirs qui ne s'accordent pas aux exigences de la famille, se consume en amours impossibles. À moins qu'il ne mène au couvent. C'est de l'érotisme noble, bien entendu, que l'on parle ici ; l'érotisme vulgaire trouve à se satisfaire en toutes circonstances sous des formes qui ne varient pas beaucoup au cours du temps.

Mais l'époque de la grande ferveur religieuse, où seul compte l'amour de Dieu, n'a qu'un temps. Avec la Renaissance, on se préoccupe à nouveau de l'homme. Le pouvoir de la raison gagne, soutenu par les progrès considérables des connaissances. Le résultat est qu'hommes et femmes se retrouvent l'un face à l'autre sans avoir, en dehors de la procréation, d'obligations aussi vives qu'autrefois, ni par rapport à Dieu ni par rapport à la famille.

Parallèlement, le plaisir retrouve ses vertus, la sensualité s'exprime dans l'art : à Fra Angelico, succèdent deux siècles plus tard Watteau, Boucher et Fragonard. Éros, un moment oublié au profit des devoirs familiaux et d'une exaltation au dévouement, ou encore déplacé dans le divin, reprend sa place dans le lien qui unit hommes et femmes : le désir retrouve ses droits.

C'est alors qu'interviennent les Lumières pour décréter que l'homme est libre. C'est le moment où Voltaire s'écrie que le but de l'homme, c'est le bonheur. Celui où Rousseau écrit l'*Émile*[20] : la seule vraie religion que reçoive Émile, c'est l'amour, un amour qui commence très égoïstement mais très naturellement par l'amour de soi. Sous leur influence, les libertés conquises par la raison font exploser les nécessités : voilà qui ne peut donc que favoriser l'essor d'Éros. Mais quelles voies ouvrir à Éros, à présent qu'il peut s'ébattre sans contraintes ? Son besoin de féconder ne peut se satisfaire du libertinage à la mode en ce XVIIIe siècle. La voie la plus naturelle pour lui apparaît comme celle que Rousseau indique à Émile : la procréation. Comment ne pas désirer concevoir dans l'amour, et faire de la famille le temple d'Éros quand les libertés nouvelles permettent d'échapper aux convenances et à l'autorité patriarcale ?

Faire coïncider Éros et l'alliance conjugale, s'assurer l'amour pour toute une vie en profitant des fruits qui le prolongent à travers la progéniture : ce qui paraissait impossible jusqu'alors semble enfin réalisable. Ramener Éros au cœur du foyer, puisqu'il est devenu possible de se choisir mutuellement selon des critères du désir amoureux, c'est l'idéal que vise le projet romantique. Est-ce bien raisonnable ?

Car, en fait, où loger Éros dans une famille pour qu'il s'y sente à l'aise ? Lui qui évite les nécessités, fuit la vieillesse et court après le Beau, il lui faut se préparer à de sérieux efforts d'adaptation.

Une famille, ce sont des responsabilités face à des enfants qui attendent des parents une éducation, une protection, un confort, etc. Une famille, c'est un quotidien répétitif, inscrit dans un projet qui doit être poursuivi longuement, puisque la progéniture humaine se développe lentement. Une famille, ce sont enfin des discordes, au sein des enfants comme entre parents. La vie familiale n'a pour Éros rien d'un enchantement.

L'entreprise est donc risquée et, de fait, l'amour auquel aspirent les héros romantiques est rarement vécu dans le couple. Et la littérature romantique dresse le constat d'échec de l'espoir d'un bonheur complet qui unirait érotisme et conjugalité. Emma Bovary s'ennuie aux côtés de Charles, son mari, médiocre médecin à l'esprit épais. L'homme que l'on désire n'est pas celui avec lequel on vit. Mais Rodolphe, le charmeur, ne lui fera connaître que d'amères expériences. Lorsque Éros mène la danse, cela ne conduit qu'à des déceptions : l'homme érotique est un leurre derrière lequel se cache toujours un cynique ou un lâche.

Tous les auteurs du XIXe siècle, parmi lesquels Stendhal et Tolstoï, ne parlent que de l'amour et de ses tourments, et dénoncent les mêmes illusions. Le chant des romantiques est donc désespéré. Même lorsqu'on est libre de s'aimer, et plus encore peut-être quand on dispose de cette liberté, l'amour reste hors d'atteinte : il ne peut être vécu dans le mariage, et hors de celui-ci, il apparaît comme un douloureux égarement.

Longtemps hors sujet : la question des sentiments féminins

« Que savons-nous, en vérité, de ce que ressentaient et pensaient les femmes d'Athènes, les jeunes filles de Jérusalem, les paysannes du XIIe siècle et les bourgeoises du XVe ? » remarque Octavio Paz dans son essai sur l'amour[21].

Les convives du *Banquet* étaient tous des hommes, et, jusqu'à l'amour romantique, ce qui se déroule dans le cœur des femmes était passé sous silence. Ce dernier est né, on l'a dit, avec les libertés sociales nouvelles. Ces libertés permettent aux sentiments féminins de s'exprimer – ce sont eux qui sont explorés et exposés dans les romans du XIXe siècle – et à l'amour d'être partagé. Elles exigent même un partage : il ne peut y avoir d'amour véritable que si chacun des deux amants éprouve au même degré ce sentiment. Cela pose une question qui peut surprendre tant l'amour est conçu avec intransigeance comme un sentiment unique : hommes et femmes ont-ils les mêmes attentes, les mêmes idées sur l'amour et peuvent-ils réellement s'aimer *de façon identique* ? L'amour des femmes peut-il réellement trouver son compte dans l'amour des hommes ? Le contrat amoureux qui lie hommes et femmes ne se fonde-t-il pas toujours sur un malentendu ?

Dans son fameux traité *De l'amour*, Stendhal a développé à propos de l'amour passion, le seul qui trouve grâce à ses yeux, la célèbre théorie de la cristallisation. La cristallisation amoureuse se déroule en deux temps : un premier temps est la rencontre de l'être qui suscite l'émotion amoureuse ; sur cette émotion première se grefferont, comme sur les branches d'un cristal, une infinité de perceptions lumineuses qui l'enrichiront de mille éclats. Mais l'embellissement de l'émotion première nécessite, et Stendhal insiste sur ce point, l'absence de la personne aimée : elle est donc bien une pure construction de l'esprit, une idéalisation qui profite d'une situation propice pour s'emballer dans une exaltation sentimentale aveugle. L'amour vu par Stendhal n'a de valeur que s'il est une passion et, comme toute passion, il fait la part belle à l'idéalisation. Dans notre monde imparfait qui n'est pas celui de l'idéal, les amants ne peuvent faire fi des réalités qu'on a déjà évoquées à plusieurs reprises.

Parmi ces réalités, il y en a une difficile à admettre pour le couple : la conception de l'amour n'est pas identique dans les deux sexes et les hommes n'aiment pas comme les femmes ; le désir sexuel et la vanité interviennent davantage dans la façon d'aimer des hommes, qui sont menacés par l'érotisme vulgaire et l'amour-propre, alors que l'idéalisation, la tentation d'aimer l'amour comme une fin en soi – l'amour pour l'amour – guette plus volontiers les femmes, qui s'évadent facilement dans la passion. Une différence à l'origine de bien des discordes.

Les femmes aiment l'amour et les sentiments. Les hommes n'ont pas de goût à se pencher sur leurs sentiments. Flaubert a beau dire « Emma Bovary, c'est moi ! », il se moque de la passion de sa maîtresse Louise Colet et de ce que, par dérision, il appelle l'*hhhamour* ; il lui écrit :

> « Pour moi, l'amour n'est pas la première chose de la vie, mais la seconde. C'est un lit où on met son cœur pour le détendre. Or on ne reste pas couché toute la journée. Toi, tu en fais un tambour pour régler le pas de ton existence. »

Ainsi, dans sa vie privée, l'auteur de *Madame Bovary*, qui comprend si bien la passion d'Emma, n'y adhère pas le moins du monde. Les beaux sentiments n'ont pas leur place ici-bas, et ne peuvent exister que dans des fictions, comme le *Paul et Virginie* dont s'est abreuvée Emma.

Les femmes aiment l'amour, elles aiment être aimées ; on se prend parfois à penser qu'il leur arrive de jouir davantage de l'amour et de l'idée qu'elles s'en font que de la personne qui les aime.

À l'exemple de cette patiente d'une soixantaine d'années, endeuillée par la perte de son mari et soudainement métamorphosée par une rencontre. Elle m'explique qu'elle a fait la connaissance d'un gigolo qui est déjà sorti avec plusieurs de ses amies auxquelles il a demandé de l'argent. Et elle, le paie-t-elle ? Recul offensé : « Certainement pas. Jean et moi, ce n'est pas la même chose. » Un silence, puis : « Mais je l'aide. Il a en tête un projet pour lequel il a besoin de moi, et puisque j'ai de l'argent… » Et de conclure, devant ma perplexité : « Mais non, ce n'est pas comme mes amies. Moi, il m'aime ! »

Il n'y a pas que les femmes qui aiment l'amour au point de s'aveugler. Mais les hommes ont par rapport aux femmes un avantage, si l'on peut dire, pour éviter le dérapage passionnel : ils restent près de la chair. Comme on l'a vu dans la première partie, ils ont, eux, un sexe bien réel qu'ils ne peuvent ignorer : leur besoin de le satisfaire les rappelle à l'ordre du corps lorsque celui-ci tend à disparaître au profit des idées et des idéaux.

À l'opposé, les femmes ont une propension à négliger un sexe qui ne se rappelle pas à leur vue et n'existe pour elle qu'au titre des représentations de l'esprit. Cette tendance naturelle les voue plus spécialement à un amour romantique oublieux de la part de sexualité qu'incorpore – le mot est particulièrement juste ici – le sentiment amoureux. D'où la tendance, pour elles, à exalter en passion l'amour érotique.

Les temps modernes : l'amour mis en pièces

Les déceptions du romantisme – qui sont celles, non pas de l'imagination, mais de l'idéalisation d'un sentiment qui aurait dû s'avérer plus fort que tout, et bouleverser même l'ordre bourgeois – ramènent durement à la raison. Au point même d'induire un mouvement contraire : surtout ne pas se laisser prendre par la tentation de voir les choses plus belles qu'elles ne sont. L'esprit moderne ne cherche plus le beau : il ne veut plus être dupe ; ce qui l'intéresse, c'est la vérité, et la vérité est que tout est laid[22].

De la déception romantique au désenchantement moderne

Hortense, une adolescente très séduisante mais très entière, est déçue par un grand amour. Son compagnon, pense-t-elle, n'a fait que profiter d'elle. Il est comme ces 70 % de garçons qui, la première fois qu'ils font l'amour, ne pensent pas à l'amour alors que 70 % des filles ne pensent qu'à ça, comme on l'a vu. Elle ne s'en remet pas. Et puisque l'amour est un sentiment trop beau pour être espéré, elle n'y pensera plus. Elle n'aura dorénavant avec les hommes que des rapports où il ne peut y avoir d'ambiguïté, des rapports où seul compte le sexe. Pendant plusieurs mois, elle fréquente un palace dans lequel elle s'offre à des visiteurs de passage, sans même chercher de contrepartie financière. Cela se terminera mal : le laid ne guérit pas du besoin du beau, et rendre le monde plus laid encore parce qu'il n'est pas toujours beau ne peut pas consoler.

Julia est une femme de 45 ans environ, plus terre à terre, que son notaire de mari vient de quitter en l'abandonnant avec ses trois enfants. Elle me confie : « Avant de le connaître, j'ai été tentée de me prostituer. Il y a quelque chose de mystique à devenir putain, une sorte de foi désespérée dans l'absence d'amour. Plus jeune, j'avais d'ailleurs pensé aussi à devenir bonne sœur. Mais rien à faire, il a fallu que j'y croie, à l'amour, et que je me marie avec cet escroc alors que j'imaginais, en épousant un notaire, m'entourer de garanties. »

Comme ces patientes, l'esprit moderne ne veut surtout plus croire à l'amour. Il ne se dit pas – on le cache sous son vocable anglais, *love* –, on l'enfouit sous le plaisir. Plus question d'amour, mais de sexe. Ainsi, pas de risque de se tromper. Dans la littérature également, les grands sentiments d'Emma Bovary sont remisés au placard des vieilleries comiques. Même lorsqu'il est romantique, l'amour a besoin de sexe, et c'est d'ailleurs grâce à lui qu'on le découvre. Prisonnière de sa vie de convenance, Lady Chatterley a découvert chez son garde-chasse l'homme, le vrai, celui qui reste près de la nature, et il lui révèle en même temps l'orgasme et l'amour. Cette révolution que n'avait pas pu faire l'amour des romantiques, qui n'abolit pas les frontières sociales, le sexe va la faire. La révolution romantique avait mis au centre des relations du couple le partage des sentiments, la révolution moderne va droit au but : puisque l'attirance érotique est liée à la sexualité, le but – ou du moins la priorité – c'est le sexe. Héros aussi moderne que le fut en son temps Emma, Robinson dans le *Voyage au bout de la nuit* de Céline a décidé de ne jamais dire « Je t'aime » et sait résister même à l'insistante jeune femme qui lui dit : « Tu ne bandes donc pas comme les autres ? »

Dès lors que le sexe résume l'amour, c'est la performance qui prend le devant de la scène ; l'amour, ce sentiment démesuré, trouve enfin sa mesure : c'est le nombre d'orgasmes auquel parviennent les partenaires. Les explorations méticuleuses de Kinsey ainsi que Masters et Johnson fournissent des statistiques auxquelles chacun peut se comparer. Elles banalisent le sujet et décomplexent ceux qui ne savaient pas comment en parler ni quelles méthodes employer. L'industrie du plaisir profite de ce marché nouveau, secourt ceux qui manquent d'imagination et crée des désirs nouveaux pour ceux qui croyaient avoir tout connu. L'amour moderne, en somme, est devenu un accommodement de la sexualité, et sa valeur de référence est l'orgasme ; l'Éros du XXe siècle n'est plus un enfant joufflu, mais un adulte averti, et il s'est acoquiné à Mercure.

Dans cette perspective nouvelle, il ne s'agira donc plus de s'interroger poétiquement sur Éros, ou de tenter de le domestiquer, mais de le démystifier. L'entreprise de démystification, commencée par Schopenhauer, se poursuit avec Freud et s'achève avec les neurobiologistes. L'amour est devenu un comportement comme un autre, que l'on peut aborder avec l'objectivité du scientifique. Il se manifeste par la particularité de déclencher une grande jouissance – une jouissance supérieure à celle de tous les autres sens – sorte de *nirvana* à laquelle chaque sexe se doit d'accéder. En somme, de l'exaltation sentimentale des romantiques, on est passé avec le modernisme à l'exaltation des sens, considérée comme l'ultime vérité – une vérité du corps qui, elle, ne peut abuser –, et on a substitué à l'impératif du partage des sentiments l'exigence du plaisir partagé. Le culte de l'amour a cédé la place au culte de l'orgasme. Mais l'amour, dans tout cela, reste insaisissable.

Schopenhauer : l'amour, une illusion

Schopenhauer est le premier à avoir insisté sur les limites de la conscience qui reformule le monde sur la base de ses représentations, et ne nous permet pas de connaître le *réel*. Le réel est une expérience directe, non déformée par les représentations (on retrouve le *seing* et *touching*), une expérience immédiate qui ne peut se vivre que dans l'éprouvé du corps. Pour Schopenhauer, le corps est un objet de représentation parmi d'autres, c'est-à-dire un objet de manipulation de la conscience. Comment échapper à la représentation et retrouver ce réel qui réside dans l'éprouvé du corps ? En revenant à ce qui l'anime. La conscience obéit au principe de raison, alors que le corps est soumis au principe de volonté : c'est la volonté qui actionne le corps tout comme la raison manie et assemble les représentations. La volonté occupe donc une place centrale dans la pensée de Schopenhauer qui en fait, non pas une représentation mais, précisément, une connaissance en soi qui vient du fond même d'une conscience intuitive, intimement liée au corps et à ses désirs.

On notera que cette façon de voir est en accord avec ce qui a déjà été longuement exposé au début de la première partie. La conscience est fondée sur des représentations ; elle s'édifie lentement au cours des deux premières années de vie et nous coupe du réel tel que le vivait le corps à la période sensori-motrice. Désormais, nous restons prisonniers de notre représentation du monde et de nous-mêmes, une représentation qui – on l'a vu – diffère selon le sexe. Mais le point de vue de Schopenhauer le mène à un fatalisme qui tient au fait qu'entre raison et volonté, c'est-à-dire entre esprit et corps, il semble n'y avoir aucune relation possible : les représentations nous égarent dans un idéalisme qui n'est qu'illusion, la seule réalité est celle d'un mouvement de vie qui nous entraîne dans sa dynamique et se termine par la mort.

Dans sa conception, l'amour n'est qu'une volonté liée à l'instinct sexuel : elle est la manifestation de « l'instinct sexuel qui a pris corps[23] ». Évolutionniste avant l'heure, le philosophe fait ainsi de l'amour un piège de la nature destiné à assurer l'immortalité de l'espèce. Dans ces conditions, les mariages d'amour sont les plus décevants : ils obéissent à des lois de compensation naturelle qui unissent les contraires en poursuivant les intérêts de la nature et non de l'individu ; à l'inverse, les mariages de convenance visent davantage au bien-être de l'individu car ils échappent aux leurres de la nature.

Cette vision fonctionnelle de l'amour est en accord avec ce que les scientifiques s'efforceront de développer au siècle suivant : elle convient parfaitement aux représentations modernes du phénomène.

La libido freudienne

Un pas de plus est franchi avec Freud. Le monde est également pour lui une volonté et une représentation mais la volonté est de nature sexuelle : c'est la libido. Quant à la représentation, c'est une conscience tyrannisée par des forces obscures – coincée entre d'un côté des pulsions qui ont subi au cours du développement bien des avatars (en se retournant même parfois contre soi-même en censures incontrôlables), et de l'autre, les exigences de la réalité. La sexualité a été très tôt impliquée par Freud dans la genèse d'un grand nombre de troubles nerveux. Selon lui, les émotions sexuelles provoquent des conflits internes et sont soumises à des refoulements générateurs d'angoisse. À partir de ses observations cliniques, Freud établit un impressionnant édifice qui rend compte de l'ensemble du fonctionnement psychique, permet d'interpréter ses dérèglements, et possède des prolongements bien au-delà de l'individu – au niveau de la société tout entière.

La libido – énergie liée à la sexualité – est la pierre angulaire de sa théorie. Comme bien d'autres concepts de Freud – en particulier la notion de pulsion, abordée au chapitre 4 –, son extension est considérable, mais sa définition peu précise. Elle évolue d'ailleurs au long de la construction freudienne. Une chose est claire : cette énergie que l'on peut comparer à la volonté schopenhauerienne, à l'élan vital de Bergson, ou à l'Éros des antiques n'est pas une énergie mentale non spécifique, comme le proposait Jung. Elle est pour Freud de nature purement sexuelle, et il le réaffirme à de nombreuses reprises au cours de débats qui ont marqué l'histoire de la psychanalyse. À côté de la libido, il prend soin de distinguer des instincts de conservation – tels que l'instinct alimentaire et la faim – qui sont à l'origine de ce qu'il appelle les « intérêts » et représentent des exigences de la réalité, c'est-à-dire des contraintes qui entrent en conflit avec la libido. À la fin de sa vie, il oppose la libido, force de vie, à une autre force, l'instinct de mort, au service de la destruction ; on le sent alors embarrassé par la place à attribuer aux instincts de conservation au sein de cette nouvelle donne.

La libido concerne la sexualité mais elle ne se limite pas à la génitalité même si elle représente, au départ, une force biologique visant à la procréation. Elle déborde largement le génital en incluant un grand nombre d'autres émotions de nature sexuelle. Présente dès la naissance, à une époque où la sexualité ne saurait être encore liée à la procréation, elle emprunte au cours du développement des voies qui la déplacent parfois loin de ses origines sexuelles, par le biais d'un processus proche du refoulement que Freud désigne sous le nom de sublimation. C'est là que la libido intervient dans la culture, tout comme Éros pouvait inciter à la philosophie ou à la poésie :

> « Nous croyons que la culture a été créée sous la poussée des nécessités vitales et aux dépens de la satisfaction des ins-

tincts [...] chaque nouvel individu [...] renouvelant, au profit de l'ensemble, le sacrifice de ses instincts. Parmi les forces instinctives ainsi refoulées, les émotions sexuelles jouent un rôle considérable ; elles subissent une sublimation, c'est-à-dire qu'elles sont détournées de leur but sexuel et orientées vers des buts socialement supérieurs et qui n'ont plus rien de sexuel[24]. »

La sexualité est donc au centre de la construction freudienne. Mais l'amour ? Au regard de l'ampleur de l'œuvre, on peut dire que la question est à peine effleurée. Une théorie de l'amour formulée en termes freudiens demanderait d'aborder la division de la libido en une libido qui se tourne vers soi-même, la libido du moi, et une libido orientée vers l'extérieur de soi, la libido d'objet[25]. L'amour ne serait qu'un cas particulier de la libido d'objet. Pour plus de clarté, citons Freud lui-même :

> « Le noyau de ce que nous appelons amour est formé naturellement par ce qui est communément connu comme amour et qui est chanté par les poètes, c'est-à-dire l'amour sexuel, dont le terme est constitué par l'union sexuelle. Mais nous n'en séparons pas toutes les autres variétés d'amour, telles que l'amour de soi-même, l'amour qu'on éprouve pour les parents et les enfants, l'amitié, l'amour des hommes en général, pas plus que nous n'en séparons l'attachement à des objets concrets et à des idées abstraites[26]. »

Avec Freud, l'amour se noie donc dans la grande coupe indifférenciée de l'ensemble de ce que l'on aime, avec une source unique : c'est la libido. Dès lors, l'amour érotique – l'amour fondé sur l'attirance – est tout simplement au service de la satisfaction sexuelle. Certes, mais la satisfaction sexuelle est également le but de nombreuses conduites qui n'ont rien à voir avec l'amour – toutes ces activités qui caractérisent ce que l'on a appelé jusqu'à présent l'érotisme vulgaire, et dans lesquelles on peut inclure la masturbation. La libido freudienne conduit ainsi à réduire l'amour à sa finalité animale, ou si l'on veut, biologique : l'union des sexes. En oubliant que si l'attirance sexuelle est une condition nécessaire à l'attrait amoureux, elle n'est pas une condition suffisante pour l'amour.

Il est vrai que Freud admet qu'au-delà du sexe, l'amour puise aux sources de nos relations affectives ; il affirme que l'état amoureux « n'est qu'une réédition de faits anciens, une répétition de réactions infantiles, que c'est là le propre même de tout amour et qu'il n'en existe pas qui n'ait son prototype dans l'enfance[27]. » On pourra alors chercher ailleurs que dans la dynamique libidinale, dans la *psyché* même, la clé complémentaire autour de laquelle s'organise le sentiment amoureux, mais ce sera cette fois comme la conséquence d'un manque inconscient qu'il est difficile de ne pas ramener à un symptôme.

Ainsi, avec Freud, quand l'amour n'est pas sexualité, il n'est pas entièrement illusion comme pour Schopenhauer, mais il en est proche et s'apparente à la maladie : il est en tout cas le produit d'obscures raisons qui échappent au sujet, et pourraient certainement être démontées par une analyse méticuleuse de son inconscient.

Les rouages neurochimiques de l'amour

La mécanique freudienne a perdu de son poids ; elle est remplacée aujourd'hui par une approche bien plus satisfaisante encore pour nos esprits rationnels : les neurosciences. Tout ici est une question non pas de libido, mais de cerveau et d'hormones.

Jean-Didier Vincent, dans son bel ouvrage *Biologie des passions*, met cependant en garde :

> « Entre le ciel et la terre, entre les instances sublimes et la congestion des muqueuses, l'homme n'a pas le choix. Il aime avec tout son être : cerveau, hormones et clair de lune compris. Le propre de l'amour est de faire cohabiter, sous les couleurs les plus violentes, les élans de l'âme et les émois de la chair[28]. »

Et il admet par la suite qu'en s'attaquant à l'amour, il doit se résoudre à ne parler que de comportement sexuel parce que c'est la seule donnée observable – la partie émergée de cet « iceberg d'imaginaire et de chimie ». L'amour s'enracine dans un « besoin en autre » que le biologiste place au même niveau que le besoin en eau et en protéines, mais dont il ne parvient pas à nous expliquer l'origine.

Un partenaire est désigné par l'état central – c'est-à-dire par le milieu interne – lorsque l'espace corporel est modifié dans le sens du désir par la rencontre avec un autre individu dans l'espace extracorporel. Les changements sont liés à des productions d'hormones : hormones sexuelles certes, mais aussi autres substances telles que la prolactine et la lulibérine. Toutefois, étant entendu que l'appareil sexuel lui-même n'est pas indispensable à l'état amoureux (on peut bien avoir des gonades débordantes d'hormones sans devenir amoureux), que le désir est lié au bon fonctionnement des systèmes désirants à l'intérieur du cerveau (systèmes que l'on peut attribuer à certaines voies neuronales – notamment dopaminergiques, noradrénergiques et sérotoninergiques), reste que la reconnaissance de l'autre, cette « fonction supérieure de l'amour », pour reprendre les termes de l'auteur, garde tout son mystère. Des échanges d'information dans l'espace extracorporel y contribuent par l'odorat, l'ouïe, la vue : le partenaire potentiel nous envoie des signaux – en particulier « le visage de l'aimé, véritable signature de l'autre » – que nous intégrons sans même en prendre conscience. Finalement, le temps grâce aux « horloges de notre cerveau » apporte ses propres modifications et contribue à renforcer ou à éteindre l'amour.

On admettra que cet essai de mise en équation neurobiologique de l'amour laisse sur sa faim. La participation du cerveau ne fait pas de doute, mais les modifications biologiques qui accompagnent l'état amoureux restent bien éloignées du mystère que représente, dans sa complexité, le lien amoureux de sa naissance à sa mort.

Jean-Didier Vincent était conscient des limites de l'exercice. La génération actuelle d'explorateurs des circuits affectifs du cerveau n'éprouve pas le même embarras : elle adopte un point de vue pragmatique révélateur d'une transformation profonde de la culture – et donc des conceptions de l'amour. Leur philosophie se résume ainsi : l'homme est un animal comme les autres, soumis aux lois de la nature et celle-ci ne vise qu'à un but : sélectionner ceux qui d'entre nous sont les plus efficaces pour la propagation des gènes.

Le besoin de l'autre ? Ce n'est qu'une question d'ocytocine, une hormone que nous sécrétons quand nous sommes en compagnie, et qui produit une sensation de bien-être. Rappelons-nous : c'est l'hormone sécrétée par la maman auprès de son bébé ; elle intervient aussi au moment de l'orgasme. L'ocytocine serait également l'hormone de la fidélité. Le cerveau de rats monogames et exceptionnellement fidèles (des animaux qui doivent détester les bonobos), les campagnols, est bourré d'ocytocine. La solution à tous les problèmes amoureux ? Voire. Malheureusement, il faudrait, pour qu'elle soit efficace, l'injecter dans le cerveau. Mais on sait déjà que la copulation, les massages, les caresses, les baisers augmentent l'ocytocine : aimons-nous donc, et nous ne nous en aimerons que mieux.

La rencontre amoureuse : pourquoi cette femme-ci et pas une autre ? Très simple : question de phéromones. Les phéromones sont des substances chimiques qui déclenchent des comportements sexuels chez les animaux qui les respirent à des concentrations infinitésimales. On n'a jamais mis en évidence de phéromones chez l'homme (qui ne possède d'ailleurs pas le système olfactif voulu pour s'y montrer sensible), mais rien n'empêche de penser qu'on y parviendra un jour. Tout devient clair, comme le résume Lucy Vincent :

> « Une rencontre se concrétise sous l'influence de l'ocytocine [...]. Les circuits dopaminergiques renforcent cet effet de l'ocytocine en faisant naître le désir de passer le plus de temps possible près de son partenaire et d'être récompensé quand on est dans ses bras par une libération d'endorphines[29]. »

On peut même expliquer, avec ces notions simples, pourquoi amour ne rime pas avec toujours. Au départ, la nouveauté fait sécréter de la dopamine, mais, petit à petit, cette sécrétion diminue. La sécrétion d'endorphine suit un cours parallèle, ce qui est d'autant plus fâcheux que, le cerveau s'accoutumant aux endorphines, il lui en faut toujours davantage pour ressentir les mêmes effets. Du point de vue de la dopamine et des endorphines, l'amour est donc condamné d'avance. Lucy Vincent lui donne trois ans, durée pendant laquelle « les zones du jugement dans le cerveau sont anesthésiées. Grâce à des neurotransmetteurs, on ne voit plus les défauts de l'autre ». Heureusement, l'ocytocine peut inhiber l'accoutumance :

entretenez votre amour, il vous le rendra bien (avec la complicité de l'ocytocine).

Entre Jean-Didier Vincent et, vingt ans plus tard, Lucy Vincent, on mesure le chemin parcouru. Le désenchantement est à son comble. Le but n'est plus l'amour, mais l'ocytocine.

Aujourd'hui : l'amour est mort, vive l'amour !

Ce n'était donc que ça, l'amour : une émotion sexuelle réglée par des hormones et teintée de beaux sentiments ? L'amour n'a plus rien d'un mystère, mais puisque, maintenant, nous sommes en paix avec notre sexualité, nous avons appris à nous l'autoriser, et nous avons compris que notre supériorité par rapport aux animaux reposait sur notre clairvoyance, nos enfants seront, on peut l'espérer, aussi à l'aise avec leur corps qu'avec leur ordinateur et le monde numérique. La familiarité acquise avec la composante génitale de l'amour, qui compte tant dans l'amour érotique, leur facilitera les relations. Ne seront-ils pas ainsi mieux armés pour construire un couple qui saura s'apporter toutes les satisfactions ?

Voire.

Octobre 2007. Au sommet de l'escalier du grand hôtel où je me rends, trois adolescentes tassées les unes contre les autres, épaule contre épaule, visage éclairé par un sourire extatique, mais en même temps intimidées, un rien effrayées… Chacune recroquevillée sur quelque chose qu'elle tient dans le creux de ses bras. Quoi ? Difficile de distinguer de là où je suis. Au bas de l'escalier, un homme d'une trentaine d'années, beau gaillard, indifférent à tout cela, s'affairant autour de valises qu'on entrepose pour lui dans la malle d'un taxi. Du banal. Le sens de la scène m'échappe de loin… jusqu'à ce que, parvenu à la hauteur des trois filles, je distingue enfin ce qu'elles tiennent, lové dans leur bras : un ballon de rugby ! Elles sont toutes trois recroquevillées sur un ballon de rugby, un mini-ballon blanc, que chacune tient avec une tendresse toute maternelle, précautionneuse et amoureuse. Au milieu de chaque ballon, sur le ventre blanc de l'ovale, une balafre noire, sans doute un autographe du gaillard. Tout s'explique ! Nous sommes au lendemain de la Coupe du monde de rugby, et – cela me revient à présent – l'hôtel héberge l'équipe de France. Cet homme est sans doute l'un de ses célèbres joueurs. Combien d'heures l'ont-elles attendu, en couvant leur ballon ? Combien de temps durera le bonheur qui les transporte ? À une époque où il est obscène de dire « je t'aime », et bien plus séant de s'exclamer « j'ai envie de toi », à une époque où, dès l'âge de 12 ans, une fille sait précisément à quoi sert un clitoris, comment se met un préservatif et ce que représente la sodomie, comment être encore assez niaise pour se contenter d'une signature ? Ignoreraient-elles donc, ces malheureuses adolescentes, que les émotions pour lesquelles elles ont dû déployer tant d'efforts sont de nature sexuelle et visent à l'accouplement, qui leur fournira leur dose d'ocytocine ? Pourront-elles supporter la frustration de cette passion qui restera à l'évidence platonique ?

L'amour reste bien une énigme. Et l'autre énigme, c'est qu'il survit à tous les coups qu'on peut lui porter. Toute une génération d'intellectuels et d'artistes qui glorifient le sexe et veulent faire de la sincérité un art n'en auront pas eu la peau.

La passion a la peau dure. Denis de Rougemont nous avait mis en garde : le mythe de Tristan et Iseult reste actif, même au XXe siècle[30]. Il a pris simplement une autre forme. Il continue à vivre dans les chansonnettes, au cinéma – qu'on songe, parmi les films récents, aux succès de *Titanic*, de *In the Mood for Love* ou du *Fabuleux Destin d'Amélie Poulain* –, et même, quoi qu'on en dise, dans la littérature. Michel Cazenave, écrivain et producteur à France Culture, déclare dans un hebdomadaire de la grande presse[31] : « Les milieux médiatiques et intellectuels semblent déconnectés du monde réel. Ils jugent l'amour dépassé, alors que les gens ne pensent qu'à ça. » Ce que confirme l'animatrice télé d'une émission sur l'amour : « Il y a un décalage entre la vision intello chic, le discours médiatique très libéré, l'agressivité de la publicité et la réalité quotidienne des gens. Pour la majorité, l'amour reste la préoccupation principale. » Difool, l'animateur d'une émission branchée de Skyrock où des adolescents abordent de façon très directe les problèmes de la sexualité, confie : « Les mots crus cachent des pudeurs. Lorsqu'un garçon m'appelle pour me dire qu'il est content d'avoir baisé sa copine, il finit généralement par avouer qu'il l'aime. Comme beaucoup de générations avant eux, ils espèrent le grand amour. »

Et ce qui se dit dans le secret d'un cabinet de psychiatre confirme tout ce qu'avancent ces experts des ondes hertziennes. En trente ans de pratique, je n'ai pas vu beaucoup de transformations dans les difficultés affectives où se débattent mes patients. L'amour reste toujours ce que l'on cherche, ce dont on a manqué, ce que l'on peine à trouver, ou ce que l'on regrette d'avoir perdu. Par rapport au début de mon exercice, dans les années 1970, je ne vois aujourd'hui que deux différences.

La première est que l'on parle plus facilement de sa sexualité. Est-ce un progrès ? Sans doute mais, comme toujours, il ne va pas sans inconvénients. Car on en parle parfois avec angoisse, sur le mode : suis-je, est-il (ou elle) à la hauteur ? On l'a déjà dit : la libération des mœurs a fait du plaisir une tyrannie, et ce d'autant plus que les normes prescrites pour le plaisir sont en fait masculines. Un certain nombre de couples en souffrent, et plus encore des adolescentes comme celles qui aiment les ballons de rugby, mais ne sont pas encore prêtes à offrir une fellation à leur compagnon de cœur pour lui prouver leur amour. Elles ont honte d'être « coincées ». Il peut arriver qu'à l'opposé, on parle et on pratique très facilement une sexualité libre, mais cette libération est en fait un rideau derrière lequel se cache une grande angoisse affective, une vraie peur d'aimer. Aujourd'hui, prendre des risques au niveau des sentiments est devenu bien plus malaisé qu'au niveau du corps. Je garde le souvenir d'une jeune patiente qui me déversait à chaque séance de façon très crue d'innombrables expériences sexuelles ; la crainte d'être blessée dans l'intimité de sa vie affective justifiait l'effervescence sexuelle dont elle affectait d'être fière, et qui n'était finalement qu'une échappatoire. Lorsqu'elle est parvenue à prendre le risque d'une véritable implication affective, son vocabulaire a changé de nature : elle est devenue très pudique.

Ce qui m'amène à la seconde différence sensible par rapport à mes débuts dans l'exercice : une profonde angoisse de la précarité affective. Les couples d'aujourd'hui gardent au fond d'eux le désir d'un amour éternel, le « grand amour », comme dit Difool. Amour rime avec toujours pour cette génération-là comme pour les autres avant elle, et il ne peut sans doute pas en être autrement. Mais ils vivent une tout autre réalité : autour d'eux, un couple sur deux divorce. Et l'on ne parle là que des couples qui sont officiellement unis. La séparation est donc leur lot quotidien, et leur vie commune est ainsi hantée par une question obsédante : jusqu'à quand résisterons-nous ?

La libération sexuelle n'a donc pas fait disparaître l'amour. L'a-t-elle aidé ? On vient de le voir : oui et non. Oui pour l'aisance nouvelle des rapports corps à corps, non pour l'exigence des sensations. On ne s'étonnera pas dans ces conditions qu'après l'époque où faire l'amour semblait être la seule manière concevable d'exprimer son amour, où même l'amour semblait tout à coup s'être résumé à cela, on verse à présent dans des extrêmes opposés. Ces dernières années, on voit en effet apparaître une mode des câlins sans sexe : à New York, des soirées sont organisées, les *cuddle-parties*, où l'on se met en pyjama pour s'enlacer et se caresser sans avoir de rapports sexuels. Après la mode des parties fines, l'époque est à l'apprentissage méthodique de la vertu sous les couettes ! L'extrémisme va plus loin encore. Des mouvements de bannissement complet de la sexualité se font jour ; une nouvelle religion, celle du *No sex*, réunit tous les couples hétéro, bi ou homo qui font le choix de vivre leur amour sans sexualité. Elle a son gourou, David Jay, et de très nombreux adeptes que l'on peut découvrir sur son site Internet[32] ! Après tout, Freud lui-même ne cachait pas qu'il s'était détourné de la sexualité dès 45 ans, parce qu'il trouvait davantage d'intérêt à la sublimation…

On le sait depuis Socrate : l'amour est un démon qui s'empare de notre corps comme de notre âme, et nous enferme dans ses contradictions. On peut bien, selon les lieux et les moments de l'histoire, incliner de ce côté-ci ou de celui-là le fléau de la balance, donner plus de poids au cœur ou au corps, il n'en a cure. Il survit à ce que nos cultures tentent de lui imposer. Il est le fils du dieu des ressources. Il était là probablement dès l'avènement d'*Homo sapiens* selon le préhistorien

Jean Courtin[33] ; il survivra à la dissociation de la procréation et du plaisir sexuel, et il y a tout lieu de penser qu'il en sortira même grandi car plus librement vécu : l'amour a encore de beaux jours devant lui.

La confusion des sentiments

Bien plus que des excès que l'on commet en son nom, ce dont souffre probablement le plus l'amour, c'est des malentendus qu'occasionne sa polysémie. On le confond volontiers avec une force magique qui s'empare de nous et nous transporte : il n'y aurait donc pas lieu d'en parler, il devrait s'imposer comme une évidence. Le sentiment amoureux n'a pourtant pas l'évidence des perceptions que nous signalent nos sens, et l'on est plus d'une fois amené à s'interroger : je l'aime un peu, passionnément... pas du tout ? Comment, alors, éviter les mots ?

L'amour plus fort que tout ? En tout cas pas plus fort que les contraintes de notre petit lexique intérieur, et bien des discordes amoureuses sont envenimées par des chausse-trapes sémantiques. Sans que cela devienne une obsession, communiquer sur l'amour est important quand on s'aime. Savoir ce que représente l'amour pour soi est également une manière de mieux se diriger, en comprenant ce que l'on attend d'une rencontre, ou ce que l'on est prêt à supporter au nom de l'amour.

Freud voyait dans l'unicité du terme la preuve qu'une même énergie, la libido, s'exerce dans des formes d'attraits très variées. Mais, pour Denis de Rougemont, c'est surtout la source d'une grande confusion. Selon lui, le mot amour, apparu tardivement vers le XIIe siècle dans le contexte de l'amour courtois, demeure imprégné du sens que lui donnaient les troubadours et les grands mythes de l'époque[34]. Il désigne toujours l'amour passion et c'est la passion qui, en matière d'amour, reste la référence dans l'esprit du plus grand nombre.

Pour désigner leurs sentiments, les Grecs avaient un vocabulaire bien plus riche. Nous avons, nous aussi, des mots comme amitié, tendresse, désir, passion, compassion, charité, etc. Mais nous sommes, nous Européens, les seuls à rassembler cela dans un terme unique, l'amour, dont nous varions les adjectifs. « Et c'est précisément ce terme unique qui manque aux Grecs, comme à toutes les langues de l'Asie sans exception[35]. » Cette synthèse effectuée par les langues européennes est révélatrice d'un état d'esprit, et cet état d'esprit consiste à valoriser les sentiments passionnels exaltés au temps de l'amour courtois, qui lui-même les avait empruntés à l'Éros socratique : nous sommes tous des platoniciens à notre insu, valorisant Éros et donc peu attentifs aux dimensions affectives de l'amour.

On conviendra que, dans ce qu'on vient d'exposer, le mot amour, sans précision supplémentaire, désigne une émotion qui correspond en effet plutôt à la passion. Il s'agit en tout cas de sentiments fondés sur un attrait d'origine sexuel – ce que l'on a appelé l'amour érotique – qui comporte à la fois un désir sexuel et une volonté de fusion. Cet état ne peut probablement pas se maintenir très longtemps, bien qu'il nous transporte vers l'éternité. Il est magique car, comme le note Roland Barthes, il « s'oppose aux forces dépréciatives de l'existence » : en fait, il les ignore. Et de même, il ignore aussi largement les imperfections de notre partenaire qu'il habille de ses désirs. C'est donc un amour aveugle, un état de bienheureuse idéalisation de notre existence – lié à une inondation d'ocytocine, d'endorphine, etc. Cet amour est un rêve, c'est celui qui nous fait rêver, et c'est sans doute pourquoi, lorsqu'on s'interroge sur ce que recouvre le mot amour, c'est cette forme d'amour passionnel qui vient à l'esprit en priorité. C'est l'amour qui inspire les artistes – mais ce n'est pas nécessairement celui qu'ils vivent.

Cet état d'idéalisation est immédiatement confronté à des contradictions impossibles, car le désir ardent suppose l'écho d'un autre désir, et, s'il y a désir, n'y a-t-il pas danger de trahison : qui me dit qu'un autre ne pourra pas provoquer l'incendie qui nous embrase ? Derrière l'avidité fusionnelle se cache en fait son double en contrepoint, l'angoisse de la séparation, et tous les indices qui viennent rappeler que l'unité convoitée entre son partenaire et soi n'est pas atteinte sont des motifs d'effroi que l'idéalisation du départ ne parviendra pas longtemps à contenir. D'où la jalousie sans bornes qui accompagne en général la passion.

L'amour passion se heurte encore à une autre difficulté : bien que prenant racine dans le désir érotique, son aspiration fusionnelle fait obstacle à la génitalité. La fusion des corps y est un prolongement de la fusion des âmes, et elle tente de se faire oublier au profit de cette dernière. Le désir sexuel souille l'amour, remarque encore Roland Barthes, qui ne parvient à concevoir ce sentiment que sous la forme de l'idéalisation passionnelle. C'est bien là une des contradictions de l'amour passion : comment concilier le sublime de l'idéalisation passionnelle avec la grossièreté des désirs des corps ?

L'amour ordinaire n'a pas tant d'embarras. Il admet que le désir érotique a sa place au sein d'un élan affectif plus large, dont il représente la part concrète. Nous avons vu que l'aspiration à la fusion affective prenait sa source dans l'attachement affectif qui lie l'enfant à sa mère dans les premiers mois de la vie. Cet amour non génital, que nous découvrons dans les bras de notre mère, intervient ultérieurement dans toutes les formes d'amour, c'est-à-dire d'implication affective dans les relations aux autres. Il est la première forme que prend pour chacun de nous le besoin affectif, c'est-à-dire le besoin de l'autre, qui nous habite dès la naissance ; plus tard, ce besoin de l'autre, en se conjuguant avec le désir érotique, se muera en amour adulte, non sans difficultés.

Dépasser l'aspiration à la fusion de l'enfant est en effet la condition nécessaire pour s'ouvrir à l'amour de la maturité. Cet amour-là répond au besoin d'être unique dans le regard d'un autre, d'être distingué par l'autre et non de se confondre avec lui. Lors de la rencontre amoureuse, deux êtres se découvrent l'un l'autre, c'est-à-dire qu'ils se *voient*, se reconnaissent, se distinguent au milieu des autres, et l'amour est cette force qui les *décide* à ne pas se perdre de vue. Ils forment dès lors deux êtres enchantés de s'être trouvés, unis par un choix commun, et non pas deux êtres soudés en un seul par la magie d'un enchantement qui menace à chaque instant de s'évanouir. L'amour n'est pas qu'érotique – comme l'est la passion –, et il n'y a d'amour complet que si on parvient à faire coexister l'attachement des origines et les désirs sexuels de la maturité.

Cette part affective est souvent négligée dans la représentation commune de l'amour.

8

Aux origines de l'amour, les bras de maman

Que l'on partage ou non la conception de l'amour qui ne vise qu'à l'union sexuelle, elle ne peut s'appliquer, en tout état de cause, qu'au sentiment qu'éprouvent des adultes ou des individus suffisamment développés pour avoir des désirs sexuels. D'autres formes d'affection se rencontrent pourtant : entre parents et enfants ou entre grands amis, par exemple ; mais aussi entre un animal familier et son maître. À ces manifestations d'affection, on réserve plutôt le nom de tendresse. L'amour en est-il donc absent ?

Il y a en fait beaucoup à apprendre de ces élans affectifs dont les motivations ne sont pas d'ordre érotique, et qui ne dérivent pas non plus de la satisfaction d'un autre besoin élémentaire comme la faim. L'amour, dans certains cas, serait-il donc gratuit ? En apparence, il nous faut bien admettre que oui. À y regarder de près toutefois, l'amour, le bel amour, n'est jamais complètement désintéressé : il n'oublie pas, en fait, les intérêts de l'espèce.

Besoin de caresses

Après sa sieste, le chat s'est étiré, puis il a sauté souplement du canapé où il s'était pelotonné pour se diriger vers les chevilles accueillantes de son voisin, absorbé par une lecture. Il entreprend alors de s'y frotter en ronronnant, échine relevée, queue ébouriffée.

Le chat cherche sa dose de caresses. Il aime les caresses comme tous les mammifères, jusqu'au bébé hippopotame, au petit rhinocéros et à l'éléphanteau qui, malgré l'épaisseur de leur cuir, apprécient eux aussi les frottements caressants des flancs, de la joue ou du mufle de leur mère.

Le besoin de caresses semble primordial. Il ne répond à rien de défini, sinon un appétit de contact. La caresse apaise par des effleurements de la peau, alors que les pincements ou les tiraillements mettent en tension. Selon la manière dont ils sont stimulés, les mêmes capteurs sensoriels poussent à un relâchement qui rime avec bien-être, ou à un déplaisant état d'alerte accompagné d'une contraction musculaire qui prépare la fuite.

Retour aux sources : de la douceur avant toute chose ?

Toute vie commence par des caresses. Dès leur venue au monde, les petits mammifères sont léchés ; le contact qu'ils établissent avec le ventre de leur mère, qui suit le doux va-et-vient de sa respiration, est une forme de caresse. Spontanément, les nouveau-nés enfouissent leur tête dans son giron à la recherche du téton qui nourrit ; mais de la même façon, une fois repus, ils se recroquevillent étroitement unis à cette paroi protectrice : elle leur fournit la chaleur indispensable tant que leur manteau de graisse ne s'est pas encore développé, et elle les préserve des dangers d'un monde dont ils ignorent encore tout.

En fait, le contact chaud et doux ne représente pas pour le nouveau-né un besoin accessoire par rapport au lait maternel, un simple élément du contexte jouant, par rapport à l'allaitement, un rôle secondaire. Le contact est une nécessité en soi ; il répond à un besoin aussi fort que le besoin alimentaire, et son défaut peut avoir des conséquences aussi graves. Car, dans le monde animal, que deviendrait un bébé qui ne s'accrocherait pas spontanément à sa mère ? La mère ne peut pas assurer toute seule la promiscuité indispensable pour nourrir et protéger son nourrisson ; son nourrisson doit également la désirer. Heureusement, la nature a prévu les conditions de l'agrippement.

Dans les années 1950, les expériences de Harlow[1], un primatologue de l'université du Wisconsin, ont établi de façon spectaculaire – au prix de méthodes décriées pour leur cruauté – la démonstration que le besoin de contact est d'ordre instinctif, et qu'il ne résulte pas de la satisfaction alimentaire.

Harlow sépare de leur mère des singes nouveau-nés de quelques heures, et il les confie à deux « mères » artificielles. L'une est faite d'un bloc de bois recouvert d'un tissu éponge moelleux, et l'autre d'un treillis métallique. Toutes deux sont surmontées d'une fausse tête en bois ; les proportions du corps sont à peu près respectées et un système de chauffage assure dans les deux cas une chaleur comparable à celle de la mère naturelle. La mère en grillage est équipée d'un biberon dont la tétine émerge au niveau de la poitrine ; le petit qui s'agrippe dispose ainsi d'une mamelle artificielle pour s'alimenter. L'autre mère n'a pas de biberon. Les bébés singes manifestent une préférence évidente pour la mère recouverte du tissu doux, et ils ne la quittent pour grimper sur la mère à tétine que pour se nourrir, sans s'attarder au-delà du temps nécessaire : le choix de la mère à laquelle ils s'accrochent est donc bien une question de contact et non de satisfaction de la faim.

Tous les nouveau-nés primates ont ainsi un besoin primitif de contact doux ; et l'humain sans doute plus encore, lui qui naît sans la protection d'un manteau de poils et dont l'épiderme fragile est particulièrement sensible au froid et au contact. Quand ils en disposent, les petits singes de Harlow se pelotonnent contre des coussins ou s'enroulent dans des couvertures ; de même, les enfants humains s'entourent de « doudous » et de peluches.

Quel rapport entre ce besoin de contact et les caresses ? La caresse n'est après tout qu'une forme de contact ; elle est le mouvement doux qui s'établit dans le contact et le prolonge en le faisant mieux ressentir. Elle répond à un appétit de contact physique réconfortant, ni sexuel ni alimentaire, de la même nature que le besoin qui pousse le nouveau-né à s'agripper à la mère qui protège. La caresse détend, attendrit, rassure ; elle comble par une sensation de proximité physique. Pour apaiser la souffrance d'un proche, ou exprimer la joie de retrouver un ami, quel autre moyen qu'ouvrir ses bras et le prendre contre soi ? Chez l'humain, comme chez bien des mammifères, le besoin de câlins, faits de caresses et de contact, commence dès les premiers jours et dure toute la vie[2]. Et – qui sait ? – les premières caresses débutent peut-être avant la venue au monde. Pendant la vie intra-utérine, on constate en effet que, par l'intermédiaire des contractions de l'utérus, le fœtus subit une sorte de massage sur un fond de pression permanente[3] : le tout premier câlin ?

La douceur qui protège

Les expériences de Harlow n'ont pas simplement prouvé que les petits singes naissent avec un véritable appétit de contact, et qu'agripper un objet doux et confortable s'avère aussi important pour eux que de se nourrir. Elles ont également révélé que ce contact chaleureux est une nécessité pour que se forme, du côté du petit singe, un lien maternel qui offre un sentiment de sécurité et de protection. Les réactions de frayeur des petits singes, selon qu'ils disposent d'une mère en grillage ou d'une mère en tissu, ne sont en effet pas comparables.

Dans la nature, lorsqu'un bébé singe est effrayé, il grimpe sur sa mère, et jamais sur d'autres congénères. Or lorsqu'on introduit dans la cage des objets menaçants tel qu'un faux serpent, ou des jouets inattendus, les bébés singes se réfugient sur la mère de tissu, et presque jamais sur celle en grillage. La mère en grillage ne rassure pas. Et quand le petit singe n'est pas rassuré, il ne peut pas se lancer dans la conquête du monde.

Face à des objets inconnus, le bébé singe est spontanément curieux et il manifeste une activité exploratoire. Au long du développement de son bébé, dans les conditions naturelles, la mère est utilisée comme une base de sécurité à partir de laquelle il déploie son champ d'exploration : jouant avec les objets qui attirent sa curiosité, il s'interrompt régulièrement pour revenir se frotter à elle et la toucher çà et là avant de repartir vers ce qui l'intrigue et l'inquiète en même temps. Dans la situation imaginée par Harlow, on observe un comportement comparable quand la mère de tissu est présente. Libéré dans un espace rempli d'objets nouveaux, le bébé singe se précipite sur la mère de tissu, s'agrippe et se frotte contre elle, palpant son corps et son visage, avant de s'aventurer dans cet environnement inconnu. Il revient vers elle régulièrement pendant qu'il poursuit son exploration. À l'opposé, quand la mère de tissu est absente, le bébé singe manifeste une grande tension signalée par des cris, une succion grimaçante des lèvres et des mouvements de balancement du corps ; puis il s'immobilise en se recroquevillant, la tête entre les mains, ou encore il s'agite en courant d'objet en objet. La présence de la mère en grillage ne modifie en rien ces réactions d'effroi.

L'indispensable socle affectif

L'amour ne serait-il, comme on l'a dit, qu'une question de peau ? Du moins, le contact intime avec une paroi douce est le point de départ d'un lien rassurant avec ce que l'on peut appeler le premier objet d'amour. Car nul doute que ce qui lie le bébé singe à son simulacre de maman en tissu ressemble à de l'amour. Harlow met d'ailleurs en évidence par plusieurs techniques la profondeur de ce lien affectif. Lorsqu'elle est mise hors d'atteinte, le bébé singe s'intéresse à la mère en tissu, qu'il cherche à apercevoir par une fenêtre en appuyant sur un levier, ou à retrouver en découvrant le code qui permet d'ouvrir une porte. Et il ne l'oublie pas quand il en est séparé pendant plusieurs mois ; il s'intéresse à tout ce qui la représente ; quand il la retrouve, il s'agrippe fortement à elle en mordant et en déchirant la couverture pelucheuse, sans la quitter pour explorer l'environnement comme auparavant. Aucun de ces comportements n'est noté avec la mère en fil de fer qui peut disparaître sans être recherchée et revenir sans être fêtée.

L'amour est une dépendance, une forme de drogue, une addiction délicieuse mais porteuse de souffrance. Le petit singe s'agrippe à sa mère de tissu, mais elle lui manque quand elle est absente. Doit-on en conclure qu'il est préférable d'être élevé par une maman en fil de fer ? Après tout, les bébés singes élevés auprès d'une mère de grillage avec tétine ne montrent pas de différence physique évidente avec ceux qui bénéficient d'une mère en tissu : ils se nourrissent autant qu'eux et parviennent au même poids. Mais ne nous y trompons pas : si la mère de grillage paraît biologiquement adéquate, elle est psychologiquement inapte. Les petits auxquels elle est attribuée présentent des troubles du comportement et des troubles psychosomatiques. Il ne suffit donc pas de lait pour faire un singe, il lui faut également un contact doux qui le rassure et provoque un attachement.

Au-delà de la douceur : le lien maternel comme support du lien social

Peut-on alors, pour faire un singe, se contenter d'une bonne couverture de peluche et d'un peu de lait ? Pas davantage. Parvenus à l'âge adulte, même les singes élevés avec des mères en peluche se montrent en fait inadaptés dans leur comportement sexuel et social[4]. Ils s'isolent, ne sont pas capables de jouer avec des congénères, ne savent pas comment se défendre et prendre une place dans la hiérarchie du groupe. Ils sont volontiers autoagressifs et, par-dessus tout, ils se montrent incapables de s'engager dans un rapport sexuel. Rien ne les distingue de ceux qui ont été élevés dans une cage isolément, sans mère artificielle.

Pour faire un singe, n'y aurait-il donc d'autre solution que d'en passer par une mère naturelle ? Oui, mais bien que nécessaire, cela ne suffit pas encore. Pour faire un singe « comme-il-faut », c'est-à-dire adapté, il faut – outre la douceur qui met en confiance et le lait qui nourrit – des contacts avec d'autres singes de son âge : or, la mère joue là un rôle majeur. Le support affectif et nutritif qu'elle représente est complété par l'apport des interactions avec le monde des autres.

Pouvait-on donc d'ailleurs imaginer que le rôle maternel se limiterait à une douceur de contact ? La vraie mère ne se contente pas d'offrir à son bébé une toison souple et chaude ; elle berce son enfant, communique avec lui dans le langage des singes, le punit quand son comportement n'est pas satisfaisant. Elle le repousse quand son agrippement physique tourne à l'obsession, l'aidant ainsi à se détacher d'elle. La vraie mère offre donc bien davantage qu'un refuge pour le bébé ; elle est un point d'appui affectueux et doux qui le protège tout en l'aidant à découvrir le monde et à se frotter aux autres.

L'attachement, côté mère

Nous venons d'apprendre ce dont il faut disposer pour devenir un singe convenable : de la douceur, une maman, des compagnons. Mais savons-nous ce qui, d'une guenon, fait une mère ? Une mère qui berce et communique, une mère qui s'attache et caresse, ou qui détache et punit ? L'attachement est-il un lien unilatéral, c'est-à-dire un simple agrippement réflexe du bébé sans contrepartie chez la mère, ou au contraire un lien qui se construit à deux, le bébé et la maman, avec pour chacun ses spécificités ?

Dans certains cas, on a pu établir que la nature a prévu chez les parents nourriciers un registre qui répond aux besoins du petit. Chez les humains, on a vu que la mère développait une sensibilité particulière à son enfant en raison de l'influence de certaines hormones secrétées au contact du bébé. Cette modification hormonale semble également observée chez les pères qui partagent les soins du bébé. Il existe de même, dans le monde animal, des preuves qu'un état biologique favorable pousse la mère à tisser avec son enfant le lien, si indispensable pour lui, de l'attachement.

Les données les plus significatives sur ce point ont été relevées chez des brebis[5]. Ces animaux ont la particularité de développer un attachement exclusif pour leur agneau, qui est immédiatement discriminé des agneaux étrangers, avec lesquels la mère se montre agressive. Ce phénomène est lié à l'identification précoce par la mère d'un ensemble de stimuli, olfactifs surtout, mais aussi visuels et acoustiques (bêlements) qui caractérisent l'agneau. Immédiatement après la mise bas, la mère consacre ses premières heures au léchage et à l'allaitement de son agneau[6] ; elle a alors l'occasion de se construire une « carte d'identité » de son petit, qui lui permettra de le reconnaître sans erreur parmi tous les autres. Sa sensibilité à ces stimuli est influencée par son imprégnation hormonale, car la période pendant laquelle la brebis est en mesure de développer cet attachement est prolongée par l'injection d'œstrogènes. Peut-on toutefois comparer l'humain aux brebis ?

Revenons aux primates, beaucoup plus proches de nous. Harlow a peu exploré l'autre versant du lien, celui qui unit la mère à son petit. Il rapporte cependant à ce sujet quelques observations précieuses. Quand elles ont des enfants, les guenons élevées sans mère se montrent indifférentes ou maltraitantes avec leur progéniture ; à l'inverse des autres mères, elles ne s'opposent jamais à ce qu'on leur enlève leur petit, et elles ont avec lui (surtout les plus maternelles en apparence) des moments de violence. Le comportement maternel n'est donc pas inné chez les primates, et le passé de la mère n'est pas sans influence sur sa sensibilité aux besoins de son enfant.

Cependant le présent compte également comme le démontre cette autre observation. Une guenon élevée dans l'isolement est devenue une inadaptée sociale et elle refuse tout contact, en particulier toute approche du mâle. On procède alors à une insémination artificielle. Elle met au monde un petit qu'elle maltraite, refuse de nourrir, et menace même de tuer. L'enfant pourtant s'agrippe à sa mère et subit ses mauvais traitements en continuant à se frotter contre elle. Petit à petit, la guenon s'attache à lui. Il s'avère même avoir un rôle salutaire plus général : après cette expérience, la mère devient capable d'avoir des rapports sexuels normaux, et elle donne naissance à un second bébé avec lequel elle se montrera, cette fois, maternelle.

Dans le monde évolué des primates, la biologie ne dicte donc pas tout. Pour faire une mère, il faut sans doute un terrain hormonal favorable ; mais il est également préférable de ne pas avoir trop souffert d'un passé perturbant ; et surtout, il faut aussi un bébé : les interactions avec l'enfant contribuent fortement à construire la mère, parfois même en dépit de l'histoire qui l'a façonnée.

La notion de période sensible

L'observation précédente rappelle que chez les espèces supérieures capables d'évoluer avec l'expérience, rien n'est jamais joué. Pourtant, dans leur ensemble, les recherches effectuées sur le développement des relations précoces révèlent unanimement qu'il existe des périodes propices pour que se mettent en place certains comportements, et qu'en dehors de ces périodes, le comportement sera plus difficile, voire impossible à apprendre.

Ainsi chez la brebis, la période pendant laquelle se construit l'attachement maternel correspond à une fenêtre de temps assez limitée après la naissance : si on la sépare de son agneau pendant les douze heures qui suivent la mise bas, elle ne le reconnaîtra plus dans la plupart des cas. Une séparation beaucoup plus prolongée aura en revanche peu d'effet si on lui a laissé son petit dans les premières vingt-quatre heures.

Des périodes sensibles sont également observées dans les attachements multiples. Chez le chat, on a montré que les trois premières semaines du nouveau-né sont déterminantes pour qu'il développe un attachement à sa mère satisfaisant, qui conditionnera ses attachements ultérieurs ; l'attachement du chaton à l'homme, qui se met en place dans les quatre semaines suivantes, sera perturbé si la mère était rejetante. De même le contact du chiot avec sa mère entre la troisième et la douzième semaine est indispensable pour permettre la socialisation du chien avec ses congénères ; élevé dans l'isolement pendant cette période, il se montrera incapable de s'attacher ni aux chiens ni aux humains.

Chez les primates, Harlow constate des conséquences graves pour le comportement du petit singe si on le maintient dans l'isolement (avec ou sans sa mère) en le privant de tout contact avec d'autres jeunes singes : les dégâts apparaissent réversibles tant qu'on ne maintient pas l'isolement au-delà du premier trimestre, mais ils deviennent irréversibles au-delà de six mois[7].

Faut-il en déduire que, à l'inverse de ce que l'on laissait entendre, hors de certaines périodes, point de salut, même pour l'humain ? Rassurons-nous : l'être humain est caractérisé par sa créativité ; s'il manque une étape de son développement, il trouvera dans la plupart des cas des chemins détournés pour suppléer à ses défaillances. Mais on doit admettre que certaines périodes du développement sont cruciales, et que leurs perturbations peuvent laisser des traces pour le reste de l'existence.

Un cas à part de lien « réflexe » : l'empreinte

On voit que chez les primates, la part innée de l'amour se limite, côté enfant, à un besoin de contact et d'agrippement. Ce besoin inné rapproche le petit de sa mère, et celle-ci forme alors avec lui un couple dont les caractéristiques dépendent d'elle et de son histoire. On ne peut donc pas conclure que le couple formé par la mère et son enfant se développe sur des bases définies uniquement par des données innées, mais simplement qu'il est favorisé par des tendances innées, au moins du côté de l'enfant. Cette situation est proche de ce que l'on observe chez l'humain.

En revanche, chez des espèces plus rudimentaires – oiseaux, insectes – un mécanisme inné de déclenchement d'un lien filial a été mis en évidence : c'est le phénomène de l'empreinte. Il s'agit d'une forme extrême d'attachement ; je ne la rapporte ici que pour faire mieux ressortir, par contraste, ce que ce lien chez les primates, et *a fortiori* chez les humains, ne saurait jamais être.

Un éthologue célèbre, Konrad Lorenz, qui observait l'éclosion d'œufs d'oie cendrée eut la surprise de constater que les oisillons dont il avait surpris la naissance se conduisaient par la suite avec lui comme s'il était leur mère : ils le suivaient dans ses déplacements, s'adressaient à lui par des cris habituellement réservés à leur mère, se regroupaient derrière lui quand ils étaient effrayés, etc. En fait Lorenz, en étant présent quand les oisillons ont ouvert leurs yeux sur le monde, avait tout simplement pris pour eux la place de leur mère. Comme il a pu le démontrer ultérieurement, c'est la forme en mouvement perçue au premier instant qui constitue pour les oisons la cible de leurs comportements filiaux.

On peut considérer ce phénomène comme une forme très particulière de conditionnement : un conditionnement qui se réalise en peu de temps, pendant une période déterminée (les quelques heures qui suivent la naissance), et dont les effets se feront sentir toute la vie de l'animal. L'attribution du rôle maternel à un élément quelconque de l'environnement est ainsi le résultat d'une trace définitive qui se forme dans son système nerveux, à la suite d'une expérience perceptive initiale. Dans les conditions naturelles, c'est bien entendu sur la maman que se forme l'empreinte.

Cet exemple caricatural d'amour filial totalement instinctif a au moins un mérite : l'observation de Lorenz nous rappelle que la nature a besoin d'autres garanties que les bons sentiments, et qu'elle prévoit parfois d'assurer le lien mère-enfant, trop précieux pour la survie de l'espèce, par une mécanique rigoureuse.

Le phénomène offre également un exemple extrême de période sensible : passé les premières heures de la vie de l'oison, il n'y a plus de possibilité de former une empreinte. Toutefois, un spécialiste de l'étude expérimentale de l'attachement[8] met en garde contre une interprétation étroite de cette période critique : même dans les cas où le lien filial est déterminé de façon aussi caricaturale, une empreinte peut en remplacer une autre, ou elle peut être complétée par une autre. Ainsi, le comportement n'est finalement jamais rigidement déterminé par l'empreinte initiale.

Mère-enfant, l'histoire d'un amour sans égal : l'attachement

Le point de vue des spécialistes

Après avoir observé les animaux, tournons-nous à présent vers l'homme, et examinons ce que disent du lien mère-enfant les professionnels du développement de l'enfant. Certaines données convergentes rappellent, comme on va le voir, notre continuité avec le monde animal. Mais dans l'ensemble, l'interprétation de l'attachement chez l'homme demeure l'objet de vifs débats. Cela tient à la très grande liberté du primate humain par rapport aux contraintes naturelles, ainsi qu'à l'impossibilité éthique de se livrer sur l'homme à des expérimentations, comme on le fait pour l'animal.

Mais une autre source de confusions est liée à la nature culturelle du primate humain. La parole nous distingue des animaux les plus proches de nous. Cette aptitude au langage est un témoin de notre capacité à transformer tout ce que nous expérimentons en représentations abstraites, offrant ainsi à nos activités exploratoires les ressources infinies de notre espace mental : un avantage considérable sur le singe. Le langage sert aussi toutefois à plier les faits à nos points de vue polémiques. Or la question des liens mère-enfant est une question particulièrement sensible à une époque où l'on craint que reconnaître une différence entre les sexes fournisse l'occasion de rétablir une prise de pouvoir d'un sexe sur l'autre. Admettre qu'un lien spécial unit la mère et l'enfant, n'est-ce pas vouer la femme à l'enfant et la condamner dans sa volonté de concurrencer les hommes au détriment de son rôle maternel – et par un chemin autrement plus sournois, celui de la culpabilisation maternelle[9] ?

• Les psychanalystes. Freud a été le premier à attirer l'attention sur l'importance du développement précoce de l'enfant, mais, pendant longtemps, les psychanalystes ne se sont guère intéressés à la nature des relations mère-enfant. Et pour cause : par construction, la théorie psychanalytique se soucie peu des interactions réelles du sujet avec son environnement ; elle se concentre sur ses élaborations fantasmatiques. De plus l'édifice freudien a été bâti sur des souvenirs d'adultes, et non sur des explorations directes d'enfant[10]. La seule référence de Freud au lien mère-enfant concerne une observation faite chez son petit-fils : ce dernier s'amuse à jouer à cache-cache avec une bobine de fil qu'il jette au loin, puis tire pour la ramener, ponctuant ses gestes d'une exclamation : « Là-bas ! », « Ici ! ». Freud interprète ce jeu comme un simulacre où, grâce à son imagination, l'enfant retourne à son avantage la situation de dépendance par rapport à sa mère et en prend la maîtrise, décidant de sa présence comme de son absence. Mais le fondateur de la psychanalyse ne va pas beaucoup plus loin dans les étapes qui amènent le bébé à se construire la représentation d'une mère – autrement dit, il n'explique pas comment le bébé se crée une mère. Il n'aborde pas non plus l'autre versant du lien, c'est-à-dire ce qui chez la mère, répond au bébé.

La relation au sein maternel et à la mère sera en revanche au centre de l'œuvre d'une disciple de Freud, Melanie Klein. Celle-ci se lance, malgré les obstacles pratiques, dans la psychanalyse des enfants en utilisant le jeu comme moyen d'accès à leur univers fantasmatique. Selon elle, le nourrisson est habité par un sentiment angoissant de destruction dans toutes les circonstances déplaisantes : quand on ne répond pas à ses désirs, quand il est inquiet ou quand il éprouve des douleurs physiques[11]. Haine et agressivité s'éveillent alors au fond de lui envers sa mère, objet de tous ses désirs et étroitement reliée, dans son esprit, à tout ce qu'il éprouve, le bon comme le mauvais. Dans ses fantasmes agressifs, le nourrisson éprouve une grande violence ; ainsi, lorsqu'il a acquis ses premières dents, il souhaite mordre et déchirer sa mère et ses seins. Ces émotions puissantes, et son incapacité à distinguer le fantasme et la réalité, l'entretiennent dans des angoisses permanentes d'anéantissement du couple formé avec sa mère de deux façons à la fois : il redoute de détruire sa mère, et également de se détruire lui-même par un retournement vers sa personne de son agressivité fantasmatique.

Les propos de Melanie Klein sur la relation mère-enfant restent donc centrés sur le contentement des désirs de l'enfant et en particulier sur la satisfaction de ses besoins alimentaires par l'intermédiaire du sein maternel : à ce titre, ils peuvent paraître bien éloignés de ce que nous ont appris les bébés singes de Harlow, bien plus préoccupés par la douceur du contact que par la tétine nourricière. Pourtant Melanie Klein est la première à avoir décelé une composante fondamentale du lien qui unit l'enfant à la mère – la sécurité :

> « La satisfaction des désirs du bébé par la mère est le moyen immédiat et essentiel de soulager de ces états douloureux de faim, de haine, de tension et de peur. Le sentiment temporaire de sécurité obtenu par la satisfaction rehausse beaucoup la satisfaction elle-même. C'est ainsi que le sentiment de sécurité devient, chaque fois qu'une personne se sent aimée, un élément important de la satisfaction[12]. »

Un peu plus tard, le psychanalyste René Spitz fait un pas de plus vers une description du lien mère-enfant qui dépasse l'exploration de l'univers fantasmatique de chacun des deux protagonistes, pris indépendamment.

Ce sont les effets de la déprivation maternelle qui frappent en premier lieu Spitz. Il constate des troubles sévères chez des nourrissons de 6 à 8 mois séparés de leur mère[13]. Ces troubles constituent ce qu'il appelle la « dépression anaclitique » ; ils évoluent en plusieurs étapes et peuvent mener à la mort de l'enfant[14]. Si l'absence de la mère ne dure pas plus de cinq mois, la récupération est possible, bien que des séquelles tardives restent à craindre. Au-delà du cinquième mois, l'enfant présente une détérioration irréversible de son développement psychomoteur, et en l'absence d'un substitut maternel, cet état s'aggravera jusqu'au marasme et à la mort. Fait remarquable, Spitz note que cet état de dépression aux conséquences dévastatrices pour l'enfant ne s'observe que si les relations mère-enfant étaient de bonne qualité avant la séparation.

Par la suite, Spitz se consacre à l'examen du lien mère-enfant et mène une étude de grande envergure sur plusieurs centaines d'enfants, issus de milieux variés[15], examinés pendant plus de deux ans à raison de quatre heures par semaines. Les observations très détaillées comportent des tests psychologiques et des données filmées. Les résultats de cette enquête, consignés dans son ouvrage *De la naissance à la parole*[16], l'amènent à distinguer plusieurs stades au développement précoce de l'enfant. Le visage humain y occupe une place centrale.

Côté enfant, le lien se crée selon Spitz à partir d'un mécanisme inné, le réflexe de fouissement : la stimulation de la région péribuccale chez le nourrisson déclenche une rotation de la tête vers le côté stimulé, et un mouvement de happement. C'est sur la base de ce comportement inné facilitant l'allaitement que se met en place une perception à distance centrée sur le visage humain. Pendant la tétée, le bébé fixe le visage de la mère, et apprend à faire de cette forme qu'il suit du regard un signal de présence gratifiante et rassurante par sa stabilité : au cours de la tétée, le mamelon peut bien s'échapper, le visage, lui, est toujours là ; le contact visuel assure une constance que n'offre pas le contact buccal. Le visage de la mère est ainsi une perception initiale fondatrice : c'est à partir de cette donnée que le bébé construira sa représentation maternelle en l'enrichissant de perceptions associées, et en établissant avec elle un échange affectif déterminant pour son climat émotionnel.

Au long du chemin, des événements marquent des transformations importantes du bébé, et Spitz, comme on l'a vu, les qualifie d'*organisateurs*. Ce terme désigne des conduites révélatrices d'un certain niveau d'intégration entre différents secteurs de maturation – conduites dont l'apparition signe un changement de palier dans l'évolution. Le premier est le *sourire* que le bébé adresse à sa maman[17] ; il n'est au départ qu'une réponse à une forme perceptive élémentaire : dans les tout premiers mois, « maman » se réduit à ce visage perçu lors de la tétée ; ce visage n'est reconnu que de face, et non de profil. Il faudra attendre six mois au moins pour qu'il s'intègre dans une unité de niveau supérieur, qui dépasse la perception du visage de face et rassemble dans sa totalité une personne définie par les données éparses de la perception tactile, visuelle, olfactive et auditive. Peu après apparaît alors le deuxième organisateur qu'est *l'angoisse du huitième mois* : cette angoisse témoigne selon Spitz que le bébé identifie à présent bien sa mère et redoute tous ceux qui se distinguent d'elle. Enfin, le troisième organisateur, la verbalisation du *non*, marque la prise de possession du bébé par lui-même. Le mouvement même qui conduit le bébé à se construire une mère l'amène à se construire lui-même. Grâce à la maturation de ses systèmes de locomotion et d'expression, le bébé acquiert une indépendance physique et verbale : l'apparition du « non » signale cette première autonomie.

Côté mère, la relation est d'une nature particulière puisqu'une relation ordinaire suppose deux individus construits, et que l'enfant est à l'origine un être inachevé : Spitz donne à ce couple à part le nom de « dyade ». La relation dyadique est soutenue par une affectivité puissante mais elle est asymétrique : la mère réagit aux besoins particuliers de l'enfant comme si elle les comprenait, et elle lui donne ainsi tout ce dont il a besoin, mais celui-ci, réciproquement, lui donne aussi tout ce dont elle a besoin. Car, en contrepartie de l'empathie de la mère, le bébé, lui, est particulièrement sensible « à l'humeur maternelle et à ses désirs, qu'ils soient conscients ou inconscients[18] ». Tous deux s'isolent dans le bien-être d'un dialogue affectif où les échanges sont codés dans un langage non pas verbal, mais sensori-moteur[19]. Il est fondé sur l'intuition, l'expérience et la sensibilité développées chez la mère pendant la grossesse et les premiers soins au bébé.

• Bowlby : l'attachement affectif humain. Psychiatre d'enfant, John Bowlby s'interroge dès les années 1930, à l'occasion d'une première expérience auprès d'enfants inadaptés, sur les effets pathologiques de la perte de la mère. Dans un ouvrage publié pour le compte de l'Organisation mondiale de la santé[20], il expose les conséquences souvent indélébiles des carences affectives multiples ou prolongées au cours des trois premières années de la vie, telles qu'en provoquent des séparations précoces ou un environnement affectif peu chaleureux. Les enfants sont tristes et anxieux ; leur mimique, leur mobilité, leurs activités exploratoires sont réduites ; leur développement psychomoteur est ralenti. Ils sont peu curieux et semblent préoccupés seulement par une quête affective intense, que traduit leur regard angoissé ; ils sont souvent solitaires et renfermés. Bowlby en conclut que « le nourrisson et le jeune enfant [doivent] être unis à leur mère (ou à la personne faisant office de mère) par un lien affectif intime et constant, source pour tous deux de satisfaction et de joie ».

Influencé par les expériences de Harlow, Bowlby postule chez le bébé des comportements innés visant à réduire la distance qui le sépare de sa mère, à établir une proximité et un contact sécurisant avec elle, et il qualifie ces conduites de comportements d'attachement.

Sa position diffère de celle des psychanalystes sur plusieurs points importants. L'attachement correspond, pour Bowlby comme pour Harlow, à un besoin primitif, instinctif, sans relation avec la satisfaction d'un plaisir. Le bébé naît avec un besoin d'attachement aussi naturel que le besoin de respirer, et les comportements d'attachement n'ont pas plus à être appris que les mouvements de la respiration[21]. La mère représente pour lui non pas (ou pas seulement) celle qui donne le sein, mais celle qui fournit un contact proche en répondant à ces comportements. Les comportements d'attachement du bébé s'adressent initialement à tous ceux qui l'entourent, et beaucoup peuvent au début s'approcher de lui et l'apaiser ; mais elle est seule à répondre très régulièrement à la quête de proximité et elle devient progressivement une figure familière, une figure qu'il préfère à toutes. Lorsque l'attachement à la mère est établi, elle représente pour l'enfant le seul contact qui a le pouvoir de le rassurer et les autres, les étrangers, sont inquiétants. C'est la période de l'angoisse de séparation, qui correspond à l'angoisse du huitième mois que décrivent les psychanalystes – mais dans la perspective de Bowlby, cette angoisse n'est pas la source de l'attachement, elle en est l'effet : c'est parce que l'enfant est à présent attaché à sa mère qu'il ne supporte plus d'en être séparé.

Une manière d'évaluer l'attachement est de regarder les conséquences de séparations brèves. C'est ce que réalise une des élèves de Bowlby, Mary Ainsworth, en élaborant une situation expérimentale qui permet de tester la qualité de l'attachement. Elle place des enfants entre 12 et 18 mois dans des conditions où la mère est présente ou absente pendant qu'on introduit une personne étrangère, selon une séquence rigoureusement standardisée qualifiée de « situation étrange[22] ». Les comportements de la mère et de l'enfant sont analysés après coup sur les enregistrements vidéo réalisés pendant l'épreuve.

Selon leur réaction à la séparation, elle décrit plusieurs groupes d'enfants. Dans leur majorité (65 %), ils se montrent explorateurs lorsque la maman est présente, protestent lors de la séparation et recherchent le contact après la séparation. Ce type d'attitude atteste d'un attachement satisfaisant donnant à l'enfant une bonne base de sécurité : la mère apparaît disponible et sensible aux besoins de son bébé. Dans d'autres cas, les enfants ne paraissent pas avoir établi un attachement sécurisant ; Mary Ainsworth décrit une grande variété d'attachements perturbés. On en retient principalement trois formes : l'*évitement* (environ 15 % des cas), l'*ambivalence* (10 %) et la *désorganisation* (5 %). Dans l'insécurité avec évitement, l'enfant ignore la mère quand elle est là, et plus encore quand elle revient ; ce type d'attachement s'observe plutôt avec des mères intrusives et rejetantes. Dans l'insécurité avec ambivalence, l'enfant reste proche de la mère quand elle est présente, manifeste de la détresse quand elle s'en va, et l'accueille, à son retour, par un mélange de recherche de contacts physiques et d'agressions coléreuses ; ce type d'attachement se rencontre surtout avec des mères incohérentes, alternant la disponibilité et le rejet. Le troisième type d'attachement défectueux, l'insécurité avec désorganisation, s'observe rarement et n'a été décrit que récemment.

Selon beaucoup de spécialistes du développement de l'enfant, la capacité d'établir un lien sélectif avec une figure d'attachement est tenue pour décisive dans le développement normal, et l'échec à former un tel lien entraînerait des troubles permanents et irréversibles de la socialisation. Des travaux récents, utilisant une méthode d'évaluation de l'attachement chez l'adulte à partir d'un entretien standardisé, impliqueraient également des défauts d'attachement dans un grand nombre de domaines de la psychopathologie comme les troubles de l'humeur, l'anxiété, les troubles du comportement alimentaire, les addictions, etc.

Le désinvestissement maternel : péril sur le lien ?

Dans les années 1980, les psychanalystes rejoignent Bowlby sur un point au moins : ses préoccupations pour l'avenir des enfants que les mères mettent au monde depuis qu'elles désertent leur foyer pour s'engager dans une vie sociale active. Le recours à des solutions collectives s'impose (crèches, garderies), mais peut-il satisfaire le besoin de lien maternel de l'enfant ?

Spitz s'alarme pour ces êtres « privés de la nourriture affective à laquelle, ils [ont] droit », déclare que « leur seule ressource possible est la violence »[23], et se montre pessimiste sur des possibilités d'aider les individus déséquilibrés du fait de ces carences. La société pourrait bien ainsi produire ses propres maladies, en établissant des normes qui ne laissent pas une place suffisante à la relation mère-enfant, et en visant uniquement la rentabilité économique.

Bowlby surenchérit en déclarant dans un entretien :

> « Toute cette histoire de mères qui vont travailler, il y a une grosse controverse là-dessus, mais je ne crois pas que ce soit une bonne idée. [...] Il est difficile de trouver des gens qui s'occupent des enfants des autres. S'occuper de ses propres enfants est un travail dur. Mais vous en retirez quelques satisfactions. S'occuper des enfants des autres est un travail encore plus dur, et vous n'en retirez guère de satisfaction[24]. Je pense que le rôle des parents a été fortement sous-évalué. [...] On ne se soucie que de la prétendue prospérité économique[25]. »

On imagine quels sursauts ont pu provoquer chez les femmes des positions aussi tranchées. Aussi, la question du lien mère-enfant a très rapidement quitté le territoire de la réflexion scientifique apaisée pour devenir l'objet d'un débat passionnel.

Comme toujours, deux camps extrêmes se sont alors affrontés : ceux qui nient le phénomène et considèrent que toutes ces constructions ne reposent sur rien, et ceux qui font de l'attachement la clé de tout, une sorte de nouvel œdipe. Ces derniers ont volontiers de l'attachement une conception proche de l'empreinte ; ils le considèrent comme une forme d'accrochage qui doit se faire très précocement sous peine de conséquences graves. Ces intégristes de l'attachement, en rapprochant l'humain de l'oie cendrée ou de la brebis, contribuent à décrédibiliser le fait chez le bébé humain.

En réalité, Bowlby n'a jamais soutenu que tout repose sur la mère. Il parle dans ses travaux de la mère *ou du substitut maternel*, et déclare qu'un enfant a besoin de s'attacher, mais sans jamais préciser que cet attachement ne peut concerner que la mère, et nulle autre personne. Les travaux actuels sur l'attachement explorent d'ailleurs le rôle des autres liens, avec le père, avec la fratrie et avec les autres adultes de l'environnement.

Mais il est clair que l'attachement de l'enfant représente un besoin exigeant et impose en retour une personne qui s'investit dans le lien. La primatologue Sarah Blaffer Hrdy expose dans le livre auquel il a été fait de multiples fois référence la question de l'attachement avec beaucoup de sensibilité et de nuance. Elle rappelle que le besoin de s'attacher du petit rencontre dans la mère la partenaire idéale parce qu'elle est « invariablement présente, prête sur le plan hormonal, sensible aux signaux de l'enfant et parente de celui-ci[26]. » En vertu non pas d'une « essence » maternelle magique innée, mais plutôt d'une coïncidence entre demande et offre, tous deux s'engagent dans un duo qui mène le petit à développer une préférence passionnée pour sa mère, et la mère à trouver un vif plaisir à s'occuper de lui et à le protéger – et un grand malaise à le quitter. Une fois forgée la relation entre la mère et l'enfant, la mère devient la personne émotionnellement la plus préparée à poursuivre ce travail pendant la durée du développement de l'enfant.

L'attachement chez l'humain doit donc être vu comme un besoin du nourrisson qui vise à sa protection personnelle et, par là même, répond aux nécessités adaptatives de l'espèce. Que deviendrait un bébé, qui naît si inachevé, s'il n'accaparait pas un adulte pour assurer sa survie ? Et il ne s'agit pas là uniquement de ses besoins alimentaires, mais des protections de tous ordres contre les dangers du monde – à commencer par les dangers du climat. On conçoit que ce besoin soit prioritaire sur tous les autres, et qu'un enfant soit capable de se laisser mourir de faim en s'effondrant dans une dépression grave en cas de manque de tendresse maternelle, de même qu'un singe nouveau-né privé de mère ne survit que si sa cage dispose, sur le sol, d'un revêtement de tissu répondant à sa quête vitale de contact[27].

Bien avant Harlow, l'expérience inhumaine de Frédéric II avait amplement démontré les conséquences dramatiques du manque de contact de l'enfant avec ceux qui lui fournissent les soins nourriciers. Pour élucider les effets du langage dans le développement de l'enfant, l'empereur avait confié à des nurses un groupe d'enfants séparés de leur mère, avec la consigne de leur assurer tous les soins nécessaires sans leur adresser la parole. Aucun des enfants n'a survécu.

Le besoin d'amour non génital

On a beaucoup reproché à Bowlby de s'en tenir à des critères de comportement pour décrire un lien aussi intime que celui qui unit la mère et l'enfant. Il y a quelque chose de sacré dans le lien qui unit le nourrisson à sa mère, quelque chose d'absolu qui fait obstacle aux tentatives d'analyse un peu froide. De ce point de vue, les explications d'un psychanalyste comme Spitz qui donne au visage, au contact à distance et à l'élaboration intérieure une priorité dans la formation de l'enfant au sein de la « dyade », sonnent plus juste que celles de Bowlby.

Mais la vérité pourrait bien être entre les deux.

On s'est sans doute habitué à croire, depuis Freud, que le plaisir mène la danse, même et surtout quand il se cache. Aussi, on admet fort bien que le lien qui unit la mère et l'enfant pourrait se ramener à de simples questions de plaisir. Certes on ne peut pas, à propos de ce couple-là, faire grand cas d'Éros, mais le recours à l'érotisme ne trouble personne, même dans les relations qui en semblent les plus dépourvues. Où est l'érotisme chez la mère ? Rien d'évident ; on peut toujours, toutefois, lui attribuer une jouissance : celle d'user de son enfant comme d'un *substitut phallique*. Du côté du bébé, en revanche, la situation paraît plus claire : son érotisme d'enfant, c'est la reconnaissance du ventre, c'est le plaisir qui naît de la satisfaction de son instinct alimentaire. Et à ceux qui contestent que ce plaisir-là soit de nature érotique, on répondra que tout plaisir est bien de nature libidinale, c'est-à-dire sexuel, mais non pas sexuel comme se l'imaginent des adultes confinés dans une représentation exclusivement génitale de la sexualité.

Les observations de Bowlby et les recherches de Harlow ont le mérite d'ouvrir une voie qui échappe à l'universalité de ce raisonnement. Tous les chemins ne mènent pas à la libido, autrement dit, tout ne s'explique pas que par le plaisir, ou plus exactement, tout plaisir n'est pas libidinal. Il y a chez le bébé un besoin qui n'est pas lié à un plaisir ordinaire, comme de manger, d'évacuer les trop-pleins inconfortables de son corps ou de s'accoupler. La satisfaction de ce besoin-là amène un plaisir, certes, mais ce plaisir peut difficilement s'assimiler à un plaisir sexuel : c'est le plaisir de la détente dans le confort de l'intimité d'un contact. C'est le bonheur de la sécurité douillette. Tous les êtres vivants naissent dans la tension d'un monde hostile, et ils cherchent à soulager cette tension. La proximité de la mère, la chaleur de ses bras, et tout ce qui témoigne de sa présence, sa voix, son parfum, son visage, leur fournit cet apaisement[28].

L'erreur serait de s'en tenir à une interprétation des relations qui se tissent entre la mère et son enfant sur la base de critères qui restent purement extérieurs. Les comportements d'attachement décrits par Bowlby en s'inspirant de Harlow ne sont que le socle naturel, côté bébé, sur lequel s'édifie le lien complexe qui unit l'enfant et sa mère. L'attachement, dans l'espèce humaine, est un long chemin d'interactions entre deux êtres bien éloignés du singe. Le bébé humain naît avec des aptitudes spécifiques pour percevoir, apprendre, ressentir et communiquer. Elles sont incomparablement plus étendues que celles du petit singe. On sait, par exemple, aujourd'hui, que dès les premières semaines, l'enfant se montre sensible aux voix et aux visages, il s'accroche au contact œil à œil[29] : toutes choses inconcevables chez un singe. Et la maman humaine, à la différence de la maman singe, ne tient pas que la personne physique de son bébé dans les bras ; les réactions instantanées de ses sens pèsent finalement peu dans le regard qu'elle porte sur l'enfant : celui qui l'agrippe et qu'elle accueille auprès d'elle après l'avoir mis au monde est le produit d'une histoire qui a commencé bien avant sa conception – d'emblée, il s'inscrit dans un passé et il accompagne un futur. C'est ce caractère personnalisé du contact mère-enfant que semble oublier Bowlby en se concentrant sur les comportements extérieurs du couple. Le contact qui s'établit entre la mère et l'enfant est d'emblée personnalisé ; c'est une intimité à de multiples niveaux qui convient au bébé humain et qui comble la maman. Du fait de son intégration dans une relation interpersonnelle où l'expression, la mimique et le regard jouent un grand rôle, l'attachement affectif qui se développe chez l'enfant n'a ainsi que des rapports éloignés avec l'attachement du macaque. De ce point de vue, les observations de Spitz constituent une description intérieure du phénomène qui complète utilement l'approche de Bowlby.

Le besoin d'autrui

Les travaux de Harlow ont eu le mérite de nous rappeler un point que nous partageons certainement avec les singes (et l'agneau) : nous commençons par des caresses, et ces caresses nous donnent une mère tout autant que l'allaitement. Mais ce qu'ils révèlent également, c'est que, au-delà du besoin de mère, le besoin d'autrui représente un besoin fondamental, inscrit dans la nature. Ce besoin qui porte à s'attacher à la personne nourricière, et à en faire une figure maternelle rassurante, pousse également à nouer d'autres liens ; peut-être faut-il y voir une précaution de la nature, une sorte de deuxième chance pour la survie, permettant, en cas de défaillance de la mère, de s'appuyer ailleurs, sur d'autres soutiens.

Quand un besoin en cache un autre : le besoin des autres chez les singes

Pour faire un singe comme il faut, une mère naturelle avec une vraie fourrure et de vrais échanges ne suffit pas. Harlow a montré qu'il fallait également des contacts avec des singes de son âge. Plusieurs situations ont été systématiquement explorées : isolement total sans voir de congénères ; isolement partiel avec contact visuel d'une cage à l'autre, mais sans contact physique ; enfin, ouverture d'une cage à l'autre qui permet d'établir des moments de rencontre entre les jeunes singes. Ces situations ont été testées avec absence de toute mère, avec une mère artificielle (en tissu) ou avec une mère naturelle. Il en résulte que seuls les jeunes singes ayant la possibilité de rencontrer des partenaires de leur âge ont un développement normal.

Les singes les plus perturbés sont ceux qui ont été élevés dans l'isolement total : ils ont le regard fixe et sont animés de tics et de mouvements stéréotypés, ils tournent en rond et font parfois preuve d'autoagressivité – des comportements similaires à ceux que l'on observe dans certaines maladies mentales. Lorsqu'ils sont confrontés à leurs compagnons, ils sont incapables d'avoir une adaptation sociale satisfaisante ; ils s'immobilisent ou au contraire s'enfuient ; ils peuvent aussi se montrer très agressifs. De plus, ils sont incapables d'avoir des relations sexuelles normales. Cette inadaptation sociale n'est que temporaire si le singe a été maintenu dans l'isolement pendant moins de trois mois, elle devient irréversible au-delà de six mois.

La socialisation précoce du jeune singe est donc primordiale, et elle semble même compter davantage pour son adaptation future que la présence maternelle : des singes élevés sans mère ont un développement en apparence normal quand ils sont mêlés à des singes de leur âge – c'est-à-dire qu'ils sont capables de bien s'intégrer dans le groupe, de jouer avec les autres singes et d'avoir des rapports sexuels normaux. Toutefois, quand on compare les singes élevés avec leur mère naturelle et ceux qui ont été privés de mère ou dont la mère est remplacée par une mère artificielle, les enfants élevés avec leur mère naturelle ont entre eux des relations plus vivantes, et qui évoluent plus rapidement vers des jeux complexes que les autres. Ces différences se marquent avec le temps, et elles sont encore plus nettes au bout de deux ans.

Les expériences de Harlow sur la socialisation du jeune singe révèlent ainsi encore un point fondamental : l'absence de contact maternel peut être réparée, au moins partiellement, par des contacts avec des congénères. En est-il de même chez l'humain ? Les carences maternelles ont sans doute des conséquences moins décelables chez des animaux dont on observe des comportements rudimentaires que chez des humains qui sont capables d'exposer leurs souffrances affectives.

Les enfants de Terezin

Les expérimentations de Harlow seraient inconcevables chez l'humain, mais certaines tragédies de l'histoire offrent des exemples de séparations bien plus cruelles que celles inspirées par la curiosité scientifique.

Theresienstadt, en Moravie, est un camp de concentration à part : c'est la façade que présentent les nazis pour rassurer l'opinion publique et masquer les horreurs de l'extermination. Bénéficiant d'un régime spécial, Theresienstadt est un ghetto installé dans la forteresse de Terezin où l'on regroupe les Juifs renommés – ceux dont la disparition serait nécessairement remarquée ; c'est également un camp de transit d'où partent des convois pour Auschwitz ou d'autres lieux d'extermination. La communauté de Theresienstadt a des échanges (surveillés) avec le monde extérieur ; il s'y développe une vie culturelle active et on y accueille des enfants qui poursuivent une éducation. Sous ses allures de colonie modèle, Terezin n'est néanmoins rien d'autre qu'un camp de concentration plus présentable que les autres[30], et sur 15 000 enfants qui y sont transférés, seuls 1 500 (certains disent même 150) survivent à la fin de la guerre.

Parmi eux, beaucoup ont été, souvent très tôt, séparés de leurs parents, morts en déportation dans d'autres camps ; ils sont rassemblés dans des foyers et élevés par des membres de la communauté. Le témoignage de la déportée qui avait en charge le groupe d'enfants sur lequel nous allons nous pencher en dit long sur les conditions dans lesquelles étaient assurés les soins :

> « À Terezin, chacun s'efforçait de travailler aussi peu que possible à cause du manque de nourriture correcte. Dans la division des enfants sans mère, il y avait toujours trop à faire et peu de personnel pour m'aider. Nous assurions le bien-être physique des enfants autant qu'il était possible ; nous les avons gardés trois ans sans vermine et nous les nourrissions aussi bien que possible dans le contexte. Mais il n'était pas possible de satisfaire leurs autres besoins. En fait, nous n'avions pas le temps de jouer avec eux. »

Si on l'en croit, cette femme, par la force des choses, n'a donc tenu qu'un rôle à peine supérieur à celui d'une mère en peluche équipée de biberon.

Après la libération de Terezin par les Russes en 1945, John, Paul, Peter, Ruth, Myriam et Leah, six enfants provenant de la division des enfants sans mère, sont transférés en Angleterre dans un lieu d'accueil confortable, Bulldogs Bank. Aidées d'une assistante maternelle, les sœurs Sophie et Gertrud Dann accompagnent ces enfants dans leur réadaptation en notant soigneusement leur évolution au jour le jour. Ces notes sont commentées par Anna Freud dans un de ses articles[31].

Les six enfants ont été très tôt séparés de leurs parents et n'ont connu que la captivité depuis l'âge de 6 à 12 mois jusqu'à 3 ans-3 ans et demi. Tous ignorent ce qu'est une famille ; ils n'ont vécu qu'au milieu de groupes d'enfants. Leur parcours a été marqué par de nombreux bouleversements dans leur environnement avant comme après leur séjour à Terezin.

On peut distinguer trois étapes dans leur évolution.

Pendant les quelques semaines qui suivent leur arrivée, les enfants ne manifestent qu'indifférence et hostilité pour les attentions matérielles aussi bien qu'humaines dont on les entoure. Ils se conduisent de façon sauvage, agitée et bruyante, détruisent les jouets qu'on leur donne et abîment les meubles. Ils ignorent le personnel, ou bien ils font preuve de violence à son égard, n'en usant que de façon purement utilitaire. En revanche, ils sont étroitement unis entre eux. En contraste avec les enfants de leur âge, on n'observe pas chez eux d'envie, de jalousie, de compétition. Ils se montrent très querelleurs, mais ces querelles restent verbales, ils ne se frappent et ne s'attaquent jamais. Ils s'entraident et se portent attention entre eux, en tenant compte des particularités de chacun[32]. Ils se préoccupent beaucoup les uns des autres, et ne supportent pas d'être séparés même pour de courts moments, ce qui rend la vie en commun parfois malaisée[33]. Le groupe forme donc dans son ensemble une unité cohérente et relativement indifférente, voire hostile, à tout ce qui lui est étranger, en particulier au monde des adultes.

Après quelques semaines à Bulldogs Bank, les enfants commencent à s'intéresser aux adultes, mais sur le même mode que ce qui les lie entre eux, c'est-à-dire qu'ils deviennent soucieux de leurs besoins et attentifs à leurs sentiments. Ils ne sont ni exigeants ni possessifs : ils veulent seulement leur rendre service et attendent d'eux la réciprocité[34]. Tout se passe comme si les adultes devenaient intégrés au groupe qu'ils forment, et de fait, les absences des adultes sont de plus en plus difficiles à supporter.

Les enfants parlaient allemand à leur arrivée, et c'est dans cette langue que le personnel de Bulldogs Bank communique avec eux pendant les sept premières semaines. Par la suite, l'allemand est abandonné pour l'anglais. À peu près au moment où ils font ces efforts pour apprendre une langue nouvelle – une langue qui désolidarise partiellement le groupe, à cause d'une différence de rapidité dans les acquisitions, mais l'ouvre à une communication extérieure –, des signes d'attachement individuel aux adultes se manifestent. Mais cet attachement est fragile, et les rend vulnérables. De plus, il n'a pas l'exclusivité de l'attachement que manifestent ordinairement les enfants. Myriam par exemple, partagée entre Gertrud et Sophie, ne parvient pas à choisir. Elle en souffre profondément, et vit dans un état de tension constante, sans trouver d'apaisement ni de satisfaction dans ses relations.

Comme les petits singes de Harlow, les enfants de Terezin se sont donc adaptés à l'absence de mère en développant un attachement de groupe qui se manifeste par un lien distribué. Ce partage affectif, cette dilution du lien de la dyade en un lien réparti entre partenaires équivalents, pourrait, au premier regard, paraître avantageux puisqu'il produit des enfants non compétitifs et attentifs les uns aux autres. Ils s'aiment, donc – mais en fait ils s'aiment trop, à la façon de certains jumeaux :

leurs liens mutuels constituent un repli défensif qui les rassure mais les enferme derrière les barricades du groupe. Leur amour est un partage sécurisant dans un univers clos, une sorte d'autisme collectif. L'attachement à un adulte est indispensable pour qu'ils s'ouvrent à un monde qui n'est pas *leur* monde, un monde où ils doivent apprendre à comprendre les autres, et non se replier sur un partage exclusivement mutuel. L'attachement à Sophie et à Gertrud fait échapper à l'uniformité du groupe des partenaires de même âge, il alimente jalousies et compétition, mais il est le tremplin nécessaire pour inclure dans son monde tous les *autres*, ceux qui ne peuvent être confondus avec soi-même, tous ces partenaires inconnus qui composent *le* monde et ont une emprise sur soi. C'est également l'attachement à l'adulte qui permet d'apprivoiser la séparation, en apprenant à construire une permanence rassurante du lien par-delà les absences de ceux qu'anime une volonté propre.

La stabilité affective

La permanence affective

Le fameux psychologue Jean Piaget ne s'est pas beaucoup penché sur le développement affectif, mais certains points de ses études sur l'acquisition des connaissances peuvent être utilement transposés dans le domaine de la vie affective. C'est le cas de la notion de permanence de l'objet.

À travers un grand nombre d'expériences, Piaget démontre que l'enfant construit peu à peu la notion d'un objet doué d'une existence propre, et sur lequel sa volonté peut agir dans certaines limites – dans la limite, au départ, de la portée de ses actions, puis plus tard, de son intelligence.

Une des premières étapes est la découverte de la permanence de l'objet. Dans la première enfance, un enfant auquel on prend son jouet que l'on cache sous ses yeux derrière un coussin n'ira pas le reprendre là où on l'a placé : l'objet qui disparaît n'existe tout simplement plus pour lui. Il faut une longue période avant qu'il aille le chercher là où il est : à ce moment, il a appris que l'objet pouvait disparaître de sa vue et réapparaître, qu'il continuait d'exister même quand il le perdait de vue. Parallèlement, il découvre qu'il peut agir sur cet objet, être à l'origine de ses apparitions et disparitions. Il se découvre agent dans un monde d'objets soumis à des lois physiques.

La permanence de l'objet est le point de départ de la construction de la connaissance du monde des objets, autrement dit du monde objectif. C'est le socle sur lequel s'édifiera l'intelligence. Mais on ne parle jamais d'une autre permanence, tout aussi essentielle : celle de l'objet affectif – qui n'est pas à proprement parler un objet, mais un sujet. C'est pourtant le socle sur lequel s'édifieront le développement subjectif et l'ensemble de la vie affective. On a vu que le contact du regard pendant la tétée permettait de construire une relation nourricière stable et rassurante malgré les aléas de la succion qui peut laisser échapper la tétine. À mesure qu'elle se construit pour le bébé, la mère est plus qu'un contact qui implique tous les sens, plus qu'un regard qui donne du sens ; elle devient une personne que ses caractéristiques rendent unique, et cette personne apparaît et disparaît. Si l'attachement se réalise dans de bonnes conditions, ces apparitions et disparitions finissent par affecter assez peu l'enfant, qui est rassuré : c'est-à-dire qu'il a construit une permanence affective, il sait que la mère qui disparaît réapparaîtra. Il a compris qu'il pouvait agir sur elle, qu'elle répondait à ses sourires comme il répondait aux siens, que ses grimaces et ses vocalises seront reprises en écho. Dans leurs échanges, il a senti qu'il pouvait compter sur elle car *elle avait besoin de lui comme il a besoin d'elle*. Il s'est découvert lié, il a appris que le monde n'était pas fait de personnes toutes équivalentes à ses yeux, qu'il y en avait quelques-unes, une surtout, vers laquelle allaient ses préférences, et que cette personne était, elle aussi, liée à lui. D'un monde organique où la vie ne s'écoule qu'à travers quelques réflexes indispensables à la survie, il est passé à un monde affectif où l'existence de soi est liée à l'existence des autres, tout comme l'existence des autres dépend de son existence à soi. Un monde où la conscience de soi se tisse dans la trame de la conscience des autres. *D'objet d'affection, il est devenu sujet d'un monde soumis aux lois de l'affectivité* : sujet d'amour. Il accepte les risques de l'interdépendance : il l'aime (et sa survie en dépend, pour le moment), mais elle aussi l'aime et ne l'abandonnera pas. C'est cette assurance qui lui permet d'admettre sereinement les moments de séparation indispensables pour que chacun, elle et lui, puisse préserver son indépendance. Pour qu'elle puisse poursuivre son existence propre, et pour qu'il puisse la quitter, le temps de découvrir le monde.

La séparation

Lorsqu'un attachement réussi a permis de construire une permanence affective, la séparation ne fait plus peur. Et cette capacité d'affronter la séparation est ce qui permet d'éviter l'union fusionnelle ; elle est indispensable pour que la relation sécurisante à la figure maternelle ne devienne pas aliénante, c'est-à-dire pour qu'au sein de cette relation soit ménagée une place pour l'exploration du monde et l'acceptation des autres.

Harlow s'est interrogé sur ce qui conditionnait la séparation de la maman singe et de son bébé[35]. Plusieurs études, observe-t-il, ont montré que le comportement maternel se transformait entre le cent et le cent cinquantième jour après la naissance : on voit apparaître des conduites de rejet et de châtiment qui pourraient contribuer à détacher le petit. Mais les sollicitations de l'environnement sont également un puissant facteur de détachement du bébé singe. Celui-ci se montre en effet extrêmement curieux de ce qui l'entoure. À mesure que la peur de l'inconnu s'éteint en lui grâce au contact rassurant de la mère contre laquelle il court se serrer au moindre signe de danger, le plaisir de l'exploration prend le pas sur le plaisir du contact maternel ; le bébé singe quitte alors sa mère pour des périodes de plus en plus longues consacrées à toucher, sucer et manipuler les objets intéressants. S'y ajoutent rapidement l'ouverture à la socialisation et les plaisirs de jeux avec les compagnons de son âge. À tout prendre, conclut Harlow, c'est la curiosité du petit singe qui distend les liens plutôt que la mauvaise humeur maternelle, car celle-ci ne débute que tardivement, alors que le bébé est déjà grandement détaché.

La séparation dans le cas du bébé humain et de la personne nourricière procède sans doute, de même, d'un double mouvement qui vient à la fois de la mère et de l'enfant. On sous-estime souvent l'appétit exploratoire de l'enfant ; pourtant, dans ces vingt dernières années, les recherches sur les compétences du nouveau-né ont amplement démontré qu'il manifestait très précocement un intérêt pour de multiples aspects de son environnement et que le monde ne se bornait pas pour lui à ce qu'engloutit sa bouche. D'emblée, le nourrisson est présent à son environnement sonore, olfactif, tactile et visuel. Dès les tout premiers jours, il est attentif aux voix féminines, et plus encore à la voix de sa mère, comme si la perception intra-utérine l'avait sensibilisé à cette forme de vocalisation. Il perçoit également bien les rythmes et leurs variations. Enfin, son exploration visuelle ne se fait pas au hasard : lorsqu'on lui présente une figure géométrique telle qu'un triangle, son regard se concentre sur les angles. Du fait du retard du bébé humain par rapport aux autres primates, cette curiosité se dévoile tardivement ; elle demeure longtemps confinée à son environnement immédiat dans la mesure où il lui faut plusieurs semaines pour pouvoir tenir sa tête et orienter à sa guise ses capteurs sensoriels, et plusieurs mois avant de parvenir à l'étape majeure de son émancipation, l'autonomie dans le déplacement. Mais la curiosité est inscrite dans l'enfant humain comme dans le primate, et si la fusion avec celle qui le chérit tant peut représenter une tentation pour le bébé, sa curiosité native doit l'en protéger.

Un autre facteur de séparation est la découverte de l'autre. L'autre, chez le bébé singe, est surtout représenté par le compagnon de jeu. Cette forme d'*alter ego* séparateur entre la mère et l'enfant intervient sans doute également chez le bébé humain. On sait à présent que les bébés manifestent un intérêt particulier pour leurs congénères, avec lesquels ils se comportent différemment des adultes, et que cet intérêt se révèle même très précoce. Mais le facteur primordial de séparation entre le bébé et la mère est un « autre » qui n'intervient pas beaucoup chez les singes : le père.

Qu'il soit ou non impliqué dans le maternage, le père est une seconde figure d'attachement qui se différencie de la figure maternelle. Beaucoup de travaux sur l'attachement chez l'enfant se concentrent aujourd'hui sur la figure paternelle ; malgré la tendance actuelle à la symétrie des rôles, tout indique que cet attachement-là est d'une nature différente[36]. Les liens triangulaires qui relient mère, père et enfant confèrent ainsi à l'attachement humain des qualités spécifiques. Celle qui se penche sur l'enfant pour le sécuriser et l'apaiser grâce à ses tendres soins ne pense pas qu'à lui ; la « préoccupation maternelle primaire[37] » – cette sorte de passion de la mère pour son poupon – connaît des limites car le bébé ne peut combler en totalité les besoins de la mère : il y a un père, ou un compagnon aimé, qui la sépare de son enfant. L'existence propre de la mère ne se borne pas, comme chez le singe, à une existence pratique – simple liberté de déplacement de l'animal qui va et vient au gré des besoins du moment ; elle est également, chez l'humain, une existence affective : maman n'aime pas que moi. Comme, en principe, le compagnon de la figure maternelle est partie prenante dans la tendresse et les soins donnés au bébé, cette constatation angoissante est tempérée par un corollaire positif : je ne suis pas aimé que par maman ; je compte également pour celui qui compte pour maman. Chez les humains, l'amour de la figure d'attachement maternelle pour le tiers qu'est son compagnon ouvre l'enfant à l'acceptation des autres en même temps qu'à la construction d'une identité sexuée.

De ce qui précède, on tirera facilement les conséquences : si, pour une raison ou pour une autre, la permanence affective ne s'est pas bien établie, la séparation devient angoissante et c'est tout le développement, cognitif comme affectif, qui est menacé. Pour bâtir son existence propre, aller au-devant du monde et des autres, il faut être capable de se séparer ; et pour se séparer, il faut se sentir en sécurité.

Quand trop d'attachement nuit…

Sylvia

Vingt-cinq ans de bons soins : « Vous aurez été l'homme de ma vie ! » s'exclame-t-elle en riant. À 55 ans, Sylvia est seule, mais elle n'en souffre pas. Seule, mais pas isolée : elle a de nombreuses amies, des vraies amies sur lesquelles elle peut compter, son psychiatre… et sa maman. Elle a longtemps été trop prise par son travail pour pouvoir s'abandonner à la douceur de vivre avec sa mère. Et puis son père était encore là. Mais depuis qu'elle ne travaille plus, et depuis le décès de son père, elle retourne régulièrement auprès de sa mère et séjourne durant des mois dans la maison de son enfance.

Lorsque nous nous sommes connus, il y avait un homme dans sa vie. Une histoire compliquée. Elle était en pleine dépression – on devinait plus qu'elle n'en parlait une crise avec cet homme qui comptait à la fois trop et trop peu. Elle a rompu et la dépression a disparu. Mais pendant de longues années se sont maintenus des symptômes d'angoisse éprouvants qui lui interdisaient de se déplacer seule : impossible, sous peine de panique, de marcher dans la rue sans une présence à ses côtés. En vain, de multiples formes de thérapies ont été tentées avec l'aide d'experts divers : c'est à l'occasion d'une nouvelle hospitalisation pour une rechute dépressive que – miracle ! – cette agoraphobie si tenace a disparu. Entre-temps, nous avions eu le temps de faire plus largement connaissance, et malgré sa sobriété d'expression, j'avais appris un certain nombre de choses d'elle : sa mère orpheline, élevée dans une institution, son père transparent, ses frères difficiles. Et cet attachement dont elle ne s'était jamais défaite. Elle était venue à Paris réaliser le rêve de sa mère – mais les hommes et tout le fatras, une vie personnelle en somme, c'était pour les femmes (comme sa mère), et non pas pour elle. Sa beauté et sa séduction ne comptaient, au fond, que pour rendre grâce à cette mère à laquelle elle restait, dans son esprit, si profondément agrippée.

Sylvia a raison : à y réfléchir, le seul homme concevable dans cette histoire ne pouvait être qu'un professionnel. Et encore, prudence : même à celui-ci, ne pas trop se confier !

Thomas

Rappelons-nous Stendhal : rien de mieux pour susciter un amour sans limites que d'être absent. Dans le cas de Thomas, sa mère n'avait pas choisi d'être absente : après cinq ans de grandes souffrances, cinq ans entre la vie et la mort, c'est la mort, finalement, qui l'avait emporté. Thomas avait alors onze ans. Il garde en mémoire comme un paradis l'époque où elle était encore en bonne santé – les moments de grâce où elle le serrait contre elle, quand il la rejoignait dans sa chambre au petit déjeuner, et ces autres instants de délice où, pendant qu'elle s'apprêtait, leurs regards se croisaient dans le miroir de la coiffeuse, lui admiratif, elle si tendre. Tout a basculé avec un accident d'automobile absurde qui la laisse gravement paralysée, très affaiblie, sujette à des infections répétées. Thomas, quand il partait à l'école, n'était jamais sûr de la retrouver à son retour. Mais tout en tremblant chaque jour de la perdre, il finissait par la croire immortelle. Aussi, lorsqu'elle est décédée, il a d'abord refusé d'y croire. À la longue, il s'est résigné, mais il s'est refermé sur lui-même et ses souvenirs, il s'est agrippé à son fantôme. Seule sa scolarité le sortait du catafalque où il s'était emmuré vivant. Il n'avait pas de camarades. Qui aurait pu comprendre sa peine ?

Vers 16 ans, une amie de son père – une femme proche de sa mère à bien des égards – a ouvert une porte sur ce monde clos. Il a connu pour elle une vraie passion : pas un soupçon d'érotisme dans cette attirance, mais un immense besoin d'elle, un besoin d'être à côté d'elle, pelotonné contre elle dans le canapé devant la télévision. Cette femme ne s'en est pas effrayée ; mère de plusieurs grands enfants, elle a décidé de l'adopter comme un enfant de plus et de l'aider à revivre, à condition qu'il accepte de se soigner. Un traitement bien choisi a su soulager les obsessions morbides qui l'assaillaient. Nous avons pris le temps de parler. De longues années ont été nécessaires avant qu'il parvienne à se séparer de celle qui, dans son esprit, n'était pas en fait une mère, mais bien plutôt un mythe. Auprès de cette amie sur laquelle s'était déplacé son attachement maternel, et qui a su patiemment accepter ce rôle de mère auxiliaire, il a pu faire tout le chemin que la perte de sa mère, précédée de ces années d'épreuves, ne lui avait pas permis de faire. Malgré ses qualités, cette femme était, par chance, bien vivante et elle avait, comme chacun, son lot de défauts ; des défauts qu'il a appris à reconnaître, et même à aimer. Il a pu grâce à elle quitter sa planète peuplée de mères idéales. Il s'est alors tourné vers les filles de son âge, et a connu bien des déboires. Sa maturité affective n'était pas celle de son âge, et la nostalgie d'un attachement passionnel avait laissé des traces…

Les trois sœurs

Avant de rencontrer Violaine, Solenne et Ségolène, je les connaissais déjà. Leur maman était venue me trouver alors qu'elle affrontait des difficultés personnelles. En principe, il est déconseillé de s'occuper de plusieurs membres de la même famille, mais cela peut parfois se révéler avantageux. Dès la naissance, cette femme avait connu une situation à part : elle avait une sœur jumelle, et leur mère était morte en couches en les mettant au monde. Elle cumulait l'idéalisation démesurée d'une figure maternelle disparue dans le don de soi, la privation d'attachement maternel qui pousse à reporter le besoin de sécurité sur les enfants de son âge, l'expérience de la situation gémellaire qui crée un lien unique entre soi et son double : on conçoit que sa vie affective en ait gardé les traces. Ses trois filles n'avaient pas été élevées par une mère tout à fait semblable aux autres.

C'est ainsi que j'ai été amené plus tard à les rencontrer toutes les trois. Cela a commencé par l'aînée, Violaine, qui a été saisie de crises d'angoisse paroxystiques lorsque son ami l'a quittée. Deux ans plus tard, je recevais la cadette, Ségolène : à 14 ans, elle suffoquait et perdait le sommeil dès qu'elle était séparée de sa mère. Enfin, Solenne, la plus indépendante des trois, a développé des attaques de panique lorsqu'elle a décidé de quitter son compagnon, et cela après plusieurs années d'une relation stable mais insatisfaisante : une relation qu'elle aurait dû interrompre beaucoup plus tôt si elle n'avait pas, disait-elle, ressenti comme impossible l'idée de se séparer.

L'enfant humain cherche le mamelon dès la naissance. Mais la mère lui offre bien plus que la satisfaction d'un plaisir glouton ; face aux tensions que provoque en lui le monde dès que son existence a commencé à se déployer hors de la poche amniotique, le contact maternel l'apaise et le rassure : en l'attirant auprès d'elle, en ne songeant qu'à le protéger, la mère comble l'enfant d'un bien-être unique. Dans ses bras, il découvre d'abord la chaleur d'un contact physique. Plus tard, il découvrira le regard. Regarder un regard, c'est, selon Levinas, s'ouvrir à l'humanité : c'est découvrir « ce qui ne s'abandonne pas, ne se livre pas, mais qui vous vise[38] » ; c'est prendre conscience de l'autre – aussi irréductible que soi-même – et entamer un dialogue entre soi et les autres hommes qui ne s'achèvera qu'avec la mort. Cet agrippement-là introduit le bébé dans la complexité des sentiments – amour, haine et passion. Le regard maternel est le premier regard porté sur soi, une introduction au regard de l'autre et sur l'autre, un premier pas dans la vie affective et sociale.

9

Le couple : lien ou chaîne ?

S'aimer pour la vie, au risque de vieillir ensemble, alors qu'Éros, on l'a vu, fuit la sénescence ? Une illusion de l'esprit, égaré par de bons sentiments qui se veulent éternels ? Ou un objectif réaliste et enviable ?

Ce matin-là, dans le service de rhumatologie où l'on me réserve, pour ma visite hebdomadaire, ceux que leurs souffrances épuisent, Mme B. figure en tête de liste. « 84 ans, déprimée, myélome, se sait condamnée », annonce la fiche rédigée par l'interne avec l'économie habituelle. À peine suis-je parvenu à son chevet qu'elle éclate en sanglots. « Comment fera-t-il ? Ce jardinage qu'il aime tant, l'abandonner ? Déjà, ses visites ici chaque jour, ça l'use, il est à bout. Faites-moi sortir, vite ! » Son « vieux », comme elle l'appelle tendrement, je l'ai croisé tout à l'heure, sur le chemin de la chambre ; semblable à tant d'autres rencontrés en ces lieux, il a, sous les paupières plissées, le regard sobre de ceux qui ont perdu l'habitude d'être vus – sauf par leur partenaire de toujours, celui qui les accompagnera jusqu'à la fin. À coup sûr, il partira lui aussi sans bruit dès que sa compagne aura été emportée par le mal.

Ce n'est pas peu dire qu'ils m'émeuvent, tous deux.

Hier, Philémon et Baucis

Zeus lui-même – un dieu pourtant sévère, qui mène l'Olympe d'une main de fer – s'est montré sensible aux charmes d'un vieux couple. Un beau soir, en tournée *incognito* avec son collègue Mercure dans un coin reculé de la Grèce, il frappe à toutes les portes, en quête d'un toit pour la nuit : seuls Philémon et Baucis, de braves époux installés depuis de longues années dans la vie conjugale, l'accueillent dans leur humble demeure. Bien qu'ignorant le rang des visiteurs, ils se mettent en quatre pour leur confort. On connaît la suite de cette légende d'Ovide qui a inspiré tant d'artistes. Zeus précipite dans un déluge tout ce bourg d'égoïstes reclus dans leurs orgueilleuses villas mais préserve la chaumière du couple, qu'il transforme en temple avec colonnades et marbre à profusion. Puis il interroge ses hôtes sur leur plus profond désir. « Continuer à vivre ici tous deux en te célébrant, et mourir ensemble », lui répond-on simplement. Au fond, le luxe importe peu à Philémon et Baucis ; ce qui compte, c'est poursuivre unis, proches l'un de l'autre. Et le bénéfice majeur de leur rencontre avec les dieux, c'est plutôt le cadeau de cette mort simultanée. Au même moment, en pleine conversation avec des convives de passage, les deux époux voient leurs corps s'envelopper d'une écorce d'où s'élèvent des rameaux.

Devenus désormais, lui, un chêne, elle, un tilleul, ils poursuivent dans le bruissement des feuillages leur dialogue de vieux couple – ce dialogue silencieux de deux êtres si fortement unis par les ans qu'un tressaillement muet suffit pour se comprendre.

Aujourd'hui, la mort programmée du couple

Divorces en vrac

Au tournant de notre siècle, Philémon et Baucis sont devenus passablement démodés.

Pour ne s'en tenir qu'à la France, on y constatait un divorce pour trois couples il y a quelques années, le risque s'élevant à un divorce sur deux dans les grandes villes. Lors du recensement de 1990, on s'étonnait d'une multiplication par trois de la fréquence des divorces par rapport à 1966. Mais la cadence n'a fait que s'accélérer depuis lors, et ces chiffres sont aujourd'hui largement dépassés. À partir de 2003, le taux de divorce global a franchi les 40 %, et en 2005, il atteignait même 52,3 %[1].

Encore ces données n'apportent-elles qu'une faible idée des désunions des couples, car elles n'indiquent que les ruptures de contrat de mariage. Or bien des couples s'établissent aujourd'hui en choisissant l'union libre, et l'on ne dispose d'aucune statistique pour juger de leur pérennité.

Le mariage serait-il devenu un contrat inadapté à notre époque ? En fait, le mal ne semble pas venir du contrat qui lie les époux, mais bien de l'aptitude à vivre à deux, car la nouvelle formule d'union que constitue le PACS mène à un taux de rupture comparable[2].

Il faut s'y résigner : « À la vie, à la mort », l'expression rituelle qui scelle les grandes amours, est devenue, pour le couple ordinaire, une formule désuète. Évoquant l'amour dans les deux derniers siècles, Jacques Attali[3] titre « L'agonie du mariage » et, de toutes parts, on s'interroge sur les moyens de réinventer les projets de vie à deux[4].

Perspectives d'avenir : Net love et sexe sans frontières

À en croire Jacques Attali, l'affaire serait classée. Balayant les époques et les cultures, il constate que la pluralité des partenaires – sous la forme de la polygynie ou de la polyandrie – est la règle, et que la vie de couple est une invention tardive. Dans l'avenir, l'amour, échappant au couple, se déploiera donc au gré des rencontres de réseaux entrecroisés, avec partenaires multiples et interchangeables. Les techniques nouvelles de rencontres et de procréation y mènent tout droit. Grâce aux progrès de la réalité virtuelle et des neurosciences, la question du plaisir deviendra en effet accessoire dans notre quête d'autrui ; une machine bien choisie (avec des palpeurs partout) ou une puce électronique bien placée (dans l'hypothalamus ou une zone à ocytocine) nous procureront des frissons tridimensionnels bien plus sûrement que n'importe quelle caresse humaine. Quant à la question de la procréation, voilà déjà un bon moment qu'elle n'a plus de raison d'intervenir pour former un couple, puisqu'elle peut être confiée à n'importe quelle éprouvette, ou à un ventre humain compréhensif. Certes, il faudra toujours recourir à des gamètes complémentaires, spermatozoïdes et ovules – du moins tant que les méthodes de clonage resteront balbutiantes –, mais quelle importance ? Par la même occasion, l'horrible affaire de la distinction des sexes et de la dépendance entre les deux sexes, entretenue par les nécessités du désir ou de la reproduction, trouvera enfin son dénouement. Le paradis !

C'est un bonheur semblable que nous prédit le sociologue Daniel Welzer-Lang. Lui aussi fait la part belle au virtuel, en particulier aux rencontres par *chat* sur le Net, qui permettent, comme il l'explique, un « éclatement du genre » en autorisant l'emprunt d'identités multiples :

> « [Fait] sans précédent anthropologique, nous pouvons être (sur des *chats* différents) de manière simultanée plusieurs personnes à la fois. Être femme ou homme ne signifie plus forcément une pratique particulière. [...] Loin de la figure unique de l'homme, de la femme [...] émergent une multiplicité de modèles où les caractéristiques physiologiques, les choix individuels de désirs, les goûts sexuels créent devant nous un modèle du "tout-genre" : tout est possible pour tout le monde[5]. »

L'abolition du genre : voilà qui permet de clore l'épineuse question de l'antagonisme des sexes, qui, sous différentes formes, a traversé toutes les époques et toutes les cultures. Avec, à la clé, une extinction de l'odieux esprit machiste, car le couple hétérosexuel est :

> « ... une pierre angulaire du dispositif de sexualité réglant les sexualités masculines et féminines, permettant un contrôle masculin sur les compagnes en leur assignant une sexualité qui ne saurait être dénuée d'affects, d'amour, bref une sexualité exclusive avec leur conjoint, là où les hommes ont toujours eu à leur disposition maîtresses, sexualités tarifées et relations entre hommes protégées par les secrets que partagent les dominants[6]. »

Nous y voilà. Au terme de la disparition du genre que laisse entrevoir le Net, il y aurait donc la promesse d'une réconciliation entre dominants mâles et dominées femelles, chacun pouvant accomplir ses désirs sans l'entrave de l'altérité. Ni sexe fort ni sexe faible, enfin !

Un sexe tout de même ? À quoi bon ? Ah oui, jouir, certes, jouir sans limites. Mais puisqu'il y aura des machines à jouir, qu'attendre encore de ces rencontres unisexes ? « Tout est possible pour tout le monde » n'a au fond d'intérêt qu'autant qu'il y a un manque à jouir. Rappelons-nous Socrate : « Il y a désir de ce qui manque, et il n'y a pas désir de ce qui ne manque pas »... Sans parler de Bataille, qui fonde l'érotisme dans la transgression.

À moins que, ne cherchant plus dans l'autre une source de jouissance, ni même de descendance, on redécouvre les motivations en apparence gratuites mais pourtant fondamentales qui poussent vers autrui : l'affectivité, la tendresse, ce besoin de l'autre découvert dans les bras qui nous ont bercés... Ainsi verra-t-on peut-être apparaître sur le Net, à l'aube du grand soir, des déclarations telles que : « Je t'aime ni pour te faire l'amour, ni pour assurer ma lignée, je ne sais pas pourquoi je t'aime, mais je t'aime... » Ce serait bien le comble : la redécouverte des affinités électives par épuisement de ce qui, en les recouvrant, semblait les contraindre – désirs érotiques et alliances sociales.

La vie affective à l'état de nature

Mais si nos penseurs étaient surtout des rêveurs, se complaisant dans la nostalgie d'un éden où tous les désirs pourraient enfin être réalisés sans conflits – un éden dont ne nous sépareraient que les interdits arbitraires des religions ou les aveuglements des coutumes sociales ?

Qu'en est-il en effet des sociétés élémentaires, qui n'ont en principe pas subi les déformations de notre civilisation ? Y vit-on dans une bienheureuse liberté érotique, sans s'encombrer d'attaches ?

• Amours premiers : une sexualité codifiée. En réalité, dans les cultures dites primitives, même lorsque la sexualité apparaît très libre parce qu'elle n'obéit pas à nos normes, elle se révèle très soigneusement contrôlée. Maurice Godelier[7] nous en fournit une remarquable illustration à partir d'une population de Nouvelle-Guinée qu'il a étudiée pendant trente ans : les Baruya.

Les Baruya sont pudiques : on s'abstient de parler de sexe ou de faire allusion à certaines parties du corps et on ne manifeste pas publiquement son intimité, ne se livrant qu'en privé aux caresses et aux baisers. Les lieux et les époques où l'on peut faire l'amour sont réglementés. La fidélité est exigée. De plus, la masturbation est rigoureusement interdite. Pourtant, les rites d'initiation des jeunes garçons baruya lui accordent un rôle majeur au sein d'une activité homosexuelle intense et prolongée.

En fait, la sexualité initiatrice des Baruya obéit à des codes précis. Dès l'âge de 9 ans, les fils sont enlevés à leurs parents pour être confiés à un collectif masculin, la Maison des Hommes. Des aînés (de 15 à 22 ans) assurent leur éducation loin des influences familiales. Des couples associant un aîné et un cadet se forment. Les jeunes garçons sont alors mis à un régime de choc : les aînés imposent en effet aux cadets de boire leur semence, cela dans le but de renforcer leur virilité. Cette pratique ne donne pas lieu à une homosexualité adulte, car lorsque la période d'initiation est achevée, et le garçon devenu homme, il est nécessairement « un être marié, et un homme marié ne peut avoir de rapports homosexuels ». Les Baruya raillent d'ailleurs la sodomie, qui est exclue de leurs pratiques initiatrices.

On comprendra mieux ces rites si l'on sait que la société baruya accorde au sperme une valeur extrême – celle d'un fluide transmettant la force virile. C'est pourquoi il faut en gorger les jeunes, et c'est aussi la raison pour laquelle la masturbation est interdite : le sperme est précieux, il n'appartient pas à l'individu, pour son plaisir propre, mais à la collectivité des hommes.

De cette observation, Maurice Godelier tire des conclusions à portée générale. La sexualité, dans toutes les sociétés, est mise au service du fonctionnement de multiples réalités, économiques et politiques notamment. Sexualité-désir comme sexualité-reproduction se plient aux exigences d'un ordre social qui s'enracine dans l'individu, mais le dépasse : l'humanité doit faire du social avec le sexuel.

Chez les Baruya, les contradictions de la logique de la société et de celle de l'individu, ainsi que les conflits entre sexes, ont conduit à une construction sociale de type monogame et patrilinéaire, s'appuyant sur un mythe fondateur qui légitime la domination des hommes sur les femmes. Partageant avec les hommes la même représentation du corps et de la vie, la même vision cosmogonique, la femme participe à cet ordre social qu'elle paraît subir. À titre d'exemple, bien que la séparation soit chaque fois un arrachement, elle ne concevrait pas de s'opposer à l'initiation de ses fils par la Maison des Hommes. Mais elle peut refuser de faire la nourriture à son mari, refuser aussi de faire l'amour ; pire, elle peut encore faire semblant de s'abandonner à lui pour ramasser le sperme qui coule entre ses jambes et le jeter dans le feu en proférant une malédiction : en ce cas, l'homme se croit ensorcelé au point, parfois, de se suicider.

Pas de société donc, même celles qui sont en apparence les plus rudimentaires, où le sexe se vive simplement, en s'abandonnant à ses délices dans l'insouciance, sans distinction de genre, à la façon des punaises. Maurice Godelier dénonce au passage les récits de voyage de Bougainville et de Cook qui, au XVIIIe siècle, décrivaient le spectacle de Polynésiens se livrant à des ébats amoureux sous les yeux des équipages européens en les invitant à partager leurs plaisirs : on sait à présent que la sexualité des Polynésiens n'est pas exempte de tabous ni de conflits ; ces observations, qui, à l'époque, ont inspiré Diderot, étaient de pures fantaisies.

• Bienheureux Trobriandais. Pourtant, l'idée que des peuples proches de la nature s'adonnent librement aux plaisirs du sexe, et que les progrès de la civilisation se font payer par un malaise vis-à-vis de la sexualité, reste profondément enracinée dans l'imaginaire de nombreux contemporains.

Certaines exceptions apparentes à l'encadrement sexuel universel ont longtemps fait rêver, et l'illusion à leur propos reste encore vive de nos jours. C'est le cas des Trobriandais. Toute une génération d'esprits ouverts prônant la liberté des mœurs a été fascinée par une population de Nouvelle-Mélanésie, les indigènes des îles Trobriand (décrite à l'origine par Malinowski[8]), qui vivaient jusqu'au début du siècle passé dans un climat de grande licence sexuelle. Or, cette peuplade semblait profondément épanouie, et miraculeusement préservée de névroses œdipiennes – ce qui prouvait que la répression de la sexualité était bien à l'origine des principaux maux de notre temps.

Mais quelles idées les Trobriandais se faisaient-ils de la sexualité ? Ignorant tout de la filiation, les hommes ne s'attribuaient qu'un rôle accessoire dans la procréation, celle-ci résultant de la rencontre de la femme par des esprits. L'union sexuelle n'obéissait ainsi qu'à une seule nécessité : « ouvrir » la femme, ce qui permettait à un esprit de la féconder pendant sa menstruation. Dès l'adolescence, hommes et femmes s'accordaient ainsi toutes les audaces amoureuses pour « percer » la femme. Du moins, tant qu'ils n'étaient pas mariés ; car, finalement, ils en venaient à se marier pour vivre en couple.

Loin d'être une démonstration des bienfaits de la liberté sexuelle, l'exemple des Trobriandais paraît au contraire révélateur des tendances profondes de l'humain à privilégier la monogamie. Pourquoi, en effet, mettre un terme à une liberté si précieuse ? L'homme n'étant pas considéré comme géniteur, les enfants étaient confiés à l'autorité de l'oncle maternel ; dans cette société matrilinéaire, les explications habituelles de la formation des couples, en termes de procréation, d'interdits sociaux ou religieux ne se justifient plus.

Toutefois, à y regarder de près, malgré son rôle secondaire, l'homme contribuait en fait largement à la gestation. Il n'était pas seulement là pour « percer », mais également pour « boucher » : une fois enceinte, la femme devait se livrer à des coïts répétitifs pour empêcher le sang fécondé de s'écouler grâce à un bouchon de sperme ; les apports réguliers de sperme pendant la grossesse étaient également jugés indispensables pour nourrir le fœtus. Ainsi, lorsqu'il ne s'agissait plus simplement d'être « percée » mais de contenir un enfant et de contribuer à sa venue au monde, les hommes cessaient de devenir interchangeables pour la future mère : un seul d'entre eux était mis à contribution. Désigné comme père, l'élu parmi les multiples « perceurs » transmettait, à sa naissance, son nom à l'enfant. Un exemple tel que celui des Trobriandais pourrait bien révéler une des bonnes raisons de la monogamie : assurer la filiation en y impliquant l'homme – même lorsque ce dernier n'a qu'un rôle accessoire.

Polygamie : les contraintes du nombre

Pour décrier le couple et en faire une union contre nature, on lui oppose volontiers les nombreuses sociétés polygames qui ont longtemps régné sur la planète et existent encore de nos jours, mais en minorité. Notons que la polygamie dont il est question se présente essentiellement comme une polygynie : un seul homme se partageant plusieurs femmes. Le cas contraire, celui de la polyandrie – une seule femme s'unissant à plusieurs hommes – est bien plus rarement rencontré.

• Polygynie. Le nomadisme de nos aïeux, organisés en petites collectivités de chasseurs cueilleurs qui se déplacent en suivant le gibier, a précédé leur fixation à un domaine agricole. L'instinct de propriété n'est sans doute pas étranger à la polygynie que l'on voit émerger dans beaucoup de sociétés au moment de la sédentarisation. Les femmes constituent dès lors, pour reprendre les termes de Jacques Attali qui, sur ce point, rejoint le préhistorien Courtin, « la partie la plus précieuse du patrimoine de l'homme[9] » ; elles s'occupent des enfants et des tâches domestiques, elles participent à l'exploitation de la terre et elles sont fécondes comme ce sol que l'on possède : leur ventre fournit de la main-d'œuvre pour cultiver le domaine et défendre le clan contre les agresseurs. Elles représentent ainsi un bien comparable aux autres biens : véritable richesse soumise à des règles d'échange, elles confèrent un statut enviable à ceux qui en disposent. Les hommes se les procurent par la force, la ruse ou le contrat. C'est à ce moment que l'autorité deviendrait patriarcale.

Il y a six millénaires, la polygynie aurait été coutumière. Certains, rapprochant ce fait de la polygynie usuelle des primates, en tirent argument pour prouver que le couple n'est pas « naturel ». Mais, comme le confirment encore les descriptions des sociétés élémentaires que nous venons de rapporter, rien n'est « naturel » chez l'homme. Même lorsqu'il paraît proche de la nature, l'homme ne vit pas, à proprement parler, dans la nature : il vit dans la société qu'il s'est construite et avec laquelle il partage une certaine représentation de la nature – une représentation qui modèle sa perception intime des choses et indique les conduites adaptées.

L'organisation de la polygynie impériale en Chine, rendue célèbre par le film *Épouses et concubines*, illustrera mieux encore cette idée. Homme le plus puissant du pays, l'empereur avait droit à douze épouses. Croit-on toutefois qu'il n'en disposait que pour satisfaire son bon plaisir ? Bien au contraire, ses rapports avec chacune de ses épouses étaient assujettis à un protocole immuable déterminant la fréquence et le rituel.

Sans être soumis à une réglementation aussi rigide que la Cité interdite, le harem des sultans n'était pas davantage un lieu de désordre propice à l'expression d'une sensualité spontanée. Son érotisme est prioritairement dédié à une autre jouissance que l'exaltation des sens : celle du pouvoir. Pouvoir du sultan, en premier lieu, que l'on mesure au nombre de ses odalisques autant qu'à l'étendue de son empire ; mais pouvoirs également de ses proches – d'où une concurrence féroce pour se rapprocher de lui. La sultane mère régnait en maître, administrant le sérail avec un bataillon de gouvernantes et surintendantes. Bref, les gynécées orientaux, qui ont tant fait rêver les Occidentaux, soumis à une hiérarchie rigoureuse, parcourus d'ambitions personnelles et assujettis à une discipline sévère, étaient loin de réunir les conditions favorables au relâchement de l'orgie.

La polygynie convient sans doute bien à la sexualité masculine pour les raisons qu'on a vues tout au long de ce livre, mais elle n'est en aucun cas une forme de libération sexuelle : lorsqu'elle n'est pas une liberté qu'on s'offre – c'est-à-dire une façon d'échapper aux pesanteurs de la monogamie par l'infidélité – et qu'elle correspond à une institution sociale, elle est encadrée par des règles strictes. Ces règles, on le verra plus loin, visent entre autres à contenir les méfaits de la jalousie.

• Polyandrie. Alors que la polygynie s'observe dans les populations riches et représente un pouvoir, la polyandrie, bien moins fréquente, se retrouve dans des contextes de pauvreté. Quand les ressources sont rares, pour ne pas morceler un domaine, une femme est mariée à plusieurs frères possédant ce domaine. On peut également la rencontrer dans certaines sociétés guerrières, tels les Spartiates : plusieurs hommes se partagent la même femme, qu'ils voient peu, et qui sera ainsi moins exposée au veuvage par les risques de la guerre. Dans le passé comme actuellement, autant la polygynie est d'observation courante, autant la polyandrie représente une exception.

L'esprit du temps, autrement dit la culture dans laquelle nous baignons et à laquelle nous n'échappons pas plus que les Baruya, tient à faire de la polyandrie un phénomène comparable à la polygynie. Derrière ce souci de symétrie on devine une hypothèse, si peu contestable qu'elle prend l'allure d'une évidence : l'avidité sexuelle de la femme est identique à celle de l'homme quand elle n'est pas bridée par la société.

Une petite peuplade de Chine, les Na, est devenue célèbre parce que l'imaginaire occidental a cru y découvrir l'exemple de femmes réellement libres, au sein d'une société qui échappe à l'oppression masculine des cultures patriarcales[10]. Chez les Na, le mariage ou toute autre forme d'union sociale n'existe pas, et les femmes ont des rapports sexuels avec des hommes différents chaque nuit. Doit-on en conclure que, lorsque la culture respecte la femme en ne la réduisant pas au rôle d'objet de possession pour les hommes, celle-ci éprouve le besoin de changer constamment de partenaires ?

En fait les femmes Na partagent la même maison que leur(s) frère(s), formant une « unité domestique » dans lesquelles on élève en commun les enfants. Les frères quittent leur sœur la nuit pour visiter les femmes des autres maisonnées ; les sœurs restent au domicile et accueillent les hommes qui viennent à elles. Les unions sexuelles peuvent être occasionnelles ou quelquefois durables ; quand un couple se forme, les deux partenaires cohabitent au sein d'une maison, mais il n'existe aucun contrat qui les lie socialement.

Jointe à des considérations économiques (les Na sont une tribu pauvre qui évite la division des terres par le regroupement familial), la conception qu'ont les Na de la procréation explique cette organisation sociale inhabituelle. Pour ce peuple, l'homme n'a pas un rôle de géniteur. L'enfant a été déposé dans le ventre de la femme avant sa propre naissance, lorsqu'elle n'était encore elle-même qu'un fœtus. C'est une divinité bienveillante, Aboagdu, qui s'en est chargée. Le rôle de l'homme se limite ainsi à une simple fonction d'arrosage : son sperme est une pluie qui contribue à faire croître le fœtus. Et mieux vaut qu'il pleuve beaucoup…

Les Na représentent donc encore l'exemple d'une sexualité qu'on ne peut comprendre que si l'on entre dans la représentation du monde qui la sous-tend : dans aucune société – sauf peut-être la nôtre aujourd'hui – le plaisir ne représente une fin en soi. Il s'inscrit à l'intérieur de pratiques socialement prescrites qui visent à la survie d'un ensemble complexe de croyances et de valeurs communes, où les conceptions de la vie et de la mort occupent une place centrale.

À l'origine de la monogamie, l'attachement ?

« Le couple reste le modèle de la vie privée[11] », note finalement le sociologue Jean-Claude Kaufmann, dans une enquête récente sur les femmes célibataires, réaffirmant encore dans un autre ouvrage : « Contrairement aux apparences, le couple demeure dans les esprits une référence centrale[12]. » Voilà qui rassure, car, depuis près de trente ans, je n'entends parler à longueur de journées que de souffrances de couple. Mes patients appartiendraient-ils à la couche la plus conservatrice, la plus bornée de la population ? En dépit de ce qu'ils endurent, je ne les entends jamais imaginer, en effet, d'autres façons de vivre que la vie à deux.

On peut concevoir d'ailleurs que si la monogamie était invivable pour l'individu ou inadaptée pour la société, elle n'aurait pas persisté : elle n'a pu émerger et se stabiliser que parce qu'elle ne s'opposait pas à des bénéfices évolutifs. Or – doit-on le rappeler ? – la monogamie représente quand même aujourd'hui la façon de vivre la plus répandue sur la planète.

Mais pour expliquer l'inclination humaine à la monogamie, une autre série d'arguments bien plus précieuse – et également plus proche de mes préoccupations – paraît s'imposer.

On a vu dans le chapitre précédent que le contact du bébé avec la mère exprimait le besoin d'un lien particulier, l'attachement, correspondant à une forme d'amour non génital ; l'amour de l'adulte se construit à partir de cette dimension vécue dans l'attachement, qui en constitue le socle, et à laquelle s'ajoute la dimension érotique de l'attrait sexuel.

Or, quelle que soit la culture, c'est toujours la mère qui accouche ; l'enfant qu'elle tient dans ses bras après l'avoir mis au monde – qu'il ait ou non été placé dans son ventre par des esprits – est sorti de ses entrailles. Le rôle dévolu au père peut varier en fonction des interprétations de la procréation, et celui de la mère subit nécessairement l'influence des constructions sociales. Les conditions de vie ont également un effet. Néanmoins, la mère s'engage toujours vis-à-vis de l'enfant à un niveau de responsabilité particulier, plus immédiat que le père, parce que ancré dans un lien organique : c'est de son corps que l'enfant vient au monde, la transmission de ce souffle de vie lui appartient. Parfois, c'est même à elle que revient la décision de l'abandonner à la mort, par exemple, chez certaines peuplades infanticides de Papouasie.

Ce « à la vie, à la mort » que réclament les affections profondes constitue donc partout le lien caractéristique qui unit la mère et le nourrisson. La psychanalyste Melanie Klein nous rappelle que la mère est *tout* pour le nourrisson – sa vie dépend d'elle – et il n'y a pas de raison de réfuter la réciproque : l'enfant représente beaucoup pour la maman, même pour les mamans de Papouasie[13]. L'attachement décrit par Bowlby est probablement un phénomène universel, modulé, mais non pas effacé, par les rôles sociaux. Il n'y a jamais eu nulle part dans ce monde un enfant naissant au milieu d'une collectivité d'individus équivalents pour lui : au milieu de ces individus, une figure se distingue, c'est celle de la femme qu'il consacre mère en venant au monde, et qui se sent devenue mère par sa naissance. Cette première expérience affective laisse des traces profondes qui conditionnent l'individu, et le porteront, devenu adulte, à trouver un partenaire avec lequel se rejouera ce sentiment d'être unique l'un pour l'autre.

Dans ces conditions, la monogamie peut apparaître comme le prolongement « naturel » de l'attachement. Ce qui explique que même lorsque la société n'y encourage pas – chez les Na, par exemple – des couples se forment.

Liberté sexuelle : une utopie contemporaine ?

Quoi qu'il en soit, aujourd'hui, la monogamie n'a plus le vent en poupe. Ce qui importe, c'est d'être fidèle… à *soi-même*. Valeur suprême de l'époque, cette sincérité peut être interprétée de différentes façons. S'il s'agit de n'écouter que ses désirs, la monogamie n'a certes plus sa place.

Les internautes : mono- ou polygames ?

Pourtant, en tant que sujet de débat, elle représente sur Internet un des thèmes de discussion favoris. Or, les internautes – une communauté aux mœurs incontestablement contemporaines – ne portent pas sur cette question un jugement aussi radical.

Dans les forums qui opposent monogamie et polygamie, sans précision pour le type, la polygamie est plutôt bien acceptée par les deux sexes. Toutefois les hommes distinguent, comme toujours, l'amour et la sexualité. *Ankh*[14] :

> « Je pense que l'homme, comme la femme d'ailleurs, n'a qu'un seul grand amour dans sa vie […]. Par contre, pour ce qui est de tremper son zizi, il n'est en aucun cas monogame. »

À l'inverse, pour certaines femmes, c'est l'amour qui justifierait la polygamie : ce sentiment ne peut se restreindre à un seul partenaire. *Ouriana* :

> « Un seul véritable amour dans une vie ? Moi j'en suis à mon quatrième. Et j'espère en connaître d'autres. Ça n'est pas parce qu'on est amoureux qu'il faut renier nos autres amours. C'est toujours différent. »

Dans ce genre de débat, la polygamie paraît être un choix confus ouvrant une fenêtre de liberté dans la monogamie. Mais que penseraient ces hommes et femmes propolygames d'une forme de polygamie telle que la polygynie ? Impossible de retrouver un forum sur ce sujet. La réponse serait-elle trop claire ? Ou la question frappée d'interdit ? En revanche, la polyandrie est un sujet facilement abordé. Cette fois, les différences sont tranchées : alors que les hommes se montrent ouverts et intéressés – pour ne pas dire émoustillés –, le rejet des femmes est à peu près constant. Sur un forum exclusivement féminin de doctissimo, *Chapigne* introduit le sujet à sa façon :

> « Une envie soudaine mais récurrente de bousculer un peu l'ordre établi. Et si on refaisait ce monde judéo-chrétien en introduisant la polyandrie ? Une femme qui a le droit de se marier avec plusieurs hommes, cool, non ? Sachez que cette pratique, dans certaines conditions, est encore légale au Tibet, bien qu'en voie d'extinction. »

L'ensemble des femmes, sans exception, rejette vivement cette proposition avec des arguments variés. La plupart tournent autour de l'exclusivité de l'amour (« Pour moi, on ne peut aimer qu'une seule personne »), mais sont également mis en avant la souffrance imposée à l'autre (« Si un jour une telle situation sentimentale m'arrivait, je ne pourrai pas le faire subir aux autres aimés ») et la complexité de la situation sur le plan pratique comme affectif (« ... bonjour l'emploi du temps... Tiens, toi je te case le lundi parce que mardi je serai dans les bras d'une autre et mercredi d'une autre encore »).

Le mot de la fin revient à *Charmée* : « Moi, je préfère aller plus loin et construire avec une seule personne que nulle part avec plusieurs... »

Être fidèle à ses désirs

Suivre ses désirs pour ne pas passer à côté de soi-même : les mœurs contemporaines imposent de ne renoncer à rien au nom d'interdits injustifiés pour un individu moderne. Et un individu moderne est libre, réfléchi, non contraint par des cadres imposés de l'extérieur – c'est un individu capable d'autonomie, d'indépendance par rapport à son façonnage familial et social. Mais de quels désirs s'agit-il ? Sont-ils les mêmes chez les hommes et les femmes ?

• Sexes et désirs. Suivre son désir constituera, on l'a vu, pour un homme, une incitation à une liberté sexuelle. Ceux qui sont fidèles à cette règle poursuivront celles qui, autour de lui, attirent leur désir – et elles sont nombreuses. Être fidèle à soi-même, pour un homme, représente en réalité un repli sur une ardeur qui coupe d'autrui, en poussant à saisir la chair – un corps parmi d'autres – et non à découvrir une femme.

Paradoxalement, d'ailleurs, à l'époque où l'on incite chacun à être fidèle à ses désirs, on se montre intraitable avec les hommes qui manifestent exagérément leurs désirs : dans le domaine des conventions sociales, il existe aujourd'hui une norme tacite correspondant au désir féminin, et s'opposant au désir masculin. Nous y reviendrons.

Les désirs des femmes ne sont pas les mêmes. Ils sont de deux ordres : soit elles désirent l'amour – ce sont les plus nombreuses ; soit elles désirent conquérir la liberté des hommes, être comme eux.

Désirer l'amour, c'est courir après un sentiment dont on a déjà examiné les nombreux contours, et qui fluctue selon les époques et les goûts. En revanche, être semblables aux hommes représente aujourd'hui une aspiration féminine fréquente qui mérite qu'on s'y arrête.

Le philosophe René Girard fait du désir mimétique la clé de tous les désirs : chacun de nos désirs serait désir de ressembler à un autre[15]. Je ne suis pas certain que cette explication convienne au désir sexuel masculin : la masturbation du jeune garçon et, plus tard, le besoin de « voir et toucher » le sexe féminin me paraissent procéder de quelque chose d'irréductible à une simple imitation. Certes, la *mimesis* interviendra pour donner une forme à la sexualité masculine – ou, plus précisément, donner une forme à la cible des désirs masculins –, mais elle n'en constitue pas la racine. Au contraire, la sexualité féminine, comme on l'a vu, s'est éloignée très tôt des exigences du corps : quand la petite fille a pris conscience d'elle-même, et qu'elle s'est alors attribué un corps sexué et non un sexe comme le petit garçon. Dans la mesure où la sexualité féminine procède davantage de la conscience qui l'inscrit dans une histoire, et moins directement du corps, on conçoit que le mimétisme puisse exercer sur le désir féminin une forte emprise.

C'est le désir mimétique de ressembler aux hommes qui pourrait être à l'œuvre dans la déclaration d'indépendance sexuelle de certaines femmes, volontiers exprimée de façon provocante : ainsi cette patiente me déclarant un jour qu'elle était déterminée à quitter son compagnon pour se sentir enfin libre de « faire le sexe ».

• À la recherche de l'insaisissable liberté sexuelle. Le désir sexuel masculin, pas plus qu'aucun désir, n'échappe donc toutefois jamais complètement à la quête de ressemblance, qui fait désirer ce que l'autre désire. Or la question du désir sexuel est devenue l'objet d'une vaste exploitation commerciale, comme nous l'avons déjà amplement exposé[16].

L'exploitation commerciale de la liberté sexuelle n'agit pas seulement en suggérant comme normes de la sexualité les normes masculines, au risque, on l'a dit, de « gauchir » les femmes. Elle exaspère également la génitalité masculine en la poussant aux extrêmes. Il s'agit, pour vendre, d'aller toujours plus loin. Rappelons que les enquêtes sur la sexualité contemporaine ont constaté une banalisation de la sodomie : il y a fort à croire que cela relève plus du mimétisme que d'une libération soudaine de l'érotisme anal, contenu par une culture autrefois répressive et exigeante quant à l'éducation sphinctérienne des enfants. La sexualité qu'on nous propose aujourd'hui comme modèle, dans notre culture occidentale éprise de liberté, est ainsi, en raison des pressions commerciales, une sexualité masculine caricaturale qui met l'accent sur la performance et l'excès.

Dans le couple, il peut arriver que la femme en souffre. En témoigne la déclaration d'Éliette, une des femmes questionnées par le sociologue Pascal Duret dans son enquête sur la conjugalité ; elle compare la sexualité de son mari à une course au record :

> « Il ne lui suffit plus de se prendre le dimanche matin pour Zidane quand il fait du foot au parc avec ses amis. Maintenant, il faut aussi qu'il se prenne pour Rocco Siffredi quand on fait l'amour pendant la sieste des enfants [...]. Faire l'amour, c'est ce qu'il y a de plus vrai parce qu'on est pas là en train de se montrer ou de raconter qu'on s'aime, et lui il croit qu'il passe à la télé[17]. »

La liberté à laquelle nous prétendons est un absolu qui n'existerait que dans un monde d'apesanteur ; malheureusement ce monde-ci comporte des pesanteurs, économiques entre autres. L'appétit sexuel des hommes représente une source de profits inépuisable ; la disparition des contraintes régulatrices, morales, familiales ou sociales, a laissé le champ ouvert à ceux qui veulent l'exploiter. Ils nous imposent, à notre insu, des cadres sans doute aussi influents, mais plus insidieux, que les cadres d'autrefois.

Couples libres : la monogamie infidèle

Disposer d'un port d'attache et, en même temps, goûter au plaisir du grand large ? Beaucoup font ce rêve. Le couple leur semble la meilleure manière de vivre un amour vrai, sûr, durable, mais en même temps la monogamie leur fait peur car elle représente une privation de liberté. Nul doute que l'accroissement d'espérance de vie rend la traversée de l'existence à deux plus problématique. De même, l'autonomisation des femmes qui disposent aujourd'hui des moyens d'assurer leur indépendance financière n'enchaîne plus, comme auparavant, les conjoints l'un à l'autre. Au nom de ces nouvelles donnes, doit-on renoncer à vivre à deux, ou en changer les formes et vivre à deux sans se priver des autres ?

Un couple mythique : le philosophe et le Castor

Le couple formé par Jean-Paul Sartre et celle qu'il appelait affectueusement le Castor, Simone de Beauvoir, représente pour beaucoup le modèle du couple libre, parvenant à concilier union profonde et autonomie complète. Tout au long de leur vie, ils ont été uniques l'un pour l'autre – du moins en ce qui concerne la connivence et l'intimité. Toutefois, naturellement, ni l'un ni l'autre ne pouvait concevoir de renoncer à son indépendance : on peut même supposer que la liberté était pour eux une de ces valeurs partagées qui contribuent à ce que l'on appelle le « mythe fondateur » du couple[18]. Unis par cette philosophie commune, les deux complices avaient donc, comme on sait, décider de ne renoncer à aucune aventure – mais simplement, dans un souci d'honnêteté, de ne rien se cacher. Or ils ont connu l'un et l'autre de pénibles moments de jalousie, et se sont bien gardés de tout s'avouer…

D'une certaine manière, le philosophe et le Castor représentent, malgré eux, un plaidoyer pour la monogamie – si l'on admet que monogamie n'est pas synonyme de fidélité, mais de constance avec le même partenaire une vie durant. Car que de tels esprits, élevant l'autonomie au rang de métaphysique et déterminés à ne se consacrer qu'au nécessaire en ignorant le contingent, aient maintenu durant leur vie entière les liens d'amour qui les unissaient, en se laissant atteindre par la jalousie lorsque le cœur de l'un d'eux palpitait pour des amours contingentes, voilà qui en dit long sur la force de rappel que constitue l'attachement lorsque, dans un couple établi, l'un ou l'autre s'écarte.

Éviter l'étouffement fusionnel : l'amour fissionnel

Toutefois, Sartre et Beauvoir ne nous indiqueraient-ils pas, avec la monogamie infidèle, une juste voie pour durer : ouvrir le couple à un apport extérieur, passer de deux à deux et demi ? C'est ce que suggère Serge Chaumier en décrivant une nouvelle forme d'amour, qu'il qualifie de « fissionnelle[19] », par opposition à l'amour fusionnel. Ce dernier, nous explique-t-il, est un héritage du romantisme, et il a longtemps représenté le modèle dominant ; cependant, sous la pression du besoin d'indépendance moderne, la nature du lien unissant le couple évolue : à la fusion de deux êtres tentant de se rejoindre en excluant les autres, se substitue la fission qui attribue aux autres un rôle dans l'entretien du duo amoureux. Le couple clos sur lui-même, où la personnalité de chacun est menacée de se noyer dans l'autre, se renverse ainsi en un couple dont chaque partenaire reste disponible pour un tiers et continue à s'appartenir en propre. Le lien amoureux se maintient en se déliant pour introduire le tiers. En s'accordant une liberté mutuelle, les partenaires du couple ouvert parviennent à éviter de tomber dans le piège de l'adultère petit-bourgeois.

On ne peut que partager l'opinion exprimée par Serge Chaumier : l'amour ne saurait exclure les tiers. Si la passion aveugle, l'amour, lui, ne fait qu'encourager une attention privilégiée à un individu qui bénéficie d'un avantage sur autrui sans pour autant effacer les autres. Au cours du temps, l'attention portée à l'être aimé bénéficie même à l'ensemble des autres. Mais on sait combien l'amour est une idée confuse. À présent que le libre choix permet aux unions de ne se fonder que sur l'attirance mutuelle, la référence en matière d'amour serait-elle devenue la fascination passionnelle ? En ce cas, Serge Chaumier s'insurge à juste titre contre le poison que représente la tyrannie des sentiments ; cependant, le contre-poison proposé pour éviter la fascination de l'un par l'autre pourrait se révéler aussi dangereux que le mal s'il verse dans la fascination de soi-même.

Car, même s'il n'est pas fusionnel, l'amour est exclusif : il exige de se sentir unique l'un pour l'autre. L'inclusion du tiers dans le couple doit se faire avec prudence. Quelle place lui donner ? Simple concurrent potentiel maintenant l'amour en éveil, ou participant réel à l'intimité du couple ?

Aménagements ordinaires : infidélités-remède et infidélités-liberté

Qu'en est-il en pratique quand le tiers en question n'est plus un concept théorique permettant la déliaison mais un banal rival ?

Dans son enquête, Pascal Duret constate que l'infidélité, lorsqu'elle se rencontre dans le couple, se présente sous deux formes[20] qu'on peut, pour résumer, qualifier d'infidélités-remède et d'infidélités-liberté. Dans le premier cas, l'infidélité n'est qu'une pratique occasionnelle liée à une insatisfaction ponctuelle et signalant un dysfonctionnement passager du couple ; dans le second cas, elle représente un mode de vie, que l'on justifie parfois comme une certaine forme de fidélité, une fidélité… à soi-même.

En tant que remède pour pallier une insuffisance du couple, l'infidélité est d'un maniement dangereux, et ceux qui veulent préserver leur couple devraient ne l'employer qu'avec de grandes précautions, et après s'être bien assurés qu'ils ne disposaient pas de moyens moins aléatoires. On y reviendra.

En tant que mode de vie… pourquoi pas ? Convenons que la solution est tentante. Encore faut-il trouver un partenaire qui accepte de partager cette valeur dans le « mythe fondateur » du couple : un partenaire profondément ouvert, et même suffisamment ouvert pour accepter que l'infidélité ne prenne pas une tournure identique dans les deux sexes.

Car Pascal Duret note lui aussi cette différence sur laquelle nous avons tant insisté, et que certains tiennent pour une construction sociale :

« Pour l'homme plus souvent que pour la femme, la sexualité peut être un engagement partiel, alors que pour la femme, cela signifie un engagement total. »

De sorte que l'infidélité chez la femme est volontiers une infidélité affective impliquant une relation durable, tandis que l'infidélité masculine se présente davantage comme une impulsion sexuelle. Parmi ses sujets d'enquête, le contraste est notable. Marthe compare ses deux amours, William et Germain, aux deux moteurs d'un avion qui lui permettent de poursuivre son vol, et d'éviter l'effondrement. Violaine conjugue également tant bien que mal les deux amours de sa vie, son mari Bernard et son amant Michel. Alors qu'Ulysse parle de ses infidélités avec gourmandise : « J'étais tenté comme on peut avoir envie d'un gros gâteau au chocolat bien moelleux au frigo. » De même Sullivan s'offre des libertés d'une nuit : « Pas vu, pas pris ! Ça ne fait de mal à personne, alors pourquoi s'en priver ? Il n'est pas question d'amour là-dedans, pas pour moi en tout cas. »

Une solution féminine : fidélités plurielles

À l'extrême, l'infidélité féminine prend la forme des fidélités plurielles vantées par Françoise Simpère[21]. Dans son livre *Aimer plusieurs hommes*, elle expose les bienfaits de la diversité dans l'intimité amoureuse. Les multiples amants de l'auteur ne sont pas de simples aventures sexuelles, mais des moments de complicité établie à tous niveaux. L'approfondissement de ces rencontres en accroît les bénéfices affectifs et érotiques, mais elle expose à un coût : celui de l'engagement, avec ses risques de souffrance. Toutefois, nous explique-t-on, cette forme d'investissement diversifié minimise les dangers, un peu comme dans les jeux de hasard.

Cet heureux équilibre n'a pas été atteint sans heurts. Dans un premier temps, Françoise Simpère rapporte les tâtonnements de son couple, dont le mythe fondateur incluait, dans les années 1970, la règle d'or de la liberté sexuelle : le sexe, oui, l'amour, non ; jouir sans aimer n'est pas trahir. À la longue, l'auteur constate que ce mode de vie ne lui convient pas. Accumuler les expériences sexuelles lui paraît vain : après ce que l'on vient de dire des différences entre sexualité masculine et féminine, on ne s'en étonnera pas. Elle décide donc de changer les règles et de s'accorder la liberté d'établir des liaisons avec les hommes qui l'attirent. Cela ne va pas, semble-t-il, sans réactions de la part du mari, qui met un temps à s'adapter à la nouvelle donne.

Ce dernier, notons-le, reste depuis trente ans un partenaire constant, un « point fixe » dans l'existence de son épouse. Les fidélités plurielles ne peuvent ainsi se vivre sur un mode équivalent pour chacun des partenaires ; l'un d'entre eux représente nécessairement un investissement prioritaire au milieu des autres. Il accumule au cours du temps un capital d'expériences et d'œuvres communes – enfants, en particulier – qui le distingue des autres.

Quels sont les aménagements à faire pour que ce lien privilégié résiste au partage avec d'autres intimités amoureuses ? Comment, d'autre part, éviter que les relations sincères et fidèles avec les multiples amants ne soient pas perturbées par les affres de la jalousie ? Il faut beaucoup de doigté pour que l'équilibre puisse se maintenir.

Préconisation masculine : faire taire la jalousie

À ces développements marqués au coin de la sensualité féminine, on peut opposer la réflexion que *Le Mariage et la*

Morale mène un logicien comme Bertrand Russell sur « le système sexuel le plus propre à satisfaire la nature humaine ». Le mariage, pour lui, est une épreuve car hommes et femmes, quand ils sont délivrés de toutes les inhibitions qui les entravent moralement, sont « polygames par instinct[22] ». L'erreur est sans doute, explique-t-il, d'avoir voulu en faire, depuis la Révolution française, le couronnement de l'amour romantique :

> « Le mariage est quelque chose de plus sérieux que le plaisir que deux jeunes gens goûtent dans leur rencontre ; c'est une institution qui, en créant des enfants, participe intimement à la structure sociale et dont l'importance dépasse les sentiments personnels du mari et de la femme[23]. »

Voyant ainsi dans l'enfant la raison du couple durable, Bertrand Russell fait de l'union conjugale une relation responsable entre individus qui devraient être « affranchis des obligations de la fidélité conjugale sexuelle ». Cela impose une maîtrise de soi permettant de vaincre la jalousie, et cette maîtrise devrait être un but moral.

Mais Russell, prisonnier de sa perspective masculine, ne mesure pas combien il est plus facile pour un homme que pour une femme de s'affranchir de la fidélité conjugale sexuelle, en n'accordant à la relation extraconjugale qu'une implication affective minime. Et la maîtrise de soi capable de vaincre la jalousie ne pourrait-elle tout aussi bien triompher des désirs infidèles ?

Échapper au couple : l'impasse des amours collectives

Communautés : les limites de l'amour libérateur

Mais au fond, pourquoi faire preuve de parcimonie dès qu'il s'agit de liberté ? Pourquoi appartiendrait-on à l'un plutôt qu'aux autres ? Et s'il s'agissait simplement de la manifestation injuste d'un instinct de propriété déplacé, dû à la déformation de nos esprits par une culture accordant exagérément d'importance au patrimoine ? C'est la réflexion que se faisait, dès la fin du XIXe siècle, Charles Fourier :

> « Après tout, qu'est-ce qu'un couple d'amoureux selon la méthode actuelle ? C'est un individu qui veut limiter le bonheur à lui seul. On peut comparer un tel couple à un homme qui comblerait sa cave des meilleurs vins du monde et qui les boirait constamment seul sans jamais convier ami, parent ou voisin[24]. »

Comparer son conjoint à une bonne bouteille – comme à un gâteau au chocolat – convient mieux à l'homme qu'à la femme, nous l'avons vu, et Fourier se révèle bien, sur ce point, un penseur masculin. Déterminé toutefois à prendre le mal à la racine, il forme des communautés, les célèbres phalanstères, où le partage constitue la règle d'or. Renonçant à la possession et ainsi déliés de la propriété, hommes et femmes peuvent s'abandonner à l'amour pour tous, générateur d'une bienheureuse harmonie dans la communauté. Le fouriérisme est devenu suffisamment synonyme d'utopie pour qu'il ne soit pas nécessaire de s'appesantir sur l'échec de ces expériences communautaires.

L'idée est cependant reprise en 1968. Les communautés se

multiplient dans les années qui suivent. Il ne s'agit plus cette fois de mettre en place les conditions d'un nouveau socialisme en éradiquant l'instinct de propriété, mais plutôt de s'opposer à la famille petite-bourgeoise en recréant sa collectivité propre – autrement dit, sa petite famille à soi qui nie la famille. À nouveau, les déceptions s'accumulent. Les contraintes de la collectivité se révèlent finalement plus pénibles encore que celles de la famille. En dehors de la liberté sexuelle, l'autonomie revendiquée doit abdiquer devant les pesanteurs du groupe. Et surtout, ces univers sociaux qui se voulaient espaces de liberté en échappant à l'appropriation affective, continuent d'être parcourus par des tensions de couple : la vie collective s'organise rapidement sous la forme de vies de couples, celles-ci se juxtaposant entre elles de façon d'autant plus pénible qu'elles sont niées par principe.

L'ouvrage de Gérard Mauger et Claude Fossé *La Vie buissonnière*[25] livre sur ce plan un constat d'échec qui se voit constamment confirmé ailleurs. Une des personnes interrogées par Pascal Duret, Patrick, qui se dit en quête de relations ouvertes, a tenté l'expérience :

> « La vie en communauté [...], c'est vrai j'y ai cru, mais en réalité, ça ne marche jamais, c'est comme ça, on n'est pas fait pour ça [...]. Aujourd'hui je vis en couple ça veut dire que je cohabite à deux et non pas à quinze, mais je n'ai pas renoncé, je ne suis pas fermé sur mon petit cocon[26]. »

Pourquoi cette impossibilité à sortir du couple pour répartir l'amour sur plusieurs partenaires simultanément – une solution qui pourrait faire le bonheur de tous en conciliant affectivité et liberté ? Dans ces communautés, « les rôles étant interdits, ni mari, ni amant, ni épouse, ni maîtresse : restent des *personnes* », commente le sociologue François de Singly[27].

Employant les mots mêmes qui caractérisent l'attachement, il ajoute : « Cela ne marche pas, parce que cette utopie a sous-estimé le besoin de sécurité qui, lui aussi, procure le sentiment de chaleur. »

Reformulons sa conclusion avec une perspective de psychologue : *le collectivisme, en matière de sentiments, ne peut satisfaire la composante affective de l'amour qui obéit aux nécessités de l'attachement.* Le besoin de sécurité et de chaleur n'est rien d'autre que le besoin d'attachement, et sans attachement, on n'est *personne* ; comme le nourrisson, sans sa mère, n'est plus *rien.*

Ça ne marche pas parce que l'attachement se veut exclusif, et que la concurrence fait naître un sentiment destructeur : la jalousie.

Sexualité de groupe

Encouragés par le mouvement de libération sexuelle, un certain nombre d'individus se sont organisés pour réaliser leurs fantasmes avec des comparses. Tendances voyeuristes, exhibitionnistes et, plus généralement, toutes les fantaisies liées à la sexualité, trouvent à se satisfaire avec des compagnons de jeux que l'on rencontre par l'intermédiaire d'annonces ou dans des lieux consacrés. Les rencontres sont en principe anonymes, et n'ont d'autre but que d'obtenir le plaisir sexuel convoité. Elles ne débouchent que rarement sur une relation suivie. Dans le cas de la sexualité de groupe, le groupe n'est pas un mode de vie semblable à la communauté, mais un rapprochement de circonstance. L'adepte de ces plaisirs n'échappe aux cadres sociaux que le temps d'un orgasme. Le reste du temps, il vit comme tout le monde – c'est-à-dire, dans la plupart des cas, en couple. Ainsi la sexualité collective ne remet pas en question le couple : bien au contraire, car elle représente une forme de jouissance consistant à ouvrir à d'autres l'intimité sexuelle du couple.

De la sexualité de groupe, on a pu dire qu'elle était une « fidélité sans vertu ». Selon Serge Chaumier, elle représente pour des couples fusionnels une façon d'annuler le tiers en le réduisant à son sexe. Se déployant dans le cadre d'une situation maîtrisée qui minimise les risques de la jalousie, elle comble avant tout les intérêts érotiques masculins : voir et toucher. De fait, dans les journaux d'annonces libertines, à l'inverse des nombreux candidats masculins, on ne note à peu près aucune femme seule désireuse de faire une rencontre sexuelle anonyme (celles qui s'exposent sont les partenaires d'un couple) ; de même, les clubs échangistes sont fréquentés par des couples ou des hommes seuls, et il est rare qu'une femme s'y rende isolément. Quels plaisirs prennent donc les femmes à ces jeux organisés par les hommes ? L'érotisme féminin y trouve parfois son compte ; certaines apprécient de s'exhiber devant leur partenaire, ou jouissent de la sensation d'affranchissement que procure la variété de l'orgie. Mais, comme à l'habitude, le plaisir de la femme ne se conçoit pas sans le regard de l'homme auquel elle est liée.

La jalousie : garante ou poison du couple ?

Les anthropologues nous rappellent que la jalousie s'observe dans toutes les cultures, sans distinction de sexe. Il y a trois mille ans déjà, un livre de sagesse chinoise, le *Yi-Jing*, mettait en garde : « Un lien étroit n'est possible qu'entre deux personnes ; un groupe de trois engendre la jalousie[28]. » De fait, la jalousie sévit fortement dans les sociétés polygames, et la polygynie, coutumière en Chine à cette époque, offrait vraisemblablement aux Chinois l'occasion de vérifier les fondements de ce précepte. Elle était à l'origine de nombreux conflits dans les harems. Rivalités féminines, intrigues et empoisonnements y étaient courants. Aujourd'hui encore, dans les tribus bédouines qui pratiquent la polygamie, on peut en observer les méfaits[29].

Jalousies exemplaires

Prête à se manifester dès qu'il est question de préférences, de privilèges ou d'avantages quelconques, et surtout lorsque sexe et sentiments s'en mêlent, la jalousie reste vive même au sein d'une société monogame comme la nôtre. J'en constate, en tant que psychiatre, quotidiennement les ravages. Quelques exemples parmi d'autres.

• Un amour mordant. Hélène, la cinquantaine, vient consulter à la demande de son mari, Pierre, qui a passé, la veille, sa soirée dans un service d'urgences. J'ai mission de l'apaiser : « Elle est enragée. Elle m'a mordu au sang. Il a fallu appeler le SAMU ! » Lorsque le mari nous quitte, l'enragée s'explique. Un mois auparavant elle a découvert que son mari la trompait. Comment ? Un simple relevé de compteur. Pierre a l'habitude, pendant leurs week-ends à la campagne, de s'absenter pour de longues promenades en moto. Cette fois, il a étrenné une nouvelle moto. Et elle a pu constater que le circuit de plusieurs heures ne représentait en fait que quelques kilomètres ! D'où une enquête discrète qui amène cette femme méthodique à découvrir que Pierre a une maîtresse, et que cette maîtresse possède une maison de campagne dans le voisinage. Pierre est généreux : c'est lui qui l'a installée dans cette maison. Pourquoi cette crise de rage soudaine, hier soir ? Son enquête avait progressé, et elle venait de découvrir que la maîtresse habitait également dans un appartement à Paris proche du leur, et qu'elle était mère de deux jeunes enfants dont Pierre était le père.

La jalousie est une haine de l'autre, le rival, celui qui me menace de ne plus me sentir unique, c'est-à-dire de ne plus être *personne* : Pascal Duret, à travers les témoignages qu'il a recueillis, parle d'une épreuve identitaire plus encore que d'une blessure narcissique[30]. Lorsque la jalousie s'installe, elle forme rapidement une obsession lancinante ; le rival est au centre de toutes les pensées, et il faut, quel qu'en soit le prix, redevenir au plus vite l'unique, c'est-à-dire celui ou celle qui, comme auparavant, comptait plus que tout. Cela semble presque une question de vie ou de mort – c'est même, sur le plan fantasmatique, en raison de l'enracinement de cette dangereuse passion dans les premières émotions de l'attachement, très exactement une question de vie ou de mort. Pour apaiser sa souffrance et se sentir à nouveau *quelqu'un*, le jaloux n'a pas d'autre alternative que de s'assurer une prise sur le conjoint ou d'éliminer le rival.

Mordre pour Hélène est une manière de s'assurer une prise, d'incorporer celui qu'elle aime. Cette réaction n'est toutefois pas si fréquente.

• Autres émois, autres manœuvres. Plus souvent, le jaloux tentera de s'assurer d'autres formes de prise. L'enquête que mène la personne trompée sur les détails de la trahison est déjà une réponse au besoin urgent de se rassurer devant les vacillements de l'emprise : il s'agit, certes, d'épier la conduite de l'infidèle pour faire la lumière sur ses cachotteries, mais aussi de se réapproprier cette part de son existence dont on s'est soudainement senti exclu. Des mouvements d'humeur accompagnent ce bilan des dégâts infligés à la confiance – confiance en soi, en lui, en notre couple – par le partenaire : ce sera soit un déchaînement d'agressivité et des crises de colère destinées à le punir ; soit un désespoir profond qui lui fait ressentir la violence de sa trahison ; soit encore un appétit décuplé pour le séduire afin de vérifier que le désir n'a pas disparu. Ce dernier point pourra surprendre, mais il n'est pas rare que la jalousie redonne à la relation une intensité érotique qu'elle avait perdue : bienheureux effet du tiers dont les conséquences se révèlent parfois spectaculaires. Ainsi, une patiente, la soixantaine sereine, s'est révélée une amante insatiable en découvrant que son mari avait une liaison (à la surprise de ce dernier qui, cardiaque, en venait à s'alarmer pour son état de santé).

D'autres jaloux peuvent s'en prendre au rival. Ce type de réaction mène rarement, heureusement, à des crimes passionnels ou aux conduites extrêmes qui inspirent les auteurs de romans policiers. Plus souvent, il s'agit de détruire l'autre en l'humiliant, en le rabaissant ou en lui nuisant. Le choix des armes est assez large, comme en témoigne l'exemple de Suzy.

Suzy était une jolie blonde très vivante, à qui l'infidélité de son mari avait fait perdre sa joie de vivre. Depuis, elle gardait le lit, prostrée. On dut l'hospitaliser. Grâce au traitement, elle se remit rapidement et elle eut bientôt le droit de sortir librement l'après-midi, après les soins de la matinée. Un soir, le mari, jusque-là discret, me téléphona effaré, en me reprochant de ne pas imposer à sa femme de garder la chambre toute la journée. Suzy s'en était prise à la voiture de sa maîtresse, qu'elle avait complètement détruite. Le lendemain, Suzy m'avoua qu'en effet elle s'était rendue au parking où se trouvait la « caisse de cette pétasse » pour la saccager méthodiquement, à coups de marteau. Et elle ajouta, avec un large sourire : « Vous n'imaginez pas combien c'était bon ! Puisqu'on m'a déclarée folle, j'en profite… »

Mais la jalousie ne se satisfait pas simplement d'un égarement passager de rage ; elle est un sentiment profond qui dure parfois autant que l'amour. L'exemple m'en a été donné par une patiente âgée que j'avais suivie longuement pour un trouble de l'humeur sans rapport avec ses peines de cœur. Avec le grand âge, se sentant faiblir, elle me confie ce qui la hante : surtout, mourir avant « l'autre ». L'autre, c'est une rivale dont elle avait appris l'existence il y a bien longtemps, peu avant le décès de son mari. Avec le temps, elle avait pardonné au défunt son écart. En revanche, la haine pour « l'autre » n'avait jamais faibli : elle tenait à disparaître avant elle pour la précéder dans le monde des morts et l'empêcher de lui voler une nouvelle fois la place auprès de son mari.

• Et les hommes ? Les exemples qui précèdent ne concernent que des femmes : la jalousie serait-elle donc une émotion spécifiquement féminine ? Bien entendu, non. Mais elle affecte sans doute une forme différente chez l'homme, qui l'exprime de façon plus crue et plus violente, et se tourne davantage vers le rival que vers la partenaire qui l'a trahi.

Le roman de Julian Barnes, *Avant moi*, est une magistrale expression de la jalousie masculine, que les libertés de la fiction permettent d'accentuer à l'extrême. Graham, un universitaire dans la quarantaine, s'éprend d'Ann, une ex-actrice reconvertie dans la mode. Redécouvrant le désir qui l'avait progressivement déserté, il quitte sa femme et l'épouse. Mais très vite, Graham manifeste une curiosité obsessionnelle pour le passé sexuel d'Ann. C'est ainsi qu'il découvre que son meilleur ami,

Jack, a eu quelques années auparavant une liaison avec elle. Graham va chez son ami et le poignarde à plusieurs reprises « entre le cœur et les parties sexuelles » ; puis il se tranche la gorge.

L'auteur nous laisse dans la même obscurité que son personnage sur les motifs de cette violence vertigineuse. Mais n'est-ce pas tout simplement qu'il est insupportable à Graham – et c'est en même temps ce qui l'a attiré –, qu'Ann ait eu, avant lui, une indépendance sexuelle[31] ? Les hommes portent souvent en eux cette ambiguïté : ils veulent percevoir chez la femme une sensualité qui fait écho à la leur, mais, simultanément, ils redoutent que le désir féminin ne la détourne d'eux en l'aliénant à un autre homme.

La réalité ne rejoint, heureusement, cette fiction que de façon très partielle, mais des points communs peuvent être notés. Parfaite illustration de la jalousie au masculin, citons cet homme qui, soudainement, découvrant le nom d'un ex-amant de sa femme, n'avait plus qu'une idée en tête : l'attendre au bas de son immeuble avec un fusil à canon scié. Conscient de la disproportion de sa réaction, il s'en voulait de ressentir une telle agressivité, lui qui était habituellement d'un naturel plutôt paisible. D'autant que la faute était ancienne et méritait aujourd'hui la prescription – sa femme, il en convenait, avait été dans l'ensemble une compagne sans reproche. Mais cette pensée s'imposait à son esprit malgré lui.

Un autre patient, apprenant que sa femme l'avait trompé, était également poursuivi par des obsessions comparables, mais de nature sexuelle, celles-là. Dès que son activité se relâchait – pendant les haltes du travail ou dans les encombrements, et plus encore durant ses nuits agitées, entrecoupées de réveils en sursaut – son imagination lui offrait en spectacle sa femme s'accouplant avec son amant dans des postures nouvelles, qui lui faisaient éprouver des jouissances extrêmes : son rival – « ce salaud » – s'offrait avec elle des libertés qui lui avaient toujours été refusées. Et cela, simplement parce qu'elle était impressionnée par sa fortune – il était, lui, bien moins aisé.

La fréquentation approfondie de la jalousie masculine révèle une constante dans les rapports des hommes entre eux, sans doute à l'origine des violences qui peuvent les opposer. Sans même en être conscient, l'homme mesure en permanence son pouvoir à celui des autres hommes. Un rival le réduit à l'impuissance : il lui attribue davantage de pouvoir qu'il n'en a, et même tous les pouvoirs – notamment celui d'imposer librement à sa compagne n'importe lequel de ses fantasmes sexuels. Ce faisant, celle-ci découvre une jouissance inouïe que lui, pauvre benêt, n'avait jamais pu lui faire connaître. La boucle est bouclée, la femme se trouve ainsi devenue voluptueusement dépendante d'un homme plus puissant que lui, et lui qui l'aimait pourtant – autrement plus que ce « salaud », elle s'en apercevra bientôt – ne possède rien d'autre à présent que sa nullité – son impuissance – à donner en partage.

L'énigmatique Graham pourrait bien nous lancer un avertissement : un homme trahi se sent châtré, et la castration peut avoir d'imprévisibles conséquences s'il lui vient à l'esprit, quand son « phallus » chancelle, de se saisir d'un couteau.

Jalousies selon le sexe

Cette expression différente de la jalousie selon les sexes a été confirmée par les nombreuses et rigoureuses études expérimentales que recense dans son livre[32] Monique de Bonis, une chercheuse spécialisée dans le domaine des émotions. Avec une unanimité rare pour des études scientifiques, l'ensemble de ces recherches affirme que la jalousie ne prend pas la même forme chez les hommes et les femmes : les hommes sont plus sensibles à l'infidélité sexuelle, et les femmes plus touchées par l'infidélité amoureuse.

L'étude principale a été menée par des chercheurs américains. Plusieurs scénarios d'infidélités étaient présentés à des sujets des deux sexes qui devaient juger si la situation les ferait souffrir pour des raisons d'infidélité sexuelle ou de trahison amoureuse. Pendant que les sujets imaginaient les scénarios, on mesurait la réactivité émotionnelle (à partir d'indices physiologiques) et l'on évaluait les sentiments éprouvés (colère, rage, humiliation, etc.).

Les résultats sont remarquablement contrastés : 73 % des hommes sont touchés davantage par l'infidélité sexuelle, 96 % des femmes par l'infidélité amoureuse. Des données comparables ont été obtenues par de multiples études interculturelles menées aussi bien en Asie qu'en Europe. L'écart est si franc et constant que certains voient dans la jalousie le sentiment le plus représentatif de la différence des sexes.

Monique de Bonis s'interroge sur les raisons qui expliquent de telles dissimilitudes. Selon elle, il n'y a pas d'explication, et notamment :

> « [...] elles ne sont pas imputables à des différences de conviction selon lesquelles on peut croire que les femmes associent plus facilement amour et sexualité, alors que les hommes concevraient davantage le sexe sans amour[33]. »

Voire. On conviendra que dans l'ensemble, ce qui a été évoqué, jusqu'à présent, dans ce livre prépare le lecteur à de tels résultats : des données inverses auraient paru bien plus surprenantes. Il ne s'agit d'ailleurs pas là de « convictions », mais de constructions : par construction, l'homme instrumentalise son sexe et redoute qu'un rival dispose d'un instrument plus efficace que le sien, alors que la femme s'appuie sur l'attachement, ce qui la porte à craindre qu'une rivale ne parvienne à s'attacher son partenaire mieux qu'elle-même.

Néanmoins les psychologues évolutionnistes ont une autre hypothèse : la jalousie sexuelle de l'homme aurait un intérêt évolutif, car elle le mettrait en mesure de parer à la menace que représente l'infidélité pour sa propre descendance. Ce dont, naturellement, la femme n'a pas à se soucier : il lui faut simplement, de son côté, s'attacher le bon géniteur. Pour tester cette hypothèse, l'expérience a été tentée avec des homosexuels masculins. Ces derniers se montrent aussi peu sensibles que les femmes à l'infidélité sexuelle, d'où l'on conclut que la sensibilité particulière des hommes à la trahison sexuelle est bien une réponse à une menace concernant leur descendance, et qui s'efface quand il n'est plus question de procréation.

Ne peut-on pas considérer, surtout, qu'entre partenaires masculins, la question de la jouissance ne se pose plus de la même façon ? Il y a dans l'homosexualité masculine, on l'a vu, une symétrie qui dédramatise la situation. On peut la formuler ainsi : sa sexualité est semblable à la mienne, elle n'est pas une jouissance mystérieuse, il n'y a rien qu'un autre homme puisse lui faire découvrir mieux que je ne l'ai fait.

En fait, l'appropriation différente du corps érotique par chacun des sexes suffit, à mon sens, à expliquer ces réactions dissemblables à la jalousie sans faire appel, comme la psychologie évolutionniste, au détour de milliers d'années d'évolution. Si on veut bien considérer l'influence de l'enveloppe qu'il habite sur sa construction intérieure, on concevra que l'être humain puisse acquérir en quelques années ce qu'aujourd'hui on lui prête comme le résultat d'une longue sélection. Pour le plus grand bien, sans aucun doute, de la propagation de ses gènes et l'évolution de l'espèce : après tout, les deux explications ne pourraient-elles se conjuguer ?

Un contre un : forces en présence

Finalement, pour répondre aux besoins érotiques et affectifs en évitant les ravages de la jalousie, la monogamie fidèle, c'est-à-dire le couple tel qu'on le conçoit traditionnellement, est sans doute la moins mauvaise solution. Mais le rapprochement de deux êtres humains unis par un besoin mutuel n'est pas un événement innocent. Car chaque être humain a besoin, pour se sentir exister, d'exercer un pouvoir, et la vie à deux implique de renoncer en partie à son pouvoir propre, au profit du pouvoir du couple.

Le pouvoir : une exclusivité masculine ?

Marilyn French fait du pouvoir une spécificité masculine. C'est du patriarcat et de la volonté de contrôle masculine que résulteraient, selon elle, tous ces maux que sont l'esprit de domination, le besoin de maîtrise, la hiérarchie. La sexualité est un moment de perte de contrôle, c'est pourquoi elle est condamnée par les cultures patriarcales qui en font une « souillure ». Elle ne peut se dérouler qu'au sein d'un rapport de pouvoir. Le féminisme pourrait ainsi faire naître un monde différent, délaissant l'autorité au profit de la liberté et du plaisir dans un abandon de soi sans contrôle. La réciprocité en amour est le fondement de la vraie liberté, mais elle n'est possible qu'en l'absence de contrainte, ce qui impose de « passer par-dessus les stéréotypes des rôles et [de] la définition qui veut que l'homme soit en position de contrôle, la femme de contrôlée[34] ».

L'esprit féminin saura-t-il détourner l'humanité des conflits de pouvoir qui l'agitent depuis toujours pour lui faire découvrir l'Éden ? Rien n'est moins sûr. Les quelques femmes qui, passant à travers les mailles du filet patriarcal, ont eu un rôle majeur dans l'histoire, n'en ont pas montré le chemin.

Un des problèmes de l'amour, comme on l'a vu, c'est qu'il pousse quelques personnes les unes vers les autres – volontiers deux par deux – mais avec, souvent, des défauts de synchronisme : le moment n'est pas toujours le bon, ou l'attirance n'est pas toujours mutuelle. Quand il n'est pas prescrit par la société (mais peut-on alors encore parler d'amour ?), il est un sentiment électif : certains sont appelés à communier dans le bienheureux partage amoureux, d'autres pas. D'où la jalousie. Et d'où le désir qu'ont certains de parvenir par tous les moyens à gagner les faveurs de celui ou celle qui les attire. Or gagner, c'est conquérir.

Dès que l'on évoque la conquête, c'est bien entendu en priorité des personnages masculins qui viennent à l'esprit. En particulier le fameux Don Juan qui en avait fait sa spécialité au point d'oublier que la conquête est vaine si elle ne débouche pas sur une vraie jouissance de l'autre et si – se bornant à jouir de sa victoire – elle devient une fin en soi. Mais la conquête n'est pas un sport exclusivement masculin. Simplement, les femmes ne s'y livrent pas à la façon des hommes, on l'a vu : elles se font désirer, elles se proposent, elles font sentir à l'homme qu'elles sont prêtes à être conquises, attendant qu'il se dévoile. La passivité du jeu de cour n'est qu'une fausse passivité, et la séduction féminine représente une forme de pouvoir non négligeable.

Certes, les contraintes féminines ne se comparent pas à la contrainte en acte que pratiquent certains hommes, elles ne se manifestent jamais comme une violence physique, mais elles soulèvent – avec, souvent, une apparente innocence qui rend le jeu plus cruel encore – des désirs contre lesquels l'homme doit se défendre. Certes, les hommes ne sont pas tous des violeurs, ni les femmes toutes des séductrices fatales. Mais aucun sexe n'est innocent, et la version féminine de Don Juan existe : à ceux qui, naïvement, verraient dans la cruauté un défaut masculin sans contrepartie féminine, la marquise de Merteuil des *Liaisons dangereuses* rappelle qu'être femme ne préserve pas du plaisir de nuire. Au demeurant, bien avant ces personnages mythiques de l'époque classique, une incarnation biblique de la séduction, Salomé, avait montré la fragilité des pouvoirs traditionnellement masculins. Pouvoirs politique et religieux s'effondrent sans effort devant la belle Salomé, animée par le désir de vengeance de sa mère : quelques pas de danse lui suffisent pour faire perdre la tête au roi Hérode, et obtenir, livrée sur un plat, celle du prophète Jean-Baptiste.

En fait, après trente ans de fréquentation approfondie de l'âme humaine sous ses deux formes, masculine et féminine, il me semble que, s'il y a bien un point sur lequel les deux sexes se ressemblent, c'est leur goût pour l'emprise. Certes, ce besoin prend des formes différentes selon le type d'autorité que la culture met à la disposition de chaque sexe, et dans beaucoup de sociétés, les pouvoirs apparents sont réservés aux hommes. Mais le plus important est que certains utilisent ce besoin à des fins constructives en déployant autour d'eux une influence bénéfique, tandis que d'autres développent des exigences d'appropriation qui peuvent aller jusqu'à détruire ceux qui leur résistent. Cela n'est en rien une question de sexe. Toutefois, le crime qu'est l'élimination physique d'autrui est plus volontiers pratiqué par l'homme, qui, comme on l'a vu dans la première partie, se trouve davantage que l'autre sexe dans la disposition d'*agir*, alors que la femme s'en tiendra plus souvent à un meurtre psychique, moins apparent.

Pouvoir masculin

• Mépris masculin : femmes jouets. Ce jour-là, alors que, descendant du train, je suis encore à ma lecture – un gros volume documenté sur la distinction sociale des sexes d'Irène Théry[35] – et que je partage l'indignation de l'érudite essayiste contre Lévi-Strauss d'avoir fait de l'échange, en particulier l'échange de femmes, le fondement de toute construction sociale – j'aperçois devant la gare une Harley-Davidson en grande tenue, laque noire, chromes et clous. L'engin, momentanément délaissé pour un déplacement par le rail, attend, obligeamment incliné sur sa béquille, son infidèle propriétaire. À l'arrière, sur le garde-boue, une inscription : *My other toy has TITS* – « Mon autre jouet a des NICHONS ! ». Deux univers, brutalement, se télescopent : le mien et celui de cette monture racoleuse.

Nul doute que le propriétaire est un cousin de ces esbroufeurs de Hazda, les chasseurs du nord de la Tanzanie dont parle Sarah Blaffer Hrdy[36]. Les Hazda ont dérouté un groupe de chercheurs bien intentionnés qui avaient formulé à leur égard de brillantes hypothèses : ils pensaient que ces hommes, obéissant à leur insu à une sorte de réglage optimal du rapport coût-profit, pratiquaient leur chasse de façon à rapporter un maximum de viande pour un minimum de risques. Hélas, les Hazda n'ont pas agi conformément à leurs prévisions ; ils revenaient parfois bredouilles pendant des mois, alors que, chaque jour, ils croisaient quantité de petites proies faciles à tuer, avec lesquelles ils auraient pu aisément nourrir la famille. En fait, les Hazda ne s'intéressaient qu'aux grosses prises, comme l'élan du Cap, qu'ils traquaient longuement. Or cet élan ne se rencontre pas tous les jours, et en outre il représente beaucoup trop de viande pour une seule famille. Nos chercheurs ont tenté d'expliquer aux hazda qu'en visant un peu moins gros, ils amélioreraient nettement le rendement de leur activité en termes de ration protéique quotidienne. Mais les chasseurs hazda sont restés imperméables ; ils tenaient en fait autant à épater qu'à nourrir leur famille. Rapporter au camp une grosse proie, c'était une façon d'éblouir les femmes, et, certes de combler leur famille, mais aussi d'espérer échanger un peu de viande contre des faveurs féminines…

Oublions les sauvages, auxquels on ne se frotte que dans les livres. Heureusement, dans ce monde civilisé dont l'auteure et moi-même faisons partie, les femmes ne sont pas des jouets que l'on peut émouvoir avec un élan ou une Harley. Pourtant, les exemples abondent d'hommes cultivés qui conçoivent les femmes comme des partenaires de jeu : songeons par exemple à la fameuse affaire Monica et aux nombreuses révélations sur le comportement scandaleux de politiciens célèbres qui défraient la chronique.

Les femmes seraient donc pour l'homme des jouets ? Et si la question était simplement que, pour lui, comme on l'a vu dans la première partie de ce livre, *le sexe est un jeu parce que son sexe est un jouet* – la femme ne pouvant être alors que l'enjeu d'un jeu ?

• Fascinations féminines : hommes superlatifs. Et tout en s'en offensant, les femmes ne seraient-elles pas quelquefois complices de ce jeu ? Si le WHR et autres attributs physiques sont des déclencheurs puissants de la mécanique érotique masculine, le pouvoir représente en revanche pour la femme un étonnant déclencheur. J'ai déjà évoqué l'intérêt que pouvaient susciter pour leurs étudiantes les professeurs de faculté. Je me souviens d'un universitaire de renom, ventripotent et passablement raviné, qui, assis devant moi, me détaillait minutieusement ses insomnies sur un ton monocorde, tandis que, dans le fauteuil voisin, une toute jeune femme pimpante et d'une beauté torride le couvait d'un regard éperdument admiratif.

Il s'agit là de la fascination qu'exerce sur les femmes le pouvoir intellectuel, mais il faudrait indiquer en fait toutes les formes de pouvoir. Le pouvoir politique, celui de la fortune et de la célébrité – et plus prosaïquement, pour certaines, le poids des muscles, l'autorité dans un groupe, la capacité d'apprivoiser une Harley-Davidson ou de tuer un élan – attirent les femmes comme les formes féminines attirent les hommes. Est-ce la raison pour laquelle tant d'hommes sont obsédés par le pouvoir ?

Voilà qui est conforme à l'explication des psychologues évolutionnistes : les femmes sont attirées par les hommes puissants, ceux qui seront à même non seulement de procréer – ce qui est à la portée de beaucoup –, mais surtout de protéger leur progéniture.

Pouvoirs féminins

Les femmes attirées par les hommes de pouvoir ? Encore un de ces arguments sexistes qui tentent de justifier la prise de pouvoir séculaire des hommes, avec, comme corollaire, l'infériorisation des femmes ? Ce serait oublier que, face à ce pouvoir masculin qui les attire, les femmes disposent, elles aussi, d'arguments. L'issue de la joute est finalement incertaine, si l'on accepte de s'en tenir au face-à-face sans élargir l'arbitrage au social.

• Séduction féminine. Nancy Friday s'est longuement étendue sur le pouvoir de la beauté féminine, qui inspire tant d'envies – même de la part des autres femmes[37]. Elle constitue, pour celle qui la possède, un pouvoir incomparable. Pour avoir eu l'occasion d'aider, à un moment ou l'autre de leur existence, quelques femmes très belles, je sais combien ce pouvoir se fait souvent payer d'un lourd tribut. Comme les hommes fortunés, les femmes très belles sont environnées de nombreux courtisans ; trop entourées, elles doutent souvent d'être aimées ; pour autant, jamais elles ne renonceraient à perdre cette beauté qui fait tourner les yeux et perdre la tête – un pouvoir grisant.

Cependant, la séduction féminine n'est pas simplement le fait de quelques femmes que la nature a particulièrement gâtées. La beauté qui s'impose d'elle-même n'est pas si fréquente. En revanche le charme, quel effet sur les hommes ! Ou plutôt le « charmage », car le charme féminin est étudié : pas de charme sans opération de charme. Les journaux féminins abreuvent nos compagnes en conseils de tout genre, et rares sont celles qui n'en travaillent pas quotidienne ment leurs gammes. Certaines, bien sûr, recherchent la virtuosité, alors que d'autres se bornent à des exercices simples. Mais le corps de la femme *doit* plaire : à ce titre, il est instrumentalisé par celle qui l'habite comme l'est, par l'homme, son membre sexuel. On le pare pour être contemplée, et l'on aime jouer avec les parures. Cette emprise sur le désir de l'homme n'est pas *a priori* un but en soi ; elle est le point de départ d'une relation attendue. Mais certaines femmes jouissent de séduire et font de la séduction une fin en soi, de même que certains hommes n'ont pour seul but que la jouissance de leur instrument.

De fait, s'il est des hommes qui prennent les femmes pour

des jouets, il est des femmes qui profitent des désirs qu'elles inspirent aux hommes pour en faire leurs jouets. Et depuis toujours, nombre de femmes vivent de leurs charmes : le désir qu'elles inspirent aux hommes est assez fort pour qu'elles puissent le tarifer. N'est-ce pas le signe d'un pouvoir manifeste[38] ?

La séduction féminine est un instrument de pouvoir d'autant plus pernicieux qu'il est, aujourd'hui, à la fois exalté et renié. Il est implicitement établi que seuls les hommes à la sensualité suspecte s'y montrent sensibles ; le corps de la femme lui appartient librement, elle est en droit d'exposer ce qu'elle veut. Et ce qu'elle veut, c'est ce que lui inspire la mode – celle-ci n'ayant précisément pas d'autre but que d'habiller la femme en mettant son corps en valeur. Si cela attire le regard indiscret d'un homme qui n'est pas autorisé à la convoiter, c'est cet homme qui en porte la responsabilité. La femme, elle, n'a jamais pour l'homme ce regard gourmand : que l'homme suive donc son exemple. Hélas peu d'hommes, à part les homosexuels, possèdent, de ce point de vue, les vertus féminines. De nombreux malentendus surgissent ainsi d'une contradiction subtile qui exige d'un homme convenable qu'il soit conforme à la femme.

Cette injonction paradoxale est profondément enracinée dans la culture égalitaire qui imprègne la pensée contemporaine, particulièrement en Occident. Le déni officiel d'une séduction féminine fondée sur les apparences, en contraste avec son usage sans vergogne par celles qui en disposent plus que d'autres, y a atteint des sommets que ne connaissent pas des mondes moins libres, comme l'Asie ou l'Orient. Des femmes médiatiques séduisantes se plaignent des regards qu'elles suscitent dans les rangs de l'autre sexe : mais comment éviter le désir des hommes quand on est une jolie femme, bien apprêtée, et souvent douée pour le « charmage » ?

Être homme aujourd'hui supposerait de savoir compartimenter, pour n'ouvrir le registre sexuel qu'en privé, devenant en public un être asexué. Qui peut y croire ? Les femmes restent d'ailleurs charmeuses, même en public ; c'est bien pourquoi elles attirent les regards des hommes.

• Les pouvoirs de l'enfantement. L'homme engendre, la femme enfante. Le pouvoir de séduction de la femme est finalement bien modeste à côté d'un autre pouvoir exclusivement féminin : celui de donner la vie. Aujourd'hui, par peur d'être réduites à un rôle exclusif de reproductrices, les femmes feignent d'ignorer ce pouvoir particulier que leur confère l'enfantement. La banalisation technique de la reproduction permet également d'oublier que la répartition des rôles, dans ce domaine, n'est pas symétrique.

Le pouvoir d'enfanter, composante essentielle de la féminité, comporte plusieurs volets. L'un d'entre eux a déjà été esquissé. La procréation, avec les procédés actuels de maîtrise, devient de plus en plus une affaire de femmes. Ce sont elles qui décident de ce qui leur revient, puisque cela concerne leur ventre. Dans le meilleur des cas, l'homme reste de la partie, il est le partenaire indispensable sans lequel procréer n'aurait pas grand sens. Si certaines femmes, le plus grand nombre, considèrent encore qu'un enfant, « ça se fait à deux », d'autres imposent leur désir d'enfant de façon vigoureuse et plutôt unilatérale : soit l'homme est l'objet d'un chantage affectif, l'enfant étant alors présenté comme une mise à l'épreuve de la profondeur des sentiments du partenaire (qui peut pourtant aimer sa compagne sans désirer un enfant dans le moment) ; soit on ne lui demande même pas son avis et il apprend un beau matin qu'il est devenu père. Notons au passage que les hommes font preuve, de ce point de vue, d'une grande innocence ; joueurs par nature, ils prêtent aux femmes les mêmes intentions que les leurs, sans bien mesurer les conséquences du jeu. Combien d'hommes mûrs, soudainement épris d'une femme jeune et belle, se découvrent, très surpris, pères d'un enfant inattendu que leur jeune compagne, qui pourtant les vénérait et n'écoutait que leurs conseils, a voulu garder envers et contre tout – c'est-à-dire, malgré leurs objections !

Un autre aspect du pouvoir d'enfanter est celui qui obsède tant le héros de la pièce de Strindberg, *Père* : seule la femme connaît la vérité quant à la paternité. Le mystère féminin ne concerne pas que les émois de sa vie sexuelle, auxquels l'homme n'a qu'une participation extérieure et incertaine[39] ; il porte aussi sur les origines de l'enfant qu'on lui attribue un jour en le désignant père. Des femmes sans enfants qui veulent adopter s'étonnent parfois que cela soit aussi aisé pour leur compagnon, alors qu'elles-mêmes s'interrogent tant : c'est que, d'une certaine manière, un père adopte toujours ses enfants – il prend pour siens ceux qu'on lui donne. Toutefois, les généticiens qui recueillent les chromosomes – les cellules ne mentent pas – savent que 5 % des enfants n'ont pas le père qu'ils croient. Ce n'est pas rien. Pourquoi cela, alors que les moyens de contraception et les possibilités d'avortement dont on dispose aujourd'hui devraient éviter les conséquences imprévues des relations extraconjugales ?

En général, les femmes qui trompent leur mari ne le font pas par simple goût de la nouveauté. Si elles ont une relation extraconjugale, c'est bien souvent parce qu'elles sont soulevées par une passion. Une passion qui aveugle au point d'oublier momentanément leur sérénité familiale, et de désirer un enfant de l'amant. Toutefois, la passion n'a qu'un temps, et il est souvent plus simple, lorsque l'enthousiasme est retombé, de continuer son autre vie en gardant pour soi ce qui s'est avéré sans lendemain – la grossesse mise à part.

• Les pouvoirs de la mère. Prolongeant son pouvoir d'enfantement, le pouvoir majeur de la femme lui est sans doute donné lorsque l'enfant est né par son rôle de mère. On a vu, avec l'attachement, quelle empreinte laissait la maman au cœur de l'enfant. La mère exerce sur l'enfant dans les premiers mois de sa vie un pouvoir absolu dont celui-ci gardera toujours la trace. Lorsque les pleins pouvoirs de la mère nourricière s'estompent – quand le bébé prend conscience qu'elle n'est finalement qu'une mère, et lui un bébé –, c'est l'autorité éducative qui prend le relais.

Or la situation n'est pas symétrique pour les deux sexes : fille et garçon s'attachent identiquement et subissent un individu de même sexe, la mère. Les filles peuvent plus tard espérer s'approprier le pouvoir de la mère ; il n'en est pas de même pour les garçons qui, pour devenir des hommes, doivent se démontrer qu'ils disposent d'un pouvoir autonome et échapper à la dépendance que crée l'attachement[40].

La pièce de Strindberg déjà citée, *Père*, révèle combien l'influence de la nourrice continue à peser sur l'homme devenu adulte. Le père, rendu fou par le doute que lui inspire sa femme, doit être maîtrisé ; c'est la nourrice qui s'en charge en l'amadouant avec des gestes maternels. De façon quasi hypnotique, la nourrice parvient à lui passer la camisole de force. Deux faces de la féminité sont ainsi représentées : l'une, la femme mystérieuse dont l'homme ne parvient pas à s'emparer car elle oppose à sa volonté de maîtrise une redoutable opacité ; l'autre, la figure maternelle qui le réduit à l'impuissance en l'enveloppant dans de bons sentiments.

Il y a toujours chez l'homme une nécessité d'échapper à sa mère malgré le besoin qu'il en a[41], et cette ambiguïté infiltre ses rapports amoureux avec les femmes. Bien des hommes sont infidèles en proportion même de l'attachement qu'ils ont à leur femme, comme s'il s'agissait de se prouver qu'ils ne lui appartiennent pas. Cela peut prendre, à l'extrême, la forme d'une vie partagée entre deux femmes : l'une des deux prolongeant alors l'attachement maternel, ils lui sont profondément liés, ne peuvent concevoir de l'abandonner mais n'ont pas de désir pour elle ; l'autre est une maîtresse qui leur inspire du désir et leur permet de se sentir hommes et, à ce titre, elle leur est aussi essentielle que la première, ils ne l'abandonneraient, elle non plus, pour rien au monde. Malheureusement, les deux femmes s'accommodent souvent mal de ce partage…

De leur côté, les femmes, sous le prétexte qu'elles peuvent engendrer les deux sexes, ont parfois l'illusion de deviner l'homme mieux que lui-même. Ainsi, entre la femme et l'homme, règne toujours l'ombre du pouvoir maternel qui met l'homme en danger et la femme hors d'atteinte.

Quand les pouvoirs s'attirent

François de Singly, analysant des annonces matrimoniales[42], constate que les hommes mettent en avant leur profession et leur fortune, et les femmes leurs avantages physiques, en adaptant chacun leurs exigences au niveau qu'ils s'attribuent : plus les hommes sont riches, plus ils se montrent difficiles sur le plan esthétique, et plus les femmes se sentent attirantes, plus elles demandent un haut niveau social. Pouvoirs masculin et féminin seraient-ils ainsi à la base d'une sorte de troc ?

Sous des formes différentes, le goût de la domination habite les deux sexes, et il ne s'évapore pas par magie lors de la rencontre amoureuse. Il unit même volontiers ceux qui, de ce point de vue, se ressemblent. L'appétit de pouvoir semble, en fait, représenter une dimension importante du « mythe fondateur » sur lequel s'édifie chaque couple.

Lorsque la soif de puissance est vive chez chacun, la répartition des pouvoirs dans le couple fera l'objet de conflits incessants ; les deux partenaires se lancent alors dans des défis ou des surenchérissements épuisants : remplaçant l'amour, la guerre devient le mode privilégié d'intimité conjugale.

Mais il peut également arriver que l'un des partenaires semble très soumis, et même effacé, alors qu'il assouvit par procuration son goût du pouvoir. Dans ce cas, lorsque le maillon fort du couple vient à s'affaiblir, on voit l'équilibre se renverser, dévoilant les tendances de chacun : le faible prend la place du fort. Au fond, le faible était faussement faible : il ne s'était effacé que pour se prosterner devant plus grand que lui, vénérant le pouvoir comme une religion dont il avait le secret espoir d'être un jour, à son tour, l'officiant. Ainsi, une femme s'est écriée devant moi : « C'était moi la force du couple ! » Parvenue à la cinquantaine, elle avait décidé de ne plus supporter les infidélités de son mari. Pendant vingt ans, elle avait tout accepté, accordant à cet homme plus âgé qu'elle un crédit illimité. En fait, vivre auprès de celui auquel elle attribuait tant de pouvoir lui donnait l'illusion d'en bénéficier elle-même, au moins en partie. C'est pourquoi lorsque le mari faiblissant s'est révélé n'être rien d'autre qu'un homme, elle lui en a voulu de l'avoir dupée. La force du couple était en fait dans son regard.

Les nouvelles lois du couple : amour et transparence

La monogamie, faute de mieux, pourquoi pas ? Mais à une condition, une seule : s'aimer pour de bon. Aussi longtemps que possible, vivons unis par l'amour, en ayant soin de lui être fidèle comme nous sommes fidèles à nous-mêmes : c'est ce *credo* qui, de nos jours, cimente le couple. Un couple qui voudrait ne croire qu'à la sincérité des sentiments pour guider ses choix.

L'amour avant l'Amour

L'union entre époux était autrefois réglée par contrat. La fonction principale du couple étant de nature sociale, la question de sa durée et celle des liens affectifs unissant les deux partenaires ne se posaient pas comme aujourd'hui. Est-ce à dire que tout sentiment était exclu de ces assemblages formés à partir de nécessités, et non par choix mutuels ? Pas nécessairement.

Des situations proches de celles d'autrefois s'observent encore actuellement. Il peut arriver que des alliances s'établissent sur des critères de pure raison. Il y a quelques années, certains mariages étaient réalisés par des agences matrimoniales. Aujourd'hui, des sites Internet ont pris le relais, avec le même principe : favoriser la rencontre de deux êtres qui aspirent à former un couple. Leur motivation prioritaire est d'être deux, pour des raisons diverses – avoir des enfants, ne pas être seuls, se sentir socialement intégrés –, et non d'être amoureux. Pourtant, il m'a été donné de croiser plusieurs de ces couples « arrangés », et je ne vois pas ce qui m'autoriserait à dire qu'ils ne s'aimaient pas. Ceux que j'ai rencontrés semblaient respectueux l'un de l'autre, se montraient compréhensifs, se soutenaient fortement et n'auraient jamais songé à se séparer.

Dans son livre *Adultère*, Aldo Naouri cite un film réalisé au Burkina Faso, *Tilaï*. Un jeune homme, Saga, quitte son village pendant deux ans pour aller à la ville. À son retour, celle qu'il aimait et considérait comme sa fiancée, Nogma, est devenue la deuxième épouse de son père. Leurs sentiments l'un pour l'autre sont si forts qu'ils finissent par devenir amants. Le père de Nogma, déshonoré par l'attitude de sa fille, se suicide, et le père de Saga finira par tuer son fils. Les traditions qui règnent dans le village sont, comme on le voit, implacables… Pour notre sujet, le plus intéressant tient dans la réponse de la mère de Nogma à sa fille lorsque celle-ci réclame son indulgence au nom de sentiments que, par la force des choses, elle n'a pu éprouver pour son père. Nogma s'attire alors cette réplique : « Je l'ai épousé sans amour. J'ai appris à l'aimer. Et je l'ai aimé[43]. »

Rien n'interdit de penser qu'il y avait, dans les alliances d'autrefois, de l'amour.

La religion amoureuse, fondement du couple moderne

Mais de quel amour parle-t-on ? Pour l'Occidental moderne, plus question de voir ses conduites inspirées par de mauvaises raisons, c'est-à-dire des raisons qui seraient extérieures à « soi-même ». Émancipé de toutes les contraintes extérieures à eux-mêmes, hommes et femmes actuelles ne connaissent plus qu'une seule morale : tendre vers soi. Servir l'intérêt supérieur de la cité, répondre aux exigences familiales ou se mettre en règle avec sa conscience, c'est se trahir en subissant des influences qui éloignent de soi. L'authenticité, la correspondance entre ce que l'on ressent au plus profond de soi et ce que l'on décide de vivre représentent l'unique devoir d'une conscience moderne.

Dans ces conditions, l'amour et rien d'autre, l'amour seul peut justifier qu'on s'unisse à l'autre, et qu'on choisisse délibérément d'amputer sa liberté pour l'autre.

Et quel amour a ce privilège ? L'amour vrai, le libre, le spontané, celui qui naît du plus profond de soi. Du cœur et non de la trompeuse raison.

Érigé aujourd'hui en une véritable foi, l'amour est devenu le pilier de l'existence : c'est lui qui désigne le bon chemin et chacun doit rester attentif à sa révélation intime – en se gardant des faux-semblants. Comme le remarque François de Singly, l'amour s'est ainsi mué en une « religion post-religieuse[44] ». Il est la référence absolue, l'étalon à partir duquel s'évalue n'importe quelle conduite. Il devient « le modèle de sens pour construire des univers individuels de vie, où chacun doit inventer et trouver lui-même l'architecture de sa vie, de ce qu'il considère comme social ». Ôtant aux traditions tout leur poids, l'amour ne donne plus de prix qu'à ce que *je* ressens et représente à la fois : « La vérité, le droit, la morale, le salut, l'au-delà et l'authenticité[45]. »

Un mythe ? Assurément. Nous avons vu longuement, dans un précédent chapitre, combien l'amour se prêtait à l'idéalisation. Cette nouvelle religion se fonde sur la subjectivité de l'émotion, et risque d'égarer ceux qui vénèrent sans recul le dieu qu'ont exalté les romantiques. Par chance, à l'instar de beaucoup de cultes, la pratique amoureuse se révèle en décalage avec l'absolu qui l'inspire.

Petits arrangements avec l'amour

Sentiment insaisissable, l'amour devrait, en principe, échapper aux convenances sociales. Cependant, ceux qui s'aiment aujourd'hui n'oublient pas toujours les contingences, et ils n'ont pas pour autant l'impression de vivre un amour au rabais. Au bout du compte, chacun s'accommode de ses imperfections sentimentales, et fait la distinction entre les rêves d'amour et l'union amoureuse. Mais quand l'aspiration à l'idéal se réveille, l'amour peut faire des ravages.

• L'amour à durée déterminée : les contraintes du temps. Amour rime avec toujours. L'amour, le vrai, ne se conçoit que pour la vie. Quels amoureux ne rêvent pas de se garder l'un auprès de l'autre pour l'éternité ?

Comment concilier alors lien de couple et amour, en restant fidèle à soi-même ? Le caractère vraisemblablement provisoire de la relation fait obstacle au culte de l'amour. Les amoureux d'aujourd'hui savent bien que les unions sont dans la plupart des cas temporaires. Ils n'ignorent pas les divorces et les séparations, si nombreux autour d'eux. Or, être fidèle à soi-même, c'est ne pas se mentir, accepter loyalement de regarder en face ce qui dérange. C'est donc admettre que son amour à soi, celui que l'on éprouve pour cette personne-ci qui vous attire au point de vouloir former avec elle un couple durable, ne sera sans doute pas à la hauteur de ce qu'il devrait être : un sentiment plus fort que tout, qui vise à l'éternité. Un amour véritable.

Ne plus croire en l'amour et devenir cynique ? C'est ce que font certains qui ne s'engagent jamais et ne visent qu'au plaisir en souriant de ceux qui croient encore à l'amour. Mais ces hédonistes désabusés sont rares. Dans la majorité des cas, on aime quoi qu'il en soit, on aime au point d'avoir envie de partager sa vie avec une autre personne, et l'on choisit de procéder à de petits accommodements avec l'idéal. La sincérité que l'on exige de soi se limite à la conviction d'éprouver le sentiment amoureux, et l'on admet que l'amour inspire d'illusoires projets d'éternité.

Plus souvent, en fait, on aime en évitant de penser à l'avenir. Le présent suffit. L'avenir s'impose alors de lui-même, il s'infiltre pas à pas dans la relation par la petite porte, celle des aspects pratiques. On ne dit plus : « Je t'aime et je t'aimerai toujours », on dit : « Je t'aime, vivons ensemble », et l'on négocie au jour le jour les contraintes de la vie à deux. Mais vivre ensemble implique des projets.

Au début, le futur peut encore être ignoré ; pendant quelques mois, il ne dépasse pas le court terme et rien ne s'oppose à ce qu'on s'abandonne sans arrière-pensée à ses sentiments. Rapidement, néanmoins, se posent des questions de commodité : qui va laver le linge, et avec quelle machine ? Si l'on en croit le sociologue Jean-Claude Kaufmann, c'est aujourd'hui Darty bien plus que M. le maire qui signe l'entrée dans la conjugalité ; en mettant leur linge sale en commun (au lieu de le confier à maman)[46], les amoureux deviennent, à leur insu, des fiancés – ce qu'il appelle un « quasi-couple ». Ils peuvent encore néanmoins aisément se séparer. Inexorablement, toutefois, le long terme se met en place. Fréquemment, c'est le logement qui en est le premier motif. Aussi longtemps qu'on reste locataire du toit commun, la séparation est facile. Mais, dès que l'on décide d'acheter, l'acquisition engage le couple dans un contrat qui implique son avenir. Cela peut être aussi l'imprévu d'une grossesse qui impose soudainement d'envisager un futur en commun.

Enfin parfois, la durée elle-même de la relation exige, à un moment donné, qu'on s'interroge sur sa poursuite. Beaucoup de « quasi-couples » se séparent à l'un ou l'autre de ces moments critiques où l'on doit, à deux, convenir d'un futur.

Hélas, pour durer, l'amour, que l'on voudrait grand, ne peut faire l'impasse de la conjugalité, souvent bien mesquine.

• Le conditionnement social de l'amour. Aujourd'hui la voie est libre. Aucune entrave n'empêche deux êtres de s'unir sur la base de leurs sentiments. Pourtant, les couples ne se forment pas toujours au hasard. « La foudre ne tombe pas n'importe où », conclut une équipe de sociologues, au terme d'une enquête sur le choix du conjoint[47]. Ce dernier dépend encore beaucoup – presque autant qu'autrefois – du milieu d'origine.

À l'évidence, même à notre époque, l'amour n'est pas un guide aveugle : il a ses exigences sociales pour assortir les couples. Car pour s'aimer, il faut d'abord se rencontrer, et les rencontres se font surtout dans des lieux que l'on fréquente en fonction de sa provenance et de sa formation. Pour s'aimer, il faut également s'attirer, et ne s'attirent que ceux qui, peu ou prou, partagent les mêmes goûts. À propos de l'attirance physique, nous avions déjà noté qu'elle ne pouvait être isolée d'un jugement global. De fait, les données d'enquête[48] confirment que l'attrait d'un individu est fondé sur des critères qui vont bien au-delà de l'appréciation « objective » de ses qualités morales, esthétiques et psychologiques. Il repose également beaucoup sur des éléments de catégorisation sociale. On n'aime pas une personne dans l'absolu, mais dans son contexte : autrement dit, un certain « style » de personne, qui témoigne d'un style de vie.

Au nom de l'amour et du respect de soi : la transparence

La religion amoureuse est indulgente pour les petites tricheries que l'on fait avec soi-même, en se mentant sur les promesses d'éternité et en se laissant museler par des aspects sociaux. En revanche, quand l'amour s'estompe, ou qu'il pousse vers une autre personne, le nouveau culte exige qu'on soit sincère : sincère vis-à-vis de soi-même en sachant l'admettre, sincère vis-à-vis du conjoint en le lui faisant partager.

La sincérité en matière d'amour m'a souvent fait penser à la franchise qu'on attend du médecin. C'est une qualité à manier avec précaution, et elle devrait toujours être tempérée par une autre vertu, le respect de la sensibilité de l'autre. En ce qui concerne les couples, la recherche de sincérité ne doit pas faire oublier combien la jalousie peut être destructrice. Si l'amour était ce sentiment absolu dont on fait le culte, il n'y aurait aucun mal à être sincère, puisque ce serait pour se confier mutuellement que l'on s'aime au-dessus de tout, et que personne d'autre ne compte pour soi. N'est-ce pas d'ailleurs cela qu'au fond d'eux-mêmes, les amoureux attendent de la sincérité : s'assurer que leur sentiment habite également l'autre sans partage, et qu'ils forment un couple unique et invulnérable ?

L'amour exige de la sincérité dans ses sentiments, la fidélité à soi-même exige qu'on soit sincère non seulement vis-à-vis de l'autre, mais vis-à-vis de soi : la sincérité est donc doublement requise aujourd'hui. Cependant, non seulement l'amour se compromet avec des habitudes sociales, mais il fluctue au cours du temps, et l'on peut parfois se demander si l'on aime toujours comme il faut, et pour de bonnes raisons. Quelle est la part des habitudes, de l'assagissement ? Ces interrogations, chacun des partenaires, si amoureux qu'il soit, est amené, à certains moments, à se les poser. Est-il utile d'en tenir informé le conjoint ?

Avec l'amour, l'attirance pour autrui ne disparaît pas comme par magie. Le sentiment amoureux, quand il est vécu au quotidien, ne s'avère pas plus fort que tout. Le risque est alors de prendre pour de l'amour une émotion encore à l'état d'ébauche, ou un simple désir pour quelqu'un d'autre en s'imaginant que si l'on est ému, c'est que l'on n'aime plus son partenaire. Combien de fois ai-je été confronté aux ravages d'une confidence d'un des partenaires sur ses doutes intimes, qui détruit la confiance du couple et fait parfois des dégâts irréversibles ?

Bien qu'il soit extrême, je citerai un exemple. Apprenant que son mari est attiré par une collègue de travail parce qu'il s'en est ouvert à elle, une femme fait une dépression et on doit l'hospitaliser. Le mari, pendant cette hospitalisation, met à l'épreuve ses sentiments pour sa collègue en se lançant dans l'aventure. Il juge utile d'en parler à sa femme, par respect pour la sincérité qu'ils s'étaient promis l'un à l'autre. La dépression redouble et la situation s'aggrave : l'hospitalisation se prolonge. Naturellement, la nouvelle amie profite de son avantage pour pénétrer un peu plus dans l'existence du mari. On devine la suite : la maîtresse s'impose dans son rôle de consolatrice, pendant que l'épouse s'enferre dans son rôle de malade. Le temps, la patience, le traitement permettront à l'épouse de refaire surface, mais son mari n'est plus là. Les enfants, face au chaos familial, se sont tournés vers les grands-parents. Vingt ans après, le bilan est bien sûr médiocre, y compris pour les enfants.

Durer : à quoi bon ?

La monogamie pour la vie ? Ne rêvons pas. Ne gâchons pas l'amour par de l'acharnement. Aimons-nous tant qu'on peut, sans songer à demain. Libres d'être ensemble, libres de se séparer, ceux qui vivent à deux ne veulent plus être tenus que par l'essentiel : la sincérité des désirs et des sentiments. Dans les calculs du couple moderne, priorité au vrai, souvent prétexte à la facilité, au détriment de l'apport unique d'une relation profonde. Du reste, il se pique de ne pas calculer – ignorant, comme on vient de le voir, combien des calculs sociaux s'opèrent à son insu.

En matière de proximité affective, le mot de mariage tend aujourd'hui à être remplacé par celui, moins compromettant, de « relation ». Selon le sociologue Anthony Giddens, le lien stable qui fonde le couple a pris récemment une nouvelle forme : celle de la « relation pure ». Rien de sexuel dans cette pureté-là ; ce qui caractérise la « relation pure », c'est qu'elle est exclusivement une relation : elle se nourrit de ce qu'elle apporte au moment présent et n'a pas d'autre objet qu'elle-même. Établie en fonction de « ce qu'un individu peut tirer de son association durable avec un autre », elle se perpétue « dans la mesure où les deux partenaires jugent qu'elle donne suffisamment satisfaction à chacun pour que le désir de la poursuivre soit mutuel[49] ». Ce point de vue utilitariste est, pour le coup, bien peu romantique, mais il vient souligner un aspect essentiel du lien actuel : celui-ci n'a pas de justification extérieure à lui-même – et il se garde d'en avoir, par peur de devenir un lien contraint. Tout comme l'amour est recherché pour l'amour, la relation n'a d'autre but que d'apporter la satisfaction d'une relation, et elle est abandonnée quand elle ne remplit plus cette condition. D'où une réévaluation permanente des termes du pacte conjugal.

La conjugalité durable, celle à laquelle prétendait le mariage et qui caractérise Philémon et Baucis, serait ainsi devenue obsolète. Faut-il le regretter ? Après tout, à quoi bon durer ?

Durer pour mieux se connaître

L'individu moderne est un sujet « réflexif », clament à l'unanimité les sociologues : entendons par là un sujet qui réfléchit sur lui-même. Ce fameux « soi-même » qui hante l'esprit de chacun se transforme en « nous-mêmes » dans la relation. Soi-même, nous-mêmes, sont au centre des préoccupations contemporaines, au point que le domaine de l'intrinsèquement individuel jusque-là réservé aux philosophes et aux psychologues est devenu un des thèmes favoris de la sociologie.

Il peut être utile de rappeler que le terme grec utilisé pour désigner « soi-même », *autos*, est à l'origine du beau mot autonome, mais également du mot – plus préoccupant – autiste. En fait, le problème de cette part intime de l'identité est qu'elle est porteuse d'une contradiction : le « soi » désigne la part individuelle et unique d'une expérience que le « même » renvoie aux autres. Ainsi, deux écueils opposés se dressent sur le chemin de ceux qui, par fidélité à soi-même, ne parviennent pas à s'écarter d'eux-mêmes : d'un côté, l'autisme du soi, dont le narcissisme est une forme mineure ; de l'autre, le mimétisme du même.

Longtemps l'individu a été défini de l'extérieur, par la société. Car, pour être « soi-même », on a besoin des autres, et c'est bien là le paradoxe. Le regard des autres (et de la société) enferme la part extérieure de soi-même dans une identité qui peut s'avérer étriquée ; mais, hélas, la part intérieure de soi-même ne peut pas pour autant échapper aux autres, dans la mesure où elle ne parvient à se définir que par rapport aux autres. Au mieux, la seule liberté dont dispose chacun se restreint, au fond, à choisir ces autres qui font référence, et permettent de trouver sa place propre. À la fois prison et salut, l'autre est ainsi indispensable à la construction de soi ; dans nos sociétés qui donnent à l'individu la chance d'être autonome, le souci de la « fidélité à soi-même » égarerait s'il conduisait à ignorer les autres. Ce à quoi encourage une époque qui met en valeur ceux qui s'enorgueillissent d'être de purs produits d'eux-mêmes. Écoutons un sociologue :

> « L'individu n'existe pas en tant qu'individu autonome. [...] Nous devenons nous-mêmes dans l'échange avec ceux qui nous entourent, qui nous font ce que nous sommes[50]. »

Quand on examine son soi, c'est la représentation de soi qui prend la priorité. Or cette représentation est, comme toutes les représentations – ainsi qu'on l'a dit à plusieurs reprises –, une histoire qu'on se raconte. « Soi-même » est le film que l'on se fait pour donner de la cohérence aux désaccords internes, aux rêveries éparses qui jaillissent en soi, et surtout, aux conduites contradictoires qui naissent en situation : « soi-même » intègre, avec plus ou moins de bonheur, le moi-acteur, l'agent qui, sur le terrain, ne se comporte pas toujours de la façon prévue. « Soi-même » est ainsi un scénario construit à partir de certaines valeurs et remis à jour en permanence, au gré des adaptations exigées par la vie. « Soi-même » est d'abord un grand rêve, indispensable à la construction de soi, qui y puise son inspiration.

Mais soi-même est aussi une œuvre : c'est l'agent qui se définit à mesure qu'il se livre aux échanges avec les autres. Loin d'être seulement un scénario, « soi-même » est ainsi un acteur qui improvise son rôle en s'écartant du texte pour s'adapter aux scènes que la vie lui propose. Hélas, cet agent qui se découvre en jouant, cet acteur qui, sur scène, devient l'auteur de lui-même, n'a pas la parole quand il s'agit d'évoquer qui il est : c'est alors le discours sur soi, le fameux film, volontiers trompeur, qui vient à défiler.

Puisque « soi-même » ne peut finalement s'apprécier, et même exister, que dans les relations qui l'unissent aux autres, la relation intime apporte un bienfait subtil que le point de vue utilitariste semble ignorer : elle pousse une part de « soi-même » à se découvrir dans le cadre d'une interaction avec un partenaire singulier. On ne se définit pas avec celui ou celle qui partage les moments les plus intimes de sa vie comme avec des individus plus neutres pour soi. Il faut ce partenaire privilégié pour que se révèle son « soi-même » le plus profond. Dans le couple, à mesure que l'on pénètre dans l'intimité de l'autre, le plus intime de soi se dévoile ; au cours des échanges, le moi-agent se voit impliqué et le film sur soi se transforme. Car le regard de l'autre, ce regard extérieur à soi qui contraint à un rôle, se mue en un regard intériorisé venant doubler son propre regard. Le regard de celui qu'on associe à son existence est en effet progressivement incorporé à soi. Avec ce regard-là, impossible de feindre comme autrefois : le film du « soi-même » est à présent visionné à deux ; les tricheries, encore possibles, exigent désormais une connivence.

Ainsi, pendant que la durée permet à l'intimité de se déployer, poursuivant l'œuvre jamais achevée de l'accord et de l'harmonie avec l'autre, un « soi-même » unique se construit à l'intérieur de nous deux : il est la part de toi qui n'est pas moi, la part de moi qui n'est pas toi – ce qui nous distingue l'un de l'autre, sans pour autant nous séparer.

Durer pour poursuivre l'œuvre

L'amour est aujourd'hui le seul fondement d'une relation de couple, et aussi son seul objectif. Mais s'aimer est-il un projet ? Au nom de la religion amoureuse, le point de vue contemporain évacue le futur du couple, et le projet autour duquel il pourrait s'assembler : le couple moderne ne se maintient que pour s'aimer.

• Vivre à deux : un besoin de sens. L'amour pousse à vivre à deux, ce qui ne se fait pas sans efforts. Déjà, la répartition de tâches domestiques est l'objet de perpétuels conflits. Mais les agacements domestiques ne sont qu'une part modeste des sujets de friction. Il s'agit en effet de s'adapter aux habitudes et aux particularités de caractère d'un partenaire que la magie de l'amour ne transforme pas en compagnon de rêve. Les tractations incessantes exigées par l'ajustement de l'un à l'autre malmènent durement les grands sentiments ; si l'amour est le seul objectif, sans doute vaut-il mieux vivre chacun chez soi, libres et indépendants, en ne se retrouvant que pour le célébrer. C'est ce que certains choisissent.

Pourtant ceux qui s'aiment, dans leur ensemble, n'ont qu'une idée en tête : former un couple. Rien ne les y contraint désormais – et cependant une force intérieure qui ne doit rien aux pressions extérieures impose aux amoureux de s'assembler pour partager leur existence. Qu'on songe, par exemple, aux homosexuels, désireux de bénéficier à tout prix du mariage !

Le couple veut l'amour, et l'amour veut le couple, du moins au début. Mais rapidement, ce sentiment se montre tyrannique : il exige de la spontanéité et souffre des charges de la vie de couple. Le couple amoureux se révélerait-il donc un paradoxe intenable, une entreprise nécessairement condamnée ?

L'ambiguïté vient sans doute des excès romanesques d'une certaine conception de la relation amoureuse, dont on voudrait faire le modèle de la vie à deux. L'amour ne se limite pas à l'exaltation des sentiments ; c'est une force qui pousse deux êtres à s'unir en leur donnant les moyens de s'étendre au-delà d'eux-mêmes, vers ce que le « nous » peut réaliser : une œuvre commune. Le couple, aujourd'hui réuni par l'amour, doit apprendre à vivre sans l'ardeur amoureuse ; il ne peut pas faire de l'amour son objectif tout simplement parce qu'il en dispose. L'amour ne se ressent fortement et ne devient « brûlant » que lorsque la personne aimée est absente – voir ce qu'en dit Stendhal ; quand elle est là, il prend une autre forme : il se vit dans le « nous ». La question est alors : que faire de ce « nous » que l'amour a formé ? Quel sens lui donner ?

Ceux qui ne veulent pas se priver de l'exaltation amoureuse pratiqueront la monogamie à répétition, en affrontant les affres de la séparation et sans poursuivre l'œuvre commune qu'ils avaient débutée. Pour les autres, la possibilité de réaliser librement ce qui était autrefois imposé de l'extérieur prive de la part du rêve qui nimbe l'inaccessible. En compensation, un inestimable bien leur est offert, celui de former en toute liberté le couple auquel ils se consacreront : dès lors, la vie de couple, malgré ses inévitables tracas, représente un accomplissement personnel. Vivre à deux est ainsi une façon de vivre *sa* vie, et cela pour la première fois dans l'histoire de l'humanité, qui a toujours fait passer les nécessités collectives avant les désirs individuels.

• L'œuvre familiale. Mais de quelle « œuvre commune » est-il question ? Ce point doit être traité avec prudence, tant il paraît aujourd'hui inconcevable d'être ensemble pour de mauvaises raisons, c'est-à-dire des raisons qui seraient hors de nous – toi et moi.

Le projet le plus courant de la vie à deux est la transmission de la vie. Le couple a toujours été un arrangement social destiné à prolonger la société par une descendance ; aujourd'hui, alors qu'il s'assemble par amour, son désir premier, quand la tension sentimentale du début (où il se suffit à lui-même) s'est apaisée, reste l'exigence qui lui était autrefois prescrite : se reproduire. En ce sens, on peut dire que le couple a bien l'amour pour finalité – mais ce n'est pas l'amour tel qu'on se le représente. Dédié aux enfants, cet amour-là élargit le couple en une famille.

Il est devenu inconvenant de déclarer qu'on s'impose de rester unis à cause des enfants : ceux-ci ne doivent pas constituer un frein à la séparation car ils souffrent davantage du désaccord de parents unis que séparés ; en outre, les familles recomposées apportent aux enfants comme aux adultes de bienfaisants horizons de liberté. C'est négliger l'importance des racines. Un psychiatre confronté en permanence au poids des origines chez ses patients ne peut souscrire sans réserve à ce point de vue.

Durer en couple permet donc de maintenir l'œuvre familiale, au bénéfice des enfants, mais aussi, très égoïstement, des adultes. L'éducation des enfants impose aux parents des sacrifices, ce que la fidélité à soi-même réprouve. Néanmoins, si l'on raisonne en termes de bénéfices, poursuivre l'effort familial offre des avantages évidents. En premier lieu, si la vie à deux permet d'apprendre sur soi-même, la vie de famille multiplie l'ouverture sur les autres. Les enfants ne sont jamais ce que les parents attendent, et ils sont différents les uns des autres ; de plus, imprégnés par leur époque, ils confrontent leurs parents aux mœurs du jour. Devenus adultes, les enfants apportent à leurs parents – même s'ils sont loin d'eux – une présence affective sans égal ; ils déploient en réseau le lien unique qui, au départ, a fondé le couple. Enfin, en les faisant grands-parents, ils les incluent dans un cycle de vie qui se poursuit.

Cette intimité du couple qui s'étend aux enfants puis à la descendance, cette extension du lien horizontal de deux êtres au lien vertical de la lignée, offre à elle seule bien des raisons de poursuivre l'effort de la vie à deux, dans les moments où, usés par le quotidien, les sentiments paraissent faiblir.

• La conjugalité aimante. Mais bien des couples restent aussi ensemble jusqu'à la fin de leurs jours, sans avoir de progéniture. Et tous n'ont pas, comme Sartre et Beauvoir, une œuvre personnelle – travail intellectuel ou création artistique – qui remplace la progéniture. Quelle est alors leur « œuvre commune » ?

C'est à une patiente que je dois d'avoir compris le bien précieux que représentait le patrimoine accumulé avec le conjoint au cours du partage d'une existence. Dix ans auparavant, alors qu'elle avait 35 ans, elle avait connu un très grand malheur : au cours d'un accident, elle avait perdu son mari et leurs deux enfants. Il lui avait fallu, comme on le devine, beaucoup d'années pour se remettre de ce drame. À présent, elle vivait avec un autre homme qu'elle aimait, mais, m'expliquait-elle : « Ce n'est pas pareil. Lui, je ne me vois pas le soigner si, en vieillissant, il devient malade. »

Est-ce une déformation professionnelle ? Un médecin, habitué à la souffrance et à la mort, se sent bien humble face à l'existence ; l'affronter seul lui paraît être au-dessus des moyens d'un humain ordinaire, et faire le chemin accompagné représente une chance inestimable. Une telle chance mérite qu'on y consacre des forces, et qu'on résiste aux tentations qui, pendant le parcours, peuvent surgir. Médecin lui aussi, Paul Jonckheere évoque à sa façon cette œuvre de la conjugalité aimante qui unit au plus profond de l'autre, au-delà des apparences :

> « Souvent on les voit, les yeux rougis par les nuits de veille, témoigner d'une disponibilité infatigable, d'une fidélité à toute épreuve : fidélité au-delà de la déchéance, au-delà de la laideur et de la tuméfaction, au-delà de la décomposition de la chair[51]. »

La connivence qui s'établit entre les conjoints au long d'une conjugalité aimante est, à la différence du sentiment amoureux, une œuvre. Elle représente un travail d'union qui profite de ce sentiment, mais ne s'en tient pas à lui (et peut même parfois s'en défier) pour donner du sens à la relation. Derrière ce travail, les sceptiques verront une illusion, et critiqueront le besoin de retrouver l'amour inconditionnel éprouvé dans la petite enfance, qui paraissait protéger contre tout. Mais on peut également éprouver le besoin de creuser l'autre, l'aimé(e), jusqu'à en faire une part de soi qui forme comme un rempart contre la solitude – sans pour autant s'illusionner sur la solitude métaphysique de l'être humain. Chacun sait qu'on naît et qu'on meurt seul ; dans l'intervalle, tenir la main de celui ou celle que l'on a élu(e) pour être le compagnon de sa vie, et dont le caractère unique répond à sa propre nécessité de s'éprouver unique, permet de se sentir moins seul que d'aller de mains en mains.

Quoi qu'il en soit, l'œuvre de la conjugalité aimante mène à un approfondissement de l'autre qui bénéficie à tous les autres ; c'est, au bout du chemin, l'humanité entière dans son altérité que l'on côtoie au fond des yeux de la personne que l'on a choisi d'aimer pour la vie, et avec laquelle on a tout partagé, joies et épreuves. Cette ouverture aux autres qui est l'inverse de l'amour passionnel et captatif caractérise la conjugalité aimante. L'amour conjugal répond ainsi aux vœux initiaux de l'idéalisation amoureuse – sortir de soi-même, se dépasser, effacer les limites – en les réalisant dans la durée.

Durer pour ne pas se séparer

Durer pour ne pas se séparer ? L'argument est aujourd'hui irrecevable. Être libre, c'est précisément pouvoir se quitter. On ne reste pas ensemble par défaut, parce qu'on craint la solitude, que l'on a peur de souffrir ou de faire souffrir. La vie conjugale exige l'authenticité et, si l'authenticité exige la rupture, séparons-nous sans faire de drames.

Dans les faits, la séparation est en passe de devenir la norme, comme on l'a vu. Elle l'est en tout cas dans l'imaginaire télévisuel. Une analyse sociologique de téléfilms[52] observe que, dans les scénarios actuels, les couples ne cherchent plus à surmonter une crise conjugale ; ils se séparent sans sommation. De plus, la rupture se fait proprement. Pas question de faire des éclats : « Le partenaire délaissé n'a droit ni à la protestation, ni au chagrin, ni à la colère. Il doit contrôler ses affects. »

Jusqu'à quel point les fictions de la télévision influencent-elles nos contemporains ? La question reste posée. Mais l'idée d'une rupture propre est une illusion comparable à celle d'une guerre sans dégâts collatéraux. On peut imaginer, éventuellement, qu'un couple qui ne se connaît que depuis quelques semaines se sépare sans souffrance ; mais, dans un couple établi, la rupture ne se fait pas sans convulsions. Le capital d'expériences qui attache l'un à l'autre ne peut être brisé sans faire réagir celui qui est abandonné. Un couple est une intégration ; la désintégration est toujours douloureuse. Il faut renoncer à des espoirs anciens, démêler des situations matérielles intriquées. Il faut surtout accepter de faire souffrir les enfants quand il y en a, trouver pour leur garde et leur éducation un accord qui sera nécessairement moins simple que lorsqu'on était unis. Les grands-parents sont alors mis à contribution, et l'indépendance affective par rapport à l'ex-conjoint se paie par une dépendance nouvelle, celle des générations précédentes. Quand on fait le pari de la recomposition familiale, il faut de plus supporter les contraintes liées au passé de son nouveau conjoint : beaux-enfants, ex-conjoints ne rendent pas toujours enviables les joies de la « tribu » moderne. Décidément la liberté, ce bien suprême, est toujours relative, et parfois très coûteuse. De nombreuses enquêtes sociologiques[53] ont tenté d'évaluer les coûts de la séparation, en matière d'appauvrissement du couple, de dépendance par rapport aux systèmes sociaux et familiaux d'aide, et de conséquences pour le développement des enfants : la séparation des couples, même si elle est devenue à présent « normale », ne se fait pas sans dommages.

Encore ces dégâts sont-ils finalement modestes au regard de ceux que ma pratique me donne l'occasion d'observer. Les auteurs de téléfilms seraient bien inspirés de fréquenter davantage les salles d'attente des psychiatres. Le divorce provoque fréquemment des dépressions, et parfois même des tentatives de suicide, chez le conjoint délaissé ou ses enfants. Contrairement à ce qu'on dit çà et là, le lien conjugal ne peut être pris à la légère.

Former un couple, on l'a vu, répond à deux besoins qui se conjuguent dans l'amour : un besoin qui naît d'une attirance mutuelle (que j'ai qualifiée ici indifféremment d'érotique ou romantique) ; et un besoin d'établir un lien d'attachement. Ce second lien est le plus méconnu ; il est pourtant celui que l'on doit traiter avec le plus de sérieux. Quand il est malmené, des réactions extrêmes peuvent surgir : on se remet vite d'une privation de jouissance ; en revanche, on s'effondre en se sentant abandonné. C'est pour certains – ceux qui n'ont pas appris, dans leur enfance, à négocier la séparation – une question de vie ou de mort. D'où des réactions parfois extrêmes.

Ces remarques sur l'importance du lien d'attachement n'ont pas pour but de maintenir par la menace ceux qui sont déterminés à se séparer. On ne reste pas ensemble par peur ou chantage. Elles sont simplement destinées à rappeler un des fondements du couple, toujours plus ou moins ignoré. On se sépare bien souvent parce que son attrait s'est déplacé ailleurs. Mais a-t-on mesuré ce que cet ailleurs apportera, en termes d'attachement, et de quoi il va falloir se priver (et priver les autres) de ce point de vue ? Briser un lien établi impose une décision profondément mûrie, autant pour soi-même que pour son conjoint, et éventuellement la famille qu'on entraîne avec soi. Prenons garde qu'après avoir rêvé de l'amour comme au cinéma, on ne s'engage dans la rupture avec la même désinvolture qu'à l'écran. Le « soi authentique » ne saurait faire fi des autres que dans un monde de fiction.

Les obstacles à la durée

Bien des obstacles à la durée d'un couple ont été abordés au fil de ce chapitre, et il n'est pas nécessaire de les reprendre ici en détail. L'allongement de la durée de vie, et l'autonomisation des femmes, on l'a dit, comptent beaucoup dans la précarité conjugale. Ce sont des progrès que l'on ne peut pas regretter. Doit-on en conclure que l'histoire de la conjugalité s'arrête là, et que la vie affective ne s'accomplira désormais qu'avec des partenaires épisodiques ?

Même si l'on n'y croit plus aujourd'hui, l'ambition de vivre à deux toute une vie demeure, et ce n'est pas demain que l'on se détournera de ce grand espoir. Les séparations continueront longtemps à être vécues comme un échec douloureux. Qu'on le veuille ou non, l'attirance qui exalte ne peut se suffire à elle-même, et elle doit être doublée de la stabilité d'un point d'attache. Celui-ci est d'ailleurs une nécessité pour mener à bien un projet : le désir comble un appétit, mais il ne construit pas une histoire. Toutefois, avec l'évolution sociale qui laisse l'individu plus libre et transforme les rapports des sexes, une nouvelle forme d'équilibre conjugal doit être inventée ; elle n'en est qu'au stade des tâtonnements, d'où la multiplication des ruptures. Quels écueils doivent être évités pour que le lien conjugal se maintienne au cours du temps ? C'est ce que nous examinons à présent.

La vie de couple comme un équilibre des forces

L'idéalisation amoureuse ne prépare pas à un des aspects importants de la vie de couple : le rapport de force. Deux individus qui vivent ensemble ne se contentent pas de se tenir la main en se fixant du regard, ou en regardant dans la même direction : ils se livrent également à des épreuves de force. Chacun tient à démontrer à l'autre, à sa façon, qu'il existe et qu'on doit compter avec lui. Chez certains, quel que soit le sexe, cela devient un sport cultivé pour le plaisir, et la vie de couple en souffre. S'il s'agit de deux adversaires à la hauteur, cela ne mènera pas nécessairement à la séparation : croiser le fer est une façon de vivre à deux qui convient à beaucoup – tout en rendant l'atmosphère irrespirable pour l'entourage. En revanche, si l'un est écrasé par l'autre, la tension conjugale peut sembler moins lourde, mais l'équilibre conjugal est menacé à terme : le puissant finit par s'ennuyer ou l'oppressé par se révolter.

Le rapport de force se met en place dès les débuts de la vie à deux. Jean-Claude Kaufmann en observe les premières manifestations à partir de la définition de l'ordre ménager conjugal : celui-ci s'établit, selon lui, en fonction de règles qui se construisent à travers un rapport de force, et non par une négociation raisonnée[54]. Il cite l'exemple de Sabine qui se voyait dans un petit logis bien installé, avec des habitudes d'ordre et de propreté. Ce scénario ne convient pas à son compagnon Romain, qui résiste. « Au début je voulais beaucoup plus le changer », dit-elle, mais constatant qu'elle n'y parviendra pas, son point de vue évolue : « Je m'aperçois que ce n'est pas très important et je le laisse davantage être comme il est. » À noter que Romain a pourtant, lui, l'impression de faire des efforts : « Petit à petit, j'ai appris, j'ai compris que cela facilitait la vie, petit à petit je la rattrape. »

Le secret de la vie de couple, dit-on parfois, tient en trois C : concessions, concessions, concessions… Romain et Sabine nous en donnent l'exemple. Mais concéder n'est pas céder, c'est chercher une forme d'accord en fonction des possibles. Le rapport de force qu'entretient le couple ne doit pas mener à un effacement de l'un ou l'autre ; bien au contraire, il aide à la définition de l'un et de l'autre. Romain et Sabine, au fil de leurs déconvenues, apprennent à découvrir l'autre ; parallèlement, ils se découvrent eux-mêmes et prennent conscience de leurs façons d'être et de leurs préjugés.

Le couple forme un « nous », mais dans le nous, chacun des « soi-même » risque de s'engloutir. Pour que le couple dure, il faut que ceux qui le composent n'aient en rien le sentiment de renoncer à ce qui les habite en profondeur, autrement dit, à ce qui fait leur personnalité ; cela ne peut s'obtenir qu'en sachant s'opposer l'un à l'autre. Pour contrer ainsi de façon fructueuse les forces vives de l'autre, encore faut-il disposer soi-même des ressources suffisantes. Et être capable d'envisager la séparation, car c'est en fin de compte l'enjeu d'une rupture possible qui maintient en éveil l'attention de l'un pour l'autre, et permet de rétablir les dérives du couple lorsqu'elles prennent un tour dangereux. Ainsi, paradoxalement, pour bien vivre à deux, il faut avoir les moyens de vivre seul ; une incapacité à affronter la séparation, vécue avec angoisse comme un abandon insurmontable, fait du partenaire qui en est affecté l'otage du conjoint. Les combats du couple sont enrichissants pour chacun, qui apprend sur lui-même, sur ce qu'il est prêt à concéder ou qui lui paraît non négociable ; ils font du couple une entité vivante, toujours évolutive car remise en question, mais ils ne peuvent être menés avec bonheur que par des individus libres et dont l'affectivité est parvenue à l'autonomie.

Aussi longtemps que les rôles étaient déterminés socialement, le couple se prêtait peu aux rapports de force. La domination professionnelle de l'homme, et domestique de la femme, traçait à chacun les limites du territoire individuel. Mais ce que l'on gagnait en facilité pour vivre à deux, on le perdait en approfondissement de soi et de son partenaire de vie. C'est donc une chance qu'hommes et femmes soient aujourd'hui sur un pied d'égalité. Cette chance est néanmoins gâtée par un esprit de concurrence entre les sexes. Les inévitables conflits conjugaux sont contaminés par la pointe de fierté que met chaque sexe à ne pas céder devant l'autre. Les concessions nécessaires pour la vie de couple deviennent alors assimilées à des défaites, et ne sont pratiquées qu'à regret[55].

La majorité des divorces sont réclamés par des femmes ; ce sont pourtant elles, qui, à terme, paraissent les perdantes. Les hommes, en particulier après un certain âge, retrouvent plus facilement une compagne et sont moins affectés économiquement que les femmes par la séparation. Le problème est surtout que cette instabilité conjugale prend l'allure d'un cercle vicieux. Face aux déceptions prévisibles, chaque sexe se crispe sur ses mauvais réflexes.

L'amour, que l'on place au pinacle, devient ce sentiment absolu qui devrait triompher de toutes les adversités. Un sentiment pour lequel les femmes se sentent plus douées que les hommes. Certaines ne cessent de faire à leur compagnon la leçon sur ce qu'aimer signifie et implique ; elles développent à ce propos un esprit dictatorial. Ils ne sont pas assez disponibles, trop brutaux, pas assez tendres. Ils ne pensent qu'à leur plaisir, se montrent lâches et égoïstes. Ils ne savent pas parler. Ils ne s'occupent pas de la maison et des enfants comme ils devraient. Elles attendent d'eux qu'ils gagnent bien leur vie sans s'y consacrer trop, qu'ils soient forts et rassurants sans être écrasants.

Les hommes, de leur côté, perdus devant ces exigences contradictoires, éprouvent parfois le besoin de se préserver de l'emprise féminine en multipliant les infidélités, ce que l'atmosphère de liberté sexuelle encourage. Mais les couples libres sont rares, on l'a vu ; dans l'ensemble, l'infidélité ruine la confiance et ne représente pas une bonne réponse aux incompréhensions de sa (ou parfois, mais plus rarement son) partenaire. Ce type d'épreuve de force prépare souvent la rupture, et mieux vaut tenter d'abord le dialogue.

L'ouverture au dialogue

Le couple ne se construit pas, heureusement, que dans la lutte ; il est composé de deux êtres qui peuvent se parler. La « négociation raisonnée » est sans doute moins opérante qu'on ne le croit, mais les rapports de force mèneraient vite à l'échec du couple s'ils ne se doublaient pas du dialogue. Les innombrables manuels qui se présentent comme des recettes de la vie à deux vantent l'efficacité du dialogue, qui permet d'indiquer à son conjoint ce que l'on ressent pour mieux s'aider, se soutenir, se comprendre et se respecter.

Mais il n'est pas si simple de dialoguer. Deux ordres de problèmes risquent d'obstruer le dialogue. D'une part, il ne peut être efficace que s'il est un échange authentique, c'est-à-dire si chaque interlocuteur peut à la fois soutenir son point de vue sans trembler, et se remettre en question sans s'effondrer. Ce prérequis reprend sous d'autres formes ce que l'on a déjà évoqué précédemment : un couple n'a de bonnes chances de durer que si les partenaires ont une maturité suffisante pour s'affronter quand il est nécessaire. Cela suppose d'être assez solide pour ne pas craindre le jugement de l'autre, mais sans toutefois s'aveugler, car on doit aussi disposer d'une capacité à porter sur soi-même un regard critique pour évoluer.

L'autre difficulté du dialogue, c'est qu'il est souvent contaminé par les rapports de force qui imprègnent le couple et dont l'objet serait, précisément, de se dégager. Il peut même être une épreuve de force camouflée en dialogue. Paul Watzlawick[56] en rapporte un bel exemple. Un couple se dispute, nous dit-il, à propos de l'emplacement d'une île sur le globe. Pour se mettre d'accord, ils vont ensemble chercher une mappemonde, et constatent que l'île est située au point que désignait la femme. Dans n'importe quel débat scientifique, la discussion s'arrêterait là, commente Watzlawick ; mais pourtant, dans le couple, la dispute reprend de plus belle. La question ne serait donc pas close ? Au bout d'un moment, jaillit une remarque éclairante : « Tu as toujours raison ! » La controverse ne portait donc pas réellement sur l'emplacement de l'île. Celle-ci n'était qu'un prétexte à une épreuve de force. Le dialogue du couple peut dans certains cas charrier tant d'arrière-pensées qu'il devient impossible de se parler ; loin de permettre d'expliciter le rapport de force, l'échange verbal se trouve annexé par celui-ci et il n'est d'aucune aide pour sortir de l'ornière. Il faudra alors un tiers neutre pour rétablir l'échange : c'est l'objet des thérapies de couple.

Le grand amour comme intention

Le sociologue Jean-Claude Kaufmann note que les rôles prédéfinis par les codes sociaux sont devenus rares depuis deux générations, et que les jeunes couples, soucieux de ne pas s'enfermer dans un rôle, « poussent l'envie de liberté jusqu'au quotidien ménager, ce qui implique de prendre continuellement des décisions pour savoir qui fait quoi[57] ». La construction du couple se fait ainsi pas à pas, par approximations successives ; de part et d'autre, des habitudes se créent, et ce sont ces habitudes qui, peu à peu, construisent le rôle et non l'inverse, comme autrefois. Autant dire que les couples d'aujourd'hui s'inventent au jour le jour ; ils improvisent en fonction de l'expérience, et s'adaptent au terrain sans trop penser au lendemain. Les séparations qu'ils ont connues chez leurs amis comme dans les générations précédentes ne les incitent pas à regarder loin devant eux. Aussi, l'entrée dans la vie de couple se fait presque malgré eux : ce sont, comme on l'a dit, les contingences – la machine à laver, les vacances, l'appartement – qui les poussent sur la voie conjugale, sans qu'ils s'y opposent, mais sans qu'ils l'aient vraiment choisie non plus.

L'institution du mariage signait naguère l'entrée dans la vie de couple ; avant leur mariage, les partenaires n'étaient que « fiancés », c'est-à-dire encore libres, liés seulement par la promesse, et non le serment, d'un futur à deux. À ses propres yeux comme aux yeux de la collectivité, le couple n'était reconnu que lorsqu'il avait solennellement proclamé son intention de mener une vie commune, devant la communauté civile et, souvent, la communauté religieuse.

L'appétit de liberté et la méfiance des institutions, devenus les normes, ont mis un terme à ces solennités. Le couple, à présent librement uni par une décision personnelle, ne se déclare plus devant quiconque – ou bien il ne se déclare qu'après coup. Ne plus se sentir tenu d'être reconnu par des institutions n'est pas nécessairement un très grand mal ; ce qui est plus fâcheux, c'est que l'occasion n'est pas donnée au couple de déclarer qu'il se *veut* tel ; dès lors, seuls les faits l'y incitent. Il se forme par la pression des événements, et non par la force d'une volonté tendue par un projet, alors que jadis on proclamait son intention de vivre à deux. Paradoxalement, à une époque où la liberté représente le bien suprême, l'un des choix majeurs d'une existence, celui de son couple, se présente ainsi dans la plupart des cas comme le fruit des circonstances : on y adhère qu'après coup, en s'interrogeant. Car puisque l'amour représente la référence absolue, on ne peut que douter : est-ce la force des choses qui m'a conduit à m'unir à ce partenaire-ci, ou de vrais sentiments ?

Est-on alors suffisamment armé pour faire face aux difficultés de la vie de couple ? Saura-t-on faire preuve d'endurance dans les mauvais moments, pour assumer une vie que l'on n'est pas certain d'avoir complètement choisie ?

Restons lucides et ne nous nourrissons pas de mythes : Philémon et Baucis qui nous émeuvent tant n'en sont pas arrivés là par hasard, mais parce qu'ils le voulaient. La vraie liberté ne consiste pas à se préserver d'un engagement, mais à le choisir librement, par une décision intérieure qui ne se sent pas contrainte. Le grand amour, celui qui dure toute une vie, est la chance offerte à ceux qui en ont fait un but, et ont su tendre leur volonté pour le réaliser. Même dans ces conditions, l'entreprise reste audacieuse, et le risque demeure grand de devoir se séparer en chemin. Les embûches d'une existence ne peuvent pas toujours être surmontées, et le choix initial peut se révéler, au fil du temps, un pari impossible. Mais, hors cette volonté, inutile d'espérer : le couple, quand il n'est pas uni par un amour que soutient l'intention, est trop fragile pour ne pas être condamné.

CONCLUSION

XXIe siècle : retour au couple ?

Se sentir libres avant toute chose, jouir sans entraves : ces valeurs peu compatibles avec l'amour conjugal n'ont finalement émergé que récemment, en même temps que la contre-culture des années 1970 et la révolte contre le pouvoir patriarcal. Laissons aux sociologues le soin d'expliquer les déterminants de cette rupture avec l'ordre établi : bien des facteurs y ont contribué, en particulier l'appropriation par la femme de sa sexualité, à la manière de l'homme, grâce à la pilule contraceptive. N'en minimisons pas les bienfaits, notamment en ce qui concerne le rééquilibrage des rapports des hommes et des femmes. Doit-on rappeler que celles-ci ne disposaient pas encore du droit de vote dans les années 1940 ? Les égarements d'un excès de liberté, au détriment des besoins d'autorité paternelle dans la famille et de stabilité affective dans le couple, étaient sans doute le prix à payer pour que les valeurs démocratiques promues par l'Occident s'étendent aux relations individuelles et gagnent l'intimité[1].

Toutefois, le contexte était celui de la prospérité économique de l'Occident de l'après-guerre. Les temps ont changé. L'ère d'aujourd'hui, celle du numérique, est aussi celle de la mondialisation : l'Occident se sent bien fragile au sein de la planète, une concurrence économique sans pitié règne aux quatre coins du globe, le terrorisme et la montée des fanatismes religieux font trembler sur ses piliers le rationalisme éclairé. Bref, les lendemains ne chantent pas.

Les jeunes générations ont-elles hérité, en ce qui concerne la vie amoureuse et le couple, des façons d'être de ceux qui les ont élevés et font aujourd'hui l'opinion ?

En partie seulement, si l'on en croit les enquêtes sur les trentenaires, car cette génération-là s'avère bien différente des générations précédentes. Certes, les femmes de la trentaine sont aujourd'hui beaucoup plus libres qu'hier et elles savent ce qu'elles veulent : un accomplissement professionnel et familial comme leur mère, avec des hommes qui contribuent à leurs efforts et à leurs plaisirs. Mais les hommes, eux, ne savent plus clairement où ils en sont. Les trentenaires, rappelle Bernadette Bawin-Legros[2], ont été élevés par des mères qui prennent toute la place : elles ont épousé les ambitions des hommes, leurs modèles culturels et leurs aspirations professionnelles, et elles ont de plus la mainmise sur l'éducation des enfants. Les pères, quand ils sont restés auprès de leur compagne, se sont effacés ; assez souvent, ils ont déserté, bienheureux de reprendre une liberté que tout, autour d'eux, les encourageait à s'octroyer. Quels repères donnent-ils à leurs fils ?

En dépit des exemples souvent brouillons de leurs parents, le désir de former un couple reste inscrit dans les jeunes générations. Le couple a même aujourd'hui le vent en poupe, démentant ceux qui prédisent sa fin. Les trentenaires donnent la priorité dans leur existence à une vie à deux harmonieuse et épanouissante, fondée sur une compréhension mutuelle. L'entente leur paraît facilitée par la disparition progressive des rôles : hommes et femmes se retrouvent sur un pied d'égalité, sans être matériellement dépendants l'un de l'autre et ils n'ont d'autre but que se soutenir moralement l'un l'autre. Vivre à deux dans ces conditions réclame des efforts de dialogue et de négociation, mais le jeu en vaut la chandelle, d'autant que la précarité de la vie professionnelle donne du prix à la cellule affective. Plaçant haut les valeurs d'honnêteté et de franchise, les trentenaires, à l'inverse de leurs aînés des années 1970, conçoivent mal le couple sans la fidélité. Au demeurant, partager des sentiments et des idées compte pour eux bien autant que le sexe, dont ils parlent sans réticence et qu'ils semblent avoir démythifié – la libération sexuelle fait partie du passé. Les sentiments représentent l'essentiel, mais ils ont de l'amour une vision plutôt sage et ne croient pas trop au coup de foudre. À première vue, ces trentenaires, qui ont grandi dans un monde presque exclusivement maternel, ne manquent donc pas de maturité.

L'amour conjugal reviendrait-il donc en force ? Voire. Un point noir gâte ce tableau idyllique. Une enquête du groupe Discovery Networks[3], effectuée sur les 25-39 ans, répartit les hommes d'aujourd'hui en quatre types : le néotraditionnel (père de famille), le moderne assumé (égalitaire, jonglant entre devoirs et engagements), l'égo-mec et le désengagé. Les deux derniers, qui représentent au total 40 % de la population[4], prennent l'instant comme il vient et fuient tout engagement. Cette caractéristique des générations actuelles se retrouve également dans la recherche de Bernadette Bawin-Legros. Elle remarque que les jeunes générations refusent d'hypothéquer l'avenir[5]. Et elle observe que, jusqu'à 35 ans, avoir des enfants et fonder une famille n'est pas une priorité : ce qui prime, ce sont… les sentiments. Cette génération, nous dit-elle, qui a connu l'effondrement du mur de Berlin, les guerres d'Irak et surtout le sida, ne s'intéresse pas beaucoup aux idées sociales et à la politique ; elle ne s'approprie pas un avenir et pense à court terme : « On verra bien » est sa devise. On pourrait ajouter : « Du moment qu'on s'aime !… »

Ainsi, quand les trentenaires ne sont pas désabusés, ils sont sentimentaux – mais ils restent, quoi qu'il en soit, prisonniers de l'instant : le temps leur échappe. Sans doute se montrent-ils plus proches de l'amour conjugal que les générations précédentes, mais il leur manque encore l'essentiel, c'est-à-dire l'intention. Ou bien encore, exprimé différemment : l'ambition, la confiance dans leur capacité propre de créer un futur, la volonté de prendre en main leur histoire. Ils se bornent à « croire » au grand amour, sans se donner les moyens de le construire. Cette génération, par certains côtés, semble ne pas croire en elle. Elle a retrouvé le sens du lien horizontal, mais ne se sent pas le goût (ou la possibilité ?) de s'inscrire dans le lien vertical, celui de l'histoire et de la transmission. Le futur est banni de son horizon ; il ne lui revient en tête que lorsque la femme, l'horloge biologique tournant, se pose la question de l'enfant. Mais, n'est-ce pas là, encore, suivre le chemin, au lieu de le tracer librement ?

Que veulent les hommes, que veulent les femmes ? Hier encore, cette question n'aurait eu aucun sens. Hommes et femmes voulaient ce qu'attendaient d'eux la société et la famille. L'amour n'avait-il donc pas cours ? Longtemps, sans doute, ils l'ont pratiqué sans le savoir. Puis ils l'ont rêvé. Enfin, ils l'ont voulu, quand ils ont disposé de la liberté de le vivre. Mais ils ne se sont mis à y croire que récemment : aujourd'hui, revenus de tout, ils croient à l'amour avec la ferveur d'une foi. Et ils en attendent un salut.

Vivre à deux toute une vie reste, au fond de chacun, un désir souverain. Mais on y voit un rêve qui dépend d'une chance : rencontrer l'homme ou la femme de sa vie, c'est-à-dire le partenaire de charme qui dispose de qualités assez exceptionnelles pour créer les conditions de l'amour éternel. Autour de soi, il est facile de constater que le charme opère rarement ; on se retient donc de rêver.

Pourtant, si rien ne s'obtient sans se construire, rien n'est hors d'atteinte quand on a la volonté de construire. Même le grand amour.

Encore faut-il savoir ce qu'on veut. Peut-on vouloir en même temps la liberté et l'amour ? Non, si l'on conçoit la liberté comme l'affranchissement de toutes les dépendances, car l'amour est une dépendance ; oui, si l'on en fait un moyen d'être l'auteur principal de son existence, pour donner corps à ses rêves.

Chaque époque a ses mythes. Pour les Baruya, un homme et une femme ne suffisaient pas pour faire un enfant : il fallait que s'y joigne le souffle d'un ancêtre. Leur existence restait conditionnée par le bon vouloir des aïeux : c'était grâce à eux qu'ils avaient vu le jour, c'est avec eux qu'ils mettraient au monde une progéniture. Leur chemin se trouvait ainsi tracé par les générations précédentes et les coutumes collectives. Le mythe moderne est, à l'opposé, celui de la création de soi par soi. « Je suis entièrement libre, je ne vois jamais ma famille », proclame avec fierté une personnalité de la mode[6]. S'affranchir de toutes les attaches pour ne plus suivre que ses désirs est désigné comme la voie du soi authentique.

Évite-t-on pour autant la dépendance ? Notre star confie qu'elle travaille sans relâche, et le souci qu'elle a de son image montre que la dépendance, dans son cas, s'est déplacée sur… elle-même. Mieux vaut être conscient que nous sommes nés dans la dépendance, et que nous n'en sortons jamais. Notre liberté d'aujourd'hui consiste à l'aménager, alors qu'elle était naguère utilisée par la communauté, sans choix possible pour l'individu. La dépendance affective – le besoin d'un autre qui nous rend unique – est inscrite en nous dès les premiers jours de notre vie, et elle est aussi irrémédiable que la dépendance de notre esprit aux cadres mentaux de notre époque.

Le mythe moderne de la création de soi par soi est un déni de ses racines. Il prétend faire échapper l'individu à l'histoire de sa création par les autres et mène à la solitude dans un oubli de la dépendance aux autres. L'amour ramène au besoin des autres, et il ne peut s'épanouir pleinement que dans la liberté : mais la liberté n'a de sens que si elle sert une histoire d'amour, en se méfiant des faux-semblants qui ne durent qu'un instant.

Nous ne venons pas de nulle part, nous n'allons pas n'importe où : l'amour, bon ou mauvais, nous accompagne au long du chemin. Pour que l'histoire s'arrête, il faudrait que, par un miracle du ciel ou de l'ingéniosité humaine, nous devenions autosuffisants. Est-ce à souhaiter ? Disparaîtrait alors également la richesse des échanges entre des êtres différents au profit d'un monde autistique, où chacun, devenu à la fois l'alpha et l'oméga de la création, ne se concentrerait plus que sur lui-même.

Notes

Avant-propos

1. En particulier les ouvrages de Francesco Varela, Evan Thompson, Eleanor Rosch, *L'Inscription corporelle de l'esprit*, Paris, Le Seuil, 1999 ; et Bernard J. Baars, *In the Theater of Consciousness : the Workspace of Mind*, Oxford, Oxford University Press, 1997.

1. Le sexe des anges

1. Il n'a également rien à dire sur les femmes. Alain Corbin note que tous les articles parus sur l'histoire des femmes entre 1984 et 2000 – soit douze au total – dans la revue *Vingtième siècle* ont été écrits par des femmes (« Des femmes, des hommes et des genres », entretien avec Alain Corbin et Michelle Perrot, *Vingtième siècle. Revue d'histoire*, 75, juillet-septembre 2002, p. 167-176).
2. Aristote, *Histoire des animaux*, 638b, 7-24.
3. Aristote, *Les Parties des animaux*, 653a, 27-b3.
4. Aristote, *De la génération des animaux*, 775a, 14-16.
5. Platon, *République*, V, 455c-d.
6. Malebranche, *De l'imagination, De la recherche de la Vérité*, livre II (1675), Paris, Pocket, coll. « Agora », 1990, p. 97 *sq*.
7. Formulation empruntée à Giulia Sissa, *L'âme est un corps de femme*, Paris, Odile Jacob, 2000, p. 31 ; on trouvera dans cet ouvrage un exposé détaillé des philosophies du genre sexuel chez les penseurs de l'Antiquité.
8. Gérard Bouté, *Sexe et identité féminine*, Paris, L'Archipel, 2004, p. 196.

9. Thomas Laqueur, *Making Sex. Body and Gender from the Greeks to Freud*, Cambridge, Harvard University Press, 1990.

2. La masturbation

1. Joyce McDougall, *Plaidoyer pour une certaine anormalité*, Paris, Gallimard, 1978, p. 76.

2. *Onania*, brochure anonyme parue à Londres vers 1715 ; Samuel Auguste André David Tissot, *L'Onanisme : dissertation sur les maladies produites par la masturbation*, Éd. Bussange, Masson & Besson, 1805.

3. J. McDougall (*op. cit.*, p. 78) cite les descriptions effrayantes du *Larousse du XIXe siècle* (tome X) : « Combien d'enfants sont morts à la suite de la masturbation ? [...] Elle prédispose à un grand nombre de maladies. [...] Le masturbateur ne tarde pas à sentir ses forces diminuer, à perdre les couleurs de la santé, à maigrir, et, s'il est encore jeune, son organisme subit fatalement un arrêt du développement. [...] Les yeux se cernent et s'excavent, la peau et les muqueuses se décolorent. Les malades deviennent paresseux [...]. Leurs forces musculaires diminuent de plus en plus et on les voit marcher, chancelants, le tronc déjà courbé alors qu'ils sortent à peine de l'adolescence. [...] Moins un être vivant qu'un cadavre [...] être bien au-dessous de la brute, spectacle dont on ne peut concevoir l'horreur... »

4. Voir à ce sujet le livre de Jean Stengers, Anne Van Neck, *Histoire d'une grande peur : la masturbation* (Bruxelles, Éditions de l'université de Bruxelles, 1984) qui fait un historique très complet des croisades engagées contre ce comportement, et des techniques mises au point pour le décourager. On peut également consulter Didier Jacques Duché, *Histoire de l'onanisme*, Paris, PUF, coll. « Que sais-je ? », 1994.

5. À noter que, dans les *Nouvelles conférences sur la psychanalyse* (Paris, Gallimard, 1981 [1936]), Freud signale : « L'enfant doit apprendre à maîtriser ses pulsions. En effet, il n'est pas possible de lui octroyer l'entière liberté de suivre ses pulsions sans limite. En conséquence, l'éducation doit inhiber, interdire, réprimer. »

6. June M. Reinisch, Ruth Beasley, *L'Amour, le Désir, le Corps. Les réponses de l'Institut Kinsey*, Paris, Robert Laffont, 1993, p. 284.

7. Anne Decerf, *À quoi rêvent les petites filles ?*, Paris, Payot, 2006, p. 46.

8. Elle contribuera à former ce qu'il appelle des schèmes d'action qui sont selon lui à l'intelligence sensori-motrice ce que les concepts sont à

l'intelligence formelle (Jean Piaget, *La Naissance de l'intelligence chez l'enfant*, Neuchâtel, Delachaux et Niestlé, 1936).

9. M.L. Yang, E. Fullwood, J. Goldstein, J.W. Mink, « Masturbation in infancy and early childhood presenting as a movement disorder : 12 cases and a review of the literature », *Pediatrics*, 2005, 116, 6, p. 1427-1432.

10. Cette formule est empruntée à René Spitz, *Psychanalytic Study of the Child*, XVIII, New York, International University Press, 1962, qui l'emploie toutefois dans un contexte différent. Dans un article sur « De l'auto-érotisme », René Spitz distingue trois manifestations d'autoérotisme dans la première année de la vie : les balancements rythmiques du corps (*rocking*), la manipulation génitale (*genital play*) et les jeux fécaux (*fecal games*). On notera la similitude entre les deux premières manifestations qu'il décrit et la distinction que j'ai établie dans les formes d'autostimulation génésique du bébé : l'autoexcitation par des mouvements axiaux du corps trouverait sa correspondance dans le *rocking*, et l'autosatisfaction précoce par automanipulation correspondrait au *genital play*. Selon Spitz, ces activités autoérotiques ne s'observent que dans le cadre d'une bonne relation affective avec la mère.

11. W.N. Friedrich, J. Fisher, D. Broughton, M. Houston, C.R. Shafran, « Normative sexual behavior in children : a comparative sample », *Pediatrics*, 1998, 101, 4, E9.

12. René Spitz, *Le Non et le Oui*, Paris, PUF, 1962, p. 107 : selon cet auteur, le développement psychologique et affectif de l'enfant est marqué par des points cruciaux qui correspondent à des intégrations entre les divers facteurs de maturation ouvrant à de nouveaux aménagements psychiques. Ces points cruciaux se manifestent par des comportements révélateurs qu'il appelle des « organisateurs » (voir p. 300).

13. P. Kramer, « Early capacity for orgastic discharge and charachter formation », cité par Marjorie C. Barnett, in *La Sexualité féminine controversée*, Paris, PUF, 1976, p. 231.

14. M.C. Barnett, « "Je ne peux pas" en opposition à "Il ne veut pas" », in *La Sexualité féminine controversée*, *op. cit.*, p. 229-244.

15. M.C. Barnett, « Vaginal awareness in the infancy and childhood of girls », *Journal of the American Psychoanalytical Association*, 14, 1966, p. 129-141.

16. Simone de Beauvoir, *Le Deuxième Sexe*, tome II, Paris, Gallimard. L'auteur mentionne également ailleurs sa première expérience du plaisir,

en descendant une corde lisse, dans *Mémoires d'une jeune fille rangée*, Paris, Gallimard, 1958.

17. G. Bouté, *op. cit.*, p. 113.

18. Rappelons, comme cela a déjà été dit, que l'angoisse de castration est à la base de la liquidation du complexe d'Œdipe. Pour Freud en effet, l'attachement de l'enfant à sa mère poussait à des désirs incestueux que l'angoisse de castration permettait de dépasser, ouvrant la voie aux attachements de l'adulte après la phase de latence. D'autres explications plus convaincantes pour l'aversion de l'inceste, provenant d'éthologues et de psychiatres, ont été proposées (Mark T. Erikson, « Rethinking Œdipus : an Evolutionary Perspective of Incest Avoidance », *American Journal of Psychiatry*, mars 1993 ; Werner Greve et Jeanette Roos, *Der Untergang des Ödipuskomplexes ; Argumente gegen einen Mythos*, Bern, Éd. Hans Huber, 1996). De même, la phase de latence est décriée par les recherches sur la sexualité infantile (J.M. Reinisch et R. Beasley, *op. cit.*, p. 284).

19. Selon Friedrich et coll., *op. cit.*, le pourcentage d'enfants qui voudraient être du sexe opposé est faible et décroît avec le temps, mais de façon un peu différente pour les deux sexes – avant 5 ans : garçons 6 %, filles 8 % ; de 6 à 9 ans : garçons et filles 4 % ; après 10 ans : garçons 1 %, filles 4 %. La différence se marque donc après 10 ans, quand l'enfant a pris conscience des bénéfices culturels liés au sexe. Si le mythe de la castration œdipienne avait une réelle influence, ne s'attendrait-on pas à ce que les filles, qui se sentent des garçons castrés, aient beaucoup plus envie que les garçons d'appartenir au sexe opposé après la phase œdipienne, c'est-à-dire après 6 ans ?

20. Keiser donne une importance fondamentale à l'expérience visuelle dans la construction de l'image du corps, et considère que l'invisibilité des organes féminins entrave leur inclusion dans la représentation psychique (S. Keiser, « Female Sexuality », *Journal of the American Psychoanalytical Association*, 4, 1956, p. 563-574).

21. Kestenberg insiste sur l'expérience de l'activité, indispensable selon elle pour que l'image d'un organe se développe pleinement (J.S. Kestenberg, « Vicissitude of Female Sexuality », *Journal of the American Psychoanalytical Association*, 4, 1956, p. 453-476).

22. Dans les crises d'angoisse paroxystiques que l'on rencontre en pathologie de nos jours, en dehors des dépressions, se cachent des craintes d'effondrement révélatrices d'affrontements de la petite enfance qui n'ont

pas permis un développement narcissique satisfaisant, plutôt que de véritables angoisses de disposer ou non d'un pénis. Ces angoisses d'effondrement sont proches de ce que les psychanalystes kleiniens désignent par « angoisses d'anéantissement » ou « castration primaire », angoisses qu'ils rapportent à la menace de rupture avec la mère dans son rôle de protection précoce.

23. J. McDougall, *op. cit.*, p. 75.

24. *Ibid.*, p. 77.

25. Egle Laufer, citée par Jacques André, *La Sexualité féminine*, Paris, PUF, coll. « Que sais-je ? », p. 115-116.

26. Pour reprendre les mots d'A. Decerf, *op. cit.*, p. 178.

27. Alfred C. Kinsey, Wardell B. Pomeroy, Clyde E. Martin, *Le Comportement sexuel de l'homme*, Paris, Éditions du Pavois, 1948 ; Alfred C. Kinsey, Wardell B. Pomeroy, Clyde E. Martin, Paul H. Gebhard, *Le Comportement sexuel de la femme*, Paris, Amiot-Dumont, 1954.

28. Thomas Laqueur, *Histoire des plaisirs solitaires*, Paris, Gallimard, 2002.

29. À titre d'exemple, il y a quelques années, le magazine *Biba* que lisait sereinement à côté de moi la plus jeune de mes filles (alors âgée de 15 ans) titrait : « Mon clicli et moi ». Il y a d'ailleurs là un remarquable exemple de la discrimination positive dont fait preuve la société contemporaine en ce qui concerne les informations sexuelles, car j'aurais mal imaginé mon fils lire au même âge un magazine parlant de son sexe aussi crûment. N'est-ce pas là encore la preuve que le sexe de la femme n'existe pas *réellement* – ou n'existe qu'en mots désignant un référent abstrait dont l'impact ne peut se comparer à ceux qui concernent le sexe de l'homme ? Des mots se prêtant à des jeux innocents…

30. Pierre Simon, Jean Godonneau, Lucien Mironer, Anne-Marie Dourlen-Rollier, *Rapport sur le comportement sexuel des Français*, Paris, René Julliard et Pierre Charon, 1972, p. 848-849. Données d'une enquête menée par l'IFOP sur 2 625 Français.

31. Alfred Spira, Nathalie Bajos et le groupe ACSF, *Les Comportements sexuels en France*, Paris, La Documentation française, 1993.

32. Janine Mossuz-Lavau, *La Vie sexuelle en France*, Paris, Éditions de la Martinière, 2002.

33. Ce qu'il interprète comme un manque de curiosité sexuelle de la femme : « De nombreuses femmes de l'échantillonnage à qui il est arrivé

d'entendre parler des fonctions sexuelles et de celles de la reproduction n'ont pas essayé de comprendre […] parce que, selon leur propre expression, "ces choses ne les intéressaient pas". Il s'écoule fréquemment un intervalle de plusieurs années entre le moment où la femme entend parler pour la première fois de masturbation et celui où elle entreprend effectivement de s'y adonner. Dès l'âge le plus tendre, le sujet masculin moyen s'intéresse à tout ce qu'il peut apprendre sur la sexualité et il est en quête de renseignements d'ordre sexuel. […] Pratiquement tous les garçons qui ont atteint l'adolescence tentent de se masturber presque immédiatement après en avoir entendu parler » (Kinsey et coll., *Le Comportement sexuel de la femme, op. cit.*, p. 609). En dépit des efforts destinés à « libérer » la sexualité féminine, cette différence fondamentale de curiosité pour l'*activité* sexuelle a-t-elle beaucoup changé ? On peut en douter.

34. Hugues Lagrange, « Puberté et masturbation », *in* Hugues Lagrange, Brigitte Lhomond (dir.), *L'Entrée dans la sexualité. Le comportement des jeunes dans le contexte du sida*, Paris, La Découverte, 1997, p. 61.

35. Nathalie Bajos, Michel Bozon, Nathalie Beltzer et le groupe ACSF, *Enquête sur la sexualité en France : pratiques, genre et santé*, Paris, La Découverte, 2008. Résultats d'un sondage réalisé sur 12 364 femmes et hommes âgés de 18 à 69 ans, p. 275.

36. J. Mossuz-Lavau, *op. cit.*, p. 209 : « Ce comportement [la masturbation] perdure tout au long de la vie. Dans [notre] enquête, les femmes se retrouvent plutôt parmi les personnes qui ne l'apprécient pas ou alors la pratiquent occasionnellement, les hommes étant plutôt à l'autre pôle rassemblant ceux qui en raffolent et l'ont intégrée à leur vie quotidienne. »

37. *Ibid.*, p. 48.

38. Shere Hite, *Le Nouveau Rapport Hite*, Paris, Robert Laffont, 2002.

39. Disponibles d'ailleurs dans les principaux catalogues de vente par correspondance, comme La Redoute ou Les Trois Suisses ; plusieurs modèles sont proposés à côté des épilateurs électriques et des pèse-personnes.

40. Surligné dans le texte. S. Hite, *op. cit.*, p. 142 *sq.*

41. Solotouch.com, par exemple.

42. Ce fait est confirmé par Kinsey : « Pour la masturbation manuelle, de nombreux individus trouvent un complément d'excitation en regar-

dant leur sexe. Et ceci pourrait indiquer un certain penchant à l'homosexualité [...]. Certains hommes les plus farouchement hétérosexuels font très attention à ne pas jeter les yeux sur leur sexe lorsqu'ils se masturbent. » Alfred C. Kinsey, Wardell B. Pomeroy, Clyde E. Martin, *Le Comportement sexuel de l'homme*, Paris, Éditions du Pavois, 1948, p. 644.

43. D'où la surprise de rencontrer notre reflet dans un miroir au moment où nous ne nous y attendons pas et de nous voir alors comme « un autre ».

44. J. Mossuz-Lavau, *op. cit.*, p. 86.

45. Il s'en souvient aujourd'hui avec dégoût : « Je ne comprends pas comment j'ai pu faire ça. »

46. S. Hite, *op. cit.*, p. 72-74.

47. *Ibid.*, p. 230.

48. *Ibid.*, p. 69, 70, 233.

49. *Ibid.*, p. 227.

50. G. Bouté, *op. cit.*, p. 176.

51. À propos du stade du miroir, Lacan décrit cette identification du bébé à son image comme « le moment qui décisivement fait basculer tout le savoir humain dans la médiatisation par le désir de l'autre, constitue ses objets dans une équivalence abstraite par la concurrence d'autrui, et fait du *je* cet appareil pour lequel toute poussée des instincts sera un danger » (Jacques Lacan, *Écrits I*, Paris, Le Seuil, coll. « Points », 1971, p. 95). Ces propos valent tout particulièrement pour le destin du *je* féminin, qui ne peut donner de forme à son sexe qu'à travers le miroir, et encore bien incomplètement. Quand elle n'est encore qu'une petite fille, une zone mystérieuse en bas du ventre ne peut être vue que par l'autre et laisse planer un doute sur la clôture de cette enveloppe qui constitue son image et qu'elle découvre en se regardant.

3. Appétits d'homme, désirs de femme

1. *Le Secret de la petite chambre*, récits érotiques traduits du japonais, Arles, Picquier poche, 1997, p. 22.

2. Colette, *Mitsou*, Paris, Arthème Fayard, 1919.

3. Cité par Jean-Claude Bologne, *Histoire de la pudeur*, Paris, Olivier Orban, 1986, p. 129.

4. Hanif Kureishi, *Intimité*, Paris, Christian Bourgois, 1998, p. 24.

5. Marie Rouanet, *Du côté des hommes*, Paris, Albin Michel, 2001, p. 82.

6. *Le Secret de la petite chambre*, *op. cit.*, p. 40. Surligné par moi.

7. J.M. Reinisch, R. Beasley, *op. cit.*, p. 63 et 82.

8. A. Decerf, *À quoi rêvent les petites filles ?*, *op. cit.*

9. Ou bien, pour les homosexuelles, avec le refus de l'homme.

10. M. Rouanet, *op. cit.*, p. 36.

11. G. Bouté, *op. cit.*, p. 144.

12. *Ibid.*, p. 86 *sq.*

13. J. Mossuz-Lavau, *op. cit.*, p. 45.

14. A. Spira, N. Bajos, groupe ACSF, *Les Comportements sexuels en France*, *op. cit.*, p. 122 ; lors de la dernière enquête (N. Bajos, M. Bozon, groupe ACSF, 2007), on a posé aux 18-24 ans la question : « Peut-on avoir des rapports sexuels avec quelqu'un sans l'aimer ? » 47 % des garçons répondent oui et 72 % des filles non.

15. Georges Bataille, *L'Érotisme*, Paris, Union générale d'éditions, 10/18, 1965, p. 143 ; les mots en italique sont surlignés dans le texte.

16. Rapport Kinsey, *op. cit.*

17. A.C. Kinsey et coll., *Le Comportement sexuel de la femme*, *op. cit.*, p. 586.

18. *Ibid.*, p. 582.

19. *Ibid.*, p. 597.

20. *Ibid.*, p. 598.

21. *Ibid.*, p. 599.

22. *Ibid.*, p. 578.

23. *Ibid.*, p. 580.

24. *Ibid.*, p. 615.

25. *Ibid.*, p. 579, 593.

26. *Ibid.*, p. 587.

27. *Ibid.*, p. 621.

28. France Huser, *La Maison du désir*, Paris, Le Seuil, 1982, p. 59 et 111.

29. Patricia Dupin, Frédérique Hédon, *La Sexualité féminine*, Paris, Flammarion, 1999, p. 83.

30. Il n'est d'ailleurs pas toujours facile de démêler chez une femme ce qui tient au plaisir que ses sens lui procurent, et ce qui correspond au plaisir que la situation lui fait éprouver : je pense à la volupté intense que

décrivent beaucoup de femmes à donner du plaisir à l'homme qu'elles aiment, une volupté qui recouvre pour elles toutes les autres et que l'on ne rencontre pas de cette façon chez l'homme. L'homme éprouve bien entendu le besoin de « faire jouir » sa partenaire, mais ce « faire jouir » est ressenti plutôt comme la nécessité d'une performance qui le confirme dans sa virilité.

31. Rappelons à ce propos que toutes les tentatives qui ont été faites pour transposer à un public féminin les revues érotiques destinées aux hommes ont été des échecs. Dans les années 1970, la revue *Viva* présentait une sélection d'hommes dénudés, l'un d'eux lascivement allongé sur le papier glacé de la page centrale, alternant avec des articles variés de bonne qualité à la façon de *Playboy* ou de *Lui*. Cette revue n'a tenu que quelques mois. Les représentations photographiques d'hommes nus n'intéressent que les homosexuels hommes.

32. S'ils peuvent parfois paraître complexes, ils obéissent toujours à des règles rigides qui les rendent immuables et prévisibles.

33. On serait tenté de dire plutôt : *imposant* l'accouplement, tant la femelle, dans ces moments-là, quête le mâle dans certaines espèces. Les chimpanzés femelles, par exemple, ont une activité d'accouplement frénétique avec de nombreux mâles pendant leur période de chaleur. Voir Olivia Judson, *Manuel universel d'éducation sexuelle à l'usage de toutes les espèces*, Paris, Le Seuil, 2004, pour une approche aussi documentée qu'humoristique de ces questions.

34. Selon certaines études, il semblerait que l'appétit sexuel des femmes ne soit pas indépendant de leur cycle menstruel (E. Hill, « The menstrual cycle and components of human female sexual behaviour », *J. of Social and Biological Structures*, 1988, 11, p. 443-455).

35. Comme le montrent, par exemple, les attributs de la séduction féminine, qui comportent une grande part de facteurs culturels liés aux phénomènes de mode, mais également des facteurs naturels dont témoigne l'existence d'invariants de la séduction à travers les cultures. On reviendra sur ce point au chapitre 5.

36. Tout ce que l'on vient de dire à propos d'un besoin instinctuel comme le sexe pourrait être étendu à d'autres besoins, tels les besoins alimentaires, à ceci près que les besoins alimentaires mettent en jeu des impératifs vitaux pour l'individu, et non les besoins sexuels, qui eux ne sont vitaux que pour l'espèce. Toutefois, même à propos de besoins vitaux

comme l'alimentation, des malades tels que les anorexiques représentent une belle démonstration de la liberté avec laquelle l'esprit humain (dans des cas pathologiques, il est vrai) peut s'affranchir de ses « instincts » fondamentaux.

37. Une reformulation de la pensée de Darwin appliquée au patrimoine génétique : les êtres vivants s'organisent de façon la plus adaptée pour multiplier la transmission de leurs gènes. Cette loi, considérée comme universelle dans le monde vivant, permet de comprendre même des conduites sociales complexes comme celle de l'humain (E.O. Wilson, *Sociobiology, The New Synthesis*, Cambridge, Massachussets, Harvard University Press, 1975).

38. Charles Darwin, *La Descendance de l'homme et la sélection sexuelle*, Paris, Éditions Complexe, 1981, vol. I, p. 243.

39. Donald Symons, *The Evolution of Human Sexuality*, New York, Oxford University Press, 1979.

40. Sarah Blaffer Hrdy, *Mother Nature. A History of Mothers, Infants and Natural Selection*, New York, Pantheon Books, 1999 ; traduction française : *Les Instincts maternels*, Paris, Payot, 2002, p. 187.

41. Francesco Alberoni, *L'Érotisme*, Paris, Pocket, 1994, p. 79.

42. Desmond Morris, *Le Singe nu*, Paris, Le Livre de poche, 1971.

43. Nancy Friday, *Les Fantasmes masculins*, Paris, Robert Laffont, 1981. Exposé de 300 courriers sélectionnés pour leur représentativité parmi les 3 000 réponses qu'elle a reçues en lançant un appel à témoignage dans l'un de ses livres.

44. *My Secret Life*, 1923. Le texte original de 4 200 pages n'est présenté que dans des versions abrégées. L'exemplaire en français auquel je me réfère est *Ma vie secrète*, Paris, 10/18, 1996.

45. Entre autres, Catherine Blanc, *La Sexualité des femmes n'est pas celle des magazines*, Paris, Éditions de la Martinière, 2004, et Ghislaine Paris, *Un désir si fragile*, Paris, Leduc S. Éditions, 2004.

46. *Sporenda*, Archives du forum des chiennes de garde.

47. *angy77*, Archives du forum des chiennes de garde.

48. F. Alberoni, *op. cit.*, p. 31.

49. Yasmina Reza, *Dans la luge de Schopenhauer*, Paris, Albin Michel, 2005, p. 75.

50. *Golden*, une autre participante du même forum, remarque très justement que la situation n'a pas de réciprocité : « Si vous vous jetez sur

leurs bijoux de famille avec violence, leur tordant les testicules et leur mordant le gland avec entrain, avec un "Tiens prends cela, salaud, je sais que tu aimes ça !", vous passez assez vite pour une cinglée. »

51. Richard von Krafft-Ebing, *Psychopathia sexualis* (1886), réédition en 3 tomes, Paris, Pocket, 1999.

52. A.C. Kinsey et coll., *Le Comportement sexuel de la femme*, *op. cit.*, p. 609.

53. Nancy Friday, *My Secret Garden* (1973), New York, Pocket Books, 1999.

54. Par exemple G. Paris, *Un désir si fragile, op. cit.* Il s'agit en fait d'un argument issu de l'apologie de la masturbation par les féministes américaines, notamment Shere Hite.

55. Curieusement, Nancy Friday n'a constaté aucun fantasme de cette nature dans sa population féminine : elle l'explique par l'émancipation féminine, qui offre à la femme la possibilité de tout s'autoriser sans avoir à s'imaginer prostituée (Nancy Friday, *My Secret Garden*, *op. cit.*, p. 220). Les Européennes seraient-elles retardataires ?

56. Pauline Réage, *Histoire d'O*, Paris, Jean-Jacques Pauvert, 1975.

57. Françoise Rey, *La Femme de papier*, Paris, Pocket, 2006.

58. Le livre choc de Catherine Millet est une entorse à cette règle. Est-ce la raison pour laquelle il est si profondément ennuyeux ? Catherine Millet, *La Vie sexuelle de Catherine M.*, Paris, Le Seuil, 2001.

59. Alain Braconnier, *Le Sexe des émotions*, Paris, Odile Jacob poche, 2000, p. 127.

60. Notamment l'exhibitionnisme dans la nature, comme le signale Francesco Alberoni (*op. cit.*, p. 73), ou devant des regards indiscrets mais cachés, comme la scène évoquée par Philippe Sollers dans *Femmes*, reprise plus loin. À l'inverse, l'homme recherche plutôt les lieux secrets, et son exhibitionnisme le pousse à s'imposer à des regards non préparés.

61. A.C. Kinsey et coll., *Le Comportement sexuel de la femme*, *op. cit.*, p. 587.

62. *Ibid.*, p. 590-591.

63. Rien là de très différent de ce que l'on peut observer dans les clubs de rencontre échangistes pour hétérosexuels, à ceci près que l'exaltation des corps n'y prend pas la même place. Il n'existe par exemple aucun club échangiste équipé de salles de musculation. C'est la grâce du corps féminin, et non la musculature du corps masculin, qui représente le

point de convergence des désirs, satisfaisant ainsi des appétits avant tout masculins. Qu'en est-il donc des désirs féminins ? Sans doute les femmes trouvent-elles leur satisfaction dans le plaisir de répondre aux désirs des hommes – et surtout de leur homme, celui qui les accompagne –, dans l'exhibitionnisme et dans le mimétisme érotique (ce que Kinsey appelle la réaction par sympathie, qui pousse les animaux à s'accoupler lorsqu'ils assistent à des scènes d'accouplement). Il est à noter que ces clubs échangistes hétérosexuels sont fréquentés par des couples (ou des hommes seuls, mais non des femmes seules) et qu'il n'existe pas de clubs de rencontre hétérosexuels comparables aux clubs homosexuels, où se retrouveraient des hommes et des femmes seuls dans le seul but d'avoir des rapports sexuels anonymes.

64. Doit-on rappeler ici que l'on a incriminé dans la propagation si rapide du virus du sida dans les milieux homosexuels au début de l'épidémie, l'activité génitale débordante qui caractérise l'homosexualité masculine ?

4. Tout chez l'homme est apparent, tout chez la femme est mystère

1. G. Bataille, *op. cit.*, p. 144.

2. Ce sont, là encore, des homosexuels qui m'ont fait bien sentir l'importance – et la nécessité – de la répartition codifiée des rôles : après la rencontre, lequel raccompagne l'autre, lequel fera le premier geste pour étreindre l'autre ? Dans l'hétérosexualité, ce rôle est traditionnellement dévolu à l'homme. Dans l'homosexualité, celui (ou celle) qui fait le premier pas prend aussi une position dans le couple : être celui qui passe à l'action a des implications symboliques importantes. En particulier, les homosexuels masculins, à la « virilité » vulnérable – le terme de virilité désignant ici la composante narcissique de l'identité masculine –, se sentent disqualifiés en tant qu'hommes s'ils ne prennent pas les devants...

3. N. Friday, *Les Fantasmes masculins*, *op. cit.*, p. 15.

4. Sören Kierkegaard, *Le Journal du séducteur*, Paris, Gallimard, coll. « Folio », p. 37.

5. *Ibid.*, p. 73.

6. Bien des femmes qui ne s'étaient pas montrées ardentes, voire qui avaient fui, autrefois, en s'en plaignant, les ardeurs de leur compagnon,

exprimment une grande frustration lorsque ce dernier ne peut plus avoir d'érections pour des raisons de maladie ou de traitement : elles découvrent alors qu'elles ont besoin de sentir le désir de l'homme, plus encore que d'en jouir. Pour beaucoup d'entre elles, l'érection masculine apparaît en définitive comme une de ces nécessités rassurantes à laquelle on finit même par ne plus prêter vraiment attention (pour ne pas prendre le risque d'être assaillie) mais qui permet de « dormir sur ses deux oreilles »...

7. S. Hite, *Le Nouveau Rapport Hite*, *op. cit.*, p. 186.

8. S. Kierkegaard, *Le Journal du séducteur*, *op. cit.*, p. 57 *sq.*

9. Philippe Sollers, *Femmes*, Paris, Gallimard, coll. « Folio », 1983, p. 39.

10. C'est moi qui souligne.

11. Marguerite Duras, *La Maladie de la mort*, Paris, Éditions de Minuit, 2002, p. 52.

12. Pascal Bruckner, Alain Finkielkraut, *Le Nouveau Désordre amoureux*, Paris, Le Seuil, 1977, p. 49.

13. William H. Masters, Virginia E. Johnson, *Les Réactions sexuelles*, Paris, Robert Laffont, 1966.

14. *Ibid.*, p. 39.

15. *Ibid.*, p. 22.

16. *Ibid.* p. 204.

17. *Ibid.*, p. 208.

18. *Ibid.*, p. 90.

19. *Ibid.*, p. 49.

20. Il en résulte un rétrécissement de moitié du passage central qui contribue à la rétention de la semence.

21. *Ibid.*, p. 61.

22. *Ibid.*, p. 149.

23. Toutes ces actions du comportement sexuel masculin – érection, éjaculation et, entre les deux, agitation – paraissent, lorsqu'on en reste à la surface des choses, s'articuler entre elles comme une chaîne de réactions dont le premier maillon est la stimulation érotique, provoquée chez l'homme par la vue ou la pensée. S'il est un domaine où s'applique à la perfection la vision comportementale des conduites humaines du type stimulus-réponse (S-R), qui a dominé pendant si longtemps la psychologie – et dont on sent l'influence sur les recherches de Masters et Johnson –, c'est bien celui-là. Quand on voit pourtant comment le

même stimulus – par exemple la même femme – peut ou non inspirer le désir selon le contexte, on mesure combien le mâle humain, si rudimentaire soit-il, est éloigné du chien de Pavlov.

24. Avec son habituelle minutie, Kinsey nous livre sur ce sujet un rapport circonstancié : « D'après nos observations, les femmes ayant employé leurs doigts ou d'autres objets à des pénétrations vaginales ont agi ainsi pour les raisons suivantes : 1) parce qu'une pénétration vaginale leur procurait effectivement une satisfaction érotique ; [...] 2) parce que ce genre de pénétration avait été préconisé par quelque ami masculin ou par un médecin [...] ; 3) parce qu'elles n'avaient appris à se masturber qu'après avoir eu une très grande expérience du coït et croyaient nécessaire d'imiter, dans la masturbation, les techniques de la copulation [...] ; 4) parce qu'elles désiraient divertir leurs partenaires masculins qui trouvaient excitant d'observer cette façon de se masturber. » (*Le Comportement sexuel de la femme*, *op. cit.*, p. 176.)

25. *Ibid.*, p. 188.

26. Gérard Zwang, *Le Sexe de la femme*, Paris, Éditions La Musardine, 1997, p. 126.

27. Marie Bonaparte, qui souffrait de frigidité, s'était fait opérer du clitoris – une demi-excision – dans l'espoir de redonner au vagin un rôle de premier plan : échec complet, comme on peut l'imaginer.

28. Il n'est innervé que dans son tiers externe, soit la partie qui réagit dans la plate-forme orgasmique.

29. S. Hite, *op. cit.*, p. 241.

30. Une patiente, se décrivant comme boulimique sexuelle et vaginale, rapportait qu'elle avait la masturbation « en horreur », car elle sentait après coup une exagération de son mal-être, un sentiment d'être vide. À noter que sa boulimie sexuelle ne concernait que son compagnon, et que toutes les tentatives de diversion qu'elle avait faites pour se soulager s'étaient montrées infructueuses.

31. En quoi on avait bien tort, car s'il est des femmes qui ressentent rarement l'orgasme, ce sont bien ces professionnelles du plaisir : elles se contentent de servir à leurs clients le mets qu'ils attendent, sans attendre elles-mêmes d'autre retour que la compensation financière de leurs bons services.

32. Gérard Zwang, *La Fonction érotique*, tome I : *Les Chemins de l'épanouissement*, tome II : *Les Entraves à l'épanouissement*, Paris, Robert Laffont, 1972.

33. Très justement, il critique par exemple une classification qu'établit Kinsey à propos de la fréquence hebdomadaire des orgasmes selon le niveau social et les croyances, en le prenant en défaut sur son propre terrain, le quantitatif: « Le classement du rapport Kinsey, fondé sur la fréquence des orgasmes, est une simplification. Il n'est pas dépourvu de sens, mais il néglige un facteur appréciable. Il ne tient pas compte de la durée de l'acte sexuel. Or l'énergie dépensée dans la vie sexuelle n'est pas réduite à celle que l'émission [de sperme] représente. [...] La dépense d'énergie de l'anthropoïde, dont l'orgasme n'a duré qu'une dizaine de secondes, est évidemment inférieure à celle de l'homme cultivé, qui prolonge le jeu durant des heures » (G. Bataille, *L'Érotisme*, *op. cit.*, p. 178). D'une manière générale, l'auteur dénonce le caractère réifiant de cette façon d'approcher la sexualité, qui l'enferme dans un dénombrement sinistre, quand il n'est pas comique.

34. P. Bruckner, A. Finkielkraut, *op. cit.*, p. 95.

35. Les femmes courant d'autres risques – en particulier que les hommes les trompent sur la nature de leur désir, et ne courent qu'après leur livrée tachetée sans se préoccuper d'elles, qui l'habitent.

36. Dans ses écrits, les héroïnes de Sade déchargent à jet continu.

37. P. Bruckner, A. Finkielkraut, *op. cit.*, p. 68.

38. beautifulagony.com.

39. P. Bruckner, A. Finkielkraut, *op. cit.*, p. 94.

40. *Ibid.*, p. 83.

41. On mesure mal combien l'extension du pornographique est dispensatrice de nouvelles normes en matière de comportement sexuel. J. Mossuz-Lavau (*La Vie sexuelle en France*, *op. cit.*) constate que si la sodomie est devenue une activité sexuelle plus fréquente dans ces vingt dernières années, il se pourrait que la pornographie y ait contribué. Les rapports sodomites traumatiques entre adolescents sont également en croissance selon certaines observations médicales ; la familiarisation précoce des jeunes avec les films pornographiques pourrait en être responsable.

42. Annie Ernaux, *L'Occupation*, Paris, Gallimard, 2002, p. 18.

43. Au passage, le fait que même Catherine M. n'utilise pas les godemichés dont on lui a fait présent montre combien cet accessoire est étranger aux pratiques féminines, en dehors des films pornos.

44 C. Millet, *op. cit.*, p. 92-93.

45. *Ibid.*, p. 161.

46. William H. Masters, Virginia E. Johnson, *Les Réactions sexuelles*, *op. cit.*, p. 154 *sq.*

47. *Ibid.*, p. 242.

48. D.H. Lawrence, *L'Amant de Lady Chatterley*, manuscrit de 1928 publié par Orioli à Florence, traduction française de P. Fleutiaux et L. Vernière, Paris, Presses Pocket, 1981, p. 150-151.

49. P. Bruckner, A. Finkielkraut, *op. cit.*, p. 179.

50. *Ibid.*, p. 99.

5. Dedans, dehors : le corps féminin

1. P. Dupin, F. Hédon, *op. cit.*, p. 66.

2. Pour des raisons qui tiennent sans doute au socle animal de l'espèce humaine et aux traces laissées par le plaisir éprouvé dans cette zone à la phase préverbale du développement, quand la conscience n'était encore qu'une rudimentaire présence à ses sens (conscience sensori-motrice), et que la jouissance sexuelle résultait alors d'une autoexcitation accidentelle.

3. Les délires que l'on peut rencontrer dans les psychoses éclairent en les déformant à l'extrême les rapports particuliers qu'entretiennent la femme et son corps sexué ; il y est question de corps étrangers dans le vagin, de jouissances ou de douleurs que l'on impose du dehors par des artifices mystérieux : bref, d'un intérieur dont on n'a pas la maîtrise, et qui s'émeut de son vide ou de son remplissage. Agnès, une jeune psychotique en traitement avec le psychanalyste Sami-Ali, explique que son vagin « contient quatre ou cinq bouches destinées à sucer "avec toutes les cellules gustatives" le pénis dans toute sa longueur ». Cette cavité vaginale se confond pour elle avec la bouche qu'elle vient prolonger, et alors qu'elle se masturbe en avalant des gorgées de lait, elle déclare que le plaisir coule dans sa bouche, traverse le ventre et aboutit dans son vagin, concluant alors : « C'est l'axe autour duquel je me construis, la colonne vertébrale qui maintient mon corps » (Sami-Ali, *Corps réel, corps imaginaire*, Paris, Dunod, p. 22).

4. « Ce qui, du corps féminin, saute littéralement aux yeux, ce sont les seins », note Aldo Naouri, alors que la vulve « masquée, enfouie, étroitement insérée entre les cuisses, entretient son mystère et sa conformation, se laissant à peine deviner au point qu'il suffit aux statuaires de faire

confluer deux courbes pour la suggérer» (*Les Pères et les Mères*, Paris, Odile Jacob, 2004, p. 152).

5. De ce point de vue, je rejoins Aldo Naouri lorsqu'il affirme: «Dans l'inconscient, la représentation génitale est réduite, pour les deux sexes, au seul pénis» (*Les Pères et les Mères*, *op. cit.*, p. 152). Il fait suivre cette déclaration d'une argumentation visant à se prémunir contre «certaines sensibilités féministes revendicatrices qui s'empressent d'user de cet argument pour discréditer la psychanalyste jugée machiste». En ce qui me concerne, comme on l'a vu, mon point de vue n'est pas freudien, au sens où la différence des représentations génitales chez l'homme et la femme ne me paraît pas pouvoir se ramener à une castration: il n'y a pas d'un côté un sexe qui a quelque chose (un pénis) et un sexe qui n'a rien – et qui donc souffre d'une privation; il y a plutôt un sexe qui a quelque chose – un zizi, un instrument – et un sexe qui a autre chose – une zézette, une boîte pour laquelle est pressenti un avenir. D'emblée, les deux sexes vivent dans la connivence d'un futur commun qui requiert chaque partie.

6. Oscar Wilde, *Le Portrait de Dorian Gray*, 1890.

7. Les recherches de Judith Langlois, de l'université du Texas, sont exposées sur son site Internet (*langloislab*: Langlois Social Development Lab).

8. Judith H. Langlois et coll., «Maxims or myths of beauty? A meta-analytic and theoretical review», *Psychological Bulletin*, n° 126, 2000, p. 390-423.

9. Depuis 2001, une modification du Code du travail en France empêche toute discrimination fondée sur l'apparence physique, mais la qualité de la présentation continue d'influencer le recrutement professionnel.

10. Jean-Francois Amadieu, *Le Poids des apparences : beauté, amour et gloire*, Paris, Odile Jacob, 2002.

11. Marilou Bruchon-Schweitzer, *Une psychologie du corps*, Paris, PUF, 1990; Jean Maisonneuve, Marilou Bruchon-Schweitzer, *Le Corps et sa beauté*, Paris, PUF, coll. «Que sais-je?», 1999.

12. J.-F. Amadieu (*op. cit.*) relate une recherche dans laquelle un jury masculin doit noter une série de devoirs d'étudiantes avec ou sans photo: quand la photo est belle, la prime à la beauté fait passer la mauvaise note

de 4,7 à 5,2 ; en revanche, quand la photo n'est pas avantageuse, la bonne note est réduite de 6,6 à 5,9.

13. Elle/MSNBC.com, « Work & Power Survey », 2007, enquête en ligne menée sur 61 647 lecteurs de MSNBC.com dont 50 % hommes et 50 % femmes : parmi les dirigeants au physique attirant, 58 % des femmes et 61 % des hommes sont jugés comme compétents, alors que pour ceux dont le physique est ingrat, 23 % des femmes et 25 % des hommes seulement apparaissent compétents.

14. Voir le dossier de *L'Express* du 8 août 2002 : « La beauté, une clef sociale », par Jacqueline Remy, Sébastien Lebourcq et Marie Cousin.

15. A.M. Griffin, J.H. Langlois, « Stereotype directionality and attractiveness stereotyping : is beauty good and ugly bad ? », *Social Cognition*, n° 24, 2006, p. 187-206.

16. La méthode consistait à faire évaluer par un groupe d'adultes des visages d'enfants de 3, 5, 6, 7, 9 et 13 mois représentés par des dessins dont on fait varier, millimètre par millimètre, les principales dimensions : hauteur et largeur du front, de la bouche, des yeux, longueur et largeur du nez, épaisseur des joues, etc. (K.A. Hildebrandt, H.E. Fitzgerald, « Facial features determinants of perceived infant attractiveness », *Infant Behavior and Development*, n° 2, 1979, p. 329-339).

17. Judith H. Langlois, Stephan Cookie White, « Beauty and the Beast : The role of physical attractiveness in the development of peer relations and social behavior », in Sharon S. Brehm et coll., *Developmental Social Psychology : Theory and Research*, New York, Oxford University Press, 1981.

18. R.A. Hoss, J.H. Langlois, « Infants prefer attractive faces », *in* O. Pascalis et A. Slater (éd.), *The Development of Face Processing in Infancy and Early Childhood : Current Perspectives*, New York, Nova Science Publishers, 2003, p. 27-38.

19. Les bébés passent 60 % de leur temps à regarder les visages attirants et regardent peu les visages ordinaires ! Alan Slater, « Baby study suggests beauty is not in the eye of the beholder », *Science and Consciousness Review*, 7 septembre 2005. Scania de Schönen, directrice de recherche au CNRS spécialisée dans le développement de la perception chez l'enfant, confirme ces données étonnantes.

20. A.C. Kinsey, W.B. Pomeroy, C.E. Martin, P.H. Gebhard, *Le Comportement sexuel de la femme*, *op. cit.*, p. 247.

21. David Buss, « Sex differences in human mate preferences : evolu-

tionnary hypotheses tested in 37 cultures », *Behavioral and Brain Sciences*, n° 12, 1989, p. 1-49.

22. J. Weeden, J. Sabini, « Physical attractiveness and health in western societies : a review », *Psychological Bulletin*, n° 131, 2005, p. 635-653.

23. C'est par ce mot que je choisis de traduire le terme consacré dans la littérature scientifique : *averageness*. Un prototype est en effet, pour un psychologue, le représentant type d'une catégorie qui correspond à la moyenne des attributs des éléments appartenant à cette catégorie.

24. M.J. Smith et coll., « Facial appearance is a cue to oestrogen level in women », *Proceedings of Biological Science*, n° 22, 2006, p. 135-140.

25. S.C. Roberts et coll., « Female facial attractiveness increase during the fertile phase of menstrual cycle », *Proceedings of Biological Science*, n° 7, 2004, p. 270-272.

26. M. Honn, G. Goz, « The ideal of facial beauty : a review », *Journal of Orofacial Orthopedia*, n° 68, 2007, p. 1-16.

27. D. Kruger, *Journal of Personal Relationships*, 2007. Ces résultats confirment une autre recherche montrant que les femmes choisissent les hommes les plus masculins pour des rencontres brèves, mais non hors de ce contexte (M.P. Provost et coll., « Sociosexuality in women and preference for facial masculinization and somatotype in men », *Archives of Sexual Behavior*, n° 35, 2006, p. 305-312).

28. G. Rhodes, « The evolutionary psychology of facial beauty », *Annual Review of Psychology*, n° 57, 2006, p. 199-226.

29. K. Grammer, B. Fink, A.P. Moller, R. Thornhill, « Darwininian aesthetics : sexual selection and the biology of beauty », *Biological Review of Cambridge Philosophical Society*, n° 78, 2003, p. 385-407.

30. Voir les travaux de M. Bozon sur le choix du conjoint, cités ultérieurement (p. 532).

31. D.V. Becker et coll., « Concentrating on beauty : sexual selection and sociospatial memory », *Personality and Social Psychological Bulletin*, n° 31, 2005, p. 1643-1652 ; M.D. Marcus, R.S. Miller, « Sex differences in judgement of physical attractiveness : a social relations analysis », *Personality and Social Psychological Bulletin*, n° 29, 2003, p. 323-335.

32. En période d'ovulation, elles ont tendance à disqualifier ou ignorer les femmes « attirantes » (M.L. Fisher, « Female intrasexual competition decreases female facial attractiveness », *Proceedings of Biological Science*, n° 7, 2004, p. 283-285 ; R. Bull, G. Shead, « Pupil dilatation, sex of

stimulus and age and sex of observer», *Perceptual Motor Skills*, n° 49, 1979, p. 27-30 ; J.K. Maner et coll., «Evidence for attentional bias in women exhibiting bulimic symptoms», *International Journal of Eating Disorders*, n° 39, 2006, p. 55-61).

33. Milan Kundera, *L'Identité*, Paris, Gallimard, 1998, p. 43.

34. Une étape difficile pour la jeune fille qui brusquement sent que ce corps en pleine transformation attire l'attention du sexe masculin, autrefois indifférent. D'où des réactions de honte. Même lorsqu'elle dispose de la beauté, elle n'est au fond pas très fière d'utiliser son apparence pour plaire, et c'est sans doute une des raisons pour lesquelles une fois l'adolescence passée, lorsqu'elle s'est habituée au pouvoir de son charme, elle l'oublie et feint de l'ignorer tout en y consacrant beaucoup de son temps et de son budget.

35. Certaines femmes qui refusent toute distinction entre sexes vont se révolter devant ces lignes : elles regardent bien, elles, les hommes. Mais il s'agit d'un regard politique, d'un regard de libération et non d'un regard de désir comme celui des hommes. Ce sont les mêmes qui soutiennent la masturbation avec une ferveur quasi mystique.

36. Élisabeth Badinter, *L'Amour en plus. Histoire de l'amour maternel (XVIIe- XXe siècles)*, Paris, Flammarion, 1980.

37. *Ibid.*, p. 172.

38. S. Blaffer Hrdy, *op. cit.*, p. 312. Cette préférence pour les fils peut d'ailleurs s'inverser en bas de l'échelle sociale, où l'on a plus d'espoir d'ascension sociale pour une fille.

39. *Ibid.*, p. 186.

40. Nous y reviendrons en détail au chapitre 7.

41. S. Blaffer Hrdy, *op. cit.*, p. 97.

42. Jane Swigart, *The Myth of the Bad Mother*, 1990 ; trad. française, *Le Mythe de la mauvaise mère*, Paris, Robert Laffont, 1992.

43. Ainsi, des mères réagissent à des enregistrements magnétophoniques de pleurs d'enfants par une sécrétion de prolactine qui n'est pas influencée par leur passé maternel et se manifeste dès la phase prénatale de leur premier enfant, alors que les pères ont une sécrétion de prolactine qui varie selon leur expérience et leur implication. (K.M. Delahunty, D.W. McKay, D.E. Noseworthy, A.E. Storey, «Prolactin responses to infant cues in men and women : Effects of parental experience and recent infant contact», *Hormonal Behavior*, n° 51, 2007,

p. 213-220). De même, une recherche (citée par Sarah Blaffer Hrdy) révèle une différence de réactions physiologiques chez les parents selon que les cris de l'enfant expriment une réelle détresse (cris d'un bébé subissant une circoncision), ou un simple malaise (pleurs d'un nouveau-né d'un jour réclamant son biberon) : seule la mère réagit vivement pour ces derniers signaux.

44. S. Blaffer Hrdy, *op. cit.*, p. 164.

45. *Ibid.*, p. 87.

46. Julia Kristeva *in* Catherine Clément, Julia Kristeva, *Le Féminin et le Sacré*, Paris, Stock, 1998, p. 25.

47. http://fr.answers.yahoo.com/question.

48. J. Swigart, *op. cit.*, p. 90 *sq.*

49. *Ibid.*, p. 90.

50. Arnaud Régnier-Loilier, *Avoir des enfants en France. Désirs et réalités*, Paris, Éditions de l'Ined, 2007.

51. P. Jouanet, A. Régnier-Loilier, R. Slama, L. Toulemon, M.F. Whitney, *Avoir ou non des enfants : intentions et réalités. Une enquête auprès des visiteurs du site de la MGEN, Synthèse des premiers résultats*, octobre 2006.

52. M. Mazuy, « Être prêt-e, être prêts ensemble ? Entrée en parentalité des hommes et des femmes en France », thèse de doctorat en démographie, université Paris I-Panthéon-Sorbonne, 2006.

53. A. Naouri, *Les Pères et les Mères*, *op. cit.*, p. 151.

54. Sylvia Ann Hewlett, *Creating a Life : Professional Women and the Quest for Children*, New York, Miramax Books, 2002. Enquête portant sur 1 647 femmes de niveau supérieur aux États-Unis : environ trois quarts d'entre elles travaillent et se situent dans la tranche des 10 % des revenus les plus élevés, et un quart sont de haut niveau universitaire mais ne travaillent pas.

55. À 42 ans, les chances d'avoir un enfant avec ses propres ovules, même avec la procréation assistée, ne sont plus que de 10 %. On cite toujours dans les journaux l'exemple de femmes célèbres qui ont mis au monde un enfant à quelques années de la cinquantaine, mais on omet de dire qu'il ne s'agit jamais d'une fécondation naturelle d'un de leurs ovules.

56. Gillian Gehring, « Mixing Motherhood and Science », *Physics World*, mars 2002 (physicweb.com).

57. Mardy Ireland, *Reconceiving Women : Separating Motherhood from Female Identity*, New York, Guilford Press, 1993.

58. Traduction personnelle de *transformational women*.

59. M. Ireland, *op. cit.*, p. 76.

60. Édith Vallée, *Pas d'enfant, dit-elle… Les refus de la maternité*, Paris, Imago, 2005.

61. Le taux de fertilité (qui doit être à 2 pour que la population reste stable) était en 2005 de 1,4 en Allemagne ; 1,3 en Italie ; 1,3 en Grèce ; 1,2 en Pologne ; 1,4 au Japon ; 1,3 en Russie. Seuls la France et les États-Unis ont un taux de fertilité plus élevé, autour de 1,9.

62. Corinne Maier, *No Kid*, Paris, Michalon, 2007.

63. Émilie Devienne, *Être femme sans être mère*, Paris, Robert Laffont, 2007.

64. Forum aufeminin.com.

65. Faisant grief à la société occidentale de laisser la mère seule et désemparée : « […] la solitude actuelle de la mère occidentale frôle parfois le désespoir, alors que dans les sociétés traditionnelles, elle n'est jamais seule à élever son enfant. » Ce n'est pas Sarah Blaffer Hrdy qui la contredira.

66. *Ibid.*, p. 78 et 280.

67. *Le Figaro*, 7 juin 2007.

68. *Le Monde*, 26 mai 2007. Interview de Véronique Fournier, directrice du Centre d'éthique clinique de l'hôpital Cochin.

69. Monique Bydlowski, citée *in* « Ces couples qui ne veulent pas d'enfant », *La Croix*, 15 juin 2005.

70. A. Naouri, *Les Pères et les Mères, op. cit.*, p. 151.

71. 250 000 par an pour 800 000 naissances.

72. Une telle interprétation ne fait pas l'unanimité, on s'en doute, et Martin Winckler, par exemple, dans un article publié sur son site Internet, s'écrie : « L'inconscient a bon dos ! » Il accuse le manque d'information et surtout les difficultés d'accès aux moyens de contraception, en notant que dans des pays comme l'Angleterre et la Hollande où les délais autorisés pour pratiquer l'IVG sont les plus longs du monde, le taux d'IVG est néanmoins plus bas qu'en France : cela s'explique, selon lui, par une meilleure information dès l'école primaire et par la gratuité des méthodes de contraception (A. et M. Winckler, « Les Grossesses non désirées : "désir inconscient", violence sociale et déterminisme historique », Winckler's Webzine, martinwinckler.com.).

73. E. Lee, S. Clements, G. Ingham, N. Stone, *A Matter of Choice?*

Explaining Variations in Teenage Abortion and Motherhood, The John Rowntree Foundation, 2007. Enquête menée par le Centre de santé sexuelle de l'université de Southampton sur 103 jeunes femmes enceintes de 15 à 17 ans.

74. Les quartiers déshérités, les familles où l'avortement est refusé, et le manque de commodités pour pratiquer l'avortement accroissent, comme on pouvait s'y attendre, la décision de garder l'enfant.

6. Commentaires d'étape : la cuisine des sexes

1. Luce Irigaray, *Ce sexe qui n'en est pas un*, Paris, Éditions de Minuit, 1977.

2. D.W. Winnicott, *Jeu et réalité*, Paris, Gallimard, 1975.

3. F. Héritier, *Masculin / Féminin*, Odile Jacob, 1995.

4. A. Braconnier, *op. cit.*, p. 175.

5. En particulier, l'assistant de Freud à la polyclinique de Vienne dans les années 1920, Wilhelm Reich. Son ouvrage majeur, *La Révolution sexuelle*, a été réédité en 1969. En fait, la position de Reich, membre du parti communiste, n'était pas liée qu'à sa pratique psychanalytique, mais aussi influencée par une idéologie marxiste : selon lui, les comportements sexuels ne peuvent être analysés hors de « l'ordre social capitaliste » qui régit l'ensemble des rapports humains, notamment la famille, dans le système économique capitaliste, et la révolution sexuelle est un premier pas vers le bouleversement des institutions. Reich est ainsi le premier des freudo-marxistes (il sera suivi par Ferenczi, Marcuse, Adorno) qui ont eu, dans le phénomène sociologique de Mai 68, une certaine influence.

6. Bronislaw Malinowski, *La Sexualité et sa répression dans les sociétés primitives*, Paris, Payot, 1969.

7. Maurice Godelier, *Au fondement des sociétés humaines*, Paris, Albin Michel, 2007.

8. On cite souvent à ce propos le contre-exemple de Diogène le Cynique qui se masturbait sur la place publique en répondant à ceux qui lui adressaient des reproches : « J'aimerais bien pouvoir satisfaire ma faim en frottant mon estomac. » Cette banalisation de la masturbation ramenée ainsi à un phénomène organique comme un autre ne concerne toutefois qu'un homme et non une culture ; l'anecdote est même au contraire révélatrice de l'aspect transgressif que représente dans toutes les cultures,

y compris les plus libres comme la démocratie athénienne, ce passage à l'acte.

9. S. Blaffer Hrdy, *op. cit.*, p. 222.

10. Les interdits judéo-chrétiens sont toujours particulièrement visés par le nouvel ordre sexuel occidental, qui les place au premier rang des tabous à briser. Dans une revue de grande diffusion, *Paris Match* (5 juillet 2007), on pouvait lire à propos d'un reportage au Sud-Soudan (vers « des lieux et des peuples que la civilisation n'a pas encore dégradés ») : « Jours tranquilles à Wutliet. Au camp de Wutliet, situé dans une région éloignée de toute influence chrétienne, des hommes vaquent à leurs activités complètement nus. » Ce commentaire accompagne la photo d'un Africain décharné fumant sa pipe à côté d'un troupeau famélique sous un ciel plombé, une image qui ne rend pas précisément enviable cet éden où l'on « ne connaît pas de barrières », et où l'on est en contact « avec la planète, l'air, l'eau, le feu ».

11. Sigmund Freud, *Malaise dans la civilisation* (1929), Paris, PUF, 1971.

12. *Zone interdite*, M6, 24 juin 2007.

13. Citée dans le rapport Simon : P. Simon et coll., *op. cit.*, p. 309.

14. Tous les homosexuels masculins que j'ai rencontrés avaient ressenti leur attirance pour le même sexe dès leur premier désir sexuel conscient – l'homosexualité s'imposait d'ailleurs pour eux comme une sorte de nécessité ; en ce qui concerne l'homosexualité féminine, la situation est moins claire, le désir féminin ne se manifestant pas de façon aussi crue, comme on l'a vu.

15. P. Simon et coll., *op. cit.*, p. 302.

16. Catherine Vidal, *Hommes, femmes, avons-nous le même cerveau ?*, Paris, Éditions Le Pommier, 2007.

17. Voir p. 24, 25.

18. Catherine Vidal, *Hommes, femmes, avons-nous le même cerveau ?*, *op. cit.*, p. 37.

19. A. Braconnier, *op. cit.*, p. 55.

20. *Ibid.*, p. 53.

21. C. Vidal, *op. cit.*, p. 44.

22. A. Braconnier, *op. cit.*, p. 58.

23. Dès la naissance, les bébés filles ne sont pas caressées comme les bébés garçons : elles sont plus fréquemment et plus amplement caressées

que les garçons par les deux parents, nous dit Boris Cyrulnik (*Sous le signe du lien*, Paris, Hachette, 1989, p. 219).

7. L'amour : toi et moi unis pour l'éternité

1. Michèle Morgan et Jean Gabin dans *Quai des brumes* (1938) de Marcel Carné.
2. Patrick Süskind, *Sur l'amour et sur la mort*, Paris, Fayard, 2006, p. 11.
3. *Ibid.*, p. 17 *sq.*
4. *Ibid.*, p. 22 *sq.*
5. *Ibid.*, p. 27 *sq.*
6. *Ibid.*, p. 34.
7. Douglas Henshall dans *Mariage à l'anglaise* de David Kane, 2000.
8. Roland Barthes, *Fragments d'un discours amoureux*, Paris, Le Seuil, 1977.
9. *Szeretlek.*
10. R. Barthes, « Je-t-aime », p. 175-182. Ce résumé respecte le surlignage du texte original.
11. *Ibid.*, « Lettre d'amour », p. 187. Les mots surlignés le sont aussi dans le texte.
12. *Ibid.*, « Jalousie », p. 172.
13. *Ibid.*, « Fâcheux », p. 127.
14. *Ibid.*, « Étreinte », p. 121.
15. *Ibid.*, « Gradiva », p. 149.
16. Auxquelles il recommande d'être « suffisamment bonnes », c'est-à-dire d'en faire ni trop ni trop peu.
17. Ce fait est confirmé même dans les relations d'amour « établies » des couples mariés de longue date, où l'on démontre que le jugement porté sur l'autre par le partenaire est toujours plus favorable que celui d'un ami objectif du couple (Sandra L. Murray et coll., « What the motivated mind sees : comparing friends' perspectives to married partners' views of each other », *Journal of Experimental Social Psychology*, 36, 2000, p. 600-620).
18. Octavio Paz, *La Flamme double*, Paris, Gallimard, 1993, p. 98.
19. Malgré son caractère scrupuleusement hétérosexuel, on peut trouver à l'amour courtois des analogies avec la pédérastie des Grecs classiques. Il s'agit en effet d'une coutume érotique encadrée par des règles

rigoureuses. Érotique car reposant sur l'attirance physique des partenaires, elle naît nécessairement hors mariage ; elle ne vise pas prioritairement l'union sexuelle mais ne la dédaigne pas toujours. La répression cathare et le rétablissement d'une autorité monarchique ont mis fin à ce que l'on peut assimiler à une variété d'Éros platonique. Selon Denis de Rougemont (*L'Amour et l'Occident*, Paris, Plon, 1972), c'est avec l'amour courtois qu'apparaît pour la première fois dans le vocabulaire le mot « amour » : ce dernier conserve ainsi malgré lui la connotation des grandes légendes de l'amour courtois et c'est pourquoi on se le représente, encore aujourd'hui, comme un sentiment passionnel.

20. Jean-Jacques Rousseau, *Œuvres complètes*, Paris, coll. Pléiade, Gallimard, 1966. Les lignes qui suivent s'inspirent librement de l'analyse développée par Allan Bloom, *Rousseau et le projet romantique*, in *L'Amour et l'Amitié*, *op. cit.*, p. 35-161.

21. O. Paz, *op. cit.*, p. 106.

22. Allan Bloom, *L'Amour et l'Amitié*, Paris, Éditions de Fallois, 1996.

23. Arthur Schopenhauer, *Le Monde comme volonté et représentation*, « Métaphysique de l'amour », supplément au livre IV, trad. A. Burdeau (1909-1913), Paris, PUF, 2004.

24. Sigmund Freud, *Introduction à la psychanalyse*, 1917, rééd. Paris, Payot, 1970, p. 13.

25. Autre formulation de la participation de l'amour propre à l'amour d'autrui ?

26. Sigmund Freud, *Psychologie des foules et analyse du moi*, in *Essais de Psychanalyse*, 1921, rééd. Paris, Payot, 2001 (chap. 8 : « État amoureux et hypnose »).

27. Sigmund Freud, *De la technique analytique*, cité par Christian David, *L'État amoureux*, Paris, Payot, 1971, p. 44-45.

28. Jean-Didier Vincent, *Biologie des passions*, Paris, Odile Jacob, Le Seuil, 1986, p. 248.

29. Lucy Vincent, *Comment devient-on amoureux ?*, Paris, Odile Jacob, 2004, p. 83.

30. Denis de Rougemont, *Comme toi-même. Essai sur les mythes de l'amour*, Paris, Albin Michel, 1961 ; rééd. 1996.

31. Cité par Marion Festraëts, *L'Express* du 9 août 2001 : « Et si on parlait un peu d'amour… ».

32. www.asexuality.org.

33. *La Plus Belle Histoire de l'amour*, ouvrage collectif, Paris, Le Seuil, 2003, p. 18.

34. Denis de Rougemont, *L'Amour en Occident*, Paris, Plon, 1962.

35. D. de Rougemont, *Comme toi-même. Essai sur les mythes de l'amour*, *op. cit.*, p. 15.

8. Aux origines de l'amour, les bras de maman

1. Harry F. Harlow, « The nature of love », *American Psychologist*, 13, p. 673-685, 1958.

2. Les personnes âgées se plaignent beaucoup d'être privées de la joie du contact physique.

3. Barbara Shaal, citée par B. Cyrulnik, *Sous le signe du lien*, *op. cit.*, p. 35.

4. Harry F. Harlow, Margaret K. Harlow, « Social deprivation in monkeys », *Scientific American*, novembre 1962.

5. Pascal Poindron et Pierre Le Neindre, cités par Hubert Montagner, *L'Attachement, les débuts de la tendresse*, Paris, Odile Jacob, 1998 ; rééd. poche 2006, p. 43 *sq.*

6. Ce comportement maternel n'est pas indépendant de l'expérience, car la moitié des brebis qui n'ont jamais mis bas ne le manifestent qu'après une ou deux heures.

7. H. F. Harlow, M. K. Harlow, « Social deprivation in monkeys », *op. cit.* Transposés à l'être humain, ces délais correspondraient respectivement à des périodes de six mois et de deux ans.

8. H. Montagner, *op. cit.*, p. 62 *sq.*

9. Voir É. Badinter, *op. cit.*, p. 228.

10. La fameuse analyse du petit Hans mise à part.

11. À la différence de Freud, l'angoisse est pour elle un fait primitif qu'elle rapporte à la pulsion de mort, et non le résultat d'une épouvante de la castration.

12. Melanie Klein, « L'amour, la culpabilité et le besoin de réparation », *in* Melanie Klein, Joan Riviere, *L'Amour et la Haine* (*Love, Hate and Reparation*, 1964), Paris, Payot, 1984, p. 77.

13. René A. Spitz, « La perte de la mère par le nourrisson (troubles du développement psychosomatique) », *Enfance*, 5, 1948, p. 373-391.

14. Le premier mois, les enfants deviennent capricieux et pleurnichards ; ils ont tendance à s'agripper à ceux qui s'occupent d'eux. Le

deuxième mois, apparaissent des gémissements plaintifs et une réduction de l'appétit et du développement. Le troisième mois, les enfants refusent le contact et restent couchés à plat ventre dans le berceau.

15. Des enfants élevés en institution sont également inclus.

16. René A. Spitz, *De la naissance à la parole. La première année de la vie de l'enfant*, Paris, PUF, 1965.

17. Des recherches ultérieures ont montré que le sourire apparaissait en fait très précocement, dès les premières heures de la vie, chez l'enfant. Il n'est au départ qu'un mouvement de la bouche, puis s'élargit et gagne les yeux. Il est déclenché en premier lieu par les voix de nature féminine, puis par des stimuli visuels : visage, yeux…

18. R. A. Spitz, *De la naissance à la parole, op. cit.*, p. 96.

19. Les vocalisations de la mère, auxquelles répondent les babils et gazouillis du bébé, représentent une forme de contact auditif et non un échange verbal.

20. John Bowlby, *Soins maternels et santé mentale*, bulletin de l'OMS, monographie n° 2, 1951.

21. Bowlby en décrit cinq formes : la succion, l'étreinte, le cri, le sourire et la conduite de « suivre », cette dernière menant à l'imitation.

22. *« Strange situation »*. L'ensemble des données recueillies pendant ses vingt années de recherche par Mary D. Ainsworh est analysé dans un ouvrage (*Patterns of Attachment : A Psychological Study of the Strange Solution*, New York, Lawrence Erlbaum Associates, 1979). En pratique, l'épreuve comporte sept séquences de trois minutes chacune : 1) enfant seul avec sa mère ; 2) tous deux sont rejoints par une personne inconnue qui tente de capter l'attention de l'enfant ; 3) la mère quitte l'enfant et le laisse avec la personne étrangère ; 4) la mère revient et l'inconnu(e) part ; 5) la mère quitte la pièce ; 6) l'inconnu(e) revient ; 7) la mère revient en même temps que l'inconnu(e) quitte la pièce.

23. R. Spitz, *De la naissance à la parole*, *op. cit.*, p. 232.

24. Sarah Blaffer Hrdy (*op. cit.*, p. 560) pose avec humour la question suivante : imaginons une annonce, formulée ainsi, qui ne déguiserait rien de la tâche : « On demande quelqu'un qui consacre sa vie aux désirs et besoin d'un individu petit, faible, souvent peu raisonnable, pendant plusieurs mois ou années. Faible rémunération. Peu de prestige. […] Attention, si l'enfant se met à vous préférer, la mère risque d'être jalouse et de mettre une fin précoce à cette relation. » Qui va accepter cet emploi ?

25. Entretien rapporté par R. Karen (*Motherguilt*, New York, Times Books, 1996), et cité par Sarah Blaffer Hrdy, *op. cit.*, p. 549.

26. S. Blaffer Hrdy, *op. cit.*, p. 555.

27. À l'origine, Harlow s'est lancé dans ses expériences parce qu'il a observé que, parmi les nouveau-nés séparés de leur mère, peu survivaient s'ils étaient placés dans des cages sans revêtement de tissu au sol.

28. Les deux composantes ainsi isolées, besoins libidinaux et besoin de proximité, peuvent être distinguées même dans l'acte sexuel : ce que l'on appelle le repos du guerrier n'est pas seulement l'exaltation de la décharge orgasmique, il est aussi le moment d'abandon de la détente qui suit, corps mêlés. Éros dépose alors son arc et redevient l'enfant qui aime à se lover contre sa mère.

29. Voir Hubert Montagner, *op. cit.*, p. 94 *sq.*

30. Celui que les nazis feront visiter au comité international de la Croix-Rouge, à la demande des Danois en 1943. On peut néanmoins aisément imaginer comment pouvaient vivre 30 000 à 60 000 personnes regroupées dans une forteresse qui, à l'origine, n'était prévue que pour 7 000 personnes.

31. « Survie et développement d'un groupe d'enfants : une expérience bien particulière », in *L'Enfant dans la psychanalyse*, Paris, Gallimard, 1976, p. 110-160.

32. Par exemple, Myriam aime qu'on la chouchoute : les autres lui apportent une chaise confortable quand elle joue dans le bac à sable.

33. Lors d'une promenade à laquelle n'avait pas voulu participer Ruth, les enfants ne cessent de la réclamer. Au bout de vingt minutes, John, n'y tenant plus, court la chercher. Il est suivi par les quatre autres qui reviennent tous à la maison et fêtent Ruth comme s'ils la retrouvaient après une longue séparation. Les sœurs notent également que pour les mesures de santé, il est impossible de donner des soins isolés à l'un sans être tenu de soigner tous les autres.

34. Ils rangent les affaires, mettent la table, s'efforcent de ne pas faire de bruit quand un des adultes se repose. Lorsqu'on leur donne une friandise, ils en réclament une pour l'adulte absent.

35. Harry F. Harlow, « Les affectivités », *in* René Zazzo, *L'Attachement*, Paris, Delachaux et Niestlé, 2e édition, 1979, p. 66 *sq.* Une troisième condition de détachement du bébé singe est difficilement

applicable chez l'humain, c'est le vol du bébé : certaines mères laissent des femelles « voleuses de berceau » s'approprier leur bébé.

36. Jean Le Camus, « Quelle place pour le père dans la théorie de l'attachement ? », *in* Blaise Pierrehumbert (dir.), *L'Attachement, de la théorie à la clinique*, Toulouse, Érès, Carnet/PSY, 2007, p. 117-122.

37. Une expression empruntée à Winnicott qui désigne ainsi l'état d'esprit particulier – sorte d'empathie obsessionnelle – dans lequel se trouve la mère pendant les premiers mois qui suivent la naissance de son enfant.

38. Emmanuel Levinas, *Difficile liberté*, Paris, Albin Michel, 3e édition, 1976, p. 22.

9. Le couple : lien ou chaîne ?

1. Source : Insee et ministère de la Justice, « L'évolution démographique récente en France », *Population*, nº 4, 2006.

2. Les premières statistiques établies récemment sur le PACS indiquent un taux de dissolution du PACS proche de celui des divorces en fonction de la durée de l'union (Valérie Carrasco, « Le pacte civil de solidarité : une forme d'union qui se banalise », *Infostat Justice 97*, nº 97, octobre 2007).

3. Jacques Attali et Stéphanie Bonvicini, *Amours*, Paris, Fayard, 2007.

4. Philippe Brenot, *Inventer le couple*, Paris, Odile Jacob, 2001.

5. Daniel Welzer-Lang, *Utopies conjugales*, Paris, Payot, 2007, p. 195.

6. *Ibid.*, p. 173.

7. M. Godelier, *op. cit.*, p. 145-173.

8. B. Malinowski, *op. cit.*

9. Jacques Attali, *Au propre et au figuré : une histoire de la propriété*, Paris, Fayard, 1987.

10. Cai Hua, *Une société sans père ni mari. Les Na de Chine*, Paris, PUF, 1997.

11. Jean-Claude Kaufmann, *La Femme seule et le Prince charmant. Enquête sur la vie en solo*, Paris, Nathan, 1999, p. 58.

12. J.-C. Kaufmann, *Sociologie du couple*, Paris, PUF, coll. « Que sais-je ? », 2007 (4e édition), p. 50.

13. Dans le livre de Sarah Blaffer Hrdy, on peut voir la photo d'une mère observant le nouveau-né qu'elle vient de mettre au monde et hésitant à le conserver (*op. cit.*, p. 493). Cette femme appartient à une

ethnie de Papouasie-Nouvelle-Guinée, les Eipo, qui pratique l'infanticide. L'enfant dont elle vient d'accoucher est une petite fille, et, déjà mère de deux autres filles, elle envisage de la laisser mourir. Le nourrisson a été emmailloté dans un paquet de feuilles de fougères, entourées de lianes, pour être jeté dans un buisson. Mais, nous dit l'auteur, après être restée deux heures pensive près du ballot vagissant, la mère a fini par décider de garder l'enfant en s'excusant : « Cette fille était trop forte. »

14. Forum sexualité, « Monogamie ? », doctissimo.fr, mai 2008.

15. René Girard, *Mensonge romantique et vérité romanesque*, Paris, Grasset, 1961.

16. Ces points ont été abordés plus particulièrement dans les chapitres 4 et 6.

17. Pascal Duret, *Le Couple face au temps*, Paris, Armand Colin, 2007, p. 84.

18. Robert Neuburger, *Nouveaux couples*, Paris, Odile Jacob, 1997.

19. Serge Chaumier, *La Déliaison amoureuse. De la fusion romantique au désir d'indépendance*, Paris, Payot et Rivages, 2004.

20. P. Duret, *op. cit.*, p. 104 *sq.*

21. Françoise Simpère, *Il n'est jamais trop tard pour aimer plusieurs hommes*, Paris, Éditions de la Martinière, 2002.

22. B. Russell, *op. cit.*, p. 101. Notons à ce propos que la question des enfants, esquissée chez Françoise Simpère (qui s'interroge sur leurs réactions à ses absences), est à peu près ignorée par Daniel Welzer-Lang et Jacques Attali. Pourtant les internautes comme les sujets interrogés par Pascal Duret indiquent tous combien la venue des enfants transforme la vie et les perspectives du couple, de sorte que la notion de liberté des désirs ne peut plus être envisagée de la même façon avant et après la conception d'enfants.

23. *Ibid.*, p. 61.

24. Charles Fourier, *Vers la liberté en amour. Textes choisis*, Paris, Gallimard, coll. « Folio », 1993, p. 60.

25. Gérard Mauger, Claude Fossé, *La Vie buissonnière*, Paris, Maspero, 1977, p. 65 *sq.*

26. P. Duret, *op. cit.*, p. 101.

27. François de Singly, *Les Uns avec les autres. Quand l'individualisme crée du lien*, Paris, Armand Colin, 2003 ; Hachette Pluriel, 2008, p. 200.

28. Cité par Helen Fisher, *Pourquoi nous aimons ?*, Paris, Robert Laffont, 2006, p. 45.

29. Abu-Lughold, cité par B. Mesquita et N.H. Fridja, « Cultural variations in emotions : A review », *Psychological Bulletin*, 112, 1992, p. 179-204.

30. P. Duret, *op. cit.*, p. 114.

31. L'autonomie sexuelle des femmes est aujourd'hui chose acquise. Mais les hommes y sont-ils préparés ? Anthony Giddens (*La Transformation de l'intimité*, Paris, Hachette, 1992, p. 13 *sq*) porte sur ce roman un regard sociologique : il exprime, selon lui, « le désarroi ainsi que la violence des hommes dans un monde social subissant de profondes mutations ». Le mariage avec Ann met Graham à l'épreuve des nouvelles relations de couple, objets de négociations et d'arrangements incessants et réunissant les deux sexes sur la base d'une symétrie totale. Graham ne peut s'y adapter : il se sent menacé s'il n'a pas Ann sous contrôle.

32. Monique de Bonis, *Domestiquer les émotions*, Paris, Les Empêcheurs de penser en rond/Le Seuil, 2006.

33. *Ibid.*, p. 71.

34. Marilyn French, *Beyond Power*, trad. française *La Fascination du pouvoir*, Paris, Éditions de l'Acropole, 1986, p. 551.

35. Irène Théry, *La Distinction de sexe*, Paris, Odile Jacob, 2007.

36. S. Blaffer Hrdy, *op. cit.*, p. 181.

37. Nancy Friday, *The Power of Beauty*, New York, Harper and Collins, 1996.

38. La prostitution masculine s'adresse en règle à des hommes, homosexuels ou non et ne peut se concevoir comme une activité comparable à la prostitution féminine. On peut en faire l'observation à propos du roman de Pascal Brückner, *L'Amour du prochain* (Paris, Grasset, 2004), qui traite de ce sujet : son héros n'est pas, quoi qu'il en dise, « une pute mec » ; les femmes qui viennent le voir sont des « clientes » avec lesquelles il a une relation suivie, et non des anonymes racolées ici ou là ; dans une typologie de la prostitution, il apparaîtrait plutôt ainsi comme un « gigolo ». Seules les femmes sont capables de faire payer les hommes pour le désir qu'elles inspirent par leur simple apparence.

39. Voir chapitre 4.

40. S'arracher à la dépendance affective originelle et au pouvoir maternel, cela pourrait être le sens de « la Maison des Hommes » chez les

Barruya qui pratique une sorte de « décontamination » féminine et renforce chez le garçon le pouvoir d'affronter la femme.

41. Ce point de vue rejoint celui de Nancy Chodorov (*The Reproduction of Mothering*, Berkeley, University of California Press, 1978) qui, à la suite de Melanie Klein, reconnaît à la mère son pouvoir écrasant. Dans ces conditions, le parcours masculin ne consiste pas seulement à s'identifier aux désirs du père en redoutant la castration ; il est, bien avant cela, un « non » à la mère, une émancipation angoissante par rapport aux origines de ses jours. Cette séparation se fait toutefois au prix d'une perte originaire – un deuil de l'attachement – qui le place dans une situation contradictoire : il est animé à la fois par un besoin affectif essentiel de la femme, et par une nécessité de lui démontrer qu'étant homme, il peut se passer d'elle. Cela le rend particulièrement vulnérable dans ses rapports avec l'autre sexe, dès lors qu'il n'en a plus la maîtrise.

42. Cité par J.-C. Kaufmann, *Sociologie du couple*, *op. cit.*, p. 11.

43. Aldo Naouri, *Adultères*, Paris, Odile Jacob, 2006, p. 97.

44. F. de Singly, *Sociologie de la famille contemporaine*, *op. cit.*, p. 49.

45. Ulrich Beck, citée par F. de Singly, *ibid.*

46. J.-C. Kaufmann, *La Trame conjugale. Analyse du couple par son linge*, Paris, Pocket, 1992, p. 66 *sq.*

47. Michel Bozon et François Héran, « La découverte du conjoint », cités par J.-C. Kaufmann, *Sociologie du couple*, *op. cit.*, p. 5.

48. Michel Bozon, « Apparence physique et choix du conjoint », cité par J.-C. Kaufmann, *Sociologie du couple*, *op. cit.*, p. 29.

49. A. Giddens, *op. cit.*, p. 76.

50. J.-C. Kaufmann, *La Trame conjugale*, *op. cit.*, p. 101.

51. P. Jonckheere, *L'Union conjugale : Phénoménologie d'un défi*, Paris, L'Harmattan, 2007, p. 26.

52. Sabine Chalvon-Demersay, citée par F de Singly, *Sociologie de la famille contemporaine*, *op. cit.*, p. 68.

53. Voir F. de Singly, *ibid.*, p. 73 *sq.*

54. J.-C. Kaufmann, *La Trame conjugale*, *op.cit.*, p. 100 *sq.*

55. Les couples homosexuels échappent à cette forme de conflit ; la distribution des rôles y est plus aisée car elle peut se faire, chez eux, sans être envenimée par la question des différences des sexes. Un couple homosexuel pacsé m'expliquait avec humour combien il aimait recevoir à

dîner des couples hétérosexuels : « Ils se disputent toujours pour toutes sortes de détails qui nous paraissent, nous, sans objet ; c'est distrayant ! »

56. Paul Watzlawick, Janet H. Beavin, Don D. Jackson, *Une logique de la communication*, Paris, Le Seuil, 1979.

57. J.-C. Kaufmann, *La Trame conjugale*, *op.cit.*, p. 106.

XXIe *siècle : retour au couple ?*

1. C'est la thèse que soutiennent Anthony Giddens dans *La Transformation de l'intimité*, et, à sa façon, François de Singly dans *Les Uns avec les autres*, *op. cit.*

2. B. Bawin-Legros, *Génération désenchantée*, Paris, Payot, 2006, p. 47 *sq.*

3. On peut en consulter les résultats sur *www.discoveryspecies.com.*

4. Les résultats sont en fait hétérogènes en fonction des pays d'Europe. Les « égos » se retrouvent plutôt en Allemagne, aux Pays-Bas (pays de tradition ouverte), les « désengagés » en Italie (où la masculinité traditionnelle est bousculée par la modernité), les « néo-traditionnels » en Roumanie et les « modernes » en France et en Espagne.

5. B. Bawin-Legros, *op. cit.*, p. 87.

6. Karl Lagerfeld, « Un homme sans passé, interview vérité », *Elle*, 22 septembre 2008.

Remerciements

Remerciements à Mathilde Nobécourt, qui m'a soutenu, à Marie-Paule Rochelois qui m'a contenu, ainsi qu'à mes premiers lecteurs dont le regard critique et les encouragements ont été précieux lors de la rédaction de ce manuscrit : Irène Barki, Pierre Boncenne, Nicolas Castin, France Huser, Roland Jouvent, Kevin O'Regan, Nicole Priollaud, Frédéric Rouillon, Jean-Philippe Schweitzer, Daniel Vigot. Toute ma gratitude à ma femme, qui a su s'accommoder patiemment des exigences de ce travail. Les avis familiaux ont été utiles pour lever – ou au contraire, faire naître – certains doutes : merci pour ces contributions affectueuses. Enfin, une reconnaissance aussi considérable que difficilement exprimable à tous ceux qui, dans le désarroi, m'ont honoré de leur confiance et se sont ouverts à moi au long de ces années : c'est à eux que je dois la matière de ce livre.

Table

DEUXIÈME PARTIE

Cœur à cœur
Le besoin de l'autre

DU MÊME AUTEUR

L'Attention,
PUF, coll. « Que sais-je ? », 1999.

CHEZ LE MÊME ÉDITEUR

Claude Allard, *L'Enfant au siècle des images*

Annie Birraux et Didier Lauru (dir.), *Adolescence et prise de risques*

Gérard Bonnet, *Défi à la pudeur. Quand la pornographie devient l'initiation sexuelle des jeunes*

Nicole Catheline, *Harcèlements à l'école*

Pr Patrick Clervoy, *Le Syndrome de Lazare. Traumatisme psychique et destinée*

Patrick Delaroche, *La Peur de guérir*

– *Psychanalyse du bonheur*

Joëlle Desjardins-Simon et Sylvie Debras, *Les Verrous inconscients de la fécondité*

Pierre Delion, *Tout ne se joue pas avant 3 ans*

Caroline Eliacheff, *La Famille dans tous ses états*

– *Puis-je vous appeler Sigmund ?*

– et Daniel Soulez Larivière, *Le Temps des victimes*

– et Nathalie Heinich, *Mères-filles, une relation à trois*

Christian Flavigny, *Avis de tempête sur la famille*

Fernando Geberovich, *No satisfaction. Psychanalyse du toxicomane*

Dr Alain Gérard, *Du bon usage des psychotropes. Le médecin, le patient et les médicaments*

– et le CRED, *Dépression, la maladie du siècle*

Sylviane Giampino, *Les mères qui travaillent sont-elles coupables ?*

– et Catherine Vidal, *Nos enfants sous haute surveillance : évaluations, dépistages, médicaments…*

Roland Gori et Pierre Le Coz, *L'Empire des coachs, une nouvelle forme de contrôle social*

Jean-Michel Hirt, *L'Insolence de l'amour. Fictions de la vie sexuelle*

Patrice Huerre et François Marty (dir.), *Alcool et adolescence, jeunes en quête d'ivresse*

– *Cannabis et adolescence. Les liaisons dangereuses*

Jean-Marie Jadin, *Côté divan, côté fauteuil. Le psychanalyste à l'œuvre*

Pr Daniel Marcelli, *La Surprise, chatouille de l'âme*

– *L'Enfant, chef de la famille. L'autorité de l'infantile*

– *Les Yeux dans les yeux. L'énigme du regard*

– *Il est permis d'obéir. L'obéissance n'est pas la soumission*

Anne Marcovich, *Qui aura la garde des enfants ?*

Gustavo Pietropolli Charmet, *Arrogants et fragiles. Les adolescents d'aujourd'hui*

Xavier Pommereau, *Ado à fleur de peau*

– *Ados en vrille, mères en vrac*

– et Jean-Philippe de Tonnac, *Le Mystère de l'anorexie*

Jean-Philippe de Tonnac, *Anorexia. Enquête sur l'expérience de la faim*

Jean-Jacques Rassial, *Pour en finir avec la guerre des psys*

Serge Tisseron, *Comment Hitchcock m'a guéri. Que cherchons-nous dans les images ?*

– *Vérités et mensonges de nos émotions*

– *Virtuel, mon amour. Penser, aimer, souffrir à l'ère des nouvelles technologies*

– *L'Empathie au cœur du jeu social*

Jean-Pierre Winter, *Homoparenté*

Composition IGS-CP
Impression Bussière, février 2011
Éditions Albin Michel
22 rue Huyghens 75014 Paris
www.albin-michel.fr

ISBN 978-2-226-22082-0
N° d'édition : 19473/01. – N° d'impression : 110211/4.
Dépôt légal : mars 2011.
Imprimé en France.